21세기 연세 인문학 총서 Ⅲ

언어, 매체 그리고 권력

허경진 · 도현철 · 백문임
이민행 · 이원표 · 나종석

연세대학교 대학출판문화원

21세기 연세 인문학 총서 Ⅲ

언어, 매체 그리고 권력

지은이 허경진·도현철·백문임·이민행·이원표·나종석
펴낸곳 연세대학교 대학출판문화원
주 소 서울시 서대문구 연세로 50
전 화 02)2123-3380~2
팩 스 02)2123-8673
ysup@yonsei.ac.kr
http://www.yonsei.ac.kr/press
등 록 1955년 10월 13일 제9-60호
인 쇄 태화북스

2015년 4월 27일 1판 1쇄
ISBN 978-89-6850-092-3(93800)

값 20,000원

발간사

〈21세기 연세 인문학〉을 발행하며

지식의 대통합을 지향하는 학문의 통섭 혹은 융·복합에 대한 요구가 거세지고 있다. 그 요구의 핵심은 학문들 사이의 소통 단절 내지는 소통 부재를 극복하자는 데 있다. 근대 이전에는 보편적인 학문이 가능했다면, 세계의 탈주술화가 시작된 근대 이후 학문이 더욱 세부적으로 분화되고 전문적인 경향을 띠게 되었음은 부인할 수 없는 사실이다. 이제 그와 같은 개별화와 전문화에 대한 비판적 성찰의 목소리가 높아지면서 넓게는 인문학과 자연과학 간의 소통이 시도되고 있는 상황이다.

그러나 인문학이 사회과학, 자연과학. 예술분야 등과 소통해야 한다는 요구에 부응하는 것보다 더욱 시급한 문제가 있다. 그것은 바로 인문학 자체 내의 대화 부재를 극복하는 일이다. 서로간의 대화가 불가능할 정도로 전공이 세분화되고 그로 인한 소통 단절의 경향은 넓게는 어학과 문학 간의 상호 낯섦에서뿐만 아니라 국문학, 중문학, 일문학 같은 동아시아 관련 학문들 사이의 소원한 관계에서도 드러난다. 이런 현상은 영문학, 독문학, 불문학, 노문학 같은 국가 단위의 외국문학 분야에서는 물론 사학과 철학에서도 마찬가지다. 정약용, 이광수, 공자, 루쉰, 플라톤, 촘스키, 소쉬르, 칸트, 하이데거, 셰익스피어, 괴테, 보들레르, 도스토옙스키 등은 오래 전부터 개개 전공자만이 탐구하고 향유하는 지식의 대상으로 여겨지고 있을 뿐이다. 이렇듯 인문학 내에서 개별 학문이 전문화되는 경향은 한편으로 연구 분야의 심오한 과학적 탐구라는 뜻에서 반가운 일로 여겨졌지만 다른 한편으로 인문학 자체 내의 소통 부재라는 결과를 낳고 말았는데, 이러한 양면성은 인문학 자체가 안고 있는 불편한 진실이 아닐 수 없다.

이제 인문학이 걸어 나가야하는 길이 무엇인지를 모색하지 않을 수 없으며, 그 새로운 전환의 일환으로 〈21세기 연세 인문학〉을 발행하고자 한다. 〈21세기 연세 인문학〉이 여러 상이한 학문이 함께 모여 사유의 일치와 불일치를 주고받는 실험적 대화 공간으로 정착될 것임을 우리는 기대한다.

연세대학교 문과대학
100주년 기념사업
〈21세기 연세 인문학〉 편집위원회

목차

한일(韓日), 한중(韓中) 필담(筆談)의 차이

허경진 (연세대, 국문과)

1. 머리말 – 조선시대 문학과 권력

20세기 초반까지, 한국, 중국, 일본, 베트남 등의 동아시아 나라들은 한자문화권이었다. 네 나라 모두 한자가 지배층의 문자였지만, 언어는 서로 달랐다. 나라에 따라 정도가 달랐지만, 유교가 어느 정도로 국가체제의 기반을 이루고 있는가에 따라 문자나 문학과 권력의 관계가 달라졌다. 유교를 기반으로 한 나라들은 과거시험(科擧試驗)을 통해 관원을 선발했는데, 조선을 예로 들면 소과(小科)에서 진사시(進士試)는 문학(文學) 과목을 시험했으며, 생원시(生員試)는 경학(經學) 과목을 시험하였다. 그러나 소과에 합격해 대과(大科)에 응시하면 모든 과목이 문학, 구체적으로는 글쓰기 과목들이었다. 따라서 조선의 양반들은 오랫 동안 한자 글쓰기 연습을 했으므로, 과거제도가 없었던 일본의 지식인과 한자 글쓰기 수준이 달랐던 이유도 여기에 있다.

조선왕조의 문물제도는 대부분 세종 때에 와서 정비되었는데, 과거시험의 과목은 두어 차례 변화하다가 1435년(세종 17년) 이맹균(李孟畇)이 시(詩)를 과거 과목으로 고시할 것을 주장하면서 정착되었다.

집현전 대제학(大提學) 이맹균(李孟畇) 등이 계(啓)하였다. "삼가 원전(元典)의 문과정식(文科程式)을 살펴 보건데, 향관(鄕館) 회시(會試)의 중장(中場)에는 표(表)·논(論)·고부(古賦) 중에서 두 문제를 내고, 생원시(生員試)에는 의(疑)·의(義) 각 하나씩을 내어 행하여 온 지 40년이 되었으니, 경술(經術)의 권면하는 방법은 갖추어졌으나, 오직 시학(詩學)만이 전폐되어서 대소 문사들이 시법을 알지 못합니다. 일신(一身)의 재주가 온전하지 못할 뿐 아니라, 국가에서 씀에도 결함이 있사오니 말기(末技)라고 하여 전폐할 것이 아닙니다. 신 등이 삼가 원전을 참작하여 시학을 진흥시킬 조건을 아래에 전개하여 갖추나이다.

1. 시학은 청소년 시절에 공부하여야 하는 것이니 마땅히 전조(前朝)의 진사과(進士科)를 회복하여 부(賦) 한 문제와 배율십운시(排律十韻詩) 한 문제를 내어 각각 50인을 뽑아 방방(放牓)하고, 인리(人吏)의 면향(免鄕)과 범죄한 사람이 수속(收贖)하는 것 등의 일은 한결같이 생원(生員)의 예(例)에 의하고, 성균관에 있을 때에는 생원(生員)의 아래에 앉게 할 것. (줄임)

1. 문과의 중장에서도 부(賦)와 배율십운시(排律十韻詩) 중에서 한 문제를 내어 논(論)을 대신할 것.

1. 성균관(成均館) 생원은 경학(經學)을 익히는 여가에 겸하여 초사(楚辭), 문선(文選), 이백(李白), 두보(杜甫), 한유(韓愈), 유종원(柳宗元), 구양수(歐陽修), 왕안석(王安石), 소식(蘇軾), 황정견(黃庭堅) 등 역대 제가(諸家)의 시(詩)를 익히게 하고, 봄·가을에 열리는 의정부·육조의 도시(都試)에도 혹 시(詩)를 짓게 하고, 사부 학당(四部學堂)과 외방(外方)의 향교(鄕校)에서도 또한 이에 의해 강습(講習)하고, 아울러 서도(書徒)의 이름을 기록하여 매양 도회(都會)를

당할 때마다 또한 고강(考講)을 가할 것."[1]

황희(黃喜), 허조(許稠), 사간원(司諫院) 등이 반대하였으나, 2년 뒤에 진사시는 부활하게 되었다. 위의 글에서 알 수 있는 것처럼, 진사시 설행의 가장 큰 목적이 '시학(詩學)의 진흥'이었다. 조선시대 사·농·공·상(士農工商)의 구분은 직업이자 신분이었으므로, 선비[士]가 선택할 수 있는 직업은 과거시험에 합격하여 관원, 즉 대부(大夫)가 되는 것이었다. 그러기 위해서는 1차시험인 진사시나 생원시에 합격해야 문과에 응시할 수 있었으므로, 대부분의 양반들은 시(詩)·부(賦)·표(表)·논(論) 등의 문학적 글쓰기나 의(疑)·의(義) 등의 철학적 글쓰기를 몇 년이고 연습했다. 진사시나 생원시에 합격한 뒤에는 상당수가 문과에 응시했는데, 초시와 복시의 초장에는 경학(經學), 중장에는 시(詩)·부(賦)·표(表), 종장에는 시무책(時務策)을 보았다. 『경국대전(經國大典)』에는 중장 과목이 부(賦)·송(頌)·명(銘)·잠(箴)·기(記) 가운데 1편과 표(表)·전(箋) 가운데 1편으로 정해져 있었다.

과거시험의 과목이 대부분 글쓰기 과목인 이유는 임금이 정치의 방법을 소통(疏通), 즉 상의하달(上意下達)과 하의상달(下意上達)에서 찾았기 때문이다. 세종이 『훈민정음(訓民正音)』을 창제하여 반포할 때에 서문에서 "어린 백셩이 니르고져 홇배 이셔도 ᄆᆞᄎᆞᆷ내 제 ᄠᅳ들 시러 펴디 몯ᄒᆞᇙ노미 하니라"라고 배려한

---

1 『世宗實錄』17年 6月 丙寅.

集賢殿大提學 李孟畇 等啓 謹按 元典文科程式 鄕館會試中場 出表論古賦中二題 生員試疑義各一道 行之四十年于玆 其勸勉經術之方備矣 獨詩學專廢 大小文士不知詩法 非惟一身之藝不全 抑亦有關於國家之用 不可以末技偏廢 臣等謹叅酌元典 詩學興行條件 開具于後

一. 詩學當及妙年 宜復前朝進士科 出賦一題 排律十韻詩一題 各取五十人放牓 及人吏免鄕 犯罪收贖等事一依生員例 其居館坐於生員之下

一. 文科中場 以賦及排律十韻詩中一題代論

一. 成均館 生員經學餘暇 兼習 楚辭文選李杜韓柳歐王蘇黃 等歷代諸家詩 春秋議政府六曹都試 或令賦詩 四部學堂及外方鄕校 亦依此講習 并錄書徒 每當都會 亦加考講

것도 결국 정치의 방법을 하의상달(下意上達)에서 찾은 것이며, 한자 글쓰기에 익숙치 못한 양민들을 위해『훈민정음』을 보조수단으로 개발해준 것이라 볼 수 있다.

진사시, 생원시, 문과의 시험과목들은 유협(劉勰)의『문심조룡(文心雕龍)』(502년)이라든가 소명태자(昭明太子, 501-531)의『문선(文選)』에서 이미 대표적인 문체(文體)로 분류된 이래, 과거시험 응시생들이 합격할 때까지 연습하는 문체가 되었으며, 과거시험을 준비하는 조선시대 젊은 지식인들에게『문선(文選)』역시 필독서가 되었다.

조선왕조의 문단을 주도하는 집현전 대제학(大提學) 이맹균(李孟畇) 등이 "이백(李白), 두보(杜甫), 한유(韓愈), 유종원(柳宗元), 구양수(歐陽修), 왕안석(王安石), 소식(蘇軾), 황정견(黃庭堅) 등 역대 제가(諸家)의 시(詩)를 익히게 하자"고 제안한 이래, 오백년 가까이 양반 대부분이 이들의 시집을 공부하였으니, 이들이 한시를 배운 이유는 결국 서정시를 짓기 위한 것이 아니라 관원이 되어 권력에 참여하기 위한 것이다. 이에 따라서 양반 지식인들은 오랜 기간에 걸쳐 과거시험 글쓰기를 준비하기 위해 다양한 참고서를 개발하거나 필사하였다.

2. 외교와 문학

과거시험이 글쓰기 과목 위주로 시행되는 것에 대해 반대도 많았지만, 사대교린(事大交隣)을 외교정책의 지침으로 삼은 조선왕조에서는 결국 외교(外交) 때문에 글쓰기 과목 위주의 과거시험을 계속할 수 밖에 없었다.

조선왕조의 외교정책은 사대교린(事大交隣), 즉 큰 나라 중국은 상국으로 섬기고, 이웃나라 일본과는 친하게 사귀는 것이다. 일본이 조선에게 대하는 외교 지침도 근본적으로는 교린(交隣)이었기에, 일본의 외교관 아메노모리 호슈

[雨森芳洲]는 조선과 친하게 지내기 위해서 꼭 알아야 할 조선어를 가르치기 위해 『교린수지(交隣須知)』를 쓰고, 알아야 할 사항들을 정리하여 『교린제성(交隣提醒)』이라는 책을 지었다.

명(明)나라와 조선 사이에는 건국 초기를 제외하고는 커다란 갈등이 없었으며, 조선과 일본도 임진왜란 직후의 포로 쇄환(刷還) 이후에는 드러난 갈등이 별로 없었다. 현안 문제가 없었기에, 외교가 크게 중요하지는 않았다. 조선은 명나라에 해마다 세 차례 정기적으로 사신을 보냈으며, 황제나 황후, 왕이나 왕비가 세상을 떠나거나 책봉할 때에는 별도로 사신을 보냈다. 일본과의 경우에도 마찬가지여서, 임진왜란의 후유증이 마무리된 뒤에는 장군의 습직을 축하하는 통신사(通信使)만 보냈다. 외교적인 갈등이 드러나지 않았기에 사신을 접대하는 태도는 우호적이었으며, 외교보다도 문학이 더 중요하다고 할 정도로 사신을 접대하는 일행은 기회가 있을 때마다 시를 주고받았다. 오히려 문학을 통해서 필전(筆戰)을 펼쳤다고 할 정도로 수창(酬唱)이 활발했으며, 사신 일행이 돌아간 뒤에는 창화집을 편찬하였다.

명나라 사신이 시인인 경우에는 조선 접반사(接伴使) 일행이 그와 주고받은 한시를 편집해 『황화집(皇華集)』을 간행했으며, 일본 지식인이나 상업적 출판사도 조선 통신사 사행원들과 주고받은 한시를 편집해 다양한 형태의 창화집(唱和集)을 간행하였다.

2.1. 한시 창화(唱和)가 중요하게 된 계기

문학의 효용성을 여러 가지로 들 수 있지만, 공자(孔子)는 일찍이 사신의 응대를 예로 들었다. "시 삼백편을 외우고도 그에게 정사를 맡겼을 때 제대로 처리하지 못하고, 외국에 사신으로 내보내도 혼자 응대하지 못한다면, 그가 아무리 많이 읽었다 한들 무슨 소용이 있겠느냐?[子曰 誦詩三百 授之以政不達 使於

四方 不能專對 雖多亦奚以爲]"고 한 〈자로(子路)〉편의 말대로, 시를 배우는 이유 가운데 하나가 바로 사신의 임무를 맡아 외국에 나갔을 때에 응대하기 위한 것이었다. 『시경』의 작품들은 여러 상황에서 지어졌기 때문에, 어떠한 외교 사안에도 그에 해당되는 시를 외워 응대할 수 있었던 것이다.

조선과 명나라는 서로 비슷한 시기에 건국했는데, 처음에는 국호(國號), 정도전의 요동정벌론, 여진족 관할권 등의 문제로 양국 관계가 불편했다. 명나라는 '인신무외교(人臣無外交)'라 하여 조관(朝官)을 외국에 보내지 않는 관례가 있었으므로, 명나라 황제의 조칙과 예물을 조선국왕에게 전달하는 단순 역할만을 칙사에게 부여하였다. 그래서 문학을 모르는 환관이 많이 왔는데, 이들은 탐욕스러워 많은 문제를 일으켰다. 그래서 명나라 황실에 관계되거나 조선 국왕을 책봉하는 등의 중요 사안에 대해서는 학행이 있는 조관을 선발해 보내게 되었다.[2] 명나라가 242년 동안 186회 보냈던 사신 가운데 몇 명이 조관이었는지 일일이 확인하기는 힘들지만, 『황화집(皇華集)』에 실린 조관은 24차에 걸쳐서 39명이었다.[3] 이들은 한림원(翰林院) 소속이어서 모두 진사시에 급제한 조관들이었는데, 이 가운데 몇 명은 아주 뛰어난 문인들이었다.

첫 번째 문사는 명나라 경제(景帝)의 즉위 사실을 알리러 온 반등극조사(頒登極詔使)인데, 정사(正使)는 정통(正統) 연간에 진사가 된 한림원(翰林院) 시강(侍講) 예겸(倪謙)으로, 저서 『예문희집(倪文僖集)』과 『조선기사(朝鮮記事)』를 남길 정도의 문장력이 있었다. 조선 조정에서는 세종의 신임을 받으며 문병(文柄)을 쥐고 있던 대제학 정인지(鄭麟趾)를 접반사(接伴使)로 보내 창수하게

---

2 巡按遼東御使侯英奏曰, "遼東連年被寇, 瘡痍未起, 今復禾稼不登, 軍民乏食, 太監鄭同等隨從人員所過驛騷, 臣考先年曾於翰林院中, 選有學行文望者出使."......帝曰, "英所言良是, 自後賞賚遣內臣, 其册封正副使, 選廷臣有學行者."(『중국정사 조선전 역주』4, 국사편찬위원회, 1990. p. 10.)

3 申太永, 『明나라 사신은 朝鮮을 어떻게 보았는가』, 다운샘, 2005, 22쪽.
중국 난카이대학 중문과의 자오쯔(趙季) 교수가 그 동안 잊혀진 신유(辛酉, 1621) 『황화집』을 보완하여 『足本皇華集』 교감본(鳳凰出版社, 2013)을 출판했으므로 25차, 40명이 된다.

하였다. 이때부터 명나라에서 조관을 사신으로 보낼 때에는 접반사 일행과 시문(詩文)을 주고받는 것이 관례처럼 되었다.

2.2. 태학두와의 만남이 관례화되다

임진왜란 직후인 1607년, 1617년, 1624년의 통신사는 회답겸쇄환사(回答兼刷還使)라는 명칭으로 파견되었는데, 전쟁의 후유증이 심한 가운데 포로쇄환(捕虜刷還)의 임무가 중요했으므로, 시를 주고받을 정도로 우호적인 분위기는 아니었다. 『통항일람(通航一覽)』에 따르면 일본 문사와 조선 사행인원 사이의 최초 수창은 1624년 하야시 라잔[林羅山]과 사자관(寫字官)으로 온 이성국(李誠國) 사이에 있었지만, 본격적인 수창은 5차 통신사가 파견된 1643년부터 시작되었다.[4] 『계미동사일기(癸未東槎日記)』 7월 10일자에 하야시 라잔이 객관인 본원사(本願寺)로 찾아와 문장을 담당한 독축관(讀祝官) 박안기(朴安期)를 보자고 청했다는 내용이 나오는데, 이때 하야시 라잔의 두 아들도 함께 박안기와 화운시를 주고받았다. 6차 통신사가 파견된 1655년에도 에도(江戶)에 도착한 이틀 후 林春齋가 맏아들 林春信을 비롯한 몇 명을 데리고 와 독축관과 서화(書畫)하는 사람을 청했다.

에도막부의 4대 쇼군인 도쿠가와 이에쓰나[德川家綱]의 즉위를 축하하기 위해 1655년 효종이 통신사를 파견하였다. 이들은 6월 15일에 쓰시마 번으로 들어갔는데, 이곳에서 세 사신은 중달(仲達)과 소백(紹栢)이라는 승려를 만

4 필자가 기획한 「조선후기 통신사 필담창화집 번역총서」 제1권이 『조선필담집、조선삼관사수화(朝鮮三官使酬和)』(보고사, 2013)인데, 1636년에 편집된 『조선필담집』은 43면 분량의 작은 필담집으로 한시가 몇 편 실려 있지만, 그 자리에서 창화(唱和)한 시가 아니다. 필자 팀에서 최근에 번역한 1617년 사행록 [동사일기]에서 부사 박재와 접반승 기하쿠 겐보[規伯玄方] 사이에 시를 주고받았지만, 대개는 시간적인 차이가 있다.

났다. 교토 오산의 승려들은 전통적으로 한문에 익숙한 교양인들이었다. 한문을 쓰는 외교문서도 이들이 관장하였다. 긴 여정 동안 사신들과 함께 하면서 시를 주고받는 경우가 많았다. 중달과 소백 역시 세 사신들과 시를 주고 받았는데, 『조선삼관사수화(朝鮮三官使酬和)』는 이 당시 창수시 76편을 차례대로 기록한 것이다.[5] 그 다음 번인 7차 통신사(1682) 때부터 많은 필담 창화집이 편집, 간행될 정도로 한시 창화가 활발해졌다.

에도막부 이전에는 일본에 유자(儒者)층이 형성되어 있지 않아서 승려들이 조선 사신을 접대했는데, 하야시 라잔이 도쿠가와 이에야스의 시강(侍講)이 된 뒤부터 그의 후손들이 태학두(太學頭)에 임명되어 대대로 통신사 접대를 담당했다.

2.3. 관각문학의 육성

조선에서는 명나라 사신을 접대하는 문사를 키우기 위해 관각을 설치하고 인재를 선발하였다. 경연청·규장각·홍문관(弘文館)·예문관(藝文館)·춘추관(春秋館)·독서당(讀書堂)·승문원(承文院)·성균관(成均館) 등의 기관을 아울러 관각(館閣)이라고 불렀는데,[6] 나라의 문장을 맡은 관청들이다. 관각에서는 왕명과 외교문서의 작성을 비롯해 경연(經筵)과 과거(科擧), 유생의 교육을 주관하였으며, 홍문관과 예문관의 대제학(정2품)을 겸한 책임자를 문형(文衡)이라고 하였다.

명나라에서 조관을 조사(詔使)로 보낸 경우에는 접반사와 창수한 작품들을 모아서 『황화집(皇華集)』을 간행했는데, 25차에 걸친 접반사 가운데 제2, 3, 4, 5차에 걸쳐서 접반사를 맡았던 박원형(朴元亨) 말고는 대부분 전임이나 현임

5 구지현 역, 『조선필담집 · 조선삼관사수화(朝鮮三官使酬和)』, 보고사, 2013, 91-92쪽.

6 『증보문헌비고』 220권 「직관고」7, 221권 「직관고」8.

의 대제학, 또는 뒷날 대제학을 맡은 문사였다. 박원형은 강직한 관원으로 명망이 있었지만 시를 잘 지은 인물은 아니다. 명나라에서도 시에 뛰어난 사신이 오지는 않았기 때문에, 조선 조정에서도 구태여 창수에 대비할 필요가 없었다. 그러나 제6차 조사로 호부낭중(戶部郎中) 기순(祁順)이 파견되자 조정에서는 23년 동안 문형을 도맡은 서거정(徐居正)을 접반사로 임명했으며, 이때부터 문형을 접반사로 임명하는 것이 관례가 되었다. 서거정·허종(許琮)·노공필(盧公弼)·이행(李荇)·정사룡(鄭士龍)·소세양(蘇世讓)·신광한(申光漢)·박충원(朴忠元)·박순(朴淳)·정유길(鄭惟吉)·이이(李珥)·이호민(李好閔)·유근(柳根)·이이첨(李爾瞻)·김류(金瑬)·신계영(辛啓榮) 등의 역대 접반사 가운데 대제학을 역임하지 않은 사람은 허종과 신계영 뿐이다. 이 가운데 허종은 학문과 인품으로 한림원 시강 동월(董鉞)을 압도했으며, 신계영은 부총병(副總兵) 정룡(程龍)과 격을 맞추기 위해 병조참판 지위로 나선 경우이다. 신계영은 1624년에 도쿠가와 이에미쓰[德川家光]의 습직을 축하하는 3차 통신사의 서장관으로 일본에 가서 포로 146명을 데려오고, 1637년에는 심양(瀋陽)에 속환사(贖還使)로 가서 병자호란에 잡혀간 백성들을 데려왔으며, 1652년에는 사은부사(謝恩副使)로 청나라에 다녀온 특별한 인물이다. 그가 통신사로 갔을 때에는 아직 일본인들과 창수의 분위기가 이뤄지기 전이라 조선 사신들 사이에서만 창수하였다.

명나라 조사와 창수가 거듭되면서 조정에서는 관각의 인재를 육성할 필요를 느꼈다. 성종 7년(1476)에 기순이 다녀가자, 대사헌 윤계겸(尹繼謙)이 시무책 9조를 올렸는데, 그 가운데 4조가 바로 접반(接伴) 수창(酬唱)의 인재 육성에 관한 건의이다.

> 사장(詞章)이 비록 말기(末技)이기는 하지만, 중국의 문사가 사명을 받들고 오면 우리나라가 문교(文敎)가 있는 나라라 하여 모두들 시를 짓고 화답하기를 요구합니다. 만일 압도하여 앞서지 못한다면 우리나라를 경시하는 마음이 없겠

습니까? 그러므로 문인(文人)과 재사(才士)는 나라의 꽃이니, 미리 기르지 않을 수 없습니다. 엎드려 바라건대 문왕(文王)의 인재 기름과 세종의 고사를 본받으시어, 어린 문신을 가려뽑고 한직(閒職)을 주어 사무를 맡기지 말고, 학문에 전념하며 문장에 진력하게 하신다면 아마도 교양이 알맞게 되어 인재가 배출될 것입니다.[7]

명나라에서 조관을 조사로 보낸다는 통고를 받으면, 조정에서는 임금으로부터 관각의 구성원에 이르기까지 접반사를 선발하고 조사를 접대하는 일에 전념했는데, 그 가운데 수창이 가장 중요했다. 선조 39년(1606)에 주지번(朱之蕃)이 반황태손탄생조사(頒皇太孫誕生詔使)로 오게 되자 선조가 영의정 유영경, 좌의정 기자헌, 우의정 심희수, 관반(館伴) 이호민, 접반사 유근과 모여서 대책회의를 열었다. 선조가 "이번의 사신은 이름이 있는 사람인가? 어떤 사람인지 모르겠다."고 묻자 한양에서 접대 책임을 맡은 관반(館伴) 이호민이 이렇게 대답했다.

주지번은 을미년에 장원한 사람인데, 중국의 과거는 우리나라와 달라서 장원은 반드시 가려서 뽑으므로, 이름이 있지 않고서는 할 수가 없습니다. 이것으로 본다 해도 그가 평범한 사람은 아니라는 것을 알 수 있습니다. 그리고 중조(中朝) 사람 가운데 근래 책을 새로 지은 사람이 있는데, 그에게 서문을 짓게 했다고 합니다. 신이 그저께 이덕형을 만났더니, 덕형이 "중국 사람들이 학사 문장을 꼽을 때에는 초굉(焦竑)·황휘(黃輝)·주지번 세 사람을 든다"고 하였습니다.[8]

1595년에 장원하고 한림원 수찬까지 오른 주지번은 중원(中原) 3대 명사 가

---

7 『성종실록』 7년 5월 15일조.

8 『선조실록』 39년 1월 23일조.

운데 한 사람이었으므로, 조정에서는 대제학 유근을 접반사로 임명하고 주지번의 시격(詩格)까지 분석하였다. 선조가 주지번의 시에 대해 묻자, 1602년의 제20차 접반사였던 이호민이 자신의 접반(接伴) 경험을 살려 이렇게 설명하였다.

> 기력(氣力)과 격률(格律)은 어떤지 알 수 없지만, 시에 공력을 들인 사람입니다. 시란 본래 공부가 없이 억지로 짓기가 참으로 어려운데, 지난번에 (조사로 왔던) 고천준(顧天峻)과 최정건(崔廷健)의 시는 갑자기 모방하여 지은 것으로 본래 공부가 있지 않은 듯했는데, 이 사람은 반드시 시에 종사한 자인 듯합니다. 그가 지은 작품을 보니 오로지 공교(工巧)하기만 힘써 격률은 대단치 않은 듯하니, 당시(唐詩)의 영향을 받은 시라고 하겠습니다.[9]

접반사는 자신의 창수를 도와줄 제술관과 종사관을 임금에게 추천하는 법인데, 조사를 접대하는 일이 국가의 공식적인 행사였으므로 현직 관원 가운데 골라야 했다. 이때 허균은 황해도 수안군수로 재직 중에 토호(土豪) 이방헌(李邦憲)의 죄를 추궁하며 심문하다가 죽게 만든 죄로 파직당했는데, 유근이 그를 추천하자 조정에서는 그에게 의흥위(義興衛) 대호군(大護軍 종3품)이라는 벼슬을 주어 종사관이 되게 하였다. 명나라 조사와 창수에 대비하기 위해, 조정에서 종사관 선발에 얼마나 심혈을 기울였는지 알 수 있다.

3. 민간 외교 기록의 세 가지 층위와 필담의 위상

20세기 초까지 한국, 중국, 일본을 비롯한 동아시아는 한자(漢字)를 보편문

---

9 같은 곳.

자로 사용하는 한자문화권이었지만, 이 세 나라의 언어는 각기 달라서, 한국어, 중국어, 일본어는 통역을 통해야만 소통되었다. 한국에서 중국이나 일본에 사신이 파견될 때에는 역관(譯官)이 수행하여 공식적인 행사를 도와주었지만, 사행원(使行員)들과 해당 국가 지식인들 사이의 개인적인 교류에는 역관이 따라오지 않았기 때문에 필담(筆談)으로 의사를 소통하였다. 필담을 통해서 개인적인 의사만 주고받은 것이 아니라, 수많은 학문적 담론(談論)이 진행되었다.

한국 사신이 중국에 갈 때에는 한국 지식인이 중국 지식인을 찾아가서 필담을 진행했고, 필담 내용은 일부 연행록(燕行錄)에 남아 있을 뿐, 널리 전해지지 않았다. 그러나 한국 지식인이 일본에 갈 때에는 일본 지식인이 한국 지식인의 숙소로 찾아와 필담을 진행했고, 일본 지식인들은 필담 내용을 곧바로 편집하여 출판하였다. 상업출판이 거의 없던 한국(조선)과 달리, 상업출판이 번성하던 에도시대 일본에서는 필담의 독자가 많았다.

전근대시대에 한국과 중국, 일본의 지식인이 만날 때에는 대부분 기록을 남겼다. 기행문과 필담과 한시(漢詩) 창화(唱和)의 세 가지 방법 가운데 기행문은 귀국한 뒤에 일방적으로 기록한 것이며, 필담과 한시 창화는 쌍방이 한자리에서 주고받은 기록을 주로 만남을 시도한 측에서 편집한 것이다. 일본 경우에 필담초(筆談草)나 창화초(唱和草)를 편집하여 판각(板刻)을 거쳐 출판하기까지 시간이 걸리기 때문에, 한국 지식인들은 필담이나 한시 창화의 출판본을 확인하지 못하고 귀국하였다. 따라서 필담과 한시 창화 현장의 생생한 기록이 일본 측 편집자의 의도에 따라 변개될 가능성이 있었다. 현장에서 진행되었던 필담 내용과 뒷날 출판해서 보여준 필담 내용이 달라졌다고 해서, 한마디로 '거짓'이나 '왜곡'이라고 판단할 수는 없지만, 필담의 현장에서 편집 및 출판까지의 거리를 확인해볼 필요가 있다. 한일관계 기록을 연구할 때에는 그 기록의 진위 여부도 검증해볼 필요가 있다.

쇄국정책을 실시하던 조선후기에 조선인과 외국인이 만나는 방법은 세 가지였다. 첫째는 연행사나 통신사 같은 공식 사절단이고, 둘째는 부산의 주민과 왜관의 거류민 사이의 만남이며, 셋째는 표착인과 해당 지역 관원 및 주민의 만남이었다. 이 가운데 둘째 만남은 조선어나 왜어(倭語)만으로도 소통되었지만, 첫째와 셋째 만남에서는 필담(筆談)이 이뤄졌다.

3.1. 일방적 기록인 사행록(使行錄)

한중·한일교류 연구에서 1차적으로 인용되던 사행록(使行錄)은 사행원이 한양에서 출발하여 중국이나 일본 어느 지역에서 임무를 마치고 한양으로 돌아오기까지의 기록인데, 대개는 날짜순으로 자세하게 기록하였다. 필자는 문화재청과 계약하여「통신사기록 조사, 번역 및 목록화 연구」용역을 수행하였는데, 하우봉교수가『해행총재』밖에서 발견한 자료 18종[10] 이외에 장희춘의『해동기(海東記)』(1607)와 전영의『해사일기(海槎日記)』(1636)를 추가로 찾아내고, 1748년 조명채의『봉사일본시문견록(奉使日本時聞見錄)』과 필자 미상의『일본일기(日本日記)』가 같은 기록임을 밝혀서, 사행록 46종의 이미지 데이터베이스를 구축하고, 그 가운데 10종의 원문을 입력하고 번역하여 보고서를 제출하였다.[11]

사행록 중간에는 한시나 필담도 삽입되어 있는데, 이 기록의 단점은 일방적이라는 점이다. 같은 날 같은 자리에서 만났던 상대방의 기록이 없으면, 이 기록이 진실인지 거짓인지 확인할 수가 없다. 사행 중에는 갈 길이 바빠서 대개 초고만 작성하다가 귀국한 뒤에 정리하기 때문에, 국법에 저촉되는 기록은 삭제하거나 수정할 가능성이 많다. 박지원의『열하일기』초고가 다양하고, 같은 부분의 내

---

10 하우봉, 새로 발견된 日本使行錄들,『歷史學報』제112집, 1986

11 문화재청 발간등록번호 11-1550000-001483-01,「통신사기록 조사, 번역 및 목록화 연구」, 2014.

용이 이본마다 서로 다른 것도 저자가 여러 차례 수정했기 때문이다. 이런 경우에는 어느 이본을 연구대상으로 할 것인지 검토하는 정본화작업이 필요하다.

3.2. 쌍방적 기록인 필담(筆談)

사행록이 일방적인 기록이라면 필담(筆談)은 상호 소통의 기록이다. 두 나라 사람이 같은 자리에 마주앉아서 공동의 주제를 가지고 의견을 교환하기 때문에, 한 사람의 의견만 남아 있을 수는 없다. 그러나 필담 경우에도 필담초(筆談草)는 대부분 남아 있지 않으며, 필담을 신청한 측에서 정리한 내용이 필사본으로 전해지거나 인쇄본으로 유포된다. 조선인과 중국인의 필담 경우에는 필담을 신청한 조선인의 사행록에 필담이 편집되고, 일본인과 조선인의 필담 경우에는 필담을 신청한 일본인이 혼자 편집하여 출판하거나 필사본으로 유통시킨다.

박지원이 북경에서 중국 지식인들과 필담한 기록들은 『열하일기』 곳곳에 「속재필담(粟齋筆談)」, 「상루필담(商樓筆談)」, 「망양록(忘羊錄)」, 「혹정필담(鵠汀筆談)」, 「황교문답(黃敎問答)」, 「피서록(避暑錄)」 등의 제목으로 편집되어 실렸는데, 필담 곳곳에 연암의 추가적인 의견이 개입되어 있으며, 단행본으로 출판되지는 않았다. 「혹정필담(鵠汀筆談)」을 예로 들어보면 혹정(鵠汀)이 필담 도중에 붓으로 뭉개버린 구절도 있고, 분명히 쓰지 않은 부분은 박지원이 추측해서 써 넣기도 했다. 혹정이 청나라 금기사항이 유출될까 두려워하며 필담초를 없앴으므로, 박지원이 다시 정리하여 뒷날 『열하일기』 「혹정필담(鵠汀筆談)」에 10장 넘게 편집했다. 필담초가 없어졌으므로 당연히 본인의 일방적인 기억에 의존하여 편집했으리라 생각된다.

일본 경우에는 대부분 일본 지식인들이 오래 전부터 질문을 준비하고 통신사 숙소에 찾아와 필담을 신청하였으며, 필담초를 정리하여 곧바로 출판하였다. 필자는 필담창화집 170종의 원문을 입력하고 번역하여 2013년 6월부터

『조선후기 통신사 필담창화집 번역총서』라는 제목으로 10권씩 출판하고 있다. 1711년 통신사였던 정사 조태억, 부사 임수간, 일본측 접반 책임자였던 아라이 하쿠세키의 필담이 두 나라에서 따로 출판된 『좌간필어(坐間筆語)』 같은 경우는 극히 드물다. 따라서 상호 소통의 방식으로 의견을 주고받은 필담집을 1차사료로 삼을 때에도, 상식을 넘어서는 기록이 보이면 출판과정에서 변개되었는지 검증이 필요하다.

3.3. 표착인의 공초(供招)

사행록과 필담의 중간 형식이 표착인의 공초(供招)이다. 사행(使行)이 국가 간에 예정된 공식적인 만남이라면, 표착(漂着)은 예정되지 않은 비공식적인 만남이다. 표류민은 표착(漂着)한 지역에서 해당 지역 관원의 신문에 사실대로 진술해야 한다. 표착인이 외국어를 할 수 있는 경우는 거의 없으므로, 한자를 아는 지식인 경우에는 필담(筆談)으로, 한자를 모르는 상인이나 어부 경우에는 통역을 거쳐 신문과 답변이 진행되었다.

상대방 나라의 관원은 표착인의 국적과 신분, 여행 목적과 표류과정을 정확하게 확인하기 위해서 같은 내용을 여러 차례 신문하였는데, 1488년 중국 태주부(台州府) 임해현(臨海縣)에 표착한 조선인 최부(崔溥)의 경우에도 해문위(海門衛) 천호 허청(許淸), 도저소(桃渚所) 천호(千戶) 진화(陳華), 황화관(皇華館)에서 송문(松門) 비왜지휘(備倭指揮) 파총관(把摠官) 유택(劉澤)에게 신문을 받으며 모두 같은 내용으로 답변한 뒤에야 조선의 선비라는 신분이 확인되어 귀국길에 올랐다.

그러나 표착한 지역에서 신문에 응한 필담 내용과 귀국한 뒤에 일기(日記)를 제출하라는 성종(成宗)의 명을 받아 기록한 『표해록(漂海錄)』이 동일한 내용인지는 확인할 수 없다. 중국 관원에게 제출한 필담과 『표해록(漂海錄)』을 대조

할 수 없기 때문이다.[12]

조선과 일본의 지식인이 만나서 주고받은 기록이 출판과정에서 얼마나 진실되게 전승되는지 알아보기 위해서, 세 가지 형태의 기록을 검토해보기로 한다.

4. 표착인의 필담

일본에 갔던 조선 통신사 사행원과 일본 지식인의 필담이라든가 중국에 갔던 조선 연행사 사행원과 중국 지식인의 필담은 문제의식을 가진 필담이지만, 표착민의 필담은 문제의식이 없다. 표착민 대부분이 어민(漁民)이나 상인(商人)인데다, 자신의 의도와 관계없이 상대방의 나라에 표착되었기 때문이며, 대부분은 관원에 의해 인적사항이나 표착 이유를 묻는 요식적인 필담이기 때문이다. 중국인과 조선인 표착인의 대표적인 필담을 예로 들어 특성을 살펴보기로 한다.

4-1. 중국 상선의 표착 필담

임진왜란 이후에 중국(明, 淸)과 일본(에도막부)의 공식적인 외교는 단절되었지만, 민간의 무역은 여전히 활발했다. 강소성(江蘇省) 영파(寧波)에서 출발해 나가사키[長崎]를 오가는 상선들에는 대부분 강소성이나 절강성 출신 상인들이 탔는데, 계절풍과 풍랑에 따라서 조선에 표착하거나 일본에 표착하였고, 이따금 류큐(오키나와)에도 표착하였다.

---

12 許敬震,『漂海錄』体現的朝中兩國人的相互認識,『中國硏究』第48卷, 2010에서『漂海錄』이 기록되는 과정을 소개했지만, 도저소(桃渚所)나 황화관(皇華館)의 1차 필담자료를 찾아내지는 못하였다.

마츠우라 아키라는「근세 동아시아 해역에서의 중국선의 표착 필담기록」에서 일본에 표착한 중국 상선의 자료집으로 간사이대학[關西大學]동서학술연구소에서 간행한『에도시대 외국선 표착자료집(江戸時代 唐船漂着資料集)』8책을 소개했는데, 이 가운데『순해록(巡海錄)』(1753),『득태선필어(得泰船筆語)』(1826),『호송록(護送錄)』(1879),『강남상화(江南商話)』(1808),『유방필어(游房筆語)』(1780),『영파선필어(寧波船筆語)』(1800) 등이 필담집이다.

이러한 필담집들은 표착민이 대부분 상인인데다 일본측의 필담 진행자도 관원이어서, 인적사항, 표착과정, 탑재 인원과 화물 등에만 관심이 있을 뿐, 더 이상의 공동 화제가 없다. 이 가운데 그나마 필담이 제대로 전개된 것은 1780년 보소반도[房總半島] 치쿠라[千倉]에 표착한 절강성 무역선 원순호(元順號) 선원과의 필담『유방필어(游房筆語)』이다. 그 이유는 마츠우라 아키라의 설명처럼 "무역선 원순호의 선원과 일본측 관리와의 사이에서 교환된 필담기록"이 아니라, 중국 상선이 표착되었다는 소식을 듣고 필담하기 위해 달려온 이 지역의 한학자(漢學者) 이토 란텐[伊東藍田, 1734-1809]과의 필담이었기 때문이다. 원순호의 표착과 필담은 동아시아 문화교류의 특별한 단서를 보여준다.

이토 란텐이 표착지로 중국 표착인들을 만나러 달려간 이유는 책에서만 배웠던 중국에 관해 새로운 지식을 얻기 위해서였다.『유방필어(游房筆語)』서문에서 "우리나라가 흥성해지자 사신을 상국에 초빙하지 않았다"고 했지만, 실제로는 임진왜란 이후에 중국(明, 淸)과 일본(에도막부)의 외교가 복원되지 않았기 때문에 중국 지식인들을 만날 수 없었다. 그러다가 표착민을 만나 "비록 말이 통하지 않으나 붓으로 혀를 대신하여 종일토록 막역한 정을 나누었다[雖語言不達, 代舌以筆, 班荊莫逆爲驩終日.]" 그가 "비록 상인이었으나 화하(華夏)의 사람이니, 어찌 조선이나 유구에서 온 사람과 같이 말할 수 있겠는가? 내가 기뻐함은 당연한 일이었다[雖則商賈, 而華夏之人, 豈可與朝鮮琉球同年而道也哉. 不佞喜而後可知也.]"라고 표현한 데서 일본 지식인의 감추고 있던 중화사상이 드러난다. 당시 일본에게 조선은 통신(通信)의 나라였지만 중국은 통상(通商)의 나라였기에, 중국인이라고는 상인 밖에 만날 수 없는 아쉬움을 그렇게 달랬던 것이다.

이토 란텐이 그토록 중국인과의 필담을 갈망한 이유는 그가 살던 지역이 통신사가 거쳐 가는 지역이 아니었기 때문이다. 통신사가 가쳐 가는 지역에서는 이십년에 한 차례는 조선 지식인과 필담을 나누며 자신의 지적 욕구를 해소할 수 있었지만, 그는 덴메이(天明) 연간에 분고(豊後, 지금의 오이타현) 히지번(日出藩)에 임용되어 통신사를 만날 기회가 없었던 것이다. 그래서 관원에게 뇌물을 바쳐가며 표착민과 만났다. 관원들이 주민과 외국인이 만나는 것을 금지했기 때문에, 통신사 수행원들과의 필담 때에도 그랬던 것처럼, 중국인과 필담을 할 기회를 얻으려면 뇌물이 필요했다. 그러나 어렵게 필담을 시작했지만, 서로의 관심사가 너무나도 달라 필담이 제대로 진행되지 않았다.

藍田：不佞自童丱學貴邦聖人之道，性又好讀貴邦之書，以至斑白，以故聞諸賢漂泊至於此，投袂而起，與一二親知，不遠數百里，泛小舟而來，今七十八名中，必有儒雅大學如公者，幸為紹介，便就而受教，苟獲如所云，則何喜如之，非所感望也

天協：通船人皆為生理行商遠方，不暇學問，況復有敵公者。

란텐 : 제가 어릴 때부터 귀국의 성인의 도를 배웠고, 성정이 또한 귀국의 서책 읽기를 좋아하여 반백에 이르렀습니다. 그리하여 여러 현자들이 표류하여 이곳에 이르렀다는 말을 듣고 소매를 걷고 일어나 한두 명의 친한 지기와 더불어 수백리를 멀다하지 않고 작은 배를 타고 왔으니, 지금 78명 중에 반드시 기품 있고 학문이 공과 같은 사람이 있을 것입니다. 다행히 소개해 주시면, 가르침을 받겠습니다. 만일 말씀드린 대로 된다면 그 기쁨은 감히 바랄 수 있는 바가 아닙니다.

심경첨 : 배를 통하는 사람은 모두 생리를 위해 먼 곳에 장사하는 사람들이라

학문할 겨를이 없었습니다. 하물며 다시 공과 대적할 자가 있겠습니까.

……

天協：此去長崎幾多里

藍田：凡四千里

天協：今我為通船七十八人父母妻子，欲作一道書，報知無恙，達之長崎，乃有唐船在，則蒙公恩甚重

藍田：難客之至情，真為愴神，然是亦縣尹之所當處置，吾儕小人，決弗可得私作致書耶.

심경첨 : 여기서 나가사키까지 몇 리입니까.

란텐 : 모두 사천 리 입니다.

심경첨 : 오늘 제가 뱃사람 78명의 부모와 처자식을 위해 서신 한 통을 써서, 몸에 탈이 없음을 알리려 합니다. 나가사키에 이르면 당선(唐船)이 있으니, 공의 은택을 입음이 클 것입니다.

란텐 : 조난객들의 극진한 정은 실로 마음이 아프나, 이것은 역시 현윤(縣尹)이 마땅히 처리해야 하는 것이라, 저와 같은 소인은 절대로 사사로이 서신을 전해드릴 수 없습니다.

이토 란텐은 어렸을 때부터 사서 삼경을 비롯한 중국 성현의 책을 읽고 자랐으므로, 중국인라면 당연히 현자[諸賢]이고, 78명의 무리 가운데는 반드시 유아·대학(儒雅大學)이 있으리라고 생각했지만, 그들은 학문할 겨를이 없던 장사꾼이었다. 선장 심경첨은 이토 란텐에게 나가사키에 편지를 전해 달라고 부탁했지만, 이토 란텐은 국법에 어긋난다고 거절했다. 관심사가 다르다보니, 같은 글자를 사용해 필담을 나누면서도 성과가 없었다.

이토 란텐은 15세에 나가사키에서 중국어 역관에게 중국어를 조금 배운 적이 있었으므로, 비교적 점잖아보이는 선원 정씨(鄭氏)를 붙들고 『대학(大學)』

첫 구절을 중국어로 읽어달라고 하여 자신의 기억을 더듬었다. 그러나 그 구절 이외에는 중국어로 소통할 수 없으므로, 필담은 저절로 끝나게 되었다. 그 사이에 정이 들었기에, 이토 란텐은 한시를 지어 그들에게 주었다.

班荊海畔坐濤聲　바닷가에 앉아 파도소리 들으며 정을 나누니,
目擊相歡莫逆情　오가는 눈빛에 막역한 정이 담겨 있네.
援筆無論言語異　서로 말은 달라도 붓의 도움으로 마음 통하니
風流醞藉鄭先生　풍류 있고 온자하신 정선생이여.

鄭誇示諸飄人，後把筆書

天臻：陽春高調，我下才，乍敢得作和

정씨가 자랑하며 여러 표착인들에게 보이더니, 후에 붓을 잡고 썼다.

정씨 : 따뜻한 봄에 분위기가 무르익는데, 제가 재주가 없어 감히 더불어 창수하지 못합니다.

외국인이 중국인인 자신에게 한시를 지어주었다는 점이 자랑스러우면서도 멋쩍었을 것이다. 이런저런 필담을 나누다가 날이 저물어, 이토 란텐은 내일을 기약하고 표착인들과 헤어졌다. 다음날 뜻밖에도 담당 관원으로부터 표착인 관련 내용을 일체 발설하지 말 것과 표착인과의 접촉을 엄금한다는 경고를 받게 되었다.[13] 표착인과 표착지 관원들의 의례적인 인적사항 필담에서 새로운 이야기가 나올 수 없었던 것처럼, 관심사가 서로 다른 장사꾼 표착인과 학자의 필담에서도 새로운 이야기는 전개되지 않았다.

---

13 허경진·최영화, 청나라 무역선의 일본 표류와 『유방필어(遊房筆語)』, 『아시아문화연구』 26집,

4-2. 북해도에 표착한 무인 이지항의 두 가지 기록 – 망각인가? 은휘인가?

동래에 살던 무인(武人) 이지항(李志恒, 1647-?)이 1696년[14] 봄에 일본에 표착했다가 1697년 봄에 부산으로 돌아와, 『표주록(漂舟錄)』을 기록하였다. 자발적인 기행문이 아니라, 3월 5일 부산포에 돌아왔다가, "다음날 아침 관아로 들어가 공술한" 것이다. 이지항 일행은 아이누인이 사는 북해도 서북쪽 섬에 상륙해 손짓 발짓을 해가며 의사 소통을 하다가, 일본인들을 만나 필담을 나누거나 통역을 통해 대화를 주고받았다. 이지항은 무인이지만 한시를 잘 지었기에, 한시를 지을 줄 아는 관원이나 승려와는 한시로 의사를 소통했다. 조선 관아의 공술 기록인 『표주록(漂舟錄)』에는 한시가 많이 실리지 않았지만, 일본 관아의 공술 기록인 『표류조선인이선달정사(漂流朝鮮人李先達呈辭)』에는 한시가 많이 실려 있다.[15]

이지항이 일본에 표착한 1696년에는 7차 통신사까지 파견되고 『조선필담집(朝鮮筆談集)』(1636), 『조선삼관사수화(朝鮮三官使酬和)』(1655), 『화한창수집(和韓唱酬集)』(1682)을 비롯한 여러 권의 필담창화집이 편집, 출판되어 팔리고 있었다. 조선과 일본 문인들 사이에 한시를 창화할 만한 분위기가 이뤄지고, 조선 문화에 관심있는 독자층도 어느 정도 형성되었던 것이다. 그러나 이지항의 한시와 필담이 실린 『표류조선인이선달정사(漂流朝鮮人李先達呈辭)』는 필담창수집같이 출판되지는 않았다. 일본 관청에서 필담과 창화를 시도한 목적이

14 한국고전번역원 DB의 『표주록』 번역에는 병자년을 1756년으로 표기하고 괄호 안에 "영조 32년"이라고 설명했는데, 1696년이 맞다. 『을묘증광별시방목(乙卯增廣別試榜目)』에 의하면 이지항(李志恒)은 숙종 1년(1675) 을묘증광시 무과에서 병과(丙科) 37위로 합격하였다. 정해생(丁亥生)이라 했으니 1647년생으로, 29세에 합격한 셈이다. 『표류조선인이선달정사(漂流朝鮮人李先達呈辭)』 첫 장에 "元祿九丙子年夏五月漂着朝鮮人先達手啓"라고 쓴 것만 보아도 1696년이 확실하다.

15 허경진, 표류민 이지항과 아이누인, 일본인 사이의 의사 소통, 『洌上古典研究』 제32집, 2010, 55쪽.

상업적인 출판을 염두에 둔 것이 아니라, 표류과정을 공식적으로 확인하고 환대하기 위한 기록이었기 때문이다.

이지항의 표류와 관련된 자료는 두 가지이다. 이 가운데 조선측 기록인『표주록(漂舟錄)』은『해행총재(海行摠載)』에 편집되면서 학계에 알려졌지만, 일본측 기록인『표류조선인이선달정사(漂流朝鮮人李先達呈辭)』는 거의 알려지지 않았다.『표류조선인이선달정사(漂流朝鮮人李先達呈辭)』는 아이누 지역에서 그를 발견한 일본 관원이 마츠마에번[松前藩]으로 호송한 뒤, 관청에서 공술한 기록이다. 시기적으로 가장 앞선 기록이며, 일본 관원 및 승려들과 주고받은 시가 수십 수 실려 있다. 10장 20면 분량이며, 현재 일본 북해도대학 도서관에 소장되어 있다.[16]

『표주록(漂舟錄)』은 이지항이 귀국한 뒤에 부산포 관아에 가서 공술한 기록이다. 표류하게 된 경위와 귀국한 경로를 밝히는 것이 목적이었기에, 일본인과의 한시 창화는 거의 빠져 있다. 조엄이 1800년에 편집한 필사본『해행총재(海行摠載)』는 사행록 중심이어서 이 기록이 실려 있지 않았지만, 1914년 조선고서간행회에서 8종의 사행록을 빼고『표주록』을 추가해 활자본『해행총재(海行摠載)』를 간행하면서 이 자료가 학계에 소개되었다. 국립중앙도서관과 동경대 도서관에『표해록(漂海錄)』이라는 책명으로 소장되어 있는데, 이케우치 사토시(池内敏) 교수가 이 두 책과『해행총재』에 수록된『표주록(漂舟錄)』을 비교하여 소개하였다.[17]

이지항은 아이누 지역과 일본을 거쳐 조선으로 돌아왔는데, 외국이라 당연히 의사 소통에 문제가 많았다.『표류조선인이선달정사(漂流朝鮮人李先達呈辭)』 서문을 보면 "지난 달(4월) 28일에 미친바람이 갑자기 불어" 표류하기 시작

16 같은 글, 59쪽.

17 池内敏,「李志恒『漂舟錄』について」,『鳥取大學教養部紀要』28, 1994.

했다고 한다. 그들이 5월 12일쯤 도착한 곳은 일본이 아닌 바닷가였고, 한자(漢字)는 물론, 일본어(日本語)도 통하지 않는 지역이었다. 남쪽으로 내려오면서 차츰 일본어가 통하기 시작했고, 일본 언해(諺解, 히라가나)를 거쳐 한자(漢字)를 아는 관원을 만나면서 짧은 필담(筆談)이 시작되었다.

본격적인 필담은 7월 23일부터 시작되었는데, 공술 형태였다.

> 변장(邊將)은 풍성하게 차려 놓고 나를 맞아 공손히 절하였다. (줄임) 김백선과 다른 뱃사람들을 밖의 대청에 따로 앉게 하고, 다른 사람으로 하여금 대접하게 하였다. 그는 붓과 벼루를 내어 놓고, 모면지(毛綿紙)에다 글씨를 써서 사정을 물었다. 내가 거기에 닿게 된 내력을 다 써서 주었더니 곧 단단히 봉해서는 급히 송전 태수에게로 보내 알리게 하였다.
>
> 邊將者。盛設鋪陳。迎余上拜。... 金白善及他船人等。別坐外廳。令人待之。出置筆硯。以毛綿紙。取書問情。余盡記以進。則卽爲堅封。馳送報知于松前太守前。

지금까지는 동래 출신의 김백선이 일본어로 의사를 통했지만, 이제부터는 변장(邊將)이 붓과 벼루를 내어놓고 한자를 아는 이지항과 필담하였다. 일행은 그곳(예사치 曳沙峙)에 사흘 머문 뒤, 송전태수에게 인도되었다. 7월 27일 마츠마에 태수를 만나 필담이 시작되었다.

> 그들이 김백선을 불러 말을 전하였다.
>
> "태수께서 술자리를 베풀어 위로해 주는 것입니다."
>
> 또 글 한 장을 전하였는데, 그 글을 열어 보니 이렇게 쓰여 있었다.
>
> "이번 행차에서 당신들은 무엇하려고 배를 타셨으며, 어디에 닿으려다가 바다로 표류하게 되었습니까? 며칠간 표류하다가 우리 경내(境內)에 도착하게 되었습니까? 해상에서 일본의 상선을 만났었습니까? 조선에서 떠난 것은 어느 달

어느 날이었습니까? 또 해상에서 표류했던 날수는 얼마나 되었습니까?”

入白善傳語曰。太守設酌送慰云。又傳一章。開視其文曰。○是行也吾丈等。爲何發船。欲到何境而漂流于海瀛耶。有幾日漂着我境耶。海上有逢日本商舶耶。朝鮮發船者。何月何日乎。又海上漂流之日數幾許乎。

첫 마디는 김백선에게 일본어로 말했지만, 그 다음 질문부터는 이지항에게 서찰로 진행되었다. 여러 질문이 계속된 뒤에 이지항의 답변이 시작되었다. 서찰 형식으로 공술을 시작한 것이다. 이튿날 태수로부터 답서를 받았으며, 한 차례 더 서찰을 받았다. 그 이후에도 여러 차례 필담과 서찰이 오가며 표류에 관한 질문과 답변을 주고받았다. 필담이 두 사람이 마주앉아 글자를 주고받은 것이라면, 서찰은 서로 떨어져 있으면서 다른 사람을 통해 글자를 주고받는 차이만 있을 뿐, 언어가 달라도 글자를 통해 의견을 주고받는 행위는 마찬가지이다. 상대방이 신분이 높은 태수이기에 이지항과 동등하게 마주앉아 필담을 나누지 않은 것뿐이다.

한자를 아는 문명세계로 들어서자 한시를 주고받는 단계에 이르게 되었다. 필담이나 서찰이 단순한 정보 전달이라면, 한시는 감정의 전달이다. 가장 먼저 이지항에게 한시 창화(唱和)를 요청한 사람은 마츠마에[松前] 태수였다. 7월 28일에 공술에 대한 답장을 받자, 그 다음날 태수가 선물을 보내고, 며칠 뒤에 한시를 지어 달라고 요청했다.

하루는 태수가 시왜(侍倭)를 보내어 문안하고, 겸하여 당지(唐紙) 열 장을 보내며 김백선을 통하여 부탁하였다.

“존좌(尊座)는 예사치(曳沙峙)로부터 육지의 길을 오시면서 이 고을의 경치를 보셨으니, 시를 지어 보내 주심이 어떠합니까?”

할 수 없이 오던 길에 생각나는 대로 시 여섯 수(首)를 연서(聯書)하여 보냈다.

一日太守送侍倭問安。兼送唐紙十張。令白善傳語曰。尊自曳沙峙。旣陸行觀覽本州形槪。題詩以送如何。不得已來路所思詩六首。聯書以呈。

이지항은 표류 후 석 달 만에 처음으로 한시를 창화하게 되었는데,『표주록』에는 자신이 시를 지었다는 사실만 기록하고, 그 시는 기록하지 않았다. 이지항이 한시를 지어 보내자, 태수가 에도[江戶]에서 온 중 서류(瑞流)와 함께 그 시를 보고 차운(次韻)하여 보내 왔다.

봄이 와도 머리에 흰 눈 덮였다 말하지 마소
고향길 먼 그대가 가엽구려.
소무(蘇武)와 이릉(蘇陵)이 옷깃을 나누니 다시 만나기 어려워
하량의 한 번 이별이 이미 천 년일세.
莫言春到雪蒙頭. 羈旅憐君鄕路悠.
蘇李分裳難再遇, 河梁一別已千秋. (제1수)

『표주록』에는 태수가 보내준 이 화운시 6수가 실려 있는데,『표류조선인이선달정사(漂流朝鮮人李先達呈辭)』에는 태수가 지은 위의 시들은 실려 있지 않고 이지항의 시만 실려 있다. 이지항의 기록을 정리한 것이기 때문이다. 이지항과 태수는 마주앉아 창화(唱和)하지 않고, 태수가 먼저 이지항에게 시를 요구한 다음에 차운하여 보내왔다. 이는 태수의 한시 창작력이 뛰어나지 않기 때문이다. 한자리에서 창화하려면 상당히 빠르게 시를 주고받아야 하는데, 전문적인 시인이 아니면 불가능하다.

표류인 이지항이 북해도에 표착하거나 동래에 돌아왔을 때에 두 나라 관청에서 모두 공술(供述)을 들였다. 공술은 개인적인 기행문과 달리 공식적인 보고인데, 관청의 질문은 처음 한 차례이고, 그 다음부터는 공술자의 일방적인 보고

가 이어진다. 주고받는 대화체가 아니다. 물론 중간에 질문이 있었는데 답변만 썼을 가능성도 있다.

『표주록(漂舟錄)』은 날짜를 기록했지만 처음부터 끝까지 주어가 여(余)이다. 관원의 개입이 드러나지 않아, 마치 일기나 기행문을 보는 듯하다. 이에 비해 『표류조선인이선달정사(漂流朝鮮人李先達呈辭)』의 주어도 아(我)와 여(余)인 것은 마찬가지이지만, 여러 건의 문서로 나뉘어져 있고, 문서마다 「문록구년하오월 표착조선인 선달 수계(文祿九年夏五月 漂着朝鮮人 先達手啓)」, 「조선국표인 이지항정사(朝鮮國漂人李志恒呈辭)」, 「일본국 송전주 태수각하(日本國松前州太守閣下)」라는 제목이 있으며, 마지막 줄에 '조선표인 이선달(朝鮮漂人李先達)', '조선표인 이지항선달(朝鮮漂人李志恒先達)', '이지항(李志恒)' 등의 서명이 있다는 점에서 낯선 외국인의 공술임을 분명히 했다. 창화(唱和) 경우에는 물론 일본인도 함께 서명했는데, '병자팔월초이 조선국표인 이지항고(丙子八月初二 朝鮮國漂人 李志恒稿)', '병자중추초칠 승혜해지윤서류고(丙子仲秋初七 僧惠海智潤瑞流稿)'라고 서명한 것을 보면 여러 사람이 그날 그날 썼던 초고를 누군가 계속 편집했음을 알 수 있다. 부산진에선 한자리에서 지속적으로 공술했지만, 일본에서는 며칠씩 자리를 옮겨가며 공술했기에 형태가 달라진 것이다.[18]

한시는 공술의 공식적인 문체가 물론 아니지만, 공술받는 관원이나 자리에 함께 한 승려들이 그 지역의 지식인이었기에, 자연스럽게 한시 창화가 이루어졌다. 대부분 표류에 관한 내용이므로, 한시도 공술의 연장선에 있다고 보아야 한다. 『표류조선인이선달정사』의 본격적인 공술은 7월에 끝나고 8월에는 한시 창화가 이어지다가 8월 16일 기록에서 끝난다. 마츠마에(松前)의 영역을 벗어났기 때문이다. 『표주록』 경우에도 7월 28일 기록에 태수가 "주신 편지에 피력

18 같은 글, 76쪽.

하신 뜻을 잘 알았다. 내가 그대를 당장 그대의 나라로 호송하지는 못하더라도 추운 계절까지 지체되어 몸이 상하게 하지는 않겠다."고 답신을 보내 공술 절차가 마무리되었음을 밝혔다.

『표류조선인이선달정사(漂流朝鮮人李先達呈辭)』에서 여러 건의 공술을 편집한 사람이 마츠마에의 관원이었기에, 송전을 떠난 이후의 공술은 실릴 수 없다. 나가사키에서 별도의 공술이 있었겠지만, 다른 기록이기에 확인할 수 없다. 『표주록』에는 이듬해 3월 5일 부산포에 도착한 이지항이 이튿날 부산첨사로부터 "공술(供述)을 들이라"는 명령을 받는 문장으로 끝난다. 실제로는 이날 이 명령을 받고 『표주록』을 집필하기 시작한 것이다.

이 두 자료의 가장 큰 차이는 『표류조선인이선달정사』에 8월 15일 이후의 기록이 없다는 점, 한시가 많다는 점, 공술 형식이 다르기 때문에 글자도 많이 다르다는 점이다. 8월 15일 이후에는 이지항이 마츠마에(松前) 영역을 떠났기 때문에 『표주록』에만 그 이후의 기록이 있는 게 당연하지만, 『표주록』에서 상당수의 한시가 없어졌다는 점은 고려해볼 여지가 있다.

이지항은 마츠마에 태수가 자신의 시에 차운해서 보내온 시는 『표주록』에 기록했으면서도, 정작 자신의 시는 기록하지 않았다. 평소에 시를 많이 짓던 시인 같으면 자신의 시를 외울 수 있지만, 이지항은 무인이어서 외우지 못했던 것인가? 그러나 자신이 지은 시는 외우지 못하면서, 자신의 시에 차운한 일본인 태수의 시는 귀국한 뒤에도 모두 외워 기록했다는 것은 앞뒤가 맞지 않는다.

단순한 망각인가? 표류 기록에 한시가 중요치 않다고 해서 밝히지 않은 것인가? 자신이 지은 한시 뿐만 아니라, 다른 사실도 감춘 것인가? 그렇다면 고의적 은폐인가? 이 점은 이와 유사한 사례가 더 나와야 비교 분석이 가능하다.

5. 80년 뒤에 출판되어 역지빙례(易地聘禮)에 이용당한 아라이 하쿠세키의 『좌간필어(坐間筆語)』

『坐間筆語 附江關筆談 全』(이하 『좌간필어』)은 아라이 하쿠세키[新井白石, 1657-1725]가 정사 조태억(趙泰億, 1675-1728), 부사 임수간(任守幹, 1665-1721) 등 통신사 일행과 나눈 필담을 모은 책이다. 교토의 서점 하치몬지야 쇼베에[八文字屋正兵衛][19]에서 간행된 이 책은 스즈키 기미아츠[鈴木公溫[20], 1744-1804]의 서문, 무로 규소(室鳩巢, 1658-1734)의 제(題)가 붙은 「좌간필어」, 그리고 「강관필담」으로 구성된다. 「좌간필어」는 1711년 11월 3일의 연악(宴樂) 자리에서 이루어진 필담으로, 음악에 관한 대화를 담고 있다. 『新井白石全集』에는 이 글과 함께 연악 무대와 관람석의 배치도가 실려 있다. 「강관필담」은 11월 5일 객관에서 술을 마시며 나눈 대화로, 역시 하쿠세키의 전집에 실려 있으며 임수간의 사행록 『동사일기(東槎日記)』에도 같은 제목의 글이 수록되어 있다.[21]

문제는 임수간이 조선에 돌아와서 편집한 『동사일기(東槎日記)』에 실린 「강관필담」과 하쿠세키의 전집에 실린 「강관필담」의 내용이 다르다는 점이다. 이일재는 『동사일기』본과 전집본 텍스트를 대조하여 공통점과 차이점을 표로 정리하였다. 그리고 차이가 생겨난 원인을 부분별로 간략히 검토한 후, 이후 통신사 연구에 사용될 저본으로 두 본의 내용을 모두 고려한 새로운 「강관필담」의 구성

---

19 文字屋正兵衛. 1781-1788년(天明年間)부터 1789-1800년(寬永年間)에 교토에서 영업했던 서적상으로 추정된다. (『京都書肆変遷史 ―出版文化の源流』, 京都書肆変遷史編纂委員会, 京都府書店商業組合, 1976)

20 『新井白石全集』에는 鈴木兵溫으로 되어 있다.

21 허경진, 장진엽, 18세기 후반 일본에서의 『坐間筆語』 간행의 의미, 『朝鮮通信使研究』 제9호, 2009, 76쪽.

을 시도하였다.[22] 구지현은 조선과 일본의 「강관필담」이 차이를 보이는 이유는 책의 성격에 기인한 것이라고 하였다. 하쿠세키의 「강관필담」은 전집에 실린 다른 글에 맞추어 공적인 면을 중심으로 편집된 반면, 『동사일기』본은 사행의 세세한 부분까지 담고 있는 사행록의 특성을 따랐을 가능성이 크다는 것이다.[23]

조선인과 일본인이 각기 편집한 필담이 어떻게 다른 양상을 띠고 있는지 비교하는 것도 중요하지만, 같은 일본 내에서도 시대에 따라 어떻게 다른 모습으로 간행하는지 검토해보는 것도 중요하다. 시대상황에 따라 다르게 이용하는 것도 역시 두 나라 지식인이 한 자리에 마주앉아서 나누었던 필담의 정신을 변개시키는 것이기 때문이다.

하치몬지야[八文字屋]본의 간행시기는 서문에서 '天明己酉正月甲子'라고 밝힌 것처럼 1789년이다. 신묘사행의 다른 필담집들이 모두 1711년, 늦어도 1713년에 출간된 것[24]과 비교하면 약 80년이나 늦게 출간된 것이다. 하쿠세키의 저작은 당대부터 지식인들에게서 인정받았기 때문에 『백석시초(白石詩草)』(1712)와 『백석선생여고(白石先生余稿)』(1735)가 에도에서, 『본조군기고구책(本朝軍器考九册)』(1737)이 교토에서 일찍이 출판되었다. 그러므로 그가 정리한 필담집이 바로 출판되지 않고 80년이 지난 시점에서야 출판된 이유를 검토할 필요가 있다.

1905년경에 출판된 전집의 「좌간필어」및 「강관필담」에는 1789년에 작성된 八文字屋본에 실렸던 스즈키 기미아츠의 서문이 그대로 실려 있으며, 서문에

22 이일재, 「『江關筆談』에 대한 一考察」, 『아시아문화』 19호, 한림대 아시아문화연구소, 2003

23 구지현, 「1711년 신묘통신사와 아라이 하쿠세키의 필담을 통한 상호교류」, 『열상고전연구』28집, 열상고전연구회, 2009

24 『鷄林唱和集』 16권 16책 및 『槎客通筒集』 3권 3책, 『兩東唱和錄』 2권 2책은 1711년, 『槎客通筒集』 3권 3책과 『兩東唱和後錄』 1책, 『兩東唱和續錄』 1책, 『七家唱和集』 10권 10책은 1712년, 『桑韓醫談』 3권 2책은 1713년에 간행된 것으로 확인된다. (허경진·박혜민, 「조선통신사 필담창화집의 일본 출판」, 『한국어문학연구』 제54집, 2010)

이어 무로 규소의 題가 붙은「좌간필어」와 '通政大夫吏曹參議知製敎趙泰億輯' 이라고 명기된「강관필담」이 수록되어 있어, 하치몬지야본과 구성도 동일하다. 글자의 출입이 40여 곳 정도 발견되지만 내용상 변화를 가져오는 곳은 다음의 몇 군데이다. [ ] 안의 내용은 전집본에만 있는 부분이고 *로 표시한 부분은 하치몬지야본에만 나오는 부분이다.[25]

① 長保樂

하쿠세키 : 이는 고려부의 음악입니다. 귀국에 아직도 이 춤이 있습니까?

조태억 : 전 왕조의 음악이라 지금은 없어졌습니다.

부사 임수간 : 우리 조정은 우리와 더불어 다른 나라의 음악도 있어, 귀국 사람을 만나면 귀국의 음악을 연주하여 즐기고, 중국인들을 만나면 중국 음악을 연주하여 위로합니다.

[이는 상국사의 長老인데, 조선어로 말했기 때문에 하쿠세키가 임수간의 말로 착각한 것이다.][26]

② 央宮樂

하쿠세키 : 본조의 음악과 춤입니다.

조태억 : 대체로 자못 고아한 악조를 갖추어 참으로 귀하다 할 만합니다.

[하쿠세키 : 여러분들은 담배를 피우지 않으시는군요. 연기가 그립지 않으십니까?

조태억 : 이렇듯 은혜로이 내려주셨는데, 수놓은 비단을 연기가 더럽힐까 염

25 필자의 논지를 돕기 위해, 각주9)에 소개한 허경진 장진엽(2009) 논문의 79-80쪽 예문을 재인용한다.

26 長保樂 / 卽是高麗部樂. 美 / 貴邦猶有此舞耶. 同 / 勝國之音. 今則亡矣. 億 / 我朝有我朝并他邦之樂. 逢貴國之人, 則奏貴國之樂, 以翫之. 逢唐山之人, 則奏唐朝之樂, 以慰之. 副使 任守幹 / [是相國寺緣長老, 告韓人之語, 君美誤爲任守幹言.]

려가 됩니다.

하쿠세키 : 수놓은 비단은 연기에 물들지 않고 문채가 절로 선명해지니, 오래 된 빛을 어떻게 할 수 있겠습니까.

조태억 : 농담입니다. 저는 본래 담배를 피우지 않습니다. 다른 두 동료는 그것을 즐깁니다.

하쿠세키 : 먹은 본래 青松烟에서 나오니 묵객들은 연기를 즐기는 것입니다. 어찌 그 동류가 아니지 않겠습니까?][27]

③ 조태억 : 혹 전하길 웅야산 서복묘에 과두체로 쓴 것이 있는데, 고문이 불에 타서 전하지 않는다고 하더군요. 이 말은 믿을 수 있는 것인지요?

하쿠세키 : 이는 속인들이 지어낸 말일 것입니다.

조태억 : 책이 있는데 전하지 않으면 없는 것과 같습니다. 과연 이러한 책이 있으면 마땅히 천하와 함께 해야 할 것입니다. 신묘에 깊이 감춰둔다면 의미가 없습니다. 어찌 조정에 건의하여 한 부 베껴두지 않습니까?

* 이 아래에 마땅히 백석의 답이 있어야 한다.[28]

①에서 [ ]로 묶은 부분은 전집본에만 나온다. 임수간의 말이 문맥상 어색하여, 전집본의 편자가 다른 자료를 참조하여 오류를 수정한 것으로 볼 수 있다.

②에서 담배에 관한 대화는 전집본에만 나오고 하치몬지야본에는 보이지

27 央宮樂 / 本朝樂舞. 美 / 大抵頗有古雅調. 可貴可貴. 億 / [諸賢不喫, 相思烟耶. 美 / 恩賜自是, 錦綉恐烟氣點汚. 億 / 錦綉不染烟氣, 文彩自鮮明也. 古色則無如之何. 美 / 戲而已. 不佞性不吸烟茶, 兩僚則能嗜之. 億 / 墨出青松烟, 墨客嗜烟. 豈得無非其氣類耶. 美]

28 平泉曰, 或人傳熊野山徐福廟, 有科斗之書. 古文厄于火, 而不傳云. 此言信否. / 白石曰, 此俗人誣說. / 青坪曰, 有書不傳, 與無同. 果有此書, 則當與天下共之. 深藏神廟意甚無謂, 何不建白謄傳一本耶. *此下當有白石之答.

않는다. 이와 거의 동일한 내용[29]이 『동사일기』본 「강관필담」의 첫머리에 보인다. 『동사일기』본은 후반부에서 다시 담배 이야기를 꺼내며 술을 마시는 장면으로 이어지는데, 하치몬지야본에서는 이러한 대화들이 모두 생략되어 있다. 그러므로 전집본 「좌간필어」에서 연악(宴樂) 도중 나오는 담배 이야기는 하치몬지야본을 따른 것이 아니다. 하쿠세키가 담배 이야기가 불필요하다고 판단하여 삭제하였는데, 전집의 편자가 다른 텍스트를 참조하여 적당히 삽입하였다.

③에서 '此下當有白石之答'은 하치몬지야본에만 나타나는 구절이다. 일본에 선진의 서적이 남아있는지에 대한 문답 부분에서 전집본의 대화는 어색하다. 『동사일기』본에서는 조정에 건의하여 서적을 등사할 것을 제안하는 조태억의 말에 대해 하쿠세키는 풍속의 실정을 거스를 수 없다고 답한다. 그러나 전집본에서는 조태억의 이 말에 대한 답이 누락되고 하쿠세키가 과두문(蝌蚪文)에 대한 이야기를 꺼내는 것으로 이어진다. 하치몬지야본의 편자가 하쿠세키 편집본 필담의 이 부분이 매끄럽게 연결되지 못한 것을 보고 예시한 구절을 집어넣은 것이다.

이상에서 살펴본 것처럼 하쿠세키의 전집에 실린 「좌간필어」는 기존에 출판, 유통되었던 하치몬지야본과 몇 군데 다르긴 하지만, 대략 동일한 텍스트이다. 문맥을 자연스럽게 만들기 위한 변개(變改)를 미망(迷妄)이라는 용어로 설명할 수는 없다. 그러나 80년이나 늦어진 출판시기에는 분명히 출판사의 의도가 숨어 있다.

하쿠세키는 6대 쇼군 도쿠가와 이에노부[德川家宣, 1662-1712]의 정치고문으로서 당시 정치 개혁을 주도하였다. 그는 대등·간소의 원칙에 따라 통신사 의례 개정을 추진했으며, 이러한 시도는 통신사를 비롯하여 안팎의 반발을 불러

29 白石問平泉曰, 何不吸烟茶. 平泉曰, 平生不嗜此物. 白石曰, 古人云無酒腸, 豈公無烟腸耶. 平泉曰, 心腸自是錦繡, 豈容烟火氣點汙. 遂相與一噱.

왔다. 신묘사행을 마친 후 하쿠세키는 곧 사임하였으며, 9차 사행부터는 모두 구례로 복귀하였다. 따라서 당시 실력자였던 하쿠세키의 필담집이 바로 출간되지 않았다면, 또는 출간되었으나 유통되지 못하였다면 그 이유는 크게 두 가지로 파악할 수 있다. 첫 번째 이유는 그가 공식적 외교사절로서 필담에 임하였을 뿐, 상업출판을 염두에 두지 않았기 때문이다. 두 번째 이유는 두 필담이 시문 창화 등 문화교류의 측면보다는 정치적 함의가 강한 대화들로 이루어져 있기 때문이다.[30] 특히 「좌간필어」는 하쿠세키가 의욕적으로 준비한 연악(宴樂)을 주제로 한 대화이다. 그의 통신사 의례 개정을 둘러싸고 하야시家나 아메노모리 호슈[雨森芳洲, 1668-1775] 등 유력자들의 반대가 컸으며, 복호(復號) 문제는 일본 내에서 특히 거센 반발을 가져왔다.[31] 그러므로 구례 복구를 주장하는 분위기에서 하쿠세키의 필담이 곧바로 출간되기는 어려웠을 것이다.

그런데 80년이나 지난 시점에 새삼스럽게 하쿠세키의 필담이 주목을 받게 된 까닭은 『좌간필어』에 붙은 스즈키 기미아츠의 서문에서 찾아볼 수 있다.

> 내가 근래 「좌간필어」를 보고 白石源大夫의 답변을 매우 아름답게 여겼다. 근래 속유들이 큰 원칙을 이해하지 못하여, 이방인을 만나 필담을 하는 사이 치우친 말과 허망한 답을 일삼아 국가의 체면을 잃고 스스로 욕되게 하는 것을 알지 못하는 자가 간혹 있다. 그래서 속인들이 개가 짖듯 소란을 떠는 가운데 이야기가 명청(明淸)의 일에 미치면 그 사람을 일러 중화의 사람[華人]이라 하고, 그 산물을 일러 중화의 산물[華物] 종류라 하니 실로 인륜과 명교(名敎)에 관련된 것들이 적지 않다. 바라건대 이 세상의 혀 대신 붓을 쓰는 자들이 이 답변에 생각

30 구지현의 논문(2009)은 이러한 입장에서 두 필담을 분석하였다.

31 정응수, 「아라이 하쿠세키(新井白石)의 조선통신사 의례 개정에 관하여」, 『일본문화학보』12호, 한국일본문화학회, 2005, p.313

> 을 다하면 말하는 데 허물을 적게 할 수 있을 것이다. 조선은 원래 우리 속국이었으나 저들이 예의와 의관의 나라로 자처하였다. 청도(淸道)와 순시(巡視)의 기를 세워 행하여 우리 주와 군에 부담되는 접대비를 가늠할 수가 없다. 그러나 간언(諫言)의 책임을 맡은 자가 의논하지 못하는 것은 먼 곳의 백성을 위무하려는 까닭에서 후하게 베풀고 박하게 받으려는 것인가? 장차 종, 회, 서오가 다북쑥 사이에 남아 있다고 여겨서인가? 헤이안 스즈키 기미아츠 쓰다.[32]

이 글에서 두드러지는 인식은 다음 두 가지이다. 하나는 조선을 일본의 속국으로 보는 인식이며, 다른 하나는 통신사 접대비에 대한 비판이다. 스즈키 기미아츠[33]는 교토 지역 명문가 태생의 유학자인데, 조선이 일본의 속국이라는 생각은 『일본서기(日本書紀)』에 나오는 신공황후설화(神功皇后說話)에서 유래한 것이다. 신공황후의 삼한정벌 설화는 조선과 일본의 무력충돌이 있을 때마다 새로운 형태로 재생되면서 조선멸시관의 바탕을 이루었다. 하쿠세키는 "옛 삼한은 일본의 서번으로서 그 나라 국왕들이 모두 일본에 복속하였다."(전집 3권)면서 조선멸시론을 피력하였다. 이후 1789년에 나카이 지쿠잔[中井竹山, 1730-1804]이 『초아위언(草芽危言)』을 저술하여 본래 일본의 속국이었던 조선과 대등한 선린관계를 맺는 것을 비판하였다.[34] 하쿠세키가 조선과의 대등외교를 주

---

32 余頃讀坐間筆語, 深美白石源大夫之答矣. 近世俗儒不解大經, 偶接異邦人, 筆舌之間, 詖辭妄答, 不知失國體自辱者, 間或有諸. 於是俗人犬吠有說話, 及明淸之事如, 謂其人曰華人, 謂其産物曰華物之類, 實關乎人倫名敎也, 不細矣. 冀世之舌以代筆者於此答, 致思則言可寡尤耳. 蓋朝鮮原吾屬國, 而彼以禮義衣冠之邦, 自居矣, 建淸道巡視之旗以行矣, 加之我州郡勞來之費, 不可訾也. 然有言責人所以不爲議者, 豈以柔遠之故, 厚往薄來邪. 將爲宗膾胥敖, 而存乎蓬艾之間耶. 天明己酉正月甲子. 平安鈴木公溫識.

33 「京都名家墳墓錄」(『日本人物情報大系』第57卷, 芳賀 登 외 편, 皓星社, 2000)에 실려 있는 鈴木尋思齊와 동일인물로 보인다. 이름은 公溫, 자는 澤夫, 潤齋. 1744-1804. 유학자.(尋思齊鈴木先生之墓、左側に、生于延享甲子、終于化甲子そ刻す、名に公溫、字に澤夫、潤齋と號す儒を以こ著る歿年六十一。平安名家墓所一覽)

34 이기용, 「일본침략사상의 원형인 '神功皇后說話'」, 『日本思想』제13호, 韓國日本思想史學會, 2007, pp.78-82 참조

장했다면, 지쿠잔은 한 걸음 더 나아가 대등외교 자체를 문제 삼고 있는 것이다. 위 『좌간필어』의 서문은 나카이 지쿠잔의 저술과 같은 해에 지어졌으며, 그와 비슷한 인식을 보이고 있어 흥미롭다. 에도시대 지식인들의 조선관이 점차 변해가는 모습을 여기에서 확인할 수 있다.

지쿠잔의 『초아위언(草芽危言)』은 당시 막부의 로주[老中]이었던 마츠다이라 사다노부[松平定信, 1758-1804]에게 제출한 개혁안인데, 이 사다노부가 바로 역지빙례(易地聘禮)를 추진한 인물이다. 사다노부가 이런 시도를 하게 된 경위는 확실히 알려져 있지 않으나, 하쿠세키의 『조선빙사후의(朝鮮聘使後義)』를 이론적 바탕으로 삼았으며 앞서 언급한 지쿠잔의 저술에 영향을 받았을 것이라는 견해가 있다.[35] 8차 통신사 당시 각계의 비판에 맞서야 했던 하쿠세키의 개혁안이 80여 년이 지난 후 정세의 변화와 함께 새롭게 조명받기 시작한 것이다.

하쿠세키가 조선에 대한 부정적 인식을 갖고 있었던 것은 사실이나 그의 필담집이 처음부터 그러한 인식의 표출을 의도하고 있었던 것은 아니다. 하쿠세키의 필담은 대등 외교의 확립과 이를 통한 쇼군의 지위 확보라는 그의 정치적、외교적 지향을 보여주는 데 주안점을 두고 있었고, 그의 측근이었던 규소 역시 이러한 맥락에서 그의 필담을 수용하였다. 그러나 1789년 이 책을 간행한 스즈키 기미아츠는 통신사 접대 규모를 비판하고 조선 멸시관을 표출하는 데에 하쿠세키의 필담을 이용하고 있다. 필담 상황에서 80년이나 지난 18세기 후반에 『좌간필어』가 간행된 것은 통신사 필담집이 후대의 인식을 반영하여 정치적 목적으로 악용된 사례로 볼 수 있다.

35 한기승, 「易地聘禮와 征韓論」, 『한국일본어문학회 학술발표대회 논문집』4호, 한국일본어문학회, 2006, pp.468-470 참조

6. 현장에서 공손하던 필담의 공격적인 출판 서문 : 『계단앵명(雞壇嚶鳴)』 의 경우

통신사 일행이 쓰시마에서 에도까지 가는 길목에, 숙소마다 일본 문인들이 찾아와 필담(筆談)을 나누고 한시(漢詩)를 창화(唱和)하였다. 일본 쪽 유관(儒官)들에게 학문적 욕구나 조선에 대한 호기심이 내재되어 있었다 하더라도 조선 문사와의 필담과 창수는 외국 사절을 접대하는 외교적 행위였다. 그렇기 때문에 기본적으로 정중하고 공손한 태도를 견지하지 않을 수 없었다.[36] 비록 어긋나는 점이 있더라도 쉽게 논쟁으로 옮겨가기 어려웠다. 그러다보니, 필담 현장에서는 필담과 창화를 얻어내기 위해 공손하지만, 필담을 출판할 때에는 공격적인 서문을 써서 독자들에게 자신들의 위상을 강화하는 이중적인 태도가 나타나게 되었다.

1763년에 파견된 제11차 계미사행(癸未使行)에는 조선에서 대표적인 서얼 지식인들이 서기로 참여하였으며, 일본에서도 그에 상대할 만한 문인 학자들이 많이 준비하여 필담이 활발하게 진행되었다. 계미사행에 작성된 필담창화집은 구지현의 조사에 의해 30종으로 소개되었는데,[37] 그 뒤에 필자가 『갑신한객증답(甲申韓客贈答)』, 『화한쌍명집(和韓雙鳴集)』, 『경개집(傾蓋集)』, 『우저창화집(牛渚唱和集)』, 『홍려관화한시문고(鴻臚館和韓詩文稿)』 등의 5종을 수집하고, 『보력갑신조선인증답록(寶曆甲申朝鮮人贈答錄)』, 『청구경개집(靑丘傾蓋集)』, 『상한화회가표집(桑韓畵會家彪集)』, 『경개창화록(傾蓋唱和錄)』, 『내관소화사신시집(來觀小華使臣詩集)』, 『관풍호영(觀楓互詠)』 등의 존재를 파악하여 50여종으로 늘어났다. 이 가운데 필담 현장과 출판의 이중성을 가장 잘 보여주는

36 구지현, 필담을 통한 한일 문사 교류의 전개 양상, 『東方學志』 138집, 2007, 270쪽.

37 구지현, 『계미통신사 사행문학 연구』, 보고사, 2011, 143-182쪽.

자료가 바로『계단앵명(雞壇嚶鳴)』이다.

일본 문인들이 너무 많이 찾아와 통신사 일행을 귀찮게 하자, 쓰시마 서기가 접견 인원의 숫자를 통제하였다. 임술사행(1682)의 경우에는 제술관 성완(成琬)과 서기 이담령(李聃齡), 자제군관 홍세태(洪世泰)가 일본 문인들을 상대하였는데, 조선 문인과 일본 문인의 수적 불균형 때문에 쓰시마측에서 사전 선별하는 모습이『임처사필어(任處士筆語)』에 보인다. 구지현은 이들이 만나는 장면을 인용한 다음, "위 인용문은 林家의 문인인 任公定의 필담으로, 처음 제술관 성완과 서기 이담령을 만나는 장면을 상세하게 기술하였다. 그가 함께 한 사람들은 모두 막부의 유신이거나 태학두(大學頭)의 문하에 있는 사람들이다. 그러나 이들도 쓰시마의 서기인 고야마 토모카즈[小山朝三, ?~1684]의 중개를 통해야 했다. 고야마는 이들이 시를 지어왔는지, 그 시가 이상하지는 않은지 점검하고, 조선의 습관대로 호를 쓸 것을 당부한다. 만나는 자리에도 개입해 조선식의 예를 차리도록 한다."[38]고 설명하였다.

계미통신사(1763) 일행이 에도 가는 길과 돌아오는 길에 나니와[浪華] 혼간정사[本願精舍]에 머물자, 키타야마 쇼우[北山彰, 1731-1791]가 혼간정사를 방문하여 제술관 일행과 필담 창화를 나누었다. 그는『계단앵명(雞壇嚶鳴)』첫머리에 자신이 제술관 일행을 방문한 사연을 간단하게 설명하였다.

> 보력(寶曆) 갑신(甲申·1764) 정월에 조선국(朝鮮國) 통신사가 대동(大東, 일본)에 예를 갖추어 찾아왔고, 나니와 혼간정사[本願精舍]에 사절이 머물렀다. 며칠간 나는 칠승거사(七僧居士)와 함께 가서 제술관(製述官)과 서기(書記) 세 분 등을 만나 뵈었고, 시문(詩文)을 지어 주고받았으며, 글로 이야기를 나누었다. 참으로 동쪽 지역에 편안하고 태평한 은혜는 없지만, 어떻게 이처럼 훌륭한

38 구지현, 17세기 필담창화의 성립과 일본인의 조선인식,『인문과학』제44집, 2009. 17쪽

일을 가로막을 수 있겠는가? 대체로 글로 이야기 나눔에 비록 이어지지 않은 것이 있더라도, 모두 이 자리 위에서 마음 가는대로 썼으니, 살펴보는 사람들은 받아들일지어다.

그는 다른 필담 의뢰자들과 마찬가지로 자신을 소개하는 명함을 준비하여 공손히 바쳤는데, 현재『계단앵명(雞壇嚶鳴)』에 실려 있는 명함 부분은 다음과 같다.

명함을 내보이고 만나기를 청함

조선국 여러분의 책상 아래

"구름과 파도 이는 멀고 험한 길을 마다하지 않으시고, 여러분께서 근심 없이 여기에 이르셨으니, 큰 기쁨을 견디지 못하겠습니다. 대패(大旆)가 동쪽으로 오려 한다고 함을 한번 들은 때부터 서쪽을 바라보고 기다리느라 쓰시마[對馬島]로 목을 늘이지 않은 날이 없었습니다. 다행히 오늘에야 성덕(聖德) 있는 분들을 한번 뵙고 사귀게 되었으니, 편안하고 태평한 세상을 여러분과 함께 동시에 살고 있습니다. 기쁘고 즐거움이 어찌 지극하다고 생각하지 않겠습니까? 대체로 일본과 한국(韓國)은 도읍의 거리가 서로 5천리이니 멀고, 진실로 좋은 인연을 하늘에게서 입지는 않았으니, 어찌 이것이 기이한 인연의 만남이라 할 수 없겠습니까? 옛날 사람들은 우연히 지우(知遇)를 얻으면, 모르는 사이에 기뻐서 손을 휘두르고 발을 구르며 날뛰었고, '하루아침에 천년만의 만남을 얻었다.'고 했습니다. 기뻐 날뛰는 것이 그치지 않음을 오늘에야 얻었으니, 이것은 예나 지금이나 이 세상의 아주 큰 즐거움이 아니겠습니까?"

제 성은 키타야마[北山]이고, 이름은 쇼우[彰]이며, 자는 세미(世美)인데, 다른 자는 원장(元章)이고, 호는 귤암(橘菴), 별호는 노성거사(魯城居士)이며, 카와치[河內] 사람입니다.

제술관(製述官) : 성은 남(南), 이름은 옥(玉), 자는 시온(時韞), 호는 추월(秋月).

정사서기(正使書記) : 성은 성(成), 이름은 대중(大中), 자는 사집(士執), 호는 용연(龍淵).

부사서기(副使書記) : 성은 원(元), 이름은 중거(重擧), 자는 자재(子才), 호는 현천(玄川)

(이분들께) 함께 예를 표합니다.

이 명함에는 통신사 일행과 필담 창화하기 위해서 몇 년을 기다렸다가 만나게 된 일본 문인들의 전형적인 기쁨이 나타나 있다. 그는 명함을 바치고나서 곧바로 준비해온 한시를 바쳤다.

학사(學士) 남추월(南秋月) 책상 아래에 아룀 키타야마 쇼우

"대패(大旆)가 여기까지 이름에 미쳐서 비로소 그대와 함께 서로 만날 수 있으니, 평소 바람이 매우 위로됩니다. 따라서 보잘것없는 율시 한 수를 드려 마음에 부족하나마 제 품은 생각을 말씀드립니다."

황화(皇華) 사신 대동으로 떠나오니	皇華使者大東游.
옛날 정원후(定遠侯) 같음을 알겠구나.	知是當年定遠侯.
바람과 서리 노에 가득 감고 몇 천리런가?	滿棹風霜幾千里,
두서너 줄 기러기 일층 누각에.	數行鴻雁一層樓.
산 빛이 진실로 나그네 심정 엉기게 함을 어찌 견디랴?	嶽色固堪凝客思,
강물 소리는 오히려 나그네 시름 도와 재촉하네.	江聲尙足助羈愁.
제비 이마 반초(班超)가 오늘의 일이런듯	燕頷班超今日事,
공명은 도리어 아름다운 문필이 구할 수 있겠네.	功名却可彩毫求.

키타야마[北山] 귤암거사(橘菴居士)의 시에 즉시 차운함 추월(秋月)

외로운 포계(匏繫) 세상일 말없이 떠나오니 　寥寥匏繫放言游.
멀리 박망후(博望侯) 따르는 듯 너른 자취로다. 　漫跡遙隨博望侯.
아름다운 문장으로 한나라 궁궐 쳐다보니 　星斗一天瞻漢闕,
산과 강 어느 곳이 왕의 누각 아니랴? 　山河何處不王樓.
나니와의 안개 자욱한 물가에 봄빛 떠있고 　浪華煙渚浮春色,
혼간지의 밤 종소리에 밤 시름 헤아리네. 　本願宵鐘度夜愁.
얼마간 지저귀는 새들 산골 나서기 생각하고 　多少嚶禽思出谷,
쩡쩡 나무 찍는 소리 날마다 서로 구하네. 　丁丁伐木日相求.

거친 시를 함부로 드렸는데, 황공하게도 화답 시를 내려주셨으니, 그대는 널리 사랑하셔서 보잘것없는 사람을 버리지 않으시는군요. 어쩌면 그렇게도 이와 같이 지극하십니까? 저는 스스로 헤아리지 못함이 심해 자리 위에서 앞 시의 운을 거듭 써서 추월 학사의 책상 아래에 사례합니다. 키타야마 쇼우[北山彰]

한국의 재주 있는 신하 원유(遠游)해 섬기려고 　韓國才臣事遠游.
왕사(王事)의 노정에는 감히 파도도 피하지 않네. 　王程不敢避陽侯.
용 그린 깃발 저물녘 부상수(扶桑樹)를 감싸 안고 　龍旌暮擁扶桑樹,
익방(鷁舫)은 아침녘 큰 바다 누각에 의지하네. 　鷁舫朝依瀚海樓.
아름다운 일산(日傘) 이역(異域)의 아름다움 먼저 닦고 　頎蓋先修方外好,
붓 휘둘러 나그네 마음 속 시름을 이미 쓴다네. 　揮毫已寫客中愁.
그대가 자리 위에서 봄눈 노래하는 것 따르니 　因君席上歌春雪,
이 곡조 오랜 세월 구할 수 없으리. 　此曲千年不可求.

추월(秋月)이 써서 말함: “잠시 앉아 마땅히 거듭 화답해 드리겠습니다.”

귤암거사(橘菴居士)가 거듭 첩운(疊韻)함에 또 차운함 추월

우연히 서로 만나 함부로 따르며 문장으로 즐기니	邂逅叨從翰墨游.
보내준 시부는 수후(隋侯)에 속하네.	贈來詩賦屬隋侯.
큰 물결 밝은 해는 신선 세상을 흔들고	鯨波白日搖仙界,
신기루 맑은 하늘은 사찰에 맺히네.	蜃市晴天結佛樓.
붓끝으로 얼룩덜룩 구름과 물 흘려내니	筆下斕斒雲水淚,
눈동자 속 아득하게 옛 고향의 시름일세.	眸中縹緲故關愁.
나니와엔 예로부터 어찌 선비 많은가?	浪華自昔何多士,
이 세상 동류(同類)를 이곳에서 구하리라.	同氣乾坤此處求.

아룀 키타야마 쇼우[北山彰]

"그대는 재주가 총명하고 날래서 감히 생각을 좇을 수 없습니다. 화답시를 그 자리에서 써내려가니, 우리들이 미칠 수 있는 바가 아닙니다. 탄복해 크게 칭찬드릴 만합니다."

대답 추월

"이처럼 훌륭한 칭찬을 받으니, 몹시 부끄럽고 몹시 부끄럽습니다. 저는 본디 글귀를 꾸미고 문장을 짓는 재주는 없지만, 마음대로 느낀 바를 가지고 고마운 뜻에 사례했을 뿐입니다."

외국 사신 일행과 한시를 창화할 때에는 손님인 외국 사신이 먼저 시를 짓는 것이 예의에 맞다. 먼저 짓는 사람은 자유롭게 제목과 운(韻)을 정할 수 있는데, 대부분 창화하는 지역의 명승(名勝)이나 누정(樓亭)을 제목으로 삼아 시를 짓는 것이 관례였다. 그 지역의 자연사물을 잘 알고 있는 주인이 먼저 시를 짓는 것은 공격적인 행위였기 때문에, 예법에 어긋난다고 비난받았다. 따라서 조

선의 경우에도 명나라나 청나라 사신이 먼저 시를 지었고, 접반사(接伴使)는 그 시에 차운하여 화답하였다. 접반사 서거정(徐居正)이 먼저 지어 조사(詔使)에게 차운을 요구한 경우가 있었는데, 106년 뒤에 접반사가 된 이이(李珥)는 서거정이 손님을 접대할 줄 모른다고 비판하였다.[39]

일본 문인들이 미리 자기 마음대로 시를 지어와서 통신사 일행에게 내어놓으며 화답을 요구하는 것은 일종의 공격적인 행위인데, 일본 문인들이 즉석에서 시를 지을 정도로 수준이 높지 않았기에 미리 준비해온 것이며, 두 나라 문인들 사이에서 그 정도는 양해가 되었다. 키타야마 쇼우가 남옥에게 "보잘것없는 율시 한 수를 드려 마음에 부족하나마 제 품은 생각을 말씀드립니다."라고 변명하면서 미리 지어온 시를 내어놓자, 남옥이 즉석에서 차운하여 화답시를 지었다. 키타야마 쇼우가 감탄하면서 "거친 시를 함부로 드렸는데, 황공하게도 화답시를 내려주셨으니, 그대는 널리 사랑하셔서 보잘것없는 사람을 버리지 않으시는군요. 어쩌면 그렇게도 이와 같이 지극하십니까? 저는 스스로 헤아리지 못함이 심해 자리 위에서 앞 시의 운을 거듭 써서 추월 학사의 책상 아래에 사례합니다."라는 변명과 함께 차운시를 지어 바쳤다.

그는 남옥의 거듭되는 차운시에 "그대는 재주가 총명하고 날래서 감히 생각을 좇을 수 없습니다. 화답시를 그 자리에서 써내려가니, 우리들이 미칠 수 있는 바가 아닙니다. 탄복(歎服)해 크게 칭찬드릴 만합니다."라고 감탄하였다. 먼저 공격했지만 "화답시를 그 자리에서 써내려가니, 우리들이 미칠 수 있는 바가 아닙니다."라고 항복한 것이다.

그들이 필담 창화를 마치고 이별할 때에는 이미 십년지기(十年知己)가 되어, 키타야마 쇼우는 "슬픔과 답답함을 스스로 금하지 못하겠습니다."라고 고백하였다. 당시에는 아마도 진심이었을 것이다. 이별의 인사말은 다음과 같다.

---

39 허경진, 통신사와 접반사의 창수 양상 비교,『朝鮮通信使研究』제2호, 2006, 73쪽.

이별 아룀 키타야마 쇼우

"종일 서로 사귀고 즐긴 마음이 정성스럽고 간절했으니, 비록 10년간 오래 사귀었다 하더라도 지나치지 않을 것입니다. 단지 한스러움은 관청의 금지 때문에 옆에 오래 머무를 수 없는 한계가 있다는 것과 조정(朝廷)도 매우 가까운 거리에서 팔을 잡는다는 것입니다. 저녁이면 아주 먼 곳으로 이별할 테니, 물 위를 떠다니는 부평초(浮萍草)처럼 정해진 바가 없다고 할 만합니다. 헤어지고자 하지만 갑자기 떠나갈 수 없고, 한 토막 이별의 한(恨)을 종이 위에 다하기 어렵습니다. 저는 슬픔과 답답함을 스스로 금하지 못하겠습니다."

대답 김퇴석

"그대의 위문을 얻고 종일 이야기를 나누었으니, 간담상조(肝膽相照)입니다. 옛 사람들이 이른바 헌칠한 덮개가 옛날과 같다고 했는데, 모두 우리들을 위한 말입니다. 서로 근심과 걱정 때문에 경황없는 생각은 똑같이 응하는 듯합니다. 돌아올 때 혹시 다시 이야기할 수 있겠습니까? 내일 혹시 다시 오신다면 만날 수 있을 것입니다."

퇴석 및 그 나머지 몇 사람이 서로 함께 탁자 앞에서 읍하고 헤어졌다.

그러나 몇 달 뒤에 이 필담창화집을 출판하는 과정에서 조선에 대해 공격적이고 경멸에 찬 서문이 지어져 책 앞머리에 편집되었다. 하야시 의경[林義卿]의 서문을 보자.

서문(序文)

"금년에 계림(雞林)이 사신(使臣)을 보내왔으니, 이른바 한객(韓客)이다. 정사(正使)로부터 장서기(掌書記)에 이르기까지 모두 저 땅 문단(文壇)의 문인 중에서 가려 뽑았고, 그 사신들이 이 나라의 글 쓰는 선비들을 담당했다. 그들이 명을 받든 것을 안 이래로, 각기 사계(詞鷄)를 기른 자 가운데 연륜이 있으면 모두 스스로 '교만한 기운이 이미 거의 다했다. 우리 기술의 온전함은 감히 응할 것이 없다'고 하였다. 그러나 기르기 어려움은 자기가 좋아하는 바 때문이니 목계와 무엇이 다르겠는가? 한번 우리 동쪽 지역에 들어오면 일 좋아하는 선비들이 있는 곳마다 무리를 이루어 한관(韓館)을 우러러 사장(詞場)으로 곧바로 향한다. 큰 놈은 의기양양해 하고 작은 놈은 두려워한다. 붓의 부리는 깎은 듯하고 문의 기운은 우뚝하여 계씨의 갑옷 입힌 닭을 부끄러워하고 후씨의 쇠발톱 씌운 닭을 천하게 여긴다. 저들과 싸우는 자를 일일이 셀 수 없으니, 이 또한 세상이 편안하고 나라가 태평한 때에 군자(君子)의 다툼이었다.

한인(韓人)들은 「하리파곡(下里巴曲)」에 함께 민첩한 재주를 이루었고, 우리 선비들은 「양춘백설(陽春白雪)」에 각자 정교하게 만드는 지극함을 이루었으니, 그 우열을 논하지 않더라도 스스로 헤아려 알 수 있다. 대체로 시(詩)의 장구(章句)를 진실로 정교하게 만들지 못한다면, 비록 하루에 1천 수(首)라도 무엇 하겠는가? 어렵지 않을 뿐이다. 그러므로 비록 무후(武后)가 없었더라도 송연청(宋延淸)을 위해 비단으로 만든 도포(道袍)를 빼앗을 뿐만이 아니었을 것이다. 떨어지는 깃이 어지럽게 흩어지고 흘러나온 피는 붓을 떠내려가게 하는 듯했다.

내 벗 카와치[河內]의 키타 원장[北元章]은 악곡(樂曲)에 격조가 높으며, 글을 지음에 실제로 원면왕(猿面王)의 용맹함을 지녔다. 또한 시부(詩賦)를 가지고 나니와[浪華]에서 계림(鷄林)의 문인(文人)들과 다투었으니, 어찌 반드시 노기 띤 큰소리만으로 꾸짖었겠는가? 다만 웃으면서 이야기했는데 여러 번 먼저 소리칠 수 있었고, 한인(韓人)들은 원면왕(猿面王)에게 다시 대적할 수 없음을 알았다. 피하기가 마치 뒤늦게 우는 닭들이 날개를 옴추리고 서로 걷는 것 같았고, 화평(和平)을 청하는 사람들과 비슷했다. 이에 원장(元章)은 서로 앵명(嚶鳴)함을 허락했고, 그 시를 서로 주고받고 글로 이야기 나누었으며, 그것이 이전보다 몇 배였으니, 이것이 (이 필담집의 제목을) '앵명(嚶鳴)'이라고 명한 까닭이다. (줄임) 판각(板刻)하여 국가의 번성함을 떨치자고 권한 사람이 있어, 내게 서문(序文)을 구하기에 써서 준다."

보력(寶曆) 갑신(甲申) 여름 5월 하야시 의경[林義卿] 지음

하야시 의경[林義卿]은 하야시 토메이[林東溟]라는 호로 더 널리 알려진 시인으로, 『시체시칙(詩體詩則)』 2권을 저술한 당대의 대표적인 시론가였다. 필담창화집의 서문 가운데 조선과 일본 문인들의 창화(唱和)를 문전(文戰)에 비유한 구절이 많은데, 그는 계전(鷄戰), 즉 닭싸움에 비하였다. 따라서 조선과 일본의 문인들은 저절로 싸움닭이 되었으니, '문이재도(文以載道)'라는 정신은 찾아볼 수가 없다. 그는 자기 친구 키타야마 쇼우[北山彰]를 원면왕(猿面王)에 비유하여, '조선 문인들이 원면왕(猿面王)에게 대적할 수 없음을 알았다'고 하였다. 원면왕(猿面王)은 원숭이처럼 생겼다는 도요토미 히데요시[豊臣秀吉]의 별명인데, 여기서는 그의 용맹한 성격을 비유했다기보다는 그가 조선을 정벌했다는 역사적 사실을 강조하여, "원면왕(猿面王) 앞에서 조선 닭들은 날개를 옴추리고 걷는다"고 경멸하였다.

"앵명(嚶鳴)"은 『시경(詩經)』 소아(小雅) 「벌목(伐木)」의 "짹짹 우는 지저귐은 / 자기 벗을 찾는 소릴세[嚶其鳴矣, 求其友聲.]"이라는 구절에서 나온 표현으로 친구끼리 의기투합함을 뜻한다. 『계단앵명(雞壇嚶鳴)』이라는 필담창화집 제목에는 "시인들이 친구가 되어 창화(唱和)한다"는 뜻도 있지만, 진사시(進士試)의 과시(科詩)를 치르기 위해 십여년씩 시 공부를 하는 조선 문인들이나 사무라이 국가에서 번사(藩士)로 고용되어 글품을 파는 일본 문인들이 결국은 닭싸움판에 끼어들어 피 흘리고 싸우며 꼬꼬댁거리는 싸움닭이기는 마찬가지라는 뜻이 깔려 있다. 그나마 자기 친구 키타야마 쇼우[北山彰]가 도요토미 히데요시[豊臣秀吉] 같은 큰 싸움닭이어서, 조선의 작은 놈들은 뒤늦게 울며 날개를 옴추리고 걷는다고 하였다.

하야시 토메이[林東溟]가 이 서문을 쓴 5월은 키타야마 쇼우[北山彰]가 남옥, 김인겸과 필담 창화를 나누던 날로부터 멀지 않다. 계미사행은 1763년 8월 3일에 한양을 떠나 20일에 동래에 도착했지만, 동풍이 10월 5일에야 불어 6일에 쓰시마에 도착하였다. 키타야마 쇼우[北山彰]가 필담집 첫머리에 "보력(寶曆) 갑신(甲申·1764) 음력 정월(正月) 조선국(朝鮮國) 통신사가 대동(大東, 일본)에 예(禮)를 갖추어 찾아왔고, 나니와[浪華] 혼간정사[本願精舍]에 사절이 머물렀다."고 한 것은 오사카에 1월 21일에 도착했기 때문이다. 통신사 일행은 에도에서 국서를 전달하고 돌아오는 길에 4월 4일 다시 오사카에 도착하였는데, 4월 7일에 상방(上房) 집사(執事) 최천종(崔天宗)이 왜인의 칼에 맞아 살해되면서 범인을 잡느라고 5월 6일에야 배가 출발하였다. 서문을 쓴 날짜가 정확하게 밝혀져 있지 않지만,[40] 통신사 일행이 오사카에 머물고 있던 시점, 아니면 떠난 지 며칠 안된 시점에서 쓴 것임을 생각한다면, 두 나라 문인들이 마주앉아서 필담하던 시점과 출판하는 시점의 시차는 별로 없었지만, 거리는 아주 멀어졌음을 알 수 있다. 시간적인 거리가 먼 것이 아니라, 마주앉아 필담하는 자세와 돌아서서 서문을 쓰는 자세가 그만큼 멀었던 것이다.

7. 중국 연행(燕行)의 필담

조선시대에 중국에 사신을 파견하는 행위를 명나라 시기에는 조천(朝天)이라 하였고, 청나라 시기에는 연행(燕行)이라 하였다. 한족(漢族)이 건국한 명나라는 중화(中華)의 중심이므로 조천(朝天), 즉 천자(天子)에게 조회(朝會)한다

40 계단앵명(雞壇嚶鳴)』 마지막 장에 키타야마 쇼우[北山彰]가 김인겸에게 지어 보낸 시가 실렸는데, "갑신(甲申·1764) 여름 동무(東武)로부터 돌아와 나니와[浪華] 혼간정사[本願精舍]에 머무는 조선국 퇴석 김서기에게 부침"이라는 제목이 있어, 이즈음에 창화가 이뤄졌음이 확인된다.

고 생각했지만, 만주족(滿洲族)이 건국한 청나라는 중화 천자의 나라가 아니므로 연행(燕行), 즉 연경(燕京)에 간다고 표현한 것이다.

필담(筆談)은 질문거리가 있는 지식인이 먼저 질문하는게 상식이다. 조선 지식인이 일본에 도착하면 일본 지식인들이 숙소로 찾아와 필담했던 것같이, 조선 지식인이 중국에 도착하면 중국인의 숙소로 찾아가 필담을 시작하거나, 중국인이 조선인 숙소로 찾아오더라도 필담을 주도하는 쪽은 조선 지식인이었다.

7-1. 명나라 시기의 양명학 논쟁

명나라는 중화문명의 주역인 한족(漢族)의 나라였으므로, 조선 지식인들이 당연히 새로운 지식을 전수받기 위해 필담을 주도했을 것이다. 그러나 명나라 시기의 조천록(朝天錄)은 남은 것이 많지 않아서, 필담의 자취를 찾아보기 힘들다. 1574년에 성절사 서장관으로 북경에 갔던 허봉(許篈, 1551-1588)의 『조천기(朝天記)』에 필담이 일부 실려 있는데, 중화(中華)에 대한 이질감은 없고, 양명학(陽明學)에 대한 반발심만 보인다.

6월 26일 허봉 일행은 요동(遼東)의 정학서원(正學書院)을 들렀다가, 위자강(魏自强), 하성시(賀盛時)와 하성수(賀盛壽) 형제, 여충화(呂沖和) 등 네 사람을 만나 필담을 나누었다. 이때 처음 허봉은 왕양명에 대한 비판을 전개하면서, "왕수인의 논저를 하나하나 정밀히 살펴서 세세하게 검토하였다." 양명학의 근원이 본래 "석씨(釋氏)에서 나와 머리를 고치고 얼굴을 바꾼 것이며," "육씨(陸氏)의 여론(餘論)을 주워 모아서 공공연하게 방자히 헐뜯는" 지경에 이르렀다고 보았다. 이단의 논의가 불교에서 육상산(陸象山), 그리고 왕양명(王陽明)으로 이어지는 것으로 정리한 것이다.[41]

41 구지현, 對明使行과 對日使行에 보이는 異端 論爭의 樣相, 『남명학연구』 43권, 2014.

허봉은 당시 명나라에서 왕양명을 문묘(文廟)에 배향하려는 것에 대해 몹시 우려하여, 명나라 학자들과 여러 차례 토론했다. 허봉의 양명학 논쟁에 대해 그의 친구 유성룡(柳成龍)은 『조천기(朝天記)』의 서문에서 "이른바 '스스로 돌이켜서 옳다면 비록 천만 사람의 앞이라도 나는 갈 수 있다.'는 것이 아니었겠는가. 더욱 존경할 만한 일이다."라고 찬탄하였고, 허봉의 연보에서도 "중국의 대부들과 주륙(朱陸)의 분별에 대해 논하였는데, 진신선생에게도 감히 굽히지 않아 모두 탄복하였다."라고 기록하였다.[42] 불교를 배척하던 조선 성리학자들이 양명학을 불교와 관련해 이해했으므로, 성리학의 본고장인 중국에 가서 필담을 통해 명나라 학자들과 토론했던 것이다.

7-2. 연행에서 필담을 시작한 북학파 문인들

그러나 병자호란에 항복하고 청나라를 종주국으로 삼은 뒤에도 만주족의 청나라를 중화(中華)와 구분한 조선 지식인들은 연행사(燕行使)로 북경에 가서 청나라 지식인들과 필담을 나누지 않았다. 청나라 지식인에게 배울 것이 없다고 생각했으며, 중화가 오히려 해동에 보존되어 있다고 생각했다. 소중화(小中華)라는 말을 자랑스럽게 사용한 것도 그 때문이며, 송시열을 비롯한 노론 정권이 북벌책(北伐策)을 내세운 것도 중국을 치자는 것이 아니라 만주족의 나라를 쳐서 중화(中華)를 되찾자는 생각이었다. 명나라 사신이 조선에 오면 한시를 창화하여 『황화집』을 간행했었는데, 청나라 사신이 왔을 때에는 한시 창화가 드물어졌고, 더 이상 『황화집』도 편집되지 않았다.

연행(燕行) 참여자 가운데 일부가 청나라에서도 배울 점이 있다고 생각하기 시작한 것은 홍대용(洪大容, 1731-1783)의 1765년 연행부터이다. 그가 청나

---

42 같은 글

라 문인들과 적극적으로 필담을 나누며 교유한 뒤에 친구, 후배들에게도 연행과 필담 교유를 권하였고, 필담을 통하여 청나라의 문물을 배우려고 했던 문인들을 북학파(北學派)라고 부르게 되었다. 그러나 홍대용 이후의 연행 문인들이 모두 필담을 한 것은 아니니, 이희경(李喜經, 1745-1805이후) 같은 문인은 다섯 차례나 연행에 참여했지만 필담자료는 찾아볼 수가 없다. 심지어는 이덕무(李德懋, 1741-1793) 같은 북학파 학자의 『입연기(入燕記)』에도 중국 지식인들과 필담으로 시간을 보냈다는 기록만 여러 차례 등장할 뿐, 구체적인 내용이나 주제를 거의 찾아볼 수 없다. 필담자료를 찾아볼 수 있는 북학파 문인은 홍대용, 박지원, 박제가, 유득공 등 네 사람 정도이며, 이들과 같은 계열은 아니지만 신재식(申在植, 1770-1843)의 『필담(筆譚)』이 단행본으로 남아 있다.

연행사 사행원들의 필담을 하나의 문학적 갈래로 설정하여 본격적인 연구를 한 것은 박향란에게서 시작되었는데,[43] 필담을 존재방식에 따라 크게 세 가지로 분류하였다.[44]

첫째는 독립적 텍스트로 고도의 문학성을 획득한 필담이다. 홍대용의 「건정동필담(乾淨衕筆談)」이나 박지원의 『열하일기』에 수록된 「속재필담(粟齋筆談)」, 「상루필담(商樓筆談)」, 「혹정필담(鵠汀筆談)」, 「황교문답(黃敎問答)」, 「망양록(忘羊錄)」과 같은 작품들이 바로 이 경우에 해당된다. 홍대용은 세 지식인을 만나게 된 경위부터 시작하여 서로 교환한 서신과 필담을 날짜별로 작성하고 후어(後語)까지 첨부하였다. 박지원의 필담은 주제별로 정리된 필담이다. 따라서 홍대용의 필담과 달리 동일인물이 여러 편에 중복으로 나타나지만 필담의 주제 이해에는 도움이 된다.

둘째는 독립적인 텍스트는 아니지만 연행록의 일부가 되어 작품의 문학성

43 박향란, 『연행록 소재 필담의 연구』, 보고사, 2013

44 같은 책

을 확보하는데 도움이 되는 필담이다. 『열하일기』에 수록된 「태학유관록(太學留館錄)」, 「피서록(避暑錄)」등의 작품, 홍대용의 「연기(燕記)」, 「을병연행록」에 수록된 필담, 그리고 유득공의 『연대재유록(燕臺再遊錄)』에 수록된 필담이 대부분 이 부류에 속한다.

또한 문학적 가공을 거치지 않고 직접 수록한 필담이 있다. 홍대용 이전의 연행록에 등장하는 필담들은 대부분 이러한 형식을 취하고 있다. 박제가의 『호저집(縞紵集)』에 수록된 필담이 이 경우에 속한다. 어떠한 수식도 없이 직접적인 문답의 연속으로만 작성이 되었다는 것이 특징이다.

7-3. 필담이 실린 연행록 형태의 변화

조선 사신이 중국과 일본에 파견되어 상대방 나라 지식인들과 필담을 벌린 시기는 18세기가 전성기였는데, 필담의 편집 형태는 다르다. 일본 지식인과 상업 출판사들이 필담을 주도한 일본에서는 필담이 곧바로 편집되어 출판되었지만, 조선 지식인들이 중국에서 주도한 필담은 중국이나 조선 두 나라에서 상업 출판되지 않았고, 별도의 필담집으로 편집된 적도 거의 없다. 1862년 연행에 부사(副使)로 참여한 신재식의 『필담(筆譚)』이 중국 산동성 도서관에서 발견되어 번역본이 나왔는데,[45] 시간 순서에 따라 정리한 것일뿐, 특별히 편집한 것은 아니다.

연행록에서의 필담 비중을 논의하려면 연행록 형식이 어떻게 변화했는지 살펴봐야 한다. 초기에는 대부분 일록체(日錄體)로 쓰다가, 18세기 중반에 잡지체(雜識體)가 나왔다. 홍대용의 『연기(燕記)』(1765)에는 「오팽문답(吳彭問答)」, 「장주문답(蔣周問答)」, 「유포문답(劉鮑問答)」을 비롯하여 청나라 인명을 제목

45 이상돈, 김철, 『筆譚』, 보경문화사, 2004.

으로 작성한 글만 해도 23편이나 된다.[46] 홍대용의 연행록을 계기로 북학파 문인들이 뜻있는 지식인과 필담을 구사하기 시작한 것이다.

관심의 대상이 '사람'으로 바뀌었다는 것은 연행에 대한 인식이 변화되고 있음을 의미한다. 관념적이고 사대적인 중국이 아닌 실존하는 중국의 진면목을 정확히 파악하기 위해서는 중국인과의 이성적인 대화가 필요하다는 것을 인식하기 시작했다는 것이다. 이러한 '정확한 정세파악 의지'가 연행록의 저술방식에까지 영향이 미치어 결국 독립적 텍스트로서의 필담의 등장을 촉구시켰다.[47]

홍대용과 박지원을 비롯한 북학파 문인들은 연행 이전부터 청대의 문집과 청초(淸初)의 시선집들을 통해 시단을 파악하고 청초 시인들의 시를 접하게 되었다. 심덕잠(沈德潛)의 『국조시별재(國朝詩別裁)』나 왕사정(王士禎)의 『감구집(感舊集)』 등 청나라의 대표적인 시선집을 읽었다. 청나라의 문학과 문인들의 존재를 인정한 것이다. 김창업(金昌業)의 1712년 연행록 『노가재연행일기(老稼齋燕行日記)』 권두에 「산천풍속 총록(山川風俗總錄)」을 실었고, 9권 6책 377장의 내용 중에서 177장의 부분을 북경에서 보고 들은 내용을 적었다. 청나라에 관심을 가진 글이 연행록에 실리고, 청나라 학자와 주고받은 필담이 실리기 시작하자, 조선에서 출발할 때부터 필담의 주제를 준비하게 되었다.

7-4. 외국 정보를 얻어내기 위한 박지원의 필담 준비와 성과

박지원은 육촌형 박명원의 자제군관으로 연행에 참여했으니, 공식적인 업무를 맡은 것이 아니라 북경 관광이 목적이었으며, 청나라 문인을 깜짝 놀라게 하는 글쓰기가 더 큰 목적이었다. 『열하일기』 「혹정필담」에서 그러한 포부를 보

---

46 박향란, 앞의 글

47 박향란, 앞의 글

였다.

> 내가 한양을 떠나서 여드레 만에 황주(黃州)에 도착하였을 때 말 위에서 스스로 생각해 보니, 학식이라곤 전혀 없는 내가 적수공권으로 중국에 들어갔다가 위대한 학자라도 만나면 무엇을 가지고 의견을 교환하고 질의를 할 것인가 생각하니 걱정이 되고 초조하였다. 그래서 예전에 들어서 아는 내용 중 지전설(地轉說)과 달의 세계 등을 찾아내 매양 말고삐를 잡고 안장에 앉은 채 졸면서 이리저리 생각을 풀어 내었다. 무려 수십만 마디의 말이, 문자로 쓰지 못한 글자를 가슴 속에 쓰고, 소리가 없는 문장을 허공에 썼으니, 그것이 매일 여러 권이나 되었다.

박지원은 모르는 내용을 물어보려 했던 것이 아니라, 자신이 오랫 동안 생각해오던 주제들을 청나라 학자들에게 들려주며 토론하려고 필담을 준비했는데, 그 분량이 수십만 마디, 날마다 여러 권이 되었다. 특히 지전설(地轉說)은 천원지방설(天圓地方說)에 바탕한 중국 중심의 천하관에 대한 도전이었으며, 중국 중심주의에 대한 이론적 극복[48]이었다.

그는 외국 학자와 왜 필담을 하려 했던 것인가. 그는 「황교문답(黃敎問答)」에서 필담이 궁극적으로 외국의 정보를 얻어내기 위한 방편이라고 소개했다.

> 남의 나라에 들어가는 사람이 "나는 적국의 사정을 잘 엿보았다"라고 말하기도 하고, "나는 그 나라 풍속을 잘 관찰했다"라고 말하기도 하지만, 나는 그런 말들을 전혀 믿지 않는다. 남의 나라에 들어간 사람이 어떻게 길가에 다니는 사람을 붙잡고 갑자기 물어보거나 찾아갈 곳이 있겠는가. 이것이 첫째로 불가능한 일이다. 언어가 서로 달라 잠시 사이에는 하고 싶은 말을 충분히 다하지 못할

48 임형택, 「박지원의 주체의식과 세계인식」, 『실사구시의 한국학』, 창작과 비평사, 2000, 147쪽.

> 터이니, 이것이 둘째로 불가능한 일이다. 그 나라 사람과 외국 사람은 이미 서로의 처지가 달라 아무래도 염탐을 한다는 혐의를 받게 될 것이다. 이것이 셋째로 불가능한 일이다. 말의 수준이 얕으면 실제의 사정을 얻지 못할 것이요, 그렇다고 말이 너무 깊이 파고 들어가면 그 나라에서 꺼리는 일을 범하기 쉬우니, 이것이 넷째로 불가능한 일이다. 묻지 않아야 될 일을 물으면 무슨 정탐이나 하는 것처럼 될 터이니, 이것이 다섯째로 불가한 일이다. … "그 나라에서 크게 금지하는 것이 무엇인지 물어본 연후에 그 나라에 들어가 거처해야 한다."고 『예기』에서 말했으니, 하물며 대국에 대해서랴. 이것이 여섯째로 불가능한 일이다.…옛날 사람들은 다른 이야기를 주고받고, 문답하는 내용과 관계가 없는 데에서 항상 정보를 얻었다. 예컨대 교량이나 시간의 제도를 통해 관리의 등급 같은 것을 알아맞히기도 하였으며, 시와 음악을 감상하면서 시장 물가의 비싸고 헐한 것을 증험해 맞출 수 있었다. 옛사람만한 지혜와 재주도 없이 한갓 필담이나 이야기 자리에서 이런 정보를 얻으려고 한다면 역시 어려운 일일 것이다. 더구나 세상이 넓고 커서 그 끝을 볼 수 없음에랴.[49]

청나라에 가는 목적이 정보를 얻기 위한 것인데, 위의 여섯 가지 어려움을 극복하기 위한 방편으로는 필담이 가장 효율적이라고 판단한 것이다. 그가 청나라 문인들과 필담하여 얻으려고 했던 정보는 무엇인가? 만주족 국가인 청나라에서 한족 지식인의 고뇌를 확인하고자 했다. 『열하일기』「혹정필담(鵠汀筆

---

49 朴趾源,『燕巖集』卷之十三 別集「熱河日記」「黃敎問答」,"入他邦者, 曰我善覘敵, 曰我善觀風, 吾必不信矣. 入人之國, 安有執塗之人, 而遽有所詢訪哉, 此一不可也. 言語相殊, 造次之間, 無以達辭, 二不可也. 中外旣異, 自有形迹之嫌, 三不可也. 語淺則無以得情, 語深則恐觸忌諱, 四不可也. 問所不問, 則跡涉窺偵, 五不可也. 不在其位, 不謀其政, 此居其國之道也, 況他國乎. 問其大禁, 然後敢入, 居他國之道也, 況大國乎, 此其不可者六也.…彼古人者, 常得之言語問答之外, 如橋梁更皷執玉高卑, 有所占矣. 如陳詩閱樂市價貴賤有所徵矣. 旣無古人之識慧才智, 而徒欲得之於毫墨立談之間者, 其亦難矣. 又況四海廣大, 不見涯涘乎."

談)」에서 왕민호(王民皞)와의 필담을 통해 그러한 성과가 가장 잘 드러났다.

> "선생께서는 평소에 어찌 그리 탄식을 자주 하시는 겁니까?"하니 곡정은 "이게 저의 뱃속이 꽉 막힌 증상이지요. '후'하고 숨을 쉬는 것이 드디어 길게 탄식하는 한숨이 되었답니다. 평생 책을 읽었지만 세상에는 뜻대로 되지 않는 것이 십중팔구이니, 어찌 이런 속이 막히는 증상이 생기지 않겠습니까?"…"머리를 깎여 변발하는 두액(頭厄)의 고통을 당했을 때도 이미 탄식을 하였을 터이니, 뜻있는 선비라면 만 번 한숨을 쉬었겠습니다."하자 곡정의 얼굴색이 변했다. 조금 뒤에 곡정은 다시 본래의 기색으로 돌아와서 두액 부분을 찢어서 화로 속에 던졌다.[50]

왕민호의 거듭되는 탄식을 통해 한족 지식인들이 과거를 포기하는 진정한 이유를 읽어낼 수 있다. 그는 명나라의 의복을 입고 예의를 지키는 조선 문인들의 모습에서 빼앗긴 자신의 원래 모습을 찾아내고 탄식하였다. 그러나 조선 문인으로부터 "머리를 깎이는 순간에 이미 탄식했을 테니, 지금까지 한두 번만 탄식했겠느냐?" 하는 박지원의 위로를 듣는 순간, 정신이 번쩍 들어 필담초를 화로 속에 던져 증거를 태워버렸다. 국가의 금기사항을 어겼음이 뼈저리게 느껴져 두려움으로 바뀌고, 증거를 없앤 뒤에 필담을 중단하려 한 것이다.

박지원으로선 필담의 의도가 성공한 셈이다. 그러나 왕민호가 필담초를 화로 속에 던져내었다고 했으니, 실제적인 필담의 증거는 없어졌다. 왕민호가 뒷날 박지원의 『열하일기』「혹정필담(鵠汀筆談)」에 실린 자신의 필담 내용을 읽어보았다면 어떻게 반응했을까? 그러나 『열하일기』는 조선왕조가 끝날 때까지

---

50 朴趾源,『燕巖集』卷之十四 別集『熱河日記』,「鵠汀筆談」,"余問先生平居, 何頻發嘆也. 鵠汀曰, 此吾痞證噫氣, 遂成長喟也. 平生讀書, 千古不如意者, 十常八九, 安得不成此痞患.…頭厄已發, 志士萬太息. 鵠汀色變, 已而色定, 裂頭厄投罏中."

간행되지 못했으며, 필사본이 청나라에 보내졌다는 기록도 없다. 청나라에서 『사고전서』를 간행하면서 조선의 여러 저서를 요청하였으며, 유득공 같은 후배의 저서도 보내졌는데 『열하일기』는 언급이 없다. 『사고전서』 편집자들이 조선 문인들에게 요청한 저술이 조선의 정보였다면, 『열하일기』는 청나라의 정보였기 때문일 것이다.

북학파들의 연행록이나 필담은 그 당시 사회적인 이슈가 되어 보수파들의 강력한 비판을 받았다. 1786년에 심풍지(沈豊之, 1738～1793)는 기강을 세울 것과 연경 사신의 필담이나 서찰교류를 제지해 달라는 상소문을 올렸고, 급기야 정조 11년에는 사행뇌거사목(使行賫去事目)을 반포하여 필담창화(筆談唱和)나 서찰교류를 하는 자를 모두 엄격히 처단하기에 이른다.[51] 하지만 1801년에 창작한 유득공의 『연대재유록』에 필담수창 기록이 있는 것을 보면 사적인 필담이 암암리에 계속 된 것으로 보인다.[52]

8. 맺음말

조선 사신의 외국 체험은 중국과 일본이 대부분인데, 한문학의 본고장인 중국보다 변방인 일본에서 필담이 더 활발하게 진행되었다는 점은 필담이 역시 문학 창작이나 문화교류의 보조수단임을 확인케 해준다. 고급의 텍스트는 서적

---

51 『正祖實錄』卷24, 11年(1787 丁未 / 청 乾隆 52년) 10月 10日(甲辰) 1번째 기사. "…使行渡江後, 約束一行中軍官､書記, 凡係物貨交易､盤纏與受外, 毋得與彼人, 親昵往來, 筆談唱和, 書札問訊, 土産贈遺等節, 另加禁斷. 如有犯者, 書狀官還渡江後, 以冒禁律狀聞論勘. 書札贈遺時, 居間象譯, 搜檢時亦爲摘發, 繩以重律. 正使所屬有犯者, 罪正使, 副使所屬有犯者, 罪副使, 而書狀官係是兼臺檢察, 一行毋論上副所屬, 所犯矇不覺察, 從他現發, 則一體論責. 書狀官所犯, 加等勘罪, 而苟或有關係使行, 不得不臨時周旋者, 三使臣相議善處, 還朝後條陳事情.…"

52 박향란, 같은 글

으로 전수받았으며, 정식 외교는 국서(國書)와 역관(譯官)을 매개로 하여 진행하였다.

사신이건 표착민이건 간에, 역관이 없다는 것은 비공식적인 상황이다. 조선, 중국, 일본, 세 나라 정부에서는 자주 외국인과 필담을 금지했으므로, 대부분의 필담은 삼사(三使)가 아닌 서기(書記), 제술관(製述官), 자제군관(子弟軍官)들이 주도하였으며, 일본 지식인들은 쓰시마 호행원에게 뇌물을 주면서까지 조선 문인과 필담하였다. 정부에서 외국인과의 필담을 금지한 것은 국가 기밀이 유출될 것을 염려했기 때문인데, 실제로 중국 문인들은 필담초가 유출될 것을 염려해 먹칠을 하거나 찢어버리기도 하였다. 조선 문인의 집요한 질문에 끌려 민감한 부분을 필담초에 담았다가, 진지한 필담 과정이 끝나는 순간에 제정신을 차리고 필담초를 없애려고 한 것이다. 그러한 경우에 조선 문인이 기억에 의존해 재구성한 필담은 필담 현장의 현실성과 진정성을 상실했다고 볼 수 있다. 조선 통신사 사행원들이 귀국한 뒤에 출판된 일본의 필담집에도 그러한 가능성은 마찬가지이다.

앞으로 200여종 통신사 필담창화집의 예를 모두 수집 분석해보면, 일부의 일본 문인들이 마주앉아 필담하는 태도와 돌아서서 서문을 지어 출판하는 태도가 얼마나 이중적이었는지 확인할 수 있을 것이다. 아울러 조선 지식인이 일본에 가서 필담한 내용이 곧바로 현지에서 출판 유통된 것에 반해, 중국에 가서 필담한 내용은 귀국한 뒤에 자신의 연행록에나 실려야 할 정도로 현지에서 크게 반향을 얻지 못한 사실에 대한 비교 검토가 필요하다. 이러한 흐름을 통해 동아시아 문화 권력의 변화과정을 파악할 수 있다.

논평과 토론

한일(韓日), 한중(韓中) 필담(筆談)의 차이

도현철 네, 사학과 도현철입니다. 이 글은 한일, 한중 필담의 차이를 살펴 한·중·일 삼국의 문치(文治) 문화의 일면을 살펴보는 의미있는 글로 보여집니다. 문학에 문외한인 토론자는 몇 가지 질문으로 토론에 대신하고자 합니다.

본문에서 제시한 글을 요약하면 다음과 같습니다. 한중 필담 자료로 『황화집(皇華集)』이 있다. 이는 세종 32년(1450)부터 인조 11년(1633)까지 183년간 조선에 온 명의 사신과 조선의 접반사들이 서로 주고받은 시문을 25책 50권으로 편찬한 것으로 24차례 39명의 시가 수록되어 있다. 수록자는 대제학의 직함을 갖는 당대 최고의 문사이다. 한일 필담 자료는 기행문과 필담, 한시 창화(漢詩 唱和) 등 세 가지가 있다. 기행문은 귀국한 뒤에 일방적으로 기록한 것이며, 필담과 한시 창화는 쌍방이 한자리에서 주고받은 기록을 주로 일본 측에서 편집하여 출판하였고, 출판할 때 변개 가능성이 있다. 구체적으로 『표주록(漂舟錄)』은 동래에 사는 무인(武人) 이지항(李志恒)이 1696년 봄에 일본에 표류했다가 1697년 봄에 부산으로 돌아와 남긴 글이다. 『좌간필어(坐間筆語)』는 아라이 하쿠세키(新井白石, 1657-1725)가 정사 조태억과 부사 임수간 등 통신사 일행과 나눈 필담을 모은 책이다. 『계단앵명(雞壇嚶鳴)』은 1763년에 파견된 제11차 계미사행(癸未使行)에 작성된 필담 창화집인데, 50여종의 필담창화집 가운데 현장성과 출판의 이중성이 잘 드러난 것이다 라고 하셨습니다.

본문에서 제시한 한일, 한중 필담의 차이를 보다 선명하게 제시하기 위해서는 다음과 같은 점에서 추가적인 설명이 필요해 보입니다.

첫째, 필담의 자료를 보면 한중은 한시 창화(漢詩 唱和)에 한정이 되는데, 한일은 기행문과 필담, 한시 창화(漢詩 唱和) 등 3가지를 제시하셨습니다. 시기적으로 한중은 15-17세기, 한일은 17-18세기의 기록물로 시간적 차이가 있습니다. 종류가 다르고 시간적 차이가 있는데 동일하게 비교할 수 있는지요, 이에 대한 보충 설명을 부탁드립니다.

둘째, 한중의 필담의 주체는 명 사신이 조선에 온 경우 당대의 최고 문사인 대제학이였습니다. 반면에 한일의 필담 주체는 표류한 무인(武人)과 조선 통신사로 간 정사와 부사라는 점에서 조금 차이가 있습니다. 역시 정확한 비교를 위해서는 이에 대한 추가적인 설명이 필요해 보입니다.

세번째는 한국과 중국은 문치(文治) 사회, 일본은 무치(武治) 사회라는 사실이 전제되는 가운데 비교가 이루어졌으면 합니다. 특히 한국과 중국의 국제교류는 신라통일기부터 조선시대까지 빈번했던 것 같습니다. 중국 사람이 고려·조선을 소중화라 하였고, 고려·조선사람들도 스스로를 소중화라고 하였습니다. 최치원·이규보·이색·허균 등 기타 많은 사람들이 중국에 문장가로 알려져 있었습니다. 최치원이 쓴 숭복사비(崇福寺碑)에 보면, 당나라 조정에서 나눈 대화가 있는데, "중국의 사신 호귀후(胡歸厚)가 (당나라) 재상에게 이르기를 '제가 다녀온 지금부터 산서(山西) 출신자(將帥)는 신라에 사신으로 가서는 안 될 것입니다. 왜냐하면, 신라에는 산수가 아름다운 곳이 많은데 신라왕(景文王)이 시(詩)로 묘사하여 주시거늘, 제가 일찍이 배운 바에 힘입어 운자(韻字)를 엮어서 억지로 부끄러움을 참아가며 화답했기에 망정이지, 그렇지 않았더라면 틀림

없이 신라 사람들에게 웃음거리가 되었을 것입니다.'하니 옳다고 여겼다".(『譯註羅末麗初金石文』 권3, 崇福寺碑, 최치원) 하였습니다. 신라 통일기부터 중국과 한국은 한자, 한문을 통한 문장 짓기에 대한 상호 존중의 공감대가 있었던 것 같습니다. 즉 중국과의 문화 교류는 일본과는 좀 다른 점이 있다고 보여집니다. 이런 중국과 일본 사회의 차이를 전제한다면 한일, 한중의 필담의 차이를 분명하게 이해할 수 있겠습니다.

두 번째는 선생님도 말씀하셨지만 예상되는 결론은 무엇인가 하는 점입니다. 한일, 한중 필담의 차이를 살펴보았을 때 공통점과 차이점, 내용상의 특징은 무엇인지요.

세 번째는 조선왕조의 과거시험에서 글쓰기를 중히 여기는 이유를 말씀하셨는데, 이에 대한 서로 다른 표현이 있습니다. 2쪽 상단에 "과거시험의 과목이 대부분 글쓰기 과목인 이유는 임금이 정치의 방법을 소통(疏通), 즉 상의하달(上意下達)과 하의상달(下意上達)에서 찾았기 때문이다."라고 하셨는데, 2쪽 하단에 "조선왕조는 외교 때문에 글쓰기 과목 위주의 과거시험을 계속할 수밖에 없었다." 라고 하셨습니다. 조선이 글쓰기를 중시한 이유가 소통을 위한 것이라는 설명과 외교 때문이라는 서로 다른 표현에 대한 추가적인 말씀을 부탁드립니다.

마지막으로 선생님이 발표하는 과정에서 궁금증이 생겼는데요. 1쪽의 『세종실록』은 과거시험의 중장(2차 시험)의 과목은 표(表)·논(論)·고부(古賦)라고 하였습니다. 역사학계의 연구에 의하면, 과거시험 1, 2, 3차 시험 가운데 3차 시험이 가장 중요하고, 3차 시험 과목을 책(策)과 시부(詩賦) 중에서 어떤 것을 선택하느냐에 따라 필요로 하는 관료의 성격이 달라진다고 합니다. 3차 시험 과목이 대책(對策)이면 경세(經世)에 능한 인물을 선발하려는 것이고, 3차 시험 과목이 시부(詩賦)가 되면 문장가, 행정 실무에 능통한 자를 선발하려는 것이라고 합니다. 조선시대에 3차 시험 과목은 대책(對策)이었는데 이렇게 되면 문장에 능한 인물을 선발하는 데 주안점을 두기보다는 경세에 능한 사람을 선발하려는 것이 아닌가 하는 생각이 듭니다. 이에 대한 선생님의 생각을 듣고자 합니다.

허경진 마지막 발표라서 다들 마음이 바쁘시니까 설명은 서면으로 하고, 간단하게 마지막 질문부터 몇 가지만 설명 드리겠습니다. 종장(終場)이 중요하냐 아니냐가 문제인데, 종장엔 아마 합격, 불합격의 문제는 없을 거예요. 종장에 간 사람은 모두 합격입니다. 합격인데 등수를 매기는 거죠. 1등하면 6품으로 가고, 2등부터는 급이 달라지니까요. 그 정도 차이고, 합격, 불합격이 없기 때문에 아까 말씀대로 중장이 중요하냐, 종장이 중요하냐 하는 것은 견해 차이지요. 그런데 제가 지금 중요하다고 이야기한 것은 급제자 30명의 문제가 아니라, 조선의 지식인들이 모두 공부한 것은 3차가 아니라는 뜻입니다. 종장에 응시할 수 있는 지식인은 전체 분포로 보았을 때에 1%가 되지 않습니다. 그러니까 조선의 지식인들이 문학, 특히 한시를 다 공부한 이유는 3차를 준비한 것이 아니라, 진사라도 되기 위한 것이지요, 대부분은 진사 생활에서 거의 끝납니다. 수만 명의 양반 중에 상당수는 거기서 그냥 진사 생활로 만족하는 것이고, 문과 급제하는 건 몇십 명이거든요. 요즘말로 하면 문과 급제는 몇천 대 일? 뭐 그렇잖아요. 몇천 대 일 때문에 양반 전체가 공부하는 게 아니라, 진사라도 하면 그 동네 최고 양반이죠. 그러니까 "황진사댁 셋째딸"이라는 표현도 있는 것처럼, 진사만으로도 스스로 만족하려는 거예요. 시골 양반들이 공부하는 목적은 진사로 평생 지내면 됐지 문과까지는 기대하지 않는다. 인원으로 예를 든다면 생원 진사 보는 소과 초시의 수험생 숫자하고 임금 앞에 가서 문과 종장 보는 숫자하고는 쉽게 말하면 몇백대 1정도입니다. 그건 아주 딴 얘기지요. 종장이 중요하냐 아니냐가 아니라 한국의 모든 지식인들이 시 공부하는 목적은 진사시를 준비하는 것이고, 소과 시험에서 1차가 시예요. 그래서 진사시 1차에 한시 시험을 보았으니 문학에서는 1차를 중요시한다는 이야기를 하는 게 중점입니다. 1차에서 2차로 가면서 과목이 이게 바뀌고, 저게 바뀌고 하는 것은 오늘 발표에서는 크게 중요한 것은 아니죠. 그러니까 부를 썼느냐 안 썼느냐 하는 것은 다른 차원의 문제입니다. 제가 수집한 과문(科文)의 경우만 보더라도 과시(科詩)와 과부(科賦)의 비율은 10대 1 정도입니다.

그 다음에 신라 때 샘플을 예로 드셨는데. 신라하고 조선은 아주 다르죠. 신라는 어떤 시대가 하면, 국경이 없어서 한반도의 유학생들이 당나라에 자유롭게 유학하였습니다. 최치원은 12살에 유학갔어요. 그러니까 얼마든지 유학갈 수 있는 시대고. 그래서 거기서 현지 중국어를 배워가지고 글들을 썼어요. 과거 시험도 보고, 최치원도 18세에 급제해서 당나라에서 벼슬을 했지요. 그리고 더 많은 스님들은 아프가니스탄을 거쳐 인도까지 가서 불경도 공부하고, 그런 시대에 거의 원어민 수준으로 중국어를 한 거예요. 그리고 상당수 지식인들은 거기서 죽었지요. 『왕오천축국전』을 지은 혜초 스님도 당나라에서 죽었거든요. 그런데 조선시대에는 국경을 막아서 중국어 배우러 아무도 못 갔죠. 중국어를 통역해야 하는 역관들도 국내에서 종이책을 가지고 중국어를 배웠습니다. 역과에 합격한 사람들만 통역하러 중국에 갔고, 유학생이란 게 없던 시대가 조선이거든요. 그래서 중국어 능력을 똑같이 볼 수 없지 않나... 그러기에 고려시대까지는 중국과 한국의 지식인이 만날 때에 필담을 할 필요가 없었습니다. 선생님 말씀을 참조는 하겠지만, 결론에 가서는 조금 더 제 얘기를 하는 것이 좋을 거라고 생각합니다.

그리고 아까 정치외교 문제, 과거시험에서... 그 이야기는 제가 선생님 의견을 반영해서 어쨌건 둘 다 살리는 쪽으로... 선생님 생각을 살리면서 제 이야기를 진행하겠습니다. 그런데 정치, 즉 임금과 백성 사이의 소통이나, 외교, 즉 이웃 나라 사이의 소통이나 글쓰기가 필요하다는 점에서는 마찬가지입니다. 그랬기에 두 가지 글쓰기가 모두 시험과목이 됩니다.

그리고 일본과 중국은 이런 차이가 있습니다. 중국에 갔던 사신은 정사가 정2품이죠. 일본은 정3품. 그러니까 급을 낮추는 거예요, 처음부터. 그래서 중국사신을 접대하는 접반사는 대제학 수준으로, 접반사 중에 상당수는 거의 다 대제학 했거나 앞으로 하게 될 대표적인 사람이라는 것은, 중국의 문학이 우리보다 그만큼 높다, 결국 문화의 높이지요. 일본에는 3품만 가도 된다, 그런 판단이 있기 때문에 된 것이고. 만약에 제가 한중필담의 설명을 더 하게 된다면 그 이야기도 하겠습니다.

그리고 아까 가설을 물어보셨는데, 간단히 가정된 결론은 이런 것입니다. 아까 잠깐 말씀드린 것처럼, "홍대용과 박지원 때부터 필담이 시작됐다." 하는 것은 그 때부터 우리가 중국(사실은 청나라)에게 배울 게 있다고 현실을 인정했다는 거지요. 그 때까지는 청나라를 형식적으로 인정해서 사신이 갔지만, 마음속으론 아니거든요. 효종부터도 청나라를 치겠다, 이게 북벌책입니다. 그 이후에도 여전히 정권 차원에서 계속 그 문제인데. 결국은 지식인들이 청나라 문화를 인정하기 시작해 홍대용 때부터 필담을 하게 되었습니다. 그래도 필담한 사람들은 상당히 적습니다. 박지원의 『열하일기』에 필담이 여섯 갠가 나옵니다. 필담의 제목이 다 상대방 사람 이름이거나 장소인데. 박지원이 필담했다는 상대방들은 거의 다 학생들입니다. 그러니까 일본의 필담과는 계급이 달라요. 박지원의 필담 상대방들은 중국에서 과거 시험 보려고 북경까지 왔다가 북경 시내를 왔다 갔다 하며 구경하는 사람을 박지원이 술집이나 상점에서 만나가지고 붙잡고 물어보는 식이죠. 그렇지만 일본에서 필담한 것은 상당한 전문가 층이죠. 그래서 박지원은 상당히 많은 의도를 가지고 물어보는데, 청나라 지식인들이 어떤 부분에서는 그만큼 대답을 못하는, 그런 수준도 있습니다. 그러니까 조선 지식인들이 그때까지도 북경의 최고위층을 만나진 못했어요, 필담에서는. 19세기 초중반쯤 가면 이제 조금씩 높은 사람들을 만나게 됩니다. 그 문제도 결국은 한중, 한일의 필담을 비교한다면 당연히 써서 상대가 누구냐, 그리고 그런 것들이 조선에 와서 상업 출판될 가능성이 없기 때문에 많은 사람들이 시도만 했다는 것도 역시 쓰면 좋겠습니다. 일본은 상업 출판이 활성화되어 있어서 한일 지식인 사이에 필담이 활발해진 측면도 있지요. 그런 얘기들을 결론으로 제가 가꿔나가겠습니다.

최문규 한문학에 대해서는 문외한이지만 저도 몇 가지 궁금한 점이 있어 질문을 드리겠습니다. '망각인가 은휘인가'라는 점과 관련하여 이지항이 쓴 『표주록』과 일본에서 쓴 『표류조선인 이선달 정사』, 그 두 가지는 상황적 논리에 따라 서로 다를 수밖에 없었을 것이라는 생각을 해봅니다. 그와 관련하여 두 가지 기록이 어떤 식으로 차이가 있는지를 구체적으로 설명해 주셨으면 합니다.
두 번째는 일본에서 출간된 『계단앵명』과 관련하여 질문을 드리고 싶습니다. 발표하신 내용을 보면, 일본 문인들이 시를 미리 지어왔는데도 한국 측이 즉각적으로 화답을 해서 일본사람들이 대단히 놀라 감탄을 금치 못했다고 했습니다. 그런데 일본 사람들이 정말로 감탄을 한 것인지, 아니면 일본 사람들의 특유의 '정치적이고 외교적인 언사'는 아니었는지요? 요즘도 일본인들을 만나면 지나치게 경탄하는 기질을 엿볼 수 있기에 그런 질문을 드려봅니다.

허경진 일본 사람 특유의 그러한 태도는 선생님 말씀처럼 그런 부분이 상당히 있습니다. 있는데, 수준이 워낙 차이가 나는 거죠. 우리 연구팀에서 번역한 텍스트가 지금 4만매 정도 끝났는데 거길 보면 필담에서 그런 게 나와요. "너희들은 어떻게 운서를 보지도 않고 시를 쓰느냐?" 그러니까 일본 시인들은 운서(韻書)를 찾아서 시를 짓는다는 거지요. 그들은 자기가 짓는 시의 운이 맞나 틀리나 일일이 확인해야 합니다. 그런데 조선 시인들은 그 정도의 운서(韻書) 체계는 머릿속에 다 기억이 되는 거죠. 그게 수준 차이입니다. 그 얘기는 제가 1장에서 과거시험 이야기를 했지만, 김원모 선생의 통계에 의하면 23년 걸려서 합격했다는 논문을 제가 본 적이 있습니다. 그런데 일본 사람들은 그런 시험이 없잖아요, 그러니까 시를 짓는 실력이 기본적으로 다를 수밖에 없는 거죠. 23년 동안 과거시험 준비하느라고 운서를 찾아보다가 운서 체계가 저절로 외워진 조선 시인과 무사 중심 사회의 일본 시인, 그래서 그런 차이가 생겼습니다만, 앞에서는 명함까지 써 오고 선물 가져오고 칭찬을 했는데. 과연 그들의 본심은 무엇인지, 서문에 쓴 게 본심인가. 그런 얘기들은 조금 더 쓰겠습니다. 제가 그 동안 그런 부분을 쓸 수가 없었던 게, 지금까지도 일본 정부나 일본 학자들과 계속 통신사 필담 같은 기록들을 세계기록유산으로 공동 등재하자고 하고 있는데, 그런 논문을 쓰면 분위기가 깨지죠. 그래서 못쓰고 있습니다만, 결국은 이런 인문학 저술을 통해서 가볍게 한 번 짚고 넘어가겠습니다.

최문규 선생님이 보시기에, 질적인 측면에서 그 일본 사람들이 미리 준비해온 시와 남옥이 화답한 시는 어떤가요?

허경진 네, 다른 시들도 수준이 아주 낮습니다. 번역할 때 우리 연구원들이 번역이 잘 안 된다는 건 어려워서가 아니라 말이 안 되니까. 그런 부분이 있습니다. 그리고 물론 출전도 다르고, 일본의 지명이나 고사도 나오긴 하지만. 공부한 게 다르니까 깊이가 그럴 수밖에 없죠. 그리고 그쪽의 지식인들은 일단 스님들이 제일 많고, 시를 함께 짓자고 찾아오는 지식인들이 당연히 칼을 차고 옵니다. 기본적으로는 무사(武士)에게 종속된 문인이라는 점이 조선 지식인과는 다른 점입니다.

최문규 한일 간의 필담뿐만 아니라 일중 간의 필담 및 그에 관한 연구도 하셨는지요?

허경진 제가 작년에 자료를 찾아가지고 논문을 쓴 게 있는데. 중국 무역상이 나가사키로 가다가 풍랑을 만났어요. 그래서 에도 밑에까지, 아주 엉뚱하게 후방 깊숙이 갔습니다. 에도 저쪽에 있던 지식인이 중국 사람을 만날 기회가 없었잖아요. 그래서 찾아간 거예요, 필담하려고. 맘먹고 간 거죠. 그런데 이 사람은 어릴 때 중국어를 조금 배웠어요. 일본 지식인들은 처음부터 한문을 배울 때 우리처럼 자기 나라 발음으로 배우는 게 아니라 중국어 발음으로 배우는 사람들이 많아요. 그런데 한국, 우리 윗대 사람들은 중국어를 배우는 것이 아니라 한문을 배우는 거예요. 그래서 발음도 우리식으로 하고 토도 달았지요. 이토 란텐이라는 일본 사람이 필담한 목적은 자기가 어렸을 때 배운 중국어가 중국인에게 과연 통하느냐, 이런 것도 시험해보고. 이것저것 필담한 내용을 기록해서 『유방필어(遊房筆語)』라는 책을 냈는데, 강소성이나 절강성 쪽의 장사꾼하고 일본의 지식인하고 필담하는 거예요. 일본 지식인이 중국사람의 모습도 그리고 배도 그렸는데. 문제는 일본사람은 그래도 중급 이상의 지식인인데 이 중국 사람은 장사꾼이니까 얘기가 안 되는 거예요. 일본 사람은 한시까지 써 줬는데 정작 중국 사람이 한시를 못 쓰는 거죠. 그래서 실망한 거죠. 중국 사람이라고 다 글을 잘 쓰는 게 아니구나. 그래서 필담의 문제는 아까 선생님도 층위가 다르다고 했는데, 층위가 다를 수밖에 없는 거죠. 그래서 일본과 중국, 일본과 한국, 한국과 일본 사람이 만날 때 상대방이 서로 다를 수밖에 없고 그래서 필담의 수준도 달라지죠. 아무리 물어봐도 대답이 안 나오니까. 그래서 그런 얘기도 다 하게 되면 결국은 필담의 차이라는 게 문화 권력의 차이, 이렇게도 얘기할 수 있을 것 같습니다.

임성모 4장에서 이지항의 『표주록』과 『이선달 정사』를 비교하셨습니다. 거기서 표현의 차이를 얘기하셨는데 이런 표현의 차이는 다른 표류기의 경우에도 나타나지 않을까요.

허경진 그 경우에는 우리나라에 돌아와서 이지항처럼 정확하게 거의 비슷한 분량으로 기록해야 비교가 되거든요. 그런데 한국에 와서 그런 기록들이 상당히 짧습니다. 그러니까 얼마나 정확하게 남겼냐 하는 게 문젠데, 이지항의 것은 『해행총재』에 들어갈 정도로 한 권 분량인데 다른 사람들의 것은 그렇게 『해행총재』 편집할 때 들어간 게 표류기로는 없죠. 비교하기엔 층위가 좀 다릅니다.

임성모 여러 표류기들 중에서도 이지항의 『표주록』은 홋카이도를 거친다는 점에서 특이한 사례라고 봅니다. 사실 이 당시에는 에조치라고 해서 홋카이도라고 얘기할 수도 없잖아요. 에조치가 일본 영토라는 관념도 없었을 때니까요. 그래서 『표주록』의 경우에는 일본어, 조선어 뿐 아니라 아이누어까지 개입이 되지요. 그 기록은 언어적 교섭이랄지 그런 면에서도 굉장히 유용한 사례라고 생각되는데, 그걸 강조하시기 위해서 넣으신 건지 궁금해집니다.

허경진 그건 이지항이란 사람이 일본어도 안 통하던 거기서 일본어가 통하고 일본어로 필담하다가 일본 글자로. 그 다음에 한자로 필담하다가 시를 짓다가. 그건 한자 문화권으로 들어오는 과정이죠, 그래서 그 때마다 보면 이지항이 '너무 기뻤다.' 일본 글자만 볼 때도 너무 기뻐하는 거죠. 말은 안 되지만. 그래서 그것도 어떤 의미로는 좀 살리고 싶어서 넣은 건데 어떻게 할지는 좀 더 고민해 보겠습니다.

임성모 네, 그런 부분이 좀 더 부각이 되면 좋을 것 같습니다. 두 번째로는 『계단앵명』이 50여개 필담창화집 중에서 현장에서의 필담과 그것이 출판되었을 때의 차이를 가장 잘 보여줬다고 하셨는데, 그 선택기준에 대한 설명이 분명치 않은 것 같아서 여쭙고 싶습니다.

허경진 서문 보면 거리가 나오는 거죠. 출판한 사람들의 의도.

임성모 다른 50여 종의 자료들에도 그런 게 없진 않을 것 같은데요.

허경진 그 차이는 있죠. 차이는 있는데. 아까 말대로 제가 거기 네 글짜 뽑은 것처럼, 피가 흐르고... 뭐 이런 게 전쟁이라고 보는 거죠. 우리 쪽에선 그냥 한 수 가르쳐준다고 생각했는데. 그런 거리를 얘기하고 싶어서 가져온 것입니다. 선택은 조금 주관적이죠. 제가 그걸 골랐다는 건. 짧은 글에서 50여 종의 서문을 다 보여줄 수는 없고.

임성모 필담창화집들의 성격에 대한 분류 등을 전제로 해서 어느 정도 선택기준에 대한 설명은 필요하지 않을까 싶습니다.

허경진 네, 원고를 마무리하는 과정에서 보완하겠습니다.

여말선초 성리학적 현실 인식과 지식권력

도현철(연세대, 사학과)

1. 머리말

고려후기 성리학의 수용은 한국 지성사에서 매우 중요한 위치를 점하고 있다. 성리학은 우주와 인간을 통일적 · 완결적으로 설명하고 이를 토대로 사회 변화의 방향성과 방법을 제시한 당시로서는 최고 수준의 선진 사상이었다. 성리학은 고려 사상계에 지적 자극을 주었을 뿐 아니라, 시대 변화에 부응하여 고려 사회를 보다 진전된 방향으로 이끌어갈 이론적 대안을 제시하는 과정에서 역동적으로 기능하였다.

성리학은 국가 주도로 수용되어 과거시험과 학교교육의 교과목으로 채택되었고 그 결과 빠른 속도로 식자층에 확산되었다. 이는 성리학의 철학적 · 경세론적 교리들이 지식인의 사회의식을 높이고 사회변혁을 위한 성찰의 대상으로 제공되었기 때문이다. 문제는 국가 주도로 수용된 성리학이 지식인과 정치가들에게 이해되는 양상과 지배적인 담론으로 형성되는 과정 및 그 배경이 무엇인가

하는 것이다.

위화도 회군 이후 성리학은 신진 사대부라는 개혁론자들의 지도 이념이었고 다른 학문 사상에 비해 우위를 점하면서 정치적 주도권의 향방을 결정하게 하였다. 조선의 건국은 성리학의 권력화를 지향하고 이를 토대로 체제 변혁을 도모한 신진 사대부의 승리, 즉 외래 사상인 성리학이 고려 사회를 이끌 주도적인 사상으로 발전하고 신지식의 권력화를 이룬 것이라 할 수 있다.

그런데, 고려 후기 역사의 전개는 성리학 수용에 내재하는 역설적인 측면을 보여준다. 성리학은 고려 왕조를 유지하기 위하여 군신 관계와 부자 관계 등 사회적 관계를 강화하는 논거로 수용되었으면서도, 성리학에서 제시하는 정치·사회론은 역으로 정치 개혁을 촉발하고 고려 왕조를 부정하며 새로운 왕조를 건설하는 이념적 근거로 전환되었기 때문이다.

이처럼 고려후기 성리학을 지식 권력[1]과 그에 입각한 현실 변혁 그리고 조선 건국이라는 정치과정과 연관시켜 설명할 수 있다면, 여말선초의 지성사를 보다 다양하게 이해하는 시각을 제공하게 될 것이다.[2]

2. 성리학 수용과 개혁 정치

1) 성리학 수용과 개혁 의식의 확산

고려후기에 원으로부터 수용된 성리학은 현실변화를 설명할 수 있는 유효한

1 콜린 고든·홍성민 옮김, 『권력과 지식』, 나남출판, 1991 : 이광래, 「미셸 푸코:언어, 지식 그리고 권력」, 『포스트 모더니즘과 포스트 구조주의』, 현암사, 1992.

2 이 글을 작성하는데 다음의 글을 참고하였다. (도현철, 『고려말 사대부의 정치사상 연구』, 일조각, 1999 : 『목은 이색의 정치사상 연구』, 혜안, 2011 : 『조선전기 정치사상사』, 태학사, 2013.)

지식으로 공감을 얻으며 지배적인 담론으로 형성되어 갔다. 고려는 원과 전통적인 사대외교의 연장선에서 원의 부마국이 되어 정치·문화적으로 긴밀한 관계를 유지하였다. 당시 몽골족 원나라는 세계 제국을 건설하며 원 중심의 세계 질서를 확립하고자 하였고, 이를 위해서 초기 유목 국가의 약탈적 정복 정책으로부터 정복지에 대한 지배와 관리를 목적으로 한 지배 정책으로 방향을 전환하였다. 이에 따라 중국에 대한 지배정책도 '중국의 법으로 중국을 다스린다'는 한화(漢化) 정책을 전개하였다. 이 과정에서 유교를 국교로 삼고 과거제를 부활하였다. 당시 원이 관학으로 삼은 것은 성리학(性理學: 程朱學, 혹은 道學)으로, 사물의 본질과 도덕적 의미에 대한 철학적 담론보다는 주어진 직분에 충실하라는 수분적(守分的) 명분론(名分論)과 실천 윤리에 중점이 두어진 것이었다.[3]

12세기 몽골의 침입을 받은 고려는 강화 천도를 단행하며 저항하였지만, 몽골과 화친을 하고 개경으로 환도한 뒤, 혼인관계를 맺고 부마국이 되었다. 이 시기 고려는 중국과 전통적인 사대관계의 틀 속에서 원나라의 간섭을 받기는 하였지만, 제후국으로서 국가 체제를 유지하였고 그 과정에서 원으로부터 관학 성리학을 수용하였다. 고려에서 보낸 유학생이 원의 국자감에 입학하여 성리학의 경전인 사서오경(四書五經)을 익히고 과거시험(制科)에 응시하였으며, 고려 정부 역시 사서오경을 학교의 교과목이나 과거시험의 과목으로 정하였다.[4]

고려가 원나라의 성리학을 수용하기 위해 노력하고, 원 역시 이를 권장한 것은 두 나라가 처한 현실적 상황 때문이었다. 한족(漢族)의 왕조를 멸망시키고 세워진 이민족 왕조 원나라는 정복국가로서의 지배체제와 천자국인 원과 제후

3 文喆永,「麗末 新興士大夫의 新儒學 수용과 그 특징」,『韓國文化』 3, 1982, 118-123쪽 : 周采赫,「元 萬卷堂의 設置와 高麗儒者」,『孫寶基博士停年紀念韓國史學論叢』, 1988, 225-239쪽.

4 보다 구체적으로 성리학에서 중시하는 『사서집주(四書集註)』가 과거의 시험과목으로 채택되고, 국립 교육기관인 성균관의 교과목으로 정해졌다. 충목왕 즉위년(1344) 과거 시험의 방법으로 육경의사서의(六經義四書疑)가 정해지고, 공민왕 16년(1367)에 오경사서재(五經四書齋)가 만들어졌다.

국인 고려라는 상하 관계를 성리학의 명분론(名分論)으로 강화하여 원 중심의 세계 질서를 정당화하고자 하였다. 이는 대내적으로는 한족 지식인의 불만을 무마시켜 체제를 옹호하려는 것이면서, 대외적으로는 주변 이민족 국가 특히 고려에 대해 천자국으로서의 정당성을 확보하려는 이데올로기적 대응이라고 할 수 있다.

한편 고려는 무신집권 이래 취약한 왕권을 강화하기 위하여 원과 천자 제후의 관계를 확고히 하고자 하였다. 무신권력자 최충헌은 6명의 국왕을 폐위하고 4명의 국왕을 옹립하였는데, 이는 고려 국왕의 위상 추락, 권위의 손상을 의미하는 것이었다. 고려 왕조의 입장에서는 왕권의 회복과 강화가 절실하였고 원나라에 의지하여 이를 타개하고자 하였다. 원종이 원 세조 쿠빌라이에게 원 공주와 고려 왕자의 혼인을 요청하여 왕실간의 혼인을 성사시킨 것, 충선왕이 원나라 과거 시험에 응시할 수 있도록 응거시(應擧試)를 고려에 만들거나 연경에 만권당을 설치하여 유학의 예와 명분론을 익히도록 한 것 등이 이러한 고려의 입장을 잘 보여주는 사례라고 할 수 있다. 고려는 원 관학 성리학에서 지향하는 수분적 명분론(守分的 名分論)을 적극적으로 받아들임으로써 왕실의 위상을 높이고 왕권을 회복하기 위해 노력하였던 것이다.

고려후기 사회를 이끌어간 정치세력으로는 권문세족과 신진 사대부가 있었다. 주지의 사실이듯이 고려후기는 사회모순이 심화되는 사회 변동기였다. 원의 간섭과 요구에 의한 자주권의 훼손과 파행적인 정치 운영, 제도의 문란과 기강 해이, 권세가의 토지 탈점과 조세의 불균형, 왜구와 홍건적의 침입으로 사회는 불안하고 농민의 생활 기반은 붕괴되고 있었다. 당시 권문세족은 왕실과 혼인할 수 있는 유력가문으로서 정치권력을 장악하고 토지를 소유한 특권층이었다. 이들은 귀족 상호간의 혼인과 음서를 통하여 특권을 재생산하고 불교나 사장학(詞章學) 중심의 유학과 연결되어 있었다.

반면에 신진 사대부는 중소지주적 경제기반을 가지고 과거를 통해 중앙정계로 진출하였다. 이들은 하급 관료인 동시에 백성들과 더불어 권세가의 횡포의 피해자로서, 개혁정치를 추구하며 특히 신돈집권기(공민왕 14~20년)에 실무 관료로 참여하였다. 이들은 신돈의 개혁, 즉 전민변정사업(田民辨正事業)을 통하여 토지를 원래의 주인에게 돌려주고 사민화된 백성을 원래대로 환원하는 정책에 공감하였고, 교육、과거제도 등의 정비를 통하여 제도 운영의 공정성과 합리성을 확보하기 위해 노력하였다. 특히 공민왕 16년에 성균관에서 성리학을 연구하면서 성리학에서 제시하는 경세의식을 함양하며 개혁 논리를 만들어갔다.

이색을 중심으로 이숭인·정몽주·김구용 등은 성리학의 세계관과 인간관을 탐구하고 성리학에서 제시하는 정치、사회 이론을 고려 사회에 활용할 수 있는지를 타진하였다. 이 과정에서 사대부 상호간에 성리학을 매개로 한 경세의식과 동류의식을 형성하고 성리학의 정치、사회적 이념에 기초한 개혁을 추구할 지적인 토대를 마련하고 있었다. 그 결과 성리학은 고려사회를 이끌어갈 선도사상, 지배적인 담론으로 자리 잡아 갔고 있었다.

성리학은 이기론과 인성론을 근간으로 하여 우주와 인간을 통합적으로 설명하는 사상체계라는 점에서 단순히 사회·정치론, 수양론에 머물렀던 종래의 유교와는 차원을 달리하는 것이다. 성리학은 불교가 중심이었던 고려 사회에 새로운 사상적 분위기를 조성하여 변화를 촉진시켰다. 불교는 윤회(輪廻)와 내세(來世) 사상을 통하여 현실을 허망하거나 공(空)의 세계로 설명하는 과정에서 상대적으로 인륜과 도덕에 소홀한 반면, 성리학은 현실 긍정적 태도와 인륜 중심의 학설에 기초하여 현세적이고 실용적인 인간관과 경세의식을 견지함으로써 당시 생산력 발전과 농민 의식의 성장에 부응하는 측면이 있었기 때문이다.

고려후기 성리학을 통한 변화는 신진 사대부의 인간관에서 그 사실을 확인할 수 있다. 성리학의 성즉리(性卽理)는 원론적으로 인간은 동등하다는 인식을 불러일으켰고 그에 따라 노비와 같은 하층민이라도 존중해야 한다는 의식을 갖게 하였다. 다시 말해 성리학은 유교의 핵심개념인 인(仁)을 만물에 대한 경외심과 생명에 대한 사랑으로 재해석하고 천지가 만물을 낳아주는 마음(天地生物之心)으로 규정함으로써 백성의 존재와 그 가치를 인정하도록 하였다는 것이다.

이첨은 공양왕에게 인정(仁政)을 설명하면서 인을 천지가 만물을 낳아주는 마음으로 천지의 가장 큰 덕이고 가장 온전한 심덕(心德)이니, 사람을 사랑하고 차마하지 못하는 정치(不忍人之政)를 행하라고 하였다. 조준은 순과 무왕이 폭군 주(紂)와 곤(鯀)을 죽인 것은 천지가 만물을 낳아주는 마음에서 연유한 것이고 태조 왕건은 삼국이 각축을 벌이고 재정이 급박할 때 군사상의 문제는 뒤로 하고 백성을 구휼하는 것을 우선하였는데, 이것이 곧 천지가 만물을 낳아주는 마음이라고 하였다.

더욱이 고려말기 시문집에는 그 이전과 달리 보잘 것 없는 미물이나 하층민을 생각하고 염려하는 글이 눈에 띈다. 윤소종은 병든 개를 치료하는 공민왕의 마음을 백성에게 돌려 백성을 위한 정치를 하도록 주문하기도 하고, 이색은 난산하는 여자 노비를 걱정하거나 고양이가 새끼를 낳는 모습에 주목하여 시를 쓰기도 했다. 신분이 낮은 노비는 물론 하찮은 미물일지라도 생명을 소중히 여기는 마음에서 시 속에 담기도 하고 이러한 마음을 확충하여 하층민이라도 보살펴야 한다는 인간관의 변화를 보여 주었던 것이다.

이러한 변화는 일반민 특히 최하층민인 노비에 대한 인식의 변화에서도 확인할 수 있다. 노비가 천하지만 그 역시 천민(天民)이라고 한다거나, 노비의 가격이 오승포 150필에 불과하여 4, 5백 필에 이르는 말 가격의 절반도 안 되는데, 이는 가축을 중하게 여기고 사람을 가볍게 여기는 격이므로 도리와 어긋나니 노비의 가격을 올리라하기도 하였다. 노비의 값은 남녀를 논할 것 없이 나이 15세 이상에서 40세 이하인 자는 4백 필로 하고, 14세 이하와 41세 이상인 자는 3백 필로 하라는 것이 그것이다.[5] 이때 노비가 여전히 매매의 대상으로 인식되기

5 『太祖實錄』 권14, 태조 7년 6월 임술

는 하지만 노비 가격의 상승을 주장하는 논리가 가축과 구별되는 인간으로서의 가치가 인정되고 있다는 사실이다. 오랫동안 노비를 매매하던 관행이 하루아침에 없어질 수 없다는 것을 인정한다면, 이러한 변화는 진전된 노비관내지 인간관으로 이어져 결국 평등의 인간관을 통한 신분제 폐지로 나아가는 징검다리로서의 의의를 가진 것으로 평가할 수 있다.

성리학은 구체적인 인간 생활에서 가치관의 변화를 가져오게 한다. 즉 인간의 부귀(富貴)와 장수(長壽)는 선천적으로 주어진 것이 아니라 후천적 노력 여하에 따라 좌우된다는 인식이 생기기 시작한다는 것이다. 고려 초기 유학자인 최승로는 "사람의 화복귀천(禍福貴賤)은 태어날 때부터 품명되는 것으로 마땅히 따라야 할 것입니다."[6]라고 하여 화복귀천을 선천적인 것으로 보았다. 반면에 고려 후기의 성리학자 박초는 "사람의 생사(生死)와 수명(壽命)의 길고 짧음은 자연에 의한 것이고, 위엄을 내리고 은혜를 베푸는 것과 상벌은 임금에게 달려 있으며, 빈부귀천은 노력 여하에 달려 있습니다."[7]라고 하였고, 강회백은 "길흉(吉凶)은 밖에서부터 오는 것이 아니고, 화복(禍福)은 사람이 스스로 부르는 것입니다. 어찌 불교에 의탁하고 술수를 믿어 복과 이익을 바라겠습니까?"[8]라고 하였다. 현실의 부귀(富貴)와 화복(禍福)은 인간이 닦은 공업(功業), 즉 후천적인 노력에 의해 좌우된다고 보았던 것이다. 고려 초기 불교의 내세론(來世論)과 인과응보론(因果應報論)을 이론적으로 부정하지 못한 최승로와 성리학의 배불론을 익힌 강회백、박초의 사상에는 차이가 있음을 보여주는 것이다.[9]

한편 이들은 성리학의 학문 체계나 수양론에 근거해서 경세 의식과 책임 의식을 견지한다. 후천적인 노력으로 성인이 될 수 있다는 성학(聖學)·성인가학

---

6 『高麗史』 권93, 列傳6 崔承老(하책, 86-87쪽)

7 『高麗史』 권120, 列傳33 金子粹(하책, 637쪽)

8 『高麗史』 권117, 列傳30 姜淮伯(하책, 576쪽)

9 金泰永,「朝鮮前期 封建的 社會思想試論」,『經濟史學』 2, 1978, 173-174쪽.

(聖人可學)의 논리를 받아들인 것이다. 성학은 성인이 되기 위한 학문으로 요·순·주공의 요법을 체득해서 왕도와 인정을 실현하기 위한 학문이다. 치자=치인자는 마땅히 수기(修己)의 과정을 거쳐 성인 즉 도덕적 완성자가 됨으로써 하·은·주 삼대와 같은 이상 정치를 실행하라는 것이 그 핵심이었다.[10] 성인가학은 성학을 바탕으로 사대부가 후천적으로 성인이 될 수 있다는 것으로, 송대 사대부가 지배층으로 성장하는 논리의 하나였다.

송 이전의 성인은 예악제도를 창시한 사람 혹은 요·순·우·탕과 같이 태어날 때부터 아는 자(生而知之)였고, 혈연적으로 세습된 귀족에 의제되었다. 반면에 송대의 성인은 인의도덕의 완전한 체현자로서 후천적인 노력을 통해 과거에 급제한 사대부에 의제되었다. 송대 사대부는 성인은 학문적 노력을 통하여 도달 가능하다고 보고, 자신과 같은 사대부가 성인이 되어 현실정치를 책임져야 한다고 주장하였다. 그에 따라 귀족을 대신해 정치의 주체자로서 자임하고 현실적으로 성인이 될 수 없는 인민들로 하여금 성인으로 의제된 자신들에게 복종하도록 유도하였다.

고려후기 사대부는 성리학의 성학·성인가학을 이해한 바탕에서 현실에 대한 책임의식을 견지했다. 현실 정치에서 사대부가 갖추어야 할 기본적인 소양으로서 경학에 정통할 것과 인륜도덕에 밝을 것(經明行修)을 제시하였다. 이들에게 성리학 공부는 사장학(詞章學) 대신에 현실적이고 실용적인 실제적인 학문, 곧 실학을 의미하였다. 이제현은 시부장구에만 매달려 벌레를 아로새기듯이 문장을 다듬는 세태를 비판하고 성리학의 핵심인 격치(格致)·성정(誠正)의 도를 궁구하여 인륜=오륜을 밝히는 실학을 도모할 것을 역설하였다. 이색은 당시 사대부들이 화려하게 과시하고자 하여 문장과 시구를 다듬는데 마음씀이 지

---

10 金駿錫,「17세기 正統朱子學派의 政治社會論」,『東方學志』67, 1990, 106-110쪽.

나쳐 성의(誠意) 정심(正心)의 공부를 하지 않는다[11]고 지적하였다. 성의(誠意)와 정심(正心)의 수양(修養)·수기(修己)를 거쳐 자기 완성을 이루고, 치인을 현실에서 실천하는데 필요한 실용적인 학문을 궁구하였던 것이다.

이들은 관료가 되어 현실 정치를 이끌 주체로 자임하게 된다. 성리학을 익혀 사물의 이치를 파악하고 현실 사회에 대한 지식을 제공하며, 현실을 개혁하여 민생을 안정시키고 나라를 부강하게 만드는 주체의식을 견지하였던 것이다. 윤택은 북송 범중엄의 "천하의 근심에 앞서 근심하고 천하가 즐거워 한 후에 즐거워한다."는 말을 외우면서 현실에 대한 책임의식을 견지하였다고 한다.[12] 이때 이들의 현실에 대한 책임의식이란 관리=군자의 입장에서 나라를 편안하게 하고 민을 안정시키는 일이었다. 이들은 유교적 지식에 철저한 사대부=군자가 관리가 되어야 하며 이러한 인재 등용이야말로 정치의 근본이라고 하였다. 이에 이들은 민을 이끌 책임, 주체의식으로 중앙정계 진출의 명분을 확보할 수 있었다. 이들은 당대를 요·순시대로 만들기[13] 위하여 자신들과 같은 사대부가 관리가 되어 민을 이끄는 지배자가 되어야 한다고 하였다. 이는 성인가학·성학을 통해 현실에 참여하고자 하는 현실참여론이며 정치참여론이었다. 즉 사(士)의 사명을 강조하고 정치사회를 경영하는 책임감·자신감을 드러내면서 강렬한 정치참여 의욕을 정당화하고자 한 것이다.

2) 성리학적 개혁의 두 방향 : 체제 유지인가 체제 변혁인가

성균관에서 성리학을 연구한 신진 사대부들은 우왕 원년(1375) 북원 사신의

11 『高麗史』 권115, 列傳28 李穡(하책, 524-525쪽)

12 『高麗史』 권106, 列傳19 尹諧(尹澤)(하책, 346쪽)

13 『牧隱集』 文藁 권10, 孟周說

영접에 반대한다. 이들은 원·명 교체라는 동아시아의 정세변화를 직시하여 명을 중심으로 한 대중국외교를 주장하였다. 하지만 북원 사신 영접을 주장하는 이인임 등 권세가들에 의해 한직으로 밀려나가거나 유배되었다. 이를 계기로 신진 사대부들은 권세가의 폐해와 현실정치의 한계를 더욱 절감하게 되었다.

그런데 사대부내에는 현실 정치와 이상 정치의 괴리 속에서 분기가 일어난다. 사대부들 중에는 공민왕대의 개혁정치처럼 주어진 제도권 안에서 합리적인 정치운영을 모색하고자 하는 흐름과 현실변화를 보다 심각하게 인식하고 체제 변혁까지 고려하는 흐름이 등장하게 되었다. 전자는 이숭인과 권근의 경우처럼 성리학의 인치(人治)를 중시하는 사고로, 현존하는 제도는 선왕으로부터 내려온 것으로 존중하고 그것을 운영하는 관리의 자질, 곧 인성을 중시하여 사회 모순을 타개하려는 대응이라고 한다면, 후자는 정도전·조준·윤소종의 경우처럼 성리학이 추구하는 이상사회를 실현하기 위하여 인간을 둘러싼 환경, 사회구조 등 고려 사회의 총체적인 구조에 대한 변화를 모색하는 흐름이라고 할 수 있다. 동일한 성리학에 입각하여 현실에 대한 인식과 그에 대응하는 논리를 제시한 것이지만, 체제를 유지하려는 입장과 체제를 변혁하려는 입장이 첨예하게 대립하게 되었던 것이다.

성리학에 기반한 현실화와 대응방식의 대립과 갈등은 위화도 회군 이후 본격화된다. 최영의 요동정벌에 반대하여 단행된 위화도 회군에는 이색과 정도전 등 신진사대부 모두가 동의하였다. 이들은 중앙의 고위 관직을 맡으면서 정치운영·토지제도·민생 문제와 중국과의 외교·왜구의 대책 등 당면한 위기 상황을 타개하기 위한 방안을 마련했다. 그런데 그 대응 방안은 현실인식과 성리학 이해, 개혁정치의 목표와 방법에서 의견 차이가 있었다.

그 중 가장 첨예하게 대립하였던 것은 창왕 즉위년 6월에 제기된 토지제도 개혁 문제였다. 이색과 우현보·권근·유백유는 토지제도 개혁에 반대하였고, 이성계·조준·정도전·윤소종은 개혁에 찬성하였다. 이색 등은 고려의 수조권 분급제를 유지한 채 다만 일전일주론(一田一主論)을 주장하여 그 운영상의 폐단만을 시정하려고 하였던 반면에, 조준 등은 고려의 수조권 분급제의 근본 문제를 제기하여 가산화(家産化)된 사전(私田)을 혁파하고 경기사전(京畿私田)의 원칙하에 재분배할 것을 주장하여, 지주제의 확립을 전제로 농민을 보호하고 전호의 토지에 대한 권한을 용인하려고 하였다.

전제 개혁 논의가 쟁점으로 떠오른 상황에서 이색의 제도개선론은 사전혁파 반대론과 동일시되었고 그 점에서 구가세족(舊家世族)의 이해를 대변하는 것으로 평가할 수 있다. 사전(私田)을 조업전(祖業田)이라 하여 세습하는 행위는 고려후기에 관행적인 것이었고 대다수 관료들의 경제적 기반이었기 때문이다. 당장 사전을 혁파하여 수조지를 배분하자는 주장은 각자의 경제적 차이에 따라 손익이 엇갈리는 결과를 초래하게 된다. 사전혁파론은 중소 지주의 입장을 대변하는 것으로, 성리학의 토지론이 중소지주적 입장을 반영한 것이었듯, 성리학적 개혁론이 가진 사회적 성격을 반영하는 것이라고 할 수 있다.[14]

정치체제 개편에서도 상이한 의견 차이가 노정되었다. 당시 사대부는 성리학에서 말하는 자연의 이법과 윤리 도덕이 현실정치에 반영되어 정치체제와 정치운영에도 실현되기를 원했고, 정치제도에 관한 이념형을 담고 있는 경전인 『주례』를 토대로 정치체제 개편론을 제시하였다. 이색은 『주관육익』을 통하여 『주례』에 입각한 관제개혁을 도모하면서 국왕을 정점으로 하는 정치론을 제시하였다. 그런데 『주관육익』은 고려 세계(世系)를 내세우고 문물정비에 초점을 맞추어, 3성 6부제의 유제가 남아있던 고려의 정치체제를 옹호하는 입장에 있었다. 반면에 정도전과 조준 등은 중국 고대의 이상사회를 제시하는 『주례』의 원형을 바탕으로 재상을 중심으로 한 6전 체제를 복구하고자 하였다. 이는 재상이 국정운영을 주도하여 행정의 효율성을 증대시키는 새로운 권력구조를 지향

14 이익주, 「고려말 신흥유신의 성장과 조선 건국」, 『역사와 현실』 29, 1998, 27-28쪽.

한 것으로, 군주 1인에 의한 전제정치를 반대하고 신료들의 공론을 수렴한 재상이 정치를 주도케 하자는 주장이었다. 당시 고려의 왕정 체제에서는 법제나 정치사상으로 왕권을 제약하는 재상 중심 구조를 관철하는 것은 어려운 일이었다. 6전 중심의 체제와 재상정치론을 관철하기 위해서는 왕조의 교체를 통한 새로운 체제로의 재편이 필요하였다.

이러한 두 입장은 공양왕 3년 5월 불교에 대한 입장을 놓고 다시 한 번 충돌한다. 정도전과 김초 등은 개혁상소에서 성리학의 척불론에 근거하여 불교를 비판하고 불교에 온건한 이색 등의 반대파를 탄핵하였다. 이에 대하여 공양왕과 김전, 유백순 등은 왕조를 유지하려는 입장에서 불교를 옹호하였다. 이때 논점은 구체적으로 왕조의 지배이념인 선왕성전(先王聖典)이 무엇인가 하는 문제였다. 공양왕과 이첨은 선왕성전은 불교숭상이라고 하여 김초의 척불상소가 선왕성전을 파괴하는 것으로 본 반면, 정탁은 선왕성전은 삼강오륜(三綱五倫)이라고 주장하였다. 선왕성전을 불교 숭상으로 볼 것이냐 아니면 삼강오륜으로 볼 것인가의 문제는 결국 개혁의 이념이 무엇이고 지향하는 이상사회가 무엇인가 하는 문제로 확대되었다.

고려후기 권문세족과의 대항 과정에서 성리학을 적극 활용한 사대부는 모두 성리학적 사회질서를 지향하는 데 동의하였지만, 구체적인 성리학의 활용과 실현 방법에서는 차이를 드러냈다. 즉 성리학적 개혁을 점진적으로 실현하면서 불교와 유교가 공존하는 사회를 만들려 하거나, 성리학적 개혁을 급진적으로 추진하여 유교만이 존재하는 사회를 건설하려 하는 등 입장의 차이가 있었던 것이다. 전자가 왕조의 존립과 불교의 사회적 기능을 인정하는 것이라고 한다면, 후자는 체제변혁을 염두에 두면서 불교 자체를 비판한 것이라고 할 수 있다.

불교를 옹호하는 것은 고려왕조를 유지하려는 입장이 되고 고려의 지배관계 혹은 그 이해관계를 같이하는 당파적 성격을 가지게 된다. 고려는 불교를 지배이념으로 설정하고 국사나 왕사제 및 기타 불교 제도를 국가가 지원하여 지배층과 불교계는 밀접하였기 때문에 불교를 옹호하는 것은 고려를 긍정하는 것과 동일한 것이었다. 이색의 입장은 불교와 결합된 성리학의 체제 유지적인 측면을 수용하면서 타 학문 사상에 대한 성리학의 상대적 우월화를 도모한 것이라 할 수 있다.

반면 불교를 비판하는 것은 불교와 밀착된 고려 왕조를 비판하는 논리와 결합되어 고려의 지배관계를 부정하고 그것을 대신할 새로운 지배관계를 추구하는 방향으로 진전된다. 정도전이 성리학을 정통·정학이라 하여 불교와 같은 성리학 이외의 다른 사상을 용납하지 않으려 한 것은 불교와 결합된 고려를 부정하는 것이다. 불교를 비판하는 성리학의 변혁적 측면을 수용하는 가운데 타 학문 사상에 대한 사상의 절대적 우월화, 지식 권력화를 도모한 것이라 할 수 있다. 이처럼 불교에 대한 인식의 차이는 바로 왕조에 대한 인식과 지배 질서에 대한 이해의 차이를 보여주는 것이었다.

고려 말 성리학의 불교에 대한 두 관점의 이해와 대립은 결국 성리학적 개혁 목표와 왕조교체를 둘러싼 찬반으로 나타났다. 성리학이라는 최신의 외래사상이 고려후기에 지배적인 담론으로 정착된 것은 개혁이 요구되던 시대적 상황과 연관된 것이었다. 윤리성 회복과 제도 개혁의 이론적 근거로 성리학의 긍정적인 측면이 부각되었던 것이다. 그런데 개혁의 목표가 왕조 중흥이냐 아니면 신왕조 개창이냐의 문제로 귀결됨으로써, 사상 싸움 내지 이론 싸움이 권력 싸움으로 확대되어 갔다.

왕조를 유지하려는 이색은 중국과의 사대외교를 통하여 명나라의 감국(監國)과 창왕의 입조(入朝)를 시도하지만 실패하고, 정도전 등이 우왕비왕설을 통하여 창왕을 폐하고 공양왕을 옹립하며 반대파를 제거하여 갔다. 정도전 등은 성리학의 정치론으로 반대파의 논리를 비판하였다. 이인임의 보수 정치와 그와 연결된 정치세력 비판이나 우왕비왕설 혹은 승려의 왕사 등용 등을 성리학의 천리인욕설이나 공사론 혹은 공론정치로 비판하였던 것이다. 그 과정에서 성리학적 정치사상에 기반한 논리를 개발함으로써 조선적 성리학의 외연을 확대하였고, 16세기 성리학시대에 버금가는 성리학적 정치사상이 제시되었다. 물론 이성계 등의 군사적 우위로 이색 등에 대항하여 승리할 수 있었지만, 고려 말 현실을 개혁하는 데는 성리학적 정치사상과 그것을 주장한 대간들의 언론 활동 또한 매우 중요한 역할을 하였다.

고려말 보편 담론이 된 성리학은 불교와 연결된 고려의 구 귀족이 갖고 있던 대지주 중심의 사적 인민 지배를 배격하고 중소지주와 공적의 인민 지배라는 새로운 현실 개혁안을 제시함으로써 일보 진전된 사상성과 역사성을 내포하고 있었다. 당시는 신분제 사회였고 지주제 사회였기 때문에 이를 원천적으로 부정하기는 쉽지 않았다는 사실을 염두에 두면, 사대부들이 성리학적 개혁 정치를 통하여 권력을 장악하고 성리학의 권력화를 통하여 조선 사회를 성리학 사회로 만든 것은, 고려에서 조선으로의 왕조교체가 한국사의 전진적 또는 단계적 역사발전의 흐름 속에 있음을 보여준다. 즉 정도전 등의 승리는 단순히 군사력을 가진 군인들의 승리가 아니라 성리학적 개혁 정치를 추구하는 과정에서 보다 근본적인 개혁을 추진한 개혁파의 승리라고 할 수 있고, 이 점은 조선왕조 건국이 한국사의 전개라는 지평에서 역사 발전의 한 위치를 점하는 이유라고 할 수 있다.

3. 성리학의 권력화와 성리학 지식의 확산

1) 성리학의 권력화와 불교 비판

고려후기 개혁정치 과정에서 성립된 조선은 성리학을 체제이념으로 정립하였다. 정도전 등의 정치적 승리와 왕조 건국은 고려 말 개혁이념인 성리학이 곧

바른 학문(正學)으로 공인되고 성리학 이외의 다른 학문은 용납하지 않게 되었음을 의미한다. 이는 왕조 건국의 주체 세력이 성리학을 유일한 바른 학문으로 삼아 다른 사상을 용납하지 않은 것에서 기인한 것이기도 하지만, 유교 혹은 성리학 자체에는 이단에 대해 비판적인 성격이 있음에서도 연유하는 것이다.

유교는 공자와 맹자 이래 양주(楊朱)와 묵적(墨翟) 등 유교 이외의 이단·사설에 비판적이었고, 남송대의 성리학은 자신만을 정통(正統), 정학(正學)으로 규정하고 불교·도교와 같은 이단(異端)과 사설(邪說)은 결코 용납하지 않았다. 남송대 주자는 요·금과의 대치로 고조된 대내외적 위기를 극복하기 위하여 한족(漢族) 왕조의 정통성을 명확히 하고 이민족에 대한 배척 의식을 견지하는 이른바 존왕양이(尊華攘夷)를 내세우면서 중국의 종교인 유학을 정학으로 높이고 오랑캐의 종교인 불교를 이단(異端)으로 배격하였다.

왕조 창업의 이론가인 정도전은 성리학을 핵심으로 하는 지배질서를 구축하고 이를 이론적으로 뒷받침하고자 하였다. 그는 주자의 배불론을 원용하여[15] 불교의 세계관과 인간론, 예컨대 영혼불멸과 인과응보론 등을 비판하였다. 『불씨잡변』은 송유(宋儒)의 이기론과 심성정설(心性情說)에서 제시한 유교적 세계관에 입각해서 심법(心法)과 불성(佛性)을 본질적 존재로 보고 현상세계를 환망(幻妄)으로 부정하는 불교의 초월적인 세계관을 배척한 것이다.

정도전에 의하면, 불교는 심이 본체로서, 심의 작용인 성(性)은 공(空)으로 일체의 작용이 허망하다고 파악하여 수양 공부가 없고 이치를 궁구하지 않는다. 따라서 불교는 도덕적 원리로서의 천리(天理)를 심(心) 속에서 밝혀내지 못하게 되어 도덕적 원리(天理)를 어기는 일도 정당화된다. 불교는 실재를 부인하는 심을 기초로 한 세계관과 인간론을 갖춘 종교사상이며, 이로 인하여 인간사회가 윤리도덕이 없는 금수와 같은 세계로 빠지게 된다는 것이다. 이는 허학(虛

---

15 柳仁熙, 「退·栗 이전의 朝鮮 性理學의 問題發展」, 『東方學志』 42, 1984.

學)인 불교에 대하여 실학(實學)인 유교의 입장[16]을 천명한 것으로서 불교의 존재 의의를 부정하는 근거가 되었다.[17] 정도전이 성리학에 입각한 개혁을 추구했음을 생각한다면 당연한 귀결이기도 하였다. 성리학은 수기치인을 지향하며 격물·치지하여 제가·평천하에 이르는 방법론을 철학적으로 정립한 것으로, 이기와 체용 등의 개념을 통하여 실제적이고 체계적인 논리로 세계와 인간을 그 자체로서 긍정하는 학문체계였기 때문이다.

조선은 성리학의 정치사상, 곧 성리학에 기반한 정치와 사회 운영의 원칙을 제시하였다. 성리학에서는 천리인욕설(天理人欲說)과 이에 입각한 공사론(公私論)을 정치운영의 이념으로 받아들인다. 천리에 입각한 공의(公義)와 인욕에 근거한 사리(私利)를 대립 개념으로 파악하여 도덕규범이나 신하의 존재형태를 이분화하여 시시비비를 정하였다. 예를 들면, 천리에 기초한 공(公)을 선으로, 인욕(人欲)에 기초한 물질욕망의 추구를 악(惡)으로 규정하거나, 공의를 추구하는 신하를 바람직한 것으로, 사리를 추구하는 신하를 그렇지 못한 것으로 간주하는 것 등이 그것이다. 이때 '공의'는 집권적 관료제의 공적인 운영을 의미하고 군주와 관료층, 지배층 전체의 이해관계를 보편적인 도덕규범으로 추상화한 것으로 이해된다. 그 결과 성리학에서 제시하는 공의는 정치운영상의 도덕규범으로서 뿐만 아니라 공적 관계 및 공적인 지배질서를 확립하는 이념기반으로 자리잡아 가고 있었다.[18]

위에서 제시된 공론정치에는 신권정치론이 반영되어 있다. 인간의 도리와 자연의 이치인 천리(天理)를 파악하고 있는 사대부 관료의 여론을 국정에 반영하는 주체는 재상이 된다. 유학자들은 과거를 통하여 관료가 되고 권력기구의

---

16 『三峯集』 권9, 佛氏雜辨 儒釋同異之辨

17 韓永愚,『鄭道傳思想의 硏究』, 서울대출판부, 1983.

18 김훈식,「여말선초의 민본사상과 명분론」,『애산학보』 4, 1986 ; 金貞信,「朝鮮前期 '公'認識과 君臣共治論」,『學林』 21, 2000.

일원으로 참여한다는 점에서 군주에 의존하지만, 반대로 군주는 사대부에 의해 옹립되고 그 권력이 유지된다는 점에서는 군주도 사대부에 의존한다. 사대부는 자기의 존재 기반을 유지하기 위해 그 권력의 자의적 행사를 경고한다. 특히 이들은 역성혁명의 가능성이라는 군주에 대한 경고를 역사적 실례로서 보여준다.

사대부 관료는 군주와의 이중적 관계를 체제의 집권성과 공공성을 확립하면서 보장받으려고 하였다. 공론정치, 여론정치를 내세우면서 사대부의 정치참여를 보장받고 이를 토대로 사대부 전체의 이해와 주체성을 확보하려고 하였다. 이 과정에서 재상은 사대부의 대변자로서 사대부의 정치경제적 이해를 보증하는 공적 기구가 되고 정치 운영의 실질적인 주체가 되는 것이다. 주자의 재상정치론과 이를 받아들인 정도전의 재상론은 이러한 사대부의 이해를 정치에 반영하는 수단으로 제시된 것이었다.

정도전의 정치론은 사대부를 대표하는 재상이 정치운영의 주체가 되어야 한다는 신권론을 주창한 것이다. 재상은 사대부 가운데 어진자로서 선출되어 사대부의 대표성을 가지며 사대부의 이해를 국정에 반영하게 된다. 이에 따라 재상은 사대부의 이익을 대표하는 집약체로서 지주 혹은 지배층으로서의 특권적 지위를 관철시키는 존재로 등장한다. 정도전의 재상론은 사대부가 주체가 되는 지배체제를 지향했다고 할 수 있고, 이들이 지향한 조선왕조는 양반 사대부가 중심이 되는 사회였다고 할 수 있다. 이는 주자의 경제사상 혹은 사회계층론을 반영한 것이다. 주자는 토지개혁을 반대하고 조세의 균등을 주장하는 가운데 지주제를 옹호하였는데, 과전법은 수조권제, 곧 조세상의 개혁안이었고 중소지주의 입장을 반영하는 것이었다. 고려 말의 과전법 역시 지주와 전호관계를 구체적으로 명시한 주자의 권농문의 이념이 반영된 것이었다.

정도전의 군주관은 그의 재상론의 연장선상에 있다. 그는 군신 관계를 절대관계로 인정하면서도 군주의 역할을 축소시켜 이해하였다. 그는 세습에 의한 왕위계승을 인정하면서 장자(長子)가 아니더라도 현자(賢者)나 중인(衆人)에게 세습되어도 무방하다고 하였다. 군주는 혈연 세습 과정에서 어둡고 총명하고 강단이 있고 유약한 차이가 있어[19] 군주권이 항구적으로 안정되지 못할 소지가 있으므로 중간정도의 자질만 있으면[20] 현인재상의 도움을 받아 이상정치가 구현될 수 있다고 보았던 것이다.[21]

정도전은 세자는 국가의 근본으로 어릴 때부터 왕자가 되도록 가르침을 받아야 한다고 하였고, 동일한 맥락에서 11살이었던 막내 방석을 세자로 정하는데 찬성하였다. 당시 이성계(1335-1408)에게는 한씨 소생으로 6명(방우, 방과, 방의, 방간, 방원, 방연)과 강씨 소생으로 2명(방번, 방석)의 아들이 있었다. 1392년 조선 개국 당시에 큰아들 이방우(1354-93)는 39살, 막내 방석(1382-98)은 11살이었다. 정도전은 이성계의 아들 가운데 나이가 40으로 심성과 기질이 굳어 버린 큰 아들이나 정몽주를 죽이는 등 성격이 강한 이방원보다 제일 나이가 어린 방석을 세자로 삼아 덕성과 기질을 교육시켜 왕자의 재목으로 키우고자 하였다. 군주의 수신 여부가 국가 경영에 직결된다는 성리학적 군주관의 표현이라고 할 수 있다.

유교 경전 가운데 『대학』은 수기치인의 학문, 곧 군자·대인의 학문이 되는데, 이때 군자·대인을 군주뿐만 아니라 치자 일반을 포함하는 개념으로 해석된다.[22] 여기에서 정치운영의 주체가 군자와 대인 곧 관료의 의견을 집약한 재상인가 아니면 국왕인가의 문제가 제기된다. 성리학에서는 세습 군주의 인성을 중시하고 군주의 수신여부가 국가경영에 성패를 좌우한다고 보는 군주관을 견지하는데, 정도전은 성리학의 군주관을 충실히 따른 것이다.

정도전 등 왕조 건국 주체들은 타 사상에 배타적인 성격을 가진 성리학을 바

---

19 『三峯集』 권7, 朝鮮經國典 上 治典 摠序 "且人主之材 有昏明强弱之不同"

20 『三峯集』 권7, 朝鮮經國典 上 治典 宰相年表 "若夫中材之主 相得其人則治 不得其人則亂"

21 韓永愚, 『鄭道傳思想의 硏究』, 서울대출판부, 1983, 134-136쪽.

22 鄭在薰, 「朝鮮前期 大學의 이해와 聖學論」, 『震檀學報』 86, 1998.

른 학문으로 채택함으로써 정치권력을 장악함과 동시에 지식을 독점하고 권력화하게 되었다. 조선왕조의 성립은 성리학이 갖는 다른 사상에 대한 배타적 독점적 우월성을 기반으로 사상의 권력화, 지식의 독점화를 가져오게 하였던 것이다. 그 점에서 고려에서 조선으로의 왕조 교체는 고려의 유·불·도 병존의 사회에서 유교만을 정학(正學)으로 인정하는 유교 독존의 사회로 이행하는 것을 의미하는 것이다.

2) 성리학의 제도화와 성리학 지식의 확산

성리학을 배타적 지식 권력으로 삼은 조선왕조는 성리학의 보급과 확대에 힘을 기울인다. 세종 원년(1419) 명나라에서 들여온『오경사서대전』·『성리대전』를 간행·보급하고[23] 사서오경의 구결(口訣) 작업을 통하여[24] 조선을 전면적인 유교 사회로 만들고자 하였다. 조선왕조가 성리학을 체제이념으로 삼고 사회 전반에 걸쳐 유교화를 진전시킨 것은 건국 주도자의 계급적 지향과 부합하는 것이었다. 조선왕조는 양반=지주를 근간으로 세운 나라로 이들의 이해를 반영하는 이데올로기인 성리학을 통하여 왕조의 유지를 바랬던 것이다.[25]

조선왕조의 성리학에 입각한 체제정비는 왕자의 난(태조 7)으로 정도전 등이 죽고 고려말 왕조 개창에 반대한 이들이 정치에 참여하면서 본격화된다. 권근·변계량·하륜 등이 그 대표적인 인물이라고 하겠다. 이들은 정도전의 배타적 성리학을 이으면서도 성리학의 학문적 체계화와 저변 확대에 주력했다. 고려말에 권근 등이 가졌던 불교 존중의식과 같은 타 학문 사상에 대한 사상의 상대적

---

23 鄭亨愚,「<<五經·四書大全>>의 輸入 및 그 刊板 廣布」,『東方學志』63, 1989.

24 金恒洙,「16세기 士林의 性理學 理解」,『韓國史論』7, 1981 ;「16세기 經書諺解의 思想史的 考察」,『奎章閣』10, 1987.

25 金駿錫,「儒教政治論」,『韓國史 認識과 歷史理論』(金容燮教授停年紀念韓國史學論叢 1), 1997.

우월화 의식은 약화되고, 정도전이 추구한 성리학의 절대적 우월화 논리를 추구했다. 이미 왕조가 바뀌고 성리학의 체제이념화가 된 조선왕조를 기정사실화한 이상, 조선의 체제이념에 충실할 수밖에 없었던 것이다. 그리고 그 바탕에는 권근 등이 성리학자로서 성리학적 사회를 지향하고 있었고, 단지 실현 방법, 속도 등에서 의견 차이만이 있었음을 반영하는 것이었다.

특히 권근은 절의의 문제가 있었지만 조선에 출사(出仕)하여 유교가 정치, 경제, 사회, 문화 모든 면을 지배하는 이상사회를 만들고자 하였다. 이를 실현하기 위한 학문적, 이론적 정리 작업을 벌이고 주자가 경전을 해석하였던 방식을 적극적으로 활용하여 예와 명분을 바로 세우고 지배층의 도덕성을 회복하고자 하였다.[26] 공양왕 2년부터 시작한 『입학도설』·『오경천견록』 등은 그러한 이론적, 학문적 탐구 작업의 일환이었다.[27]

『입학도설』은 초학자를 위하여 유학사상을 도설 형태로 입체적이고 구조적으로 제시한 것이다. 『예기천견록』은 상하 신분질서를 옹호하는 예를 풍부하고 구체적으로 설명하는 가운데, 실생활에서 필요한 가치 규범, 행동의 이론적 근거를 제공하는 것이었다. 즉 『예기천견록』은 사욕(私欲)을 교정하는 기준으로, 법의 강제성을 극복하는 자발성의 텃밭으로, 나아가 다른 개체들과 구별되는 인간의 정체성을 담아내는 근거로 제시된 예(禮)에 대한 탐구를 통하여 궁극적으로는 유교의 예가 지배하는 사회를 추구한 저술이라 할 수 있다.[28]

태종대 권근의 지향은 왕권을 정치적 사상적으로 뒷받침하고 유교를 사회화、제도화하는데 모아졌다. 이러한 사실은 사병 혁파 상소와 권학사목(勸學

26 도현철, 「權近의 佛敎批判과 權道 重視의 出處觀」, 『韓國思想史學』 19, 2002.

27 이하 권근의 사상과 정치활동은 다음의 글을 정리한 것이다. (도현철, 「권근, 조선 유학의 기틀을 마련하다」, 『내일을 여는 역사』 47, 2012, 169~172쪽).

28 이봉규, 「涵養論과 교육과정으로 본 조선성리학의 개성」, 『퇴계학보』 128, 2010. 張東宇, 「한국의 주자가례 수용과 보급과정 – 東傳 版本의 문제를 중심으로 – 」, 『국학연구』 16, 2010.

事目)을 통하여 드러난다. 정종 2년(1400) 3월에 권근은 김약채와 더불어 사병 혁파를 건의하고 실현시켰다. 여기에서 공자가 '예전에는 집에 병기(兵器)를 감추지 않았다.'고 한 것은 사병(私兵)이 없었다는 뜻이고, 『예기』에 '병혁(兵革)을 사가(私家)에 감추는 것은 예가 아니다. 이것이 인군을 협박하는 것이라 이른다.'는 것은 인신(人臣)이 사병(私兵)이 있으면 반드시 강폭하고 참람하여져 임금을 위협하는 데 이른다는 의미이니, 사문(私門)의 군사를 혁파하여 장래의 화를 경계하라고 건의하였다. 그는 서울에 있는 각도의 절제사를 모두 혁파하고, 서울과 지방의 군마를 삼군부에 소속시켜 공가의 군사로 삼고, 양전의 숙위를 제외한 사문의 숙직은 금지하며, 조회할 때 반당(伴黨)이 병기를 가지고 수행하지 못하게 하라고 하였다.

사병혁파는 원래 정도전이 추진한 것이었다. 정도전은 태조 3년에 병제개혁안을 제시하였는데, 그 가운데 하나가 사병 혁파였다. 하지만 사병을 갖고 있는 종친과 공신들의 반대에 부딪혀 실현되지 못하고 왕자의 난을 맞게 되었다. 권근은 왕자의 난 이후 권력을 잡은 태종의 뜻에 부응하여 유교적 정치체제의 확립과 왕권 강화에 동참하게 된다. 이때 병권 장악, 병권의 공병화가 필수적이다. 새로이 창업된 조선왕조의 입장에서는 정치체제의 확립과 국가의 공권력을 강화시키고, 이를 위해서 병권의 공병화가 선행되어야 했던 것이다.

권근은 태종 7년에 권학사목(勸學事目)을 제시하여 조선 유교 사회로의 기본 방향을 제시하였다. 여기에서 주목되는 것은 학교에서 배워야 할 내용으로 『소학』을 강조하고, 이를 통해 성리학 이념을 사회적 삶으로 구현해내고자 하였다는 사실이다. 『소학』은 인륜과 세도에 긴요하므로 사학과 향교의 생도들은 먼저 이것을 배우고 난 다음 다른 책을 공부하도록 제안하였던 것이다. 학생들이 배우는 것은 주자가 주석한 사서(四書)를 중심으로 한 유교 경전이지만, 『소학』은 그 보다 먼저 배워야 할 과목이 되어야 한다는 것이었다. 그리고 그 실효성을 보장하고자 생원시에서 『소학』을 시험보도록 제도화하자고 건의하였다.

소학에서 물 뿌리고 청소하며 응대하는 일상적인 일부터 시작하여 격물(格物) 곧 사물의 이치를 탐구하고 사람의 도리를 알아, 집을 가지런히 하고 나라를 다스리며 천하를 화평하게 일로 나아가야 한다고 하였다. 소학은 대학에 앞서는 교육 과정이다. 소학에서 인간에게 인륜으로 실현하도록 구비되어 있는 본원(本源)으로서의 덕성을 함양하고, 대학의 단계에서 치지(致知)의 과정을 통해 정미한 수행능력을 확보하는, 교육 과정의 객관화를 제시한다. 이는 소학의 본원을 함양하는 과정이 생략된 채 대학 교육이 진행될 때 발생하는 관념성의 한계, 곧 건성으로 하는 학문에 빠지고 개인의 영달을 위한 사적인 이익을 구하는 수단으로 이용되는 것에 대한 염려가 담겨있다고 할 수 있다. 그 때문에 미성년의 단계에서는 물 뿌리고 청소하며 대답하는 행동의 의절과 부모를 친애하고 윗사람을 공경하는 것과 같은 대인관계의 도리를 교육하는 정도가 아니라 몸에 젖어들도록 함양시킴으로써, 대학의 단계에 진입하여 학문이 관념화되고 수단화되는 것을 막고자 하는 것이다. 이렇게 소학의 실천을 강조한 것은 수제치평(修齊治平)을 수행하기 위한 근본을 함양시키는 실용의 학문으로 정립하려는 뜻이 담겨있다고 할 수 있다.

권근은 고려 왕조를 전제하면서 성리학적 이상사회를 실현하려 하였지만, 왕조가 바뀌어도 자신의 정치사상을 현실화하기 위하여 조선 건국 후에도 출사하였고, 당대 최고의 권력가 정도전과 결합하고자 하였다. 공민왕 16년 이래 성균관에서 성리학을 같이 연구하였고 성리학적 이상사회 실현이라는 큰 뜻에 모두 공감하였으므로 두 사람은 조선 사회에서도 결합할 수 있었다.

권근은 스스로 『오경천견록』이나 『입학도설』을 통하여 자신의 구상을 제시하기도 하고, 정도전의 새로운 국가 구상에 동참하고 『불씨잡변』 등에 서문을 쓰거나 주석을 가하고 교열을 보았다. 그리고 왕자의 난 이후 정도전은 죽은 후에는 태종과 결합하여 조선왕조의 체제 확립에 기여하게 된다. 사병혁파나 교육과거제 정비 등을 통하여 성리학의 제도적 윤리적 규범화에 힘쓰고 유학의 사회적 확산을 도모하였다.

조선 건국후 정도전이 성리학에 기초한 정치체제의 이론적 논거를 마련하였다면, 권근은 성리학의 조선적 이론 개발과 제도적 사회적 확산을 도모하였다고 할 수 있다. 권근이 성리학을 확산시키는 데에는 정도전이 성리학을 바른 학문으로 확립하고 성리학을 권력화 시킨 여건 속에서 가능한 것이었다. 이후 조선은 성리학 국가로서 『주자가례』와 『소학』를 통한 유학의 사회화·제도화를 실현시켜갔다. 정도전이 추진한 성리학의 배타적 성격과 성리학의 권력화는 중단 없이 추진되었다.

4. 맺음말

본고는 고려후기 수용된 성리학이 지배적인 담론이 되고 사대부와 결합하여 권력화하는 과정을 추적하면서, 지식과 정치권력의 역할을 통하여 왕조 교체와 지식권력의 연관성을 살펴보고자 한 글이었다.

고려는 원과 전통적인 사대외교를 지속하면서 원으로부터 성리학을 수용하였다. 당시 원은 성리학을 관학으로 채택하고 이를 기반으로 원 중심의 세계 질서를 합리화하고자 하였다. 고려는 원으로부터 성리학을 수용하여 원나라와 천자 제후의 관계를 강화하고 무신집권기 이래 취약해진 왕권의 위상을 제고하고자 하였다.

성리학은 고려의 과거제도와 성균관의 교과목으로 정해지면서 본격적으로 연구된다. 특히 공민왕 16년 성균관이 다시 지어지면서 성리학을 연구하고 성리학에서 제시하는 경세의식을 함양하며 개혁이념으로 확산되는 계기를 마련하게 된다.

고려후기 성리학의 수용은 인간관의 변화와 경세의식, 책임의식의 강화로 나타났다. 성리학에서 제시하는 성즉리(性卽理)와 천지가 만물을 낳게 하는 마음(天地生物之心)은 인간에 대한 기본적인 가치를 이해하게 하고, 신분이 낮은 노비 또는 하찮은 미물이라도 생명을 소중히 여겨야한다는 인식의 전환을 이루게 하였다. 또한 성리학을 통하여 구체적인 인간 생활에서의 가치관의 변화, 인간의 기본적인 욕구인 부귀(富貴)와 장수(長壽)를 타고난 것이 아니라 후천적 노력 여하에 따라 좌우된다는 인식을 갖게 되었다. 이러한 후천적 노력을 중시하는 사고는 사대부가 성인이 되어 나라를 부강하게 하고 백성을 책임진다는 의식으로 발전한다. 성리학을 익혀 사물의 이치를 파악하여 사회에 필요한 지식을 제공하고, 현실을 개혁하여 민생을 안정시키고 나라를 부강하게 만드는 주체의식을 견지하였던 것이다.

성리학을 수용한 사대부는 우왕 원년(1375) 북원 사신의 영접에 반대하다가 유배당하면서 권세가의 폐해와 현실정치의 한계를 절감하게 되었다. 이들은 성리학적 개혁을 지향하게 되지만 그 목표와 방법론에서 차이를 노정하게 되었고, 위화도 회군이후 대립과 갈등이 첨예화한다.

창왕 즉위년 토지제도 개혁에 대하여, 이색과 권근 등은 반대하였고, 이성계, 조준, 정도전, 윤소종 등은 개혁에 찬성하였다. 정치체제 개편에서도 이색은 고려 세계(世系)와 문물정비를 인정한 『주관육익』을 통하여 『주례』에 입각한 관제개혁을 도모한 반면, 정도전은 『주례』의 원형을 바탕으로 재상을 중심으로 한 6전 체제를 복구하고자 하였다.

이러한 두 입장은 불교에 대한 입장을 두고 충돌한다. 공양왕과 김전 등은 왕조를 유지하려는 입장에서 불교를 옹호하였고, 정도전 등은 성리학의 척불론에 근거하여 불교를 비판하였다. 이때 불교를 옹호하는 것은 고려왕조를 유지하려는 것이 되고, 고려의 지배관계 혹은 그 이해관계를 같이하는 당파적 성격을 가진다. 이는 불교와 결합된 성리학의 체제 유지적 면을 수용하는 가운데 타 학문사상에 대한 사상의 상대적 우월화, 지식 권력화를 도모하는 것이라 할 수 있다.

반면에 불교를 비판하는 것은 불교와 밀착된 고려 왕조를 비판하는 논리와 결합되어 고려의 지배관계를 비판하고 그것에 대신하는 새로운 지배관계를 추구하는 것이 된다. 정도전이 성리학을 정통, 정학이라 하여 불교와 같은 성리학 이외의 다른 사상을 용납하지 않으려는 것은 불교와 결합된 고려를 부정하는 것이다. 불교를 비판하는 성리학의 변혁적 면을 수용하는 가운데 타 학문 사상에 대한 사상의 절대적 우월화, 지식 권력화를 도모하는 것이라 할 수 있다.

고려말 성리학의 불교에 대한 두 관점의 이해와 대립은 결국 성리학적 개혁 목표와 왕조교체를 둘러싼 찬반으로 나타났다. 성리학이 지배적인 담론으로 정착된 개혁이 요구되던 당시의 시대적 상황에 부응하는 측면이 있었다. 윤리성 회복과 제도 개혁의 이론적 근거로 성리학의 긍정적 측면이 부각되었던 것이다. 그런데 개혁의 목표가 왕조 중흥인가 아니면 신왕조 개창인가의 문제로 귀결됨으로써 사상투쟁 내지 이론투쟁이 권력 투쟁으로 확대되어 갔다.

왕조를 유지하려는 이색은 명나라의 감국(監國)과 창왕의 입조(入朝)를 시도하였고, 이에 대하여 정도전 등은 우왕비왕설을 통하여 창왕을 폐위하였다. 이 과정에서 정도전 등은 성리학의 천리인욕설이나 공사론 혹은 공론정치가 제시되었다. 성리학적 정치사상에 기반한 논리가 개발되어 조선적 성리학의 외연이 확대되었고, 16세기 성리학시대에 버금가는 성리학적 정치사상이 제시되었다. 그 점에서 정도전 등의 승리는 단순히 군사력을 가진 군인들의 승리가 아니라 성리학적 개혁 정치를 추구하는 과정에서 보다 근본적인 개혁을 추진한 개혁파의 승리라고 할 수 있고, 이는 조선왕조의 건국이 한국사의 지평에서 역사적 발전의 한 위치를 점하는 이유가 된다.

정도전 등의 정치적 승리와 왕조 건국은 고려 말 개혁이념인 도학(道學)이 곧 바른 학문(正學)이라는 것이 공인되고 도학 이외의 다른 학문은 용납하지 않게 되었음을 의미한다. 이는 직접적으로 정도전 등이 성리학을 유일한 배타적인 바른 학문으로 삼아 다른 사상을 용납하지 않은 것에서 기인한 것이지만, 근원적으로는 유교 혹은 성리학이 공자와 맹자 이래 양주(楊朱)와 묵적(墨翟) 등 유교 이외의 이단·사설을 용납하지 않은 성격에서 연유하는 것이기도 하다.

정도전 등 왕조 건국 주체들은 이처럼 타 사상에 배타적인 성격을 가진 성리학을 바른 학문으로 채택함으로써 지식의 배타성을 갖게 되고, 이들이 권력을 잡게 됨으로써 지식의 권력화가 이루어지게 되었다. 정도전은 주자의 배불론을 원용하여 불교의 세계관과 인간론 예컨대 영혼불멸과 인과응보론 등을 비판하였고, 성리학의 천리인욕설(天理人欲說)과 이에 입각한 공사론(公私論)은 정치 사회 운영의 원칙과 재상정치론 공론정치론을 제시하였다.

이때 제시된 공론정치에는 신권정치론이 반영되어 있다. 인간의 도리와 자연의 이치인 천리(天理)를 파악하는 주체로 파악하고, 이를 공론정치, 여론정치로 내세우는 가운데 사대부의 정치참여를 보장받아 사대부 전체의 이해와 주체성을 확보하려고 했던 것이다. 이는 주자의 경제사상 곧 토지개혁을 반대하고 조세의 균등을 주장하는 가운데 지주제를 옹호하는 사회계층적 입장이 반영된 것이라 할 수 있다.

정도전의 군주관은 그의 재상론의 연장선상에 있다. 그는 세습에 의한 왕위계승 인정하는 가운데 장자(長子)가 아니더라도 현자(賢者) 또는 중인(衆人)에게 세습되어도 무방하다고 하였다. 군주는 혈연 세습의 과정에서 어둡고 총명하고 강단이 있고 유약한 차이가 있어 군주권이 항구적으로 안정되지 못할 소지가 있으므로, 중간정도의 자질만 있으면 현인재상의 도움을 받아 이상정치를 구현할 수 있다고 보았던 것이다. 그 때문에 그는 세자를 가장 나이가 어렸던 8살의 방석으로 정하고 덕성과 기질에서 왕자의 재목으로 키우고자 하였다. 군주의 수신 여부가 국가 경영에 직결된다는 성리학적 군주관의 표현이라고 할 수 있다.

정도전을 중심으로 진행되던 성리학에 입각한 체제정비는 왕자의 난(태조 7)으로 정도전 등이 죽고 권근 등이 등장하면서 변화한다. 권근은 유교가 정치,

경제, 사회 문화 모든 면을 지배하는 사회를 지향하였고, 이를 위한 학문적, 이론적 정리 작업을 벌여, 정통, 정학으로서 유학을 확립하고자 하였다. 『입학도설』·『오경천견록』 등은 그러한 이론적, 학문적 탐구 작업의 일환이었다. 또한 권근은 사병혁파, 교육과거제 등을 통하여 성리학의 제도적 윤리적 규범화에 힘쓰고 유학의 사회적 확산을 도모하였다. 권근이 성리학의 확산에는 당연히 정도전이 성리학의 바른 학문으로 확립하고 성리학을 권력화에 한 배경 속에서 가능하였다. 정도전이 추진한 성리학의 배타적 성격과 성리학의 권력화는 중단 없이 추진되었다.

조선초기 정도전과 권근이 정립한 성리학의 권력화는 조선 왕조 500년의 정치와 사상에 영향을 미친다. 성리학의 권력화는 타 사상에 대한 우월성을 내세우고 이를 따르는 반대파 정치세력을 제거하는 논리적 근거로 작동하였다. 천리에 기초한 공(公)을 선으로, 인욕(人欲)에 기초한 물질욕망의 추구를 악(惡)으로 규정하는 가치관은 선악, 흑백의 이분법적 사고를 유발하여 상대 사상을 인정하지 않을 뿐만 아니라, 중간 사상 또는 융합 사상의 존재 가능성을 억압하는 결과를 초래하였다. 그 결과로 조선후기 당파 싸움과 그 연장으로서의 사약정치를 유발시키기도 하였다.

한편 성리학의 권력화는 성리학의 심화 과정을 통하여 발생지인 중국을 능가하는 높은 수준의 이론적 성과를 거두기도 한다. 16세기에 보이는 이황과 기대승의 이성과 감정의 범위에 관한 사단칠정의 논쟁이나, 17세기에 보이는 인간과 동물의 같은점과 차이점에 관한 인물성동이 논쟁은 그 대표적인 사례이다. 이들 논의는 권력화된 성리학 내에서 성리학의 이상인 도덕사회를 추구하는 과정에서 마음의 범위와 한계 그 의미를 파악하려던 논쟁의 결과물이었다고 할 수 있다.

참고문헌

金貞信,「朝鮮前期 '公'認識과 君臣共治論」,『學林』21, 2000.

金駿錫,「儒教政治論」,『韓國史 認識과 歷史理論』(金容燮教授停年紀念韓國史學論叢 1), 1997.

金泰永,「朝鮮前期 封建的 社會思想試論」,『經濟史學』2, 1978.

金恒洙,「16세기 士林의 性理學 理解」,『韓國史論』7, 1981.

「16세기 經書諺解의 思想史的 考察」,『奎章閣』10, 1987.

김훈식,「여말선초의 민본사상과 명분론」,『애산학보』4, 1986.

도현철,『고려말 사대부의 정치사상 연구』, 일조각, 1999.

______,『목은 이색의 정치사상 연구』, 혜안, 2011.

______,『조선전기 정치사상사』, 태학사, 2013.

文喆永,「麗末 新興士大夫의 新儒學 수용과 그 특징」,『韓國文化』3, 1982.

柳仁熙,「退·栗 이전의 朝鮮 性理學의 問題發展」,『東方學志』42, 1984.

閔賢九,「고려의 멸망과 조선의 건국」,『한국사시민강좌』35, 2004.

______,「고려에서 조선으로의 왕조교체를 어떻게 평가할 것인가」,『한국사시민강좌』40, 2007.

이광래,「미셜 푸코:언어, 지식 그리고 권력」,『포스트 모더니즘과 포스트 구조주의』, 현암사, 1992.

이봉규,「涵養論과 교육과정으로 본 조선성리학의 개성」,『퇴계학보』128, 2010.

______,「권근(權近)의 경전 이해와 후대의 방향」,『韓國實學硏究』13, 2007.

이익주,「고려말 신흥유신의 성장과 조선 건국」,『역사와 현실』29, 1998.

장동우,「朱熹 禮學에서『朱子家禮』의 位相과 企劃 意圖」,『정신문화연구』2000, 가을.

______,「한국의 주자가례 수용과 보급과정 – 東傳 版本의 문제를 중심으로 – 」,『국학연구』16, 2010.

______,「『朱子家禮』成服章의 淵源에 대한 고찰」,『東方學志』116, 2002.

鄭在薰,「朝鮮前期 大學의 이해와 聖學論」,『震檀學報』86, 1998.

鄭亨愚,「<<五經·四書大全>>의 輸入 및 그 刊板 廣布」,『東方學志』63, 1989.

周采赫,「元 萬卷堂의 設置와 高麗儒者」,『孫寶基博士停年紀念韓國史學論叢』, 1988.

콜린 고든·홍성민 옮김,『권력과 지식』, 나남출판, 1991.

韓永愚,『鄭道傳思想의 硏究』, 서울대출판부, 1983.

논평과 토론

여말선초 성리학의 현실 인식과 지식권력

허경진 네, 도현철 선생님이 수많은 미시적인 사료를 들어가면서 논문을 완성시키셨는데. 일단 이번의 취지가 단행본으로 특성화시키는 것이기 때문에 어떤 기본적인 질문이 다시 필요할 것이라고 생각합니다. 제가 우선 큰 질문은 프린트해서 드렸는데, 그것부터 이야기를 시작해보겠습니다. 저는 한국에서 전근대 시대에 일어난 일들을 볼 때, 일단은 동아시아가 한자문화권이었으니까 다른 나라는 같은 시기에 어땠는지를 생각을 해보게 됩니다. 중국뿐만 아니라 한국이나 일본, 베트남까지 언어는 달랐지만 전부 한자를 사용했고, 또 글자만 빌려서 쓴 게 아니라 결국은 유교의 경전을 가져다 배웠고 영향을 받았습니다. 그렇다면 이 시기에, 고려 말이란 시기는 중국에서도 국가가 바뀌었죠. 원나라는 망했고 명나라가 일어섰고. 그 경우에도 이런 논리가 계속 적용이 되는지. 원나라에서 우리가 성리학을 배워왔거든요. 그리고 원나라는 성리학을 발전시킨 나라인데. 원나라가 성리학을 바탕으로 하고 있었는데 그들은 어떤 논리에 의해서 멸망했는지. 새로운 세력은 그 바탕이 그러면 어느 정도 성리학을 바탕으로 했는지. 일본은 왜 끝까지 성리학자들이 권력에 가까이 못 갔는지. 그런 얘기를 하고 싶습니다. 그건 첫 페이지 밑에서 선생님이 얘기하신 것과도 연관이 있습니다. 다른 학문에 비해서 성리학이 우위를 점했다. 이건 바꿔 말하면 고려의 기득권이 이념이 없어서 무너졌다고도 볼 수 있는데, 바꿔 말하면 이성계라는 강력한 무인 집단이 성리학 젊은 층을 편들어서 이긴 거죠. 그건 무시할 수 없는 거죠. 그런 경우에 이성계가 신진 사대부들을 편든 것은 이성계에게 개혁적인 성향이 있어서냐, 아니면 자기가 권력을 잡기 위한 어떤 방편으로 그들을 이용한 것인가. 그런 것들이 설명이 돼야... 성리학자들이 권력을 잡는 것이 어디서나 가능했다는 건지. 시기별로 타이밍이 우연히 맞았다는 건지. 변별이 될 것 같습니다. 그래서 첫 번째 질문은 이런 것입니다. 성리학의 속성이 원래 그런 것이냐, 그러니까 권력의 기반이 될 수 있는 것이냐. 아니면 정도전이나 이색을 비롯한 젊은 사대부들이 자기들이 권력을 잡기 위해서 성리학의 특성을 이용한 것이냐. 성리학의 본질이 개혁적이라면 어느 시대나 권력 집착이라면 어느 시대나 그건 해야 되는데. 오늘 발표 마지막에 보면 계속 그래요. 정몽주가 우선 제일 처음에 제거가 됐고, 그리고 이색도 제거가 되죠. 거의 모든 제자들이, 사대부들이 이색의 제자인데. 이색이 제거가 되고 심지어는 정도전도 제거가 돼요. 계속해서 권력의 기반을 닦아준 사람들이 제거가 되는데, 그럼 남아서 권력을 잡은 층은 무엇을 가지고 권력을 잡았나 그런 것이 설명이 되었으면 좋겠습니다.

그 다음에 그 밑에 바꿔서 한 번 질문해 보겠습니다. 두 번째 페이지를 보면, 제일 밑 단락에 '고려 유학생들이 원나라 가서 국자감에 입학해서 성리학의 경전인 사서오경을 익히고 과거시험에 응시했다.' 그런데 성리학의 경전인 사서오경은 설명이 정확하지 않죠. 사서오경은 유교의 경전이죠. 성리학의 경전은 아니죠. 이건 보다 넓은 개념이고, 공자 때부터의 개념이고 물론 송나라 때 조금 더 확실해지지만. 성리학은 송나라 때 다시 생긴, 새롭게 해석한 학문이에요. 그런데 그것을 구분한다면, 여기서 성리학의 경전인 어떤 것들을 더 읽어서 이게 혁신, 개혁도 되고 권력도 되느냐가 조금 더 설명이 되면 좋을 것 같습니다.

그 다음 페이지에도 재밌는 예를 드셨는데, '노비의 가격이 상승됐다.' 이건 저는 그렇게 생각합니다. 노비의 가격을 왜 올렸냐, 그건 노비를 사람답게 만들어 준 게 아니라, 그 권력자들은 노비를 전부 많이 가지고 있던 사람들이에요. 그 사람들이 자신의 재산을 올린 거지 노비의 인권을 올린 것이 전혀 아닙니다. 바꿔 말하면 이런 식이에요. 조선 시대 때 모든 게 남자를 따라갔어요. 상속도 그렇고 성도 그렇고. 그런데 노비가 태어나면 노비의 신분만은 어머니를 따라요. 그건 모순이죠. 노비의 아버지들은 상당 수 양반들이에요. 주인 양반이 자기 집 여종에게 애를 낳게 한 건데, 홍길동도 그렇고. 아버지는 판서고 어머니는 종이거든요. 그럼 거기서 성은 아버지 성을 주고, 신분은 어머니의 것을 줘서 종이 되는 거죠. 그건 재산이기 때문에 그런 거예요. 이런 경우에도 그것이 성리학의 본질과 어떤 관계가 있는지. 작은 예이지만 한 번 거꾸로 보아야 할 점이 있는 것 같습니다. 아까 정도전까지 듣게 된 그런 것들은 조선 역사에서 수없이 반복됩니다. 사육신 논쟁 같은 경우도 그렇죠. 사육신이 훨씬 더 철저하게 성리학 개념을 실천한 사람들이에요. 그런데 그 사람들이 실패하고 그걸 뒤집은 사람들은 몇 대에 걸쳐서 정권을 잡았죠. 그럼 성리학의 어떤 이념이 권력과 결합했을 때,, 성리학의 이념 때문에 권력을 잡은 거냐 하는 얘기를 다시 한 번 뒤집어 볼 필요가 있습니다. 어느 쪽이 성리학에 더 가까운 사람들이었냐 그런 얘기죠. 그건 계속 그 다음에 사화들이 전부 그래요. 아까 고려시대 때 사장파와 도학파에서 결과는 사장파가 졌고 성리학파가 이겼다고 했는데 실제로 조선 전기엔 사장파가 이겨요. 조광조를 비롯한 도학파들은 모두 다 숙청당하고 사화에서는 계속 그 쪽이 이기거든요. 그럼 이것은 어떻게 설명할 수가 있나. 상당히 반대되는...실제 사례들은 반대가 더 많거든요. 그러면 고려 때 정권을 잡은 건 일시적인 현상 때문인가. 그러니까 질문이 고려국가가 불교국가이기 때문에 성리학이 성공한 거냐, 아니면 성리학 자체의 권력 기반이 될 수 있는 게 뭐냐. 그런 큰 문제가 서론이나 본론에서 한 번 더 이야기 되면 발표가 더 재미있게 마무리 될 것 같습니다. 조선 전기에 싸움이 심해진 것은 왕들이 한 번도 장자상속이 안 됐기 때문이에요. 태종도 그렇고 정종도 그렇고 세종도 그렇고. 이건 성리학에서는 있을 수 없는 일이죠. 왕부터가 그랬어요. 심지어는 적자, 첩의 문제. 이런 것이 성리학의 기본적인 명분이죠. 상하관계, 삼강오륜 다 그런 건데. 왕실에는 장자가 왕이 된 적도 별로 없지만 적자도 거의 없어요. 거의 다 첩의 아들들이에요. 영조부터 정조 뭐 다 그렇죠. 그런 문제들이 권력의 핵심에서는 이런 게 용서가 되는 것인가. 그런 문제들이 조금 더... 이건 뭐 선생님의 말을 반대하는 것이 아니라 그 쪽 설명들이 돼야 조금 더 논지가 더 재밌게 완성되지 않을까 하는 생각에서 궁금한 것들을 몇 가지 질문했습니다.

도현철 한국사상사 연구는 사상 자체에 대해서 연구하지만 그 사상이 존재하게 되는 사회적 배경과 그 정치 사회적 기능이 무엇인가에 대하여도 궁구합니다. 성리학은 14세기의 고려 사회가 직면한 정치 사회 위기를 극복하기 위한 정치사상적 대응 논리로 수용되었습니다. 이때 성리학은 당시로서는 개혁적이고 선진적인 의미가 있습니다. 여기에서 선진적이란 사회 변화, 시대 흐름에 부응하는 정치, 사회, 경제, 사상을 갖추고 그 효용성을 인정받았다는 것입니다. 기존의 고려의 유학이나 불교가 현실과 괴리돼 있고 시대 변화를 못 따라갔다면, 수용된 성리학은 사회 변화와 시대 흐름에 대응하는 개혁사상으로 많은 사람들에게 공감을 얻었습니다.

고려 국가는 원과의 관계 속에서 성리학을 수용합니다. 성리학의 핵심인 사서(四書)를 과거시험 과목과 국립 교육기관인 성균관의 교과 과목으로 정합니다. 특히 공민왕 16년 성균관에 오경사서재(五經四書齋)를 만들어 성리학을 학습하고 연구하게 합니다. 이때 성리학은 원의 의도적인 고려 전래와 고려의 주체적 수용이라는 양면이 결합되어 나타났습니다. 원은 만권당을 설치하듯이 성리학의 명분론을 통하여 원 천자국, 고려 제후국이라는 원 중심의 동아시아 질서를 확고히 하려는 목표가 있었습니다. 고려는 왕권 강화 곧 무신집권기에 무신에 의한 왕이 폐위되고 혹은 옹립되어 왕권이 위축되는 것을 원에 의지하여 만회하고 특히 성리학의 명분론으로 해소하려는 의도가 있었습니다.

성리학은 이색과 정몽주, 정도전을 중심으로 깊이 이해되고 고려 사회에 적용되었는데, 정도전이 성리학의 정치사상을 활용하여 조선 왕조를 개창하기에 이릅니다. 정도전의 사상이 담긴 『삼봉집』은 주자학의 개혁적 성격을 잘 보여줍니다. 그런데 17세기 송시열의 『송자대전』도 주자학의 사상이 집약적으로 나타납니다. 그럼 14세기 정도전의 주자학 사상과 17세기의 송시열의 주자학 사상을 어떻게 볼 것인가가 문제가 됩니다. 이에 대하여 14세기의 정도전은 주자학을 통하여 사회 변화와 시대 흐름에 부응하는 개혁적인 논리를 제시하였다면, 17세기 송시열은 성리학을 사회 변화와 시대 흐름에 보수적으로 활용하였다고 할 수 있습니다. 똑같은 주자학이라도 시대 상황과 사회 변화에 대한 상이한 대응에 따라 그 역사적 의미가 다르다고 할 수 있습니다.

그러면 14세기 성리학의 개혁적 성격은 무엇인가? 그것은 우선 성리학의 성즉리(性卽理)라는 논리가 인간관 변화에 긍정적으로 기능한다는 점입니다. 14세기에는 인간관 곧 노비의 인식의 전환이 나타납니다. 노비는 고대사회부터 매매의 대상이었고, 갑오개혁까지 이어지지만, 천여년의 세월 속에서 노비에 대한 이해가 진전됩니다. 7세기 중엽에 왕이 죽으면 남녀 각 5인씩 죽여 같이 매장하였는데 이를 금했다는 기록이 있습니다. 노비라도 함부로 죽여서는 안된다는 것으로 이해됩니다. 당대의 실제 모습이라고 보기 어렵지만, 노비 인식의 변화를 보여주고 점차 그 존재 의미를 높여갔다고 할 수 있습니다. 14세기에 성리학이 수용되면서 노비도 하늘이 낳은 똑같은 백성(天民)이라는 인식이 생기고, 말값이 450필, 노비가 150필인데, 이는 도리에 어긋난다고 하여 노비 가격을 300필로 상향 조정하는 기록이 있습니다. 사화 변화와 이에 부응해서 수용된 성리학이 노비 이해를 인간으로 이해하는 인식을 더욱 촉발하는 전진성이 있는 것입니다. 노비 이야기를 하나 더하면 고려에는 일천즉천(一賤則賤), 부모 양쪽에 하나라도 천신분이 있으면 자식은 무조건 천신분이 됩니다. 그런데 성리학 수용 시기부터 어느 한 쪽을 선택하여 자식의 신분을 정하게 되는 경우가 생깁니다. 보통은 부모 한쪽 노비이면 자녀도 노비가 되고 소유권은 어머니의 주인에게 귀속되는 되는 것이 상례입니다. 하지만, 전쟁기 등 변동기에는 어느 부모 어느 한쪽을 좇아 신분을 정하기도 합니다. 종모법, 종부법이 그런 것입니다. 모친쪽의 신분을 좇느냐 아니면 부친쪽의 신분을 좇느냐의 문제입니다. 이렇게 선택하도록 하는 것은 노비 수와 관련됩니다. 17세기에 호적대장을 보면 전체 인구의 약 10%가 양반이고, 50%가 상민이고 40%가 노비로 돼 있습니다. 노비가 많아지면 양민이 줄어들고, 양민이 많으면 노비가 줄어듭니다. 이때 국왕의 입장과 양반의 입장이 좀 다릅니다. 국왕은 양인 확보가 중요하고, 관료들은 공인으로서는 양인 확보가 필요하지만 생활인으로서는 노비 확보도 필요합니다. 양반에게는 이중적인 측면이 있습니다. 국왕과 양반의 역할 관계에 따라 노비수를 증가(혹은 감소)시키는 법이 정해지고 이에 따라 종모법 혹은 종부법이 결정됩니다. 성리학의 논리는 인간은 이론적으로 같으나 기질과 인욕 정도에 따라 신분 차이가 생긴다는 것입니다. 이론적 인간 평등관 혹은 인애의 논리는 인간의 가치와 의미를 새롭게 인식하게 하고 노비수를 줄이는 방향으로 정책을 정하게 합니다.

또한 성리학의 전진성은 공론정치·여론정치, 재상정치에서도 보여줍니다. 중국 당나라는 귀족 정치, 곧 소수의 몇 개의 가문이 정치를 주도하는데, 송대에는 사대부들이 과거시험을 통하여 중앙에 진출하면서 성리학에서 제시하는 천지 자연의 이치를 파악하는 주체로 자부합니다. 그리하여 자신과 같은 사대부가 관료가 되고 세상을 이끌어 가기를 원합니다. 여기에서 사대부들이 정치참여를 주장하고 이것이 여론정치, 공론정치로 발전하게 됩니다. 고려후기에 수용된 성리학은 이러한 사대부정치, 공론정치를 주장하면서 고려의 귀족정치를 비판하고 개혁사상을 제공하면서 조선왕조 건국의 이론적 토대를 마련해 준다고 할 수 있습니다.

이민행 간단한 질문인데요, 이민행입니다. 글을 읽다보니까 유교하고 성리학이 구분이 잘 안 되는 것 같아요. 혹시 그것을 구분하는 방법이 있나요? 이해하기로는 성리학은 아마 유교의 정치사상인가 싶어요. 그러니까 유교를 바탕으로 한 통치를 위한 사상이 성리학이 아닌가 하는 구분이 되는데. 그렇지 않으면 글 속에서 계속 왔다 갔다 하거든요.

도현철 크게 보면 유학인데 한나라 유학은 훈고학이라 부르고, 송대의 유학은 성리학, 명나라의 유학은 양명학, 청나라의 유학은 고증학이라고 합니다.

이민행 결국은 유교인가요? 그래도 구분은 해야 하지 않나요. 어떤 점에서 구분이 되는지를 설명을 안 하시는 것 같아요.

도현철 성리학은 이기(理氣)·인성설(人性說)을 근간으로 하여 우주와 인간을 통일적·완결적으로 설명하는 철학사상으로 체계화된 점에서 단순히 사회·정치론, 수양론의 수준에 머물렀던 종래의 유교와 차원을 달리하고 있습니다.

이민행 그리고 또 한 가지 질문이 있는데. 성리학 자체의 특성 때문에 성리학이 권력화가 됐다기보다는 과거 제도 때문에 권력화가 된 것 같아요. 과거 제도가 뒷받침 되지 않으면 절대 권력화가 될 수 없는데 과거 제도를 통해서 지식이 권력화가 된 거죠. 성리학 자체의 특성보다는 과거 제도가 미친 영향이 굉장히 크지 않을까, 거의 결정적이라고 생각이 되는데. 왜냐하면 결국 그 사람들이 정권을 잡고 실제로 지배를 하잖아요?

도현철 과거제도는 고려부터 있었는데, 14세기에 특히 강조된 이유는 성리학을 통한 사서(四書)와 대책(對策) 이해 때문입니다. 성리학이 당대를 이끌어 가는 정치사상이므로 과거에 합격한 관료가 성리학을 익히고 이를 통하여 개혁정치를 추진하고 권력을 차지하게 됩니다. 과거를 매개로 중앙에 진출해서 성리학과 권력을 결합시킨 것이라 할 수 있습니다.

이민행 조선 시대 과거 과목에 성리학 관련된 과목이 안 들어 있었다면 당연히 정치적으로... 성리학의 어떤 특성이 권력화가 되는데 기여를 했는가 하는 것을 설명을 해 주셨으면 좋겠단 생각이 들어요.

도현철 그 얘기를 이 발표문에서 한 것입니다. 성리학의 인간관과 정치론이 고려말의 정치사회적 변화를 개혁하는데 기여한다고 할 수 있습니다.

이민행 선진성이라는 개념이 조금 모호하다니까요.

도현철 성리학의 인간관과 정치론은 14세기 사회에서 개혁 논리로 제시되었습니다.

나종석 나종석입니다. 저도 요즘 성리학에 굉장히 꽂혀가지고, 성리학이 정말 인류 역사에서 굉장히 획기적인 사건이자 현상이라고 보는 입장인데요. 그런 점에서는 저도 도현철 선생님의 기본 서술에 대해서 동의하는데, 아마 과거제도 같은 경우 과거 제도의 운영 방식이 성리학을 통해서 중국이나 조선에서 획기적으로 변화되는 걸로 알고 있습니다. 왜냐하면 당나라 때 과거제도의 경우에는 어떤 실질적으로 귀족이라든가 특정 가문에 의해서 장악되거나 과거에 응모할 수가 있는 자격 자체가 제한돼 있는 것에 반해서, 성리학이 아까 선생님이 말씀하셨듯이 모든 사람들이 원칙적으로 배움을 통해서 요순 성왕처럼 될 수 있다고 봤기 때문에. 그런 자격이 원칙적으로 굉장히 평등하게 확장된 거고, 모든 사람들에게 열려진 것으로 보고 있기 때문에 과거제도를 통한 정치 운영의 방식을 성리학적 이념이 정당화시켜줬다라고 저는 보고 있고. 그런 점에서 굉장히 획기적인 현상으로 평가할 수 있지 않을까 하고 생각하고 있습니다.

김기영 문헌정보학과 김기영입니다. 저도 질문 하나 있는데요, 저는 성리학과 관련된 건 아니고요. 관련될 수도 있겠지만. 혹시 이 권근이 혹시 안동 권 씨 아닌가요? 제가 알기로는 정확한지 모르겠습니다만, 권씨 집안 가문이 고려시대부터 상당히 중심 가문인 걸로 알려져 있는데요. 그 권 씨 가문이 고려 시대의 권문세족으로 볼 수도 있나요?

도현철 그렇습니다.

김기영 그럼 이분이 신진사대부로 옮겨온 이유가 성리학의 어떤 수용과 관계가 있는 건가요?

도현철 고려 후기의 안동권씨는 권문세족으로 분류합니다. 권문세족은 누대로 재상을 배출하고 왕실과 인척관계를 맺으며 대토지를 소유하고 있고 불교와 밀접한 관계를 맺은 것으로 알려져 있습니다. 권근은 안동권씨로 권문세족의 후예인데 성리학을 수용하였습니다. 성리학은 중소지주적 경제를 옹호하는 사상입니다. 권근은 자신의 사회경제 배경과 다른 성리학을 연구하고 성리학적 이상사회를 지향한 것입니다.

최문규 맑스 텍스트를 해석할 때에도 가령 두 가지 양상이 있을 수 있습니다. 예를 들면 한편으로 정통 맑스주의가 있을 수 있으며, 다른 한편으로 수정 맑스주의가 있을 수 있습니다. 동일한 텍스트와 사상이 서로 다르게 해석될 수가 있다는 것인데, 성리학 텍스트도 그런 것 같습니다. 이색의 경우 성리학 텍스트는 체제 옹호적인 식으로 해석되고 있다면, 정도전의 경우 체제 전복. 새로운 왕조 탄생 식으로 해석되고 있는 듯 합니다. 혹시 체제 옹호와 체제 전복이라는 극단적인 해석의 여지를 보여줄 수 있는 대표적인 텍스트나 혹은 대표적인 구절을 제시해 주실 수 있는지요?

다른 한 가지 질문은, 정도전이 제시한 이론, 가령 왕권 세속의 경우 장자가 아니라도 뛰어난 아이를 왕으로 앉힐 수 있다는 점은 오늘날에도 대단히 합리적인 논리 같습니다. 그런 합리적인 이론가와 이성계 및 그의 아들 이방원 같은 무신 세력이 어떻게 세력을 함께 구축하다가 결정적인 순간에는 서로 다른 입장을 취하는지 이해하기 어렵습니다. 역사의 결정적인 순간에는 결국 성리학 같은 철학적 사상이 중시된 것이 아니라 힘, 권력이 우선시된 것으로 보이며, 학문은 추후 그것을 정당화하는 역할 내지는 기능을 한 것으로 보입니다. 따라서 체제 전복의 타당성을 성리학에서 끌어들인 정도전의 경우에도 결국 권력의 정당성을 위한 것에 지나지 않다고 봅니다.

도현철 고려 말에 이색과 정도전이 같은 유학자가 성리학을 익혔는데도 전자는 체제를 유지하려한 반면 후자는 체제를 변혁하는 입장을 취합니다. 이러한 이유에 대한 많은 연구가 진행되고 있습니다. 그중 하나는 유교 경전 곧 사서오경에 대한 텍스트 이해 차이로 설명하기도 합니다. 이색과 정도전이 중시하는 유교 경전이 각각 『춘추』와 『주례』라는 차이가 있습니다. 『춘추』와 『주례』는 성균관을 비롯한 학교의 교과목이고 과거 시험 과목이기도 합니다. 『춘추』는 중국 춘추시대에 난신적자(亂臣賊子)를 경계하여 자식의 도리, 신하의 도리, 부인의 도리 등 주어진 직분을 강조하는 책입니다. 유교의 오륜을 강조하여 부자관계, 군신관계 등 인간관계를 존중해주는 텍스트라고 할 수 있습니다. 반면에 『주례』는 주나라의 정치제도가 담긴 유교경전입니다. 중국 송나라에서 구법당은 군신간의 명분을 중시하는 입장에서 『춘추』를 중시하였다면, 신법당은 제도개혁을 중시하고 『주례』를 강조하였습니다. 이색 등은 주어진 군신관계를 강조하는 입장에서 『춘추』를 중시하였고, 정도전 등은 제도개혁과 역성혁명을 강조하는 가운데 『주례』를 내세웠습니다. 이때 정도전은 『주례』의 정치제도에 맞추어 고려의 제도를 비교해 보고 그 기준에 맞추어 제도개혁, 체제변혁을 지향하였던 것입니다.

그 다음에 두 번째, 세자 책봉과 관련되어서 말씀드리겠습니다. 조선은 정도전 등의 성리학자와 이성계 등 신흥 무장 세력이 중심이 되어 건국되었습니다. 정도전이 함흥에 있는 이성계 막사에 찾아가 두 부류의 혁명세력의 결합이 이루어질 것으로 이해됩니다. 두 사람의 만남은 사상과 군사력의 결합을 의미하는 동시에 성리학적 이상사회를 지향하는 세력의 결합을 의미하기도 합니다.

성리학에서 왕위는 적장자 계승 원칙에 의해 승계됩니다. 그런데 이성계의 적장자인 큰 아들 방우가 조선 왕조 건국에 대해 부정적이었습니다. 자연히 적장자는 세자 후보로 배제되었습니다. 이에 택현설(擇賢說)이 제시되고 여러 형제가 세자 후보가 되었습니다. 제일 후보자는 이방원인데, 이방원은 정몽주를 죽이는 등 과단성이 있는 사람으로 여러 사람들이 부담스러워 했습니다. 이때 이성계가 막내인 방석을 세자를 정하고자 함을 알고 정도전은 이에 동의하였습니다. 나이 어린 방석을 교육시켜 성군으로 만들겠다는 성리학의 세자 교육론이 반영된 것입니다. 성리학의 왕위계승론은 적장자 계승과 택현설이 병존하고 어느 쪽이 현실에 실현되느냐는 현실의 역할 관계가 작용하는 것은 사실입니다. 최종적인 순간에는 권력의 작용을 무시할 수 없습니다. 하지만, 그 이면에는 세자 책봉을 통하여 이상 사회를 실현하는 유학자의 정치사상이 있음을 담겨 있다고 하겠습니다.

최문규 정도전이 방석을 택한 것은, 궁극적으로 뛰어난 아들이 왕좌에 오를 수 있다는 성리학적 관점의 실천보다는 방원을 견제하려는 힘의 논리, 권력의 논리에서 나온 결정일지도 모릅니다.

도현철 최종적으로는 권력의 논리로 귀결되는 것은 부인할 수 없습니다. 하지만, 그 것을 강조하다보면 인간 역사가 단순해지고 새로운 사회를 전망하여 변화시키려는 노력들을 올바르게 이해하기 어렵습니다. 이방원을 견제하려는 세력이 있는데, 왜 견제하려는가를 파악할 필요가 있습니다. 여기에는 성리학의 군주관 곧 왕조 국가의 실질적인 지도자인 군주가 올바라야 나라가 유지되고 백성이 편안하다는 인식이 전제되어 있습니다. 그리고 그 이면에는 군주성학론(君主聖學論) 곧 군주를 성인과 같은 인물이 되어야 이상 사회를 건설할 수 있다는 생각이 깔려 있습니다. 이런 관점에서는 40살의 적장자를 훈도하는 것은 쉽지 않으므로, 나이 어린 막내를 세자로 정함으로써 성인 군주를 만들어 이상 사회를 실현해보자는 뜻이 담겨있다고 할 수 있습니다.

이방원을 견제하려는 생각이 막내인 방석을 세자로 정한 것이고, 그것을 정당화하기 위하여 세자교육론을 내세웠습니다. 의견이 팽팽하게 맞설 때 내세운 논리는, 당장은 현실의 힘의 여부에 따라 판가름 나지만, 논의 과정에서 어떠한 논리가 올바른 것인가를 생각하게 하고 그것이 근거가 되어 후대의 더욱 발전된 논의의 기반이 된다고 할 수 있겠습니다.

나종석 저도 질문이 있는데요, 성리학을 저는 굉장히 높이 칭하지만 궁금한 것 중의 하나는 바로 이런 것입니다. 즉, 적장자를 통해서 왕권을 계승한다는 논리가 성리학적 이념에 기초한 것인지 계속 궁금하더라고요. 예를 들면 이성계 자신도 외형적으로는 왕위를 물려받는다는 의미의 선양(禪讓)에 의해 최고 권력자의 위치에 오르는 것 아닙니까? 고려 말 마지막 왕으로부터 왕위를 물려받은 식으로 조선을 개창 했는데, 제가 알기로는 그런데요. 그 외에 요순시대의 왕권 교체는 늘 현명하고 덕이 있는 사람, 또는 백성들로부터 가장 선망이 높은 인물에게 왕위를 물려주는 선양에 의해서 이루어지지 않습니까? 그런 요순시대를 성왕의 시대의 대표적인 것으로 바라보는 유교 혹은 성리학적인 전통에서 혈통에 의해서 적장자에게 왕권을 계승하는 것이 정당화될 수 있는지 궁금합니다.

도현철 저는 적장자의 원칙이 성리학에 맞다고 생각하고 있습니다. 왜냐하면 원시유학이 이래 가부장적 질서를 유지하는 데 혈연관계를 우선시하고 혈연관계에서 적장자를 중시함으로써 사회의 안정을 추구할 수 있다고 보기 때문입니다. 왕조 국가 역시 적장자를 우선해야 왕권이 안정됩니다. 현명하고 덕이 있는 사람을 군주로 정한다는 택현설은 그 기준을 정하기가 쉽지 않습니다. 큰 아들로 세자를 정한다 하면 이의를 달기 어렵습니다.

요 임금에서 순 임금으로 혈연 관계가 아니면서 왕위 계승이 이루어 졌는데, 이는 역성혁명의 정당화 논리 등 예외적인 경우이거나 유교의 이상으로 제시되는 것에 한정됩니다. 왕조 국가에서는 혈연에 의한 왕위 계습이 불가피하고, 그렇게 불가피한 이유는 왕위 계승의 안정성을 보장하기 위해서 그런 것 같습니다. 인격적 완성도가 높은 현명한 임금다운 임금을 찾기 쉽지 않기 때문입니다. 제가 생각하기에 유학은 농업과 밀접하고 지주의 이해관계와 연관됩니다. 지주들이 관료로 참여하고 관료의 의견을 집약하는 공론정치가 전개되며 국왕과 함께 자신의 이해기반을 유지하고자 합니다. 지주 관료 입장에서는 지배질서 곧 왕권의 안정이 필수적이고 이것이 적장자 왕위계승 원칙과 이어진다고 봅니다. 유학에서 신권론을 강조하고 절대왕권을 용납하지 않으려는 것은 이런 맥락에서 이해할 수 있을 것입니다.

나종석 그럼 내부적인 긴장감이 있지 않을까요? 왕권 안정론을 강화하는 것과 성왕을 꿈꾸는 사대부의 이념 사이에는 미묘한 갈등 같은 것이 있을 수 있다고 보는데요.

도현철 유학 정치사상은 군주와 신하가 협력하여 나라를 다스린다는 것이 기본 생각입니다. 군주는 왕조 국가의 대표자로서 왕조를 유지하려고 합니다. 태종 이방원은 육조직계제 등 왕권 강화를 위한 여러 정책을 전개하였지만, 왕권 견제를 목표로 하는 언론기관인 사간원을 만들었습니다. 태종과 같은 왕권 강화론자도 군주와 신하가 함께 다스린다는 군신공치, 협력정치를 지향했다고 할 수 있습니다. 군주가 왕조를 유지해야 하는 입장과 지주가 자신의 사회 경제 기반을 유지해야하는 두 입장이 결합된다고 할 수 있습니다. 그런데, 사대부 내에는 왕권을 강화하고 『주례』를 통한 체제변혁을 내세우며 유교의 이상사회를 실현하고자 하려는 부류가 있습니다. 이들은 유학의 이상인 대동사회를 꿈꾸고 현실개혁을 주장합니다. 정도전, 정약용 등이 그러한 인물이라고 할 수 있습니다. 왕조 국가에서 지배 질서를 보수적으로 유지하려 한다면 국가의 불안정과 농민 불안을 미봉하려 하겠지만, 문제점을 본질적으로 찾으려 한다면 근본적인 개혁을 주장하게 되고, 문제를 미봉하려는 세력과 사상대결, 정책 대결, 권력 대결을 벌이고 갈등하게 된다고 할 것입니다.

영화라는 "보편 언어"
- 루쉰(魯迅), 임화(林和), 그리고 '식민지 영화'[1]

백문임(연세대, 국문과)

"그리고 근일에 어디서든지 성행하는 영화 즉 활동사진으로 말하면 발명 연대도 퍽 가깝고하나 그의 특장인, 종래 연극같이 배우가 일일이 돌아다니지 아니하면 볼 수가 없는 연기를 아무런 데서라도 가만히 앉아서 볼 수가 있는 것 즉 장소의 초월, 또한 후세에까지 전할 수가 없는 연극(순간적 생명을 가진 연출자의 예술)을 어느 시대 사람이나 다 볼 수 있게 하는 시간의 초월, 한번에 여러 본씩 제작을 하여 일반 민중의 요구에 응(應)케 하는 것 등 여러 가지 의미로 민중오락적 성질에 있어서 연극보다 훨씬 보급성이 풍부함으로 그의 발달보급의 급속한

---

1 이 글 중 4절과 5절 내용의 확장판은 2014년 5월 연세대학교 문과대 교수 콜로키움에서 발표된 후 『임화문학연구 4』(임화문학연구회 편, 소명출판, 2014)에 「프롤레타리아 영화와 종족지(ethnography) 사이에서: 임화의 영화론, 1929-1930」라는 제목으로 게재되었고, 다시 3절과 함께 2015년 출간될 졸저 『임화(林和)의 영화』(소명출판)에도 수록된다. 이 글의 수정, 확장 과정에서 문과대 교수 콜로키움의 지정 토론자였던 나종석 선생님 외 여러 참석자 분들의 토론이 큰 자극이 되었다. 감사를 전한다.

것은 실로 경악할만한 사실이다.

요컨대 누구이고 현대인으로서 영화를 모른다면 그보다 더 큰 무지는 없을 것이다. 즉 이럴만치 활동사진은 무서웁게까지 널리 보급된 것이다. 그러고 민중오락으로서 민중예술로서 사회교화기관이란 데서 또는 지어(至於) 선전광고 모든 학술연구 기관으로서 현재에 활동사진만치 광범중대한 사명을 가지고 따라서 다대한 효과를 내이는 것은 없고 또다시 없을 것이다.

말하자면 활동사진은 현대인의 생활 요소로부터 절대로 제거할 수 없게 된 오락으로서 예술로서 또 기타 여러 가지 의미에서 영화는 우리의 생활에 일종의 양(糧)이 되어 있다는 것이다."[2]

1. 영화라는 "보편언어"와 식민지

최근 메리 앤 도언(Mary Ann Doane)은 「보편언어를 대면하기(Facing a Universal Language)」라는 글[3]에서, 서구 영화이론에서 영화가 "보편 언어"라고 하는 관념이 실은 제국주의 시기 비서구 식민지라고 하는 "타자"와의 만남을 통해 형성된 구성물임을 주장했다. 여기에서 "보편 언어"란, 고전적 할리우드 영화로 대표되는 바 영화가 모든 사람이 이해할 수 있고 전지구적이며 평등한 유토피아적 언어라고 하는 지배적인 관념을 말한다. 메리 앤 도언은 연극과 대비되는 영화 매체의 가장 큰 특징으로 인식되었던 '클로즈업,' 특히 얼굴의 클로즈업의 예를 들어, 이 중립적인(neutral) 것으로 간주되는 테크닉이 인간 모두에게

---

2 星兒[임화],「위기에 임한 조선영화계」,『매일신보』, 1926.6.13.

3 Mary Ann Doane, "Facing a Universal Language", *New German Critique* 122, Vol. 41, No.2, Summer 2014.

통용되는 보편적이고 일반적인 인간성을 제공한다는 관념이 형성된 과정을 재조명한다.

유럽의 초기 영화이론가인 벨라 발라즈(Béla Balázs)와 쟝 엡스탱(Jean Epstein)의 클로즈업 이론이 형성되는 데에는 두가지 맥락이 개재된다. 하나는 영화가 대상의 본질을 있는 그대로 드러낸다고 하는 관념이 일찍이 아도르노[4]가 고전적 할리우드 영화의 속성으로 지적한 "투명성(transparency)", 즉 영화라는 테크놀로지의 매개성을 은폐하고 투명하게 대상을 비춘다는 "직접성" 개념에 기댄다는 것이다. 이것은 '바벨' 이전의 유토피아를 영화가 구현한다고 하는 일종의 노스탤지어적 환타지이다. 본래의 투명하고 단일한 언어가 '바벨'에 의해 파편화되어버렸지만, 이제 영화는 온 인류가 평등하게 향유할 수 있는 투명하고 단일한 언어가 되었다는 것이다. 그러나 아도르노가 말했듯, 영화는 단지 즉물성이 아니라 새로운 대상성(사회, 집단적 행위가 매개된 것)을 구현하는 것이기에, 결코 투명하지 않다.

또다른 맥락은 영화를 통해 결국은 백인의 제스처와 심리가 표준화되었으며, 이는 서구 이론가들이 초기에 대면했던 비서구인의 이질적 타자성을 동질화시키는 과정을 거쳐서라는 것이다. 이 이론가들이 기대었던 인상학은 19세기 다윈류의 계보에서 온 것으로 우생학을 환기시키는 인종주의의 경향을 띠며, 비서구라는 타자의 예측불가능성을 안정된 정체성에 귀속시키는 프로젝트와 궤를 같이 했다. 흥미롭게도 벨라 발라즈와 쟝 엡스탱은 공통적으로 당시 할리우드에서 활동했던 일본인 배우 하야카와 세스(早川雪洲)를 예로 들며, 미세하고 절제된 움직임을 통해 의미를 전달하는 그의 연기 방식('아시아성')에 주목했다. 다시말해 처음부터 "보편언어"로서 클로즈업이란 비서구와의 만남을 통해 요청된 서

4 Theodor W. Adorno and Thomas Y. Levin, "Transparencies on Film", *New German Critique*, No. 24/25, Autumn, 1981-Winter, 1982.

구의 자기정체성 확립과 관련된 것, 즉 '타자성'에 결박되어 계발된 것이다. 타니 발로우가 "식민지 근대성(colonial modernity)"을 설명할 때 근대성이 식민주의와 분리불가능하다고 했듯,[5] 영화이론의 형성기에 있어서 "보편언어"라는 관념은 비서구의 발견(차이와의 조우)과 동전의 양면을 이루었던 셈이다.

2. 루쉰과 할리우드

그런데 시선의 주체, 즉 누가 보고 누가 이론을 수립하는가 하는 문제를 서구가 아니라 비서구의 식민지 쪽으로 방향을 돌릴 때, 이 문제는 한겹의 차원을 더 마련하게 된다. 레이 초우(Rey Chow)가 언급했던 루쉰의 유명한 사례, 즉 일본 유학 시절 수업시간에 보았던 영화에서 일본 군인들이 중국인들을 공개 처형하는 장면에 충격을 받았던 사례는, 영화라는 매체가 결코 모든 사람에게 동일한 방식으로 이해되고 지각되는 것이 아님을 보여 주는 단적인 예일 것이다. 이 사례에는 여러 겹의 층위에서 시선과 권력의 문제가 작동한다. 영화 속에서 물리적 폭력의 대상이 될 뿐만 아니라 야만적인 전시의 대상이 되는 중국인들, 그들을 무기력하게 바라보고만 있던 화면 속의 또다른 중국인들, 그리고 그 영화를 바라보는 일본 유학생 중국인인 루쉰 자신. 자신의 민족-국가적 정체성이 시각적 대상이 되는 장면에서 그 자신 그것을 바라본다는 사실 자체만으로 시각적 피해

할리우드의 일본인 배우 하야카와 세스(早川雪洲: 1889-1973)
[이미지출처:http://en.wikipedia.org/wiki/Sessue_Hayakawa. 최종접근 2014.10.5.]

5 Tani E.Barlow(ed.), *Formations of Colonial Modernity in East Asia*, Duke University press, 1997.

자이면서 동시에 가해자의 위치에 놓이는 경험을 했던 루쉰은, 즉시 의학 공부를 접고 문학으로 전향을 한다. 레이 초우는 새롭고 "날 것 그대로"의 매체인 영화에서 받은 충격을 전통적이고 추상적인 매체인 문학으로의 투신으로 해소하려고 했던 루쉰의 선택을 좀더 권위있는 매체로의 '도피'라고 규정하면서[6], 그러나 "문학이 시각적 충격을 피하는 하나의 방법이라 해도, 그 충격은 다른 경로를 통해 문학 안에 들어가 문학을 변화시켰을 것"[7]이라 말한다. 루쉰이 마치 스냅사진과 같은 단편소설, 에세이 등 압축적이고 정곡을 찌르는 짧은 문학형식을 주로 이용하고, 대상을 아무런 논평없이 바라보는 카메라 렌즈와 같은 아이러니를 구사한 것이 그 예이다. 어쨌든 중국 근대문학의 탄생설화이기도 한 이 영화 에피소드는 영화가 "보편언어"로서가 아니라 시선과 권력의 문제와 얽혀있다는 것, 즉 "'제3세계' 문화에 있어서 본다는 것은 근대나 국민국가의 틀을 강화하는 사건들 안에 깊이 각인"[8]된다는 점을 확증한다.

나는 이로부터 20여년이 지난 뒤 루쉰이 영화와 대면했던 또하나의 에피소드에 주목하려고 하는데, 여기에는 상하이 극장을 잠식하고 있던 할리우드 영화 및 사회주의 영화이론이라는 새로운 벡터들이 추가된다. 1930년 초, 루쉰은 일본의 맑스주의 영화평론가 이와사키 아키라(岩崎昶)의 「선전 선동 수단으로서의 영화(1929. 10)」[9]를 중국어로 번역한다.[10] 이와사키 아키라는 1929년 일본

6 "그 영상이 희생자 산출과 연관된다면, 쓰인 문자는 권력 획득의 한 형식으로 상상되는 것이다. 따라서 루쉰의 이야기에는 의학에서 문학으로의 근본적인 전향 말고도 또 하나의 다른 전향, 즉 전통으로의 재전향이 있다. 그것은 문자문화로서의 문화를 재확인하는 것이며, 문자문화란 쓰기와 읽기 중심의 문화이고 영화와 의학을 포함하는 테크놀로지의 대극에 위치한 문화인 것이다." 레이 초우, 정재서 역, 『원시적 열정』, 이산, 2004, 34쪽.

7 레이 초우, 위의 책, 35쪽.

8 레이 초우, 위의 책, 25쪽.

9 이 글은 이와사키 아키라의 저서 『영화와 자본주의(映画と資本主義)』(往来社, 1931)에 실려 있다.

10 루쉰, 「譯者附記」, 『萌芽』 제1권 제3집, 1930.3.1. 본 논문에서는 『魯迅譯文集』 제10권(北京: 人民文学出版社, 1958)에 수록된 「現代电影与有产阶级」의 「譯者附記」을 인용한다. 이 글을 번역해준 최영화, 감수해준 이승희 선생에게 감사한다.

프롤레타리아 영화동맹(프로키노)의 설립에 참가해 위원장을 역임한 사람으로, 상하이에서 루쉰을 만났다. 「선전 선동 수단으로서의 영화」는 자본주의적 상품이자 부르주아 계급의 이익을 위해 선전 선동 기능을 하는 이데올로기로서 특히 미국영화의 비판에 집중했던 이와사키 아키라의 초기 기획의 일부라 할 수 있다. 일본 프로영화론 일각에서는 프롤레타리아 영화론의 확립보다는 부르주아 영화의 이데올로기 비판에 치중하는 이와사키 아키라에 대해 비판적인 지적이 제기되었을 정도로, 이 시기 그는 미국영화사를 집필하는 등 자본주의적 상품으로서 영화의 특성, 즉 소수의 자본가 계급의 이익에 복무하는 영화의 선전 선동적 성격을 지적하는 데 집중하고 있었다. 그리고 할리우드가 중국 관객들에게 지대한 영향을 미치고 있던 1930년경 루쉰이 주목했던 것도 역시 이와사키 아키라의 이러한 논의였다.

> "이렇게 되면 선량하기 이를 데 없는 관객은 이것을 선전영화로 생각하지 않는다. 그들은 정당한 관람료를 지불했다는 사실에 근거해 그 영화가 선전영화가 아니라고 증명해버린다. 기실은 단순한 관객은 그 교묘하게 꾸며진 선전에 선동되고 기만당하고 더욱이 그 기만에 대해서까지 돈을 지불한다고 하는 이중(二重)의 기만에 빠져 있다는 것을 자각하지 못한다.
>
> 시민적인 용례에서 '선전영화'의 무의미함은 대략 이와 같은 것이다. 왜냐하면 목적을 지니지 않은 영화, 그래서 선전영화가 아닌 영화 따위는 환상에 지나지 않기 때문이다.
>
> 우리들은 현재 제작되고 있는 모든 영화에 있어서 그 음미의 목적 – 때로 그것이 아직 목적으로까지 의식적으로 관철되어 있지 않은 경우 경향 내지 취미 정도에 그치는 경우가 있지만, 그 경향 내지 취미라는 것도 결과로서는 하나의 중요한 선전가치인 것이다 – 을 적발할 수 있다. 그것은 혹은 제국주의 전쟁에의 진군 나팔이고 애국주의, 쇼비니즘의 고취이며, 종교를 이용한 반동선전이고,

부르주아 사회의 옹호이며, **에 대한 억압이고, 노자협조의 창도이며, 소시민적 사회적 무관심에의 최면제 – 요컨대 자본주의적 질서의 이익을 위해서만 오로지 궁리된 사상적 계략이다."[11]

전쟁영화나 뉴스릴과 같이 노골적으로 이데올로기를 선전하는 영화(그래서 대개 무료로 관람하는 영화)가 아닌 일반적인 상업영화에 대해서 관객들은 "정당한 관람료를 지불했다는 사실에 근거해 그 영화가 선전영화가 아니"라고 생각하지만, 비록 의식적으로 그 목적을 드러내지 않는다 하더라도 상업영화에는 특정한 이데올로기, 자본주의적 질서의 이익에 복무하는 이데올로기가 내재되어 있다는 지적이다. 즉 상업영화는 관객에게 유산계급 가치를 '설교'함으로써가 아니라, 부와 성(性), 개인의 자유, 국가와 민족, 종교 등에 대한 복종이라는 유산계급의 욕망을 불러일으키는 오락을 생산함으로써 그렇게 한다. 이 욕망을 추구하고 실현하는 게 쾌락을 가져다준다는 데 익숙해지면 관객은 그런 영화를 더 요구하게 된다. 그러면 무의식적으로 그 쾌락을 만드는 생산기제를 인증하게 되고 유산계급적 사회관계가 계속 유지되게 된다.

그런데, 루쉰에게 있어서 할리우드 영화에 대한 중국의 관람성(spectatorship)은 이와사키 아키라가 말하듯 '계급'의 차원에서만 얘기될 수 있는 것이 아니었다. 루쉰은 현재 "상하이의 일간지에 보면, 영화에 대한 광고는 매일 예외 없이 두 페이지 정도는 보이는데, 분분히 배우들 수만 명과 제작비 수백만을 투자한, "대단히 매혹적이고, 낭만적이며, 관능적이며(혹은 선정적이며), 육감적이며, 코믹스럽고, 연애이야기에, 열정적이고, 모험적이며, 용맹하고, 무협적이며, 신성한……전대미문의 대형 영화"라고 경쟁적으로 자랑하여, 사람들로 하여금 한 번 가보지 않으면, 죽어도 눈을 감지 못할 것 같은 느낌마저

11 岩崎昶, 위의 책, 103-104쪽.

들게 한다."라며 상하이 극장을 점령한 할리우드가 어떻게 중국 관객들을 사로잡고 있는가를 지적한다. 그리고 흥미롭게도 그는, 이런 화려한 할리우드 영화가 중국 관객들을 인종적 열패감에 사로잡히게 만든다고 말한다.

> "그러나 이 영화들은 본래 중국인을 대상으로 제작한 것이 아니기에, 중국에 수출한 목적은 제작시의 의도와 달라질 수밖에 없어서, 마치 낡은 무기를 무인(武人)에게 팔아치우는 것처럼, 돈을 많이 빨아갈 뿐이다. 이런 것들에 대한 중국인들의 견해는 당연히 그들 본국의 사람들과 달라서, 관객을 흡인하는 광고 속의 문구를 비판없이 믿는다. 이러한 여러 종류의 영화들에 대해, 대개 "대단히 매혹적이고, 낭만적이며, 관능적이며(혹은 애잔하며), 육감적"인 것만 보게 된다. 그러나 은연중에 효과도 있어서, 그들의 "용맹하고 무협적인" 대형 전쟁영화를 보게 되면 저도 모르게 주인공이 이처럼 영민하고 용맹스러우니 자신은 노복이 될 수밖에 없다는 감이 든다. 그들의 "대단히 매혹적이고도 낭만적인" 대형 애정영화를 보게 되면, 마님(太太)이 너무 육감적이라서, 무력감에 빠진 나머지 스스로를 부끄럽고 보잘 것 없다고 여기면서도, 피부가 흰 러시아 기녀들과 어울리는 것으로 자기를 위안하면서 얼마든지 자기도 [백인 여성들과 성적인 관계를-인용자] 할 수 있다고 생각한다. 아프리카 토착민들이 백인의 양총(洋枪)을 좋아하고, 아메리카 흑인들이 때때로 백인 여자를 강간하여, 비록 화형을 당할지라도 두려움으로 단절시킬 수 없었던 것은, 바로 그들이 현실 속의 "대형 영화"를 보았기 때문이다. 그러나 문명과 야만은 서로 다르고, 중국인은 고대 문명국 사람들이라 대체로 마음으로 탄복할 뿐 실제 행하지는 않을 것이다."[12]

반(半)식민지 상하이의 중국 관객들은 할리우드 "대형(전쟁)영화"에 열광하

12 루쉰, 위의 글, 328쪽.

면서도, 그 주인공의 영민하고 용맹스러움에 반해 자기 자신을 "노복"으로 여기는 무력감에 빠지게 된다. 여기에서 루쉰은 할리우드 영화가 특히 백인 여성에 대한 욕망, 즉 중국 관객들에게 금지된 쾌락을 소비하고픈 욕망을 불러일으키고, 동시에 그 욕망을 충족시킬 수 없는 반식민지의 무기력함을 환기시킨다고 지적하고 있다. 이 성적인 무기력함, 즉 불능을 극복하기 위해 중국 남성들은 "피부가 흰 러시아 기녀들"과 어울림으로써, 할리우드 영화에 재현된 성적 쾌락을 육체적으로 소비하려 할 수도 있다. 빅터 판(Victor Fan)은 이 지점에 주목하여, 그렇다면 할리우드 영화는 애초에 목적했던 쾌락이 아니라 불쾌, 치욕, 실패감정을 불러일으키는 셈인데, 루쉰은 단순히 이 불능화하는 폭력에 반대하는 것에서 더 나아가 피식민 남성이 할리우드 영화에 재현된 쾌락을 즐길 수 있음을 증명함으로써 식민자들과 동등함을 보이려고 했다고 주장한다. 즉 할리우드 영화는 상하이 남성 관객들로 하여금 자기자신 속에 있는 식민자의 쾌락만이 아니라 피식민자의 불쾌 역시 향유하게 함으로써, '나는 나의 불능을 향유한다'는 자의식을 불러일으켰다는 것이다.[13]

하지만 할리우드 영화에 나오는 구미 백인 여성들에 대한 좌절된 욕망이 현실 속의 러시아 백인 기녀들과의 성적 관계로 치환되는 메커니즘은, 루쉰이 언급한 바 "아메리카 흑인들"의 백인 여성 강간이라는 "야만"적 행동이 (중국) "문명"의 행위로 치환된 것이 아닌가. 여기에는 성적 환타지가 인종주의적 위계 관념과 결합되어 있어서, '자본주의 문명의 백인 남성 – 반식민지 낡은 문명의 중국 남성 – 야만의 흑인 남성'이 각각 '적법한 로맨스 – 매매춘을 통한 모방 – 야만적인 폭력'이라는 방식으로 백인 여성의 신체를 향유한다는 도식이 마련된다. 마치 후쿠자와 유키치(福澤諭吉)가 말했던 '문명-반개(半開)-야만'의 사회

13 Victor Fan, "Cinema of Thought: Iwasaki Akira and Directed Consciousness in Shanghai Marxist Film Theory, 1930-1935", 트랜스: 아시아 영상문화연구소 심포지움, 『Korean Cinema in Transnational Contexts : Korean-Chinese Connections and Beyond』 발표문, 2014. 8. 21.

진화론적 사고에 기반한 것처럼, 여기에서 루쉰은 "중국인은 고대 문명국 사람들"이기 때문에 야만의 행동은 하지 않는다며 중국을 '반개'의 위치에 자리매김하는 것처럼 보인다. 문명국의 할리우드 영화는 중국인들로 하여금 야만적인 흑인들과 동일한 욕망을 품게 만들며, 다만 그 욕망의 해소 방식에 있어서 차이가 있을 뿐인 셈이다. 이렇듯 문명과 야만의 사이에 끼인 오래된 문명, '반개'로서 중국에 대한 자의식과 그 자의식을 추동하는 할리우드 영화 – 백인 여성에 대한 욕망을 '보편'화시키는 매체 –에 대한 루쉰의 반감이야말로 이와사키 아키라의 사회주의 영화론을 번역하게 만든 힘인 셈이다.

〈바그다드의 도적(1924)〉
[이미지출처:http://en.wikipedia.org/wiki/The_Thief_of_Bagdad_(1924_film). 최종접근 2014.10.5.]

루쉰이 거론하는 또하나의 사례는 이렇게 문명과 야만 사이에 착종되어 있는 중국인의 상황을 할리우드 스타덤을 통해 보여준다는 점에서 흥미롭다. 당시 할리우드 활극의 최대 스타였던 더글라스 페어뱅크스(Douglas Fairbanks)가 아시아를 방문한다는 소식에 중국 관객들은 그를 맞이해 연회를 베풀 준비를 하지만, 어떤 이유에서인지 더글라스 페어뱅크스는 중국 관객과의 만남을 거절하고 일본 관객만을 만난다. 이에 상하이 영화공회(上海電影公會)에서는 그에게 편지를 보내는데, 루쉰이 인용하는 내용은 더글라스 페어뱅크스가 주연한 <바그다드의 도둑(The Thief of Bagdad, Raoul Walsh 감독, 1924)>에서 몽고인이 부정적으로 재현된 데 대해 항의하는 부분이다.

"생각해보건대 <바그다드의 도둑>이라는 영화 중에 몽고 태자가 있었는데, 그 표현 양태가 극히 악랄하여, 관객 중에 동방의 역사를 모르거나 동방 민족의 성질을 모르는 자들로 하여금 불량한 인상이 생겨나도록 합니다. 이로써 인류의 상애(相愛) 진행 과정에 지극히 큰 장애가 될 수 있습니다. (중략) 저희 단체 동인들은 더욱 사천여년의 역사 문화의 훈련을 거친 정신으로, 감히 큰 소리로 선생께 고합니다. 우리 중화인민은 미덕을 존중하고, 예의를 깊이 지키는 지라 애초부터 귀국의 인민들과 다르지 않습니다. 더욱이 귀국 정부는 항상 세계와 국제에서 정의를 수호하기 때문에, 우리 중화인민의 경애를 받습니다.(중략) 선생께서 동양을 유람하신 뒤에 알게 된 진실한 정황을 귀국의 동업들에 소개하고 나아가 세계에 소개하여, 세계의 인류와 중화의 4억 인민이 서로 사랑하고 친애하도록 하되, 서로 증오하거나 어긋나서 세계적으로 좋지 않은 상황이 형성되지 않게 하여, 우리 중화인민들이 미국 정부를 경애하는 것처럼 선생을 경애할 수 있도록 해주시기를 희망합니다."[14]

<바그다드의 도둑>은 인도, 페르시아, 몽고 왕자를 물리치고 도둑(더글라스 페어뱅크스 분)이 바그다드의 공주와 결혼하게 된다는 로맨스 환타지이다. 여기에서 몽고 왕자는 처음부터 바그다드를 물리적으로 정복할 야심을 가지고 계략을 짜는 강력한 악한으로 그려지는데, 상하이 영화공회의 관객들은 "미덕을 존중하고, 예의를 깊이 지키는" 중화인민의 본모습이 왜곡되었다고 알리는 데서 나아가 "항상 세계와 국제에서 정의를 수호"하는 미국 정부에 대한 경애를 표하면서 더글라스 페어뱅크스로 하여금 세계 평화와 정의의 사절이 되어줄 것을 요청하고 있다. 루쉰이 여기에서 읽어내는 것은 미국에 굴복하는 중국인의 "비굴함"과, 오랜 문명국으로서의 "교만함"이 착종된 상황이다.

"이것이 바로 강압에 굴복한 고국(古國) 인민의 정신이다. 특히 조계지에서 그러하다. 이미 강압에 굴복했기에 스스로 무기력하다고 여겨, 다른 사람에 부탁

14 루쉰, 위의 글, 330-331쪽

해 세계를 향해 홍보할 수밖에 없었으니, 조금은 비굴함을 면치 못했다. 그러나 또 스스로 "사천여년의 역사 문화 정신의 훈련을 거쳤다"고 여겨, 다른 사람에 부탁해 세계를 향하여 선전해달라고 했다면, 여전히 조금은 교만하다 하겠다. 교만함과 비굴함이 서로 뒤엉켜 있는 것은 몰락한 고국 인민의 정신적 특색이다.

구미제국주의가 폐총[废枪:폐기된 총-인용자]을 사용하여 중국을 전쟁에 빠뜨리고 혼란스럽게 했다면, 또 낡은 영화로써 중국인들을 놀라게 하고 어리석게 했다. 또 그 낡은 영화를 조금 가공해서는 다시 내지로 운송하여 사람을 어리석게 만드는 교화를 확장시켰다. 그래서 나는 생각했다. 지금과 같은 상황에서 [이와사키 아키라의-인용자]『영화와 자본주의』와 같은 책이 꼭 필요하다고!"[15]

구미 제국주의가 물리적으로 중국을 반식민지로 만들었다면, 할리우드 영화는 "사람을 어리석게 만드는 교화를 확장"시킴으로써 중국인들로 하여금 "교만함과 비굴함이 서로 뒤엉켜 있는" 정신적 착종상태에 처하게 만들었다. 이런 진단은 어쩌면 중국 근대문학의 원초적 장면, 즉 루쉰이 20여년 전 일본의 강의실에서 충격적으로 보았던 중국인 공개처형 영화에 대한 그의 반응과 유사한 것인지도 모른다. 그 영화든 <바그다드의 도적>과 같은 할리우드 영화든, 영화에서 보여지는 중국인과 그 영화를 보는 중국인은 물리적, 정신적으로 모두 무기력하다는 위기감. 20여년 전 루쉰은 중국인의 정신을 구하기 위해 문학으로 전향을 했고, 지금 루쉰은 역시 중국인의 정신을 구하기 위해 사회주의 영화론을 번역하고 있다.

15 루쉰, 위의 글, 331-332쪽.

3. 일본 제국의 '식민지 영화' 담론: 〈아시아의 람(嵐)〉의 경우

그렇다면 사회주의 영화론은 제국과 식민지 문제를 해결하는 데 어떤 역할을 할 수 있는가. 루쉰이 이와사키 아키라의 글을 번역한 다음 해, 일본은 만주사변을 일으키며 군국주의로의 행보를 노골화한다. 이즈음 일본의 사회주의 영화 잡지 『프롤레타리아 에이가(プロレタリア映畵)』는 「식민지 영화 특집」을 마련하는데, 필자 중 하나인 사사 겐쥬(佐佐元十)가 밝히는 바 프롤레타리아 영화운동이 '식민지 영화'[16]에 주목해야 하는 이유는 다음과 같은 것이다.

> "식민지 정책 – 이 정책이 없이는 자본주의는 존재하지 않는다(부하린, 「제국주의와 세계경제」) – 은 수억만의 정복당한 식민지 및 반식민지의 노역자를 xxxxxx에 이르게 한 것으로서, 식민지 문제는 따라서 세계적 규모에 있어서 민족문제이다.
>
> 그래서 전세계는 결국 두 종류의 민족으로 분할된다. 즉 한편에는 극소수의 xx민족이 있고, 다른 한편에는 – 식민지, 반식민지, 세력범위 등의 그 나머지 전세계 – x착취, 완전히 권리가 없는, x압박민족이 있다. 이 근본적인, xx적 마르크시즘(레닌이즘)의 견지에서, 부르주아 영화의 식민지(민족)물은 그것이 결국 극소수의 착취민족에 어떻게 이용되고 있는가를 폭로하고 이 해독(害毒)의 범람으로부터 식민지(영화)가 상영되는 각 열강의 본국 및 식민지의 노동대중의 자각에로, 세계적인 결합에로 영화비평가(마르크시스트)의 붓은 향하지 않으면

16 여기에서 사사 겐쥬는 '식민지 영화'가 식민지를 배경으로 한 것, 식민지에서 취재한 것, 현재 자본주의국가 형성에 있어서... 미개지를 그린 것(예컨대 파라마운트의 <버지니아>), 식민지 반식민지의 민족을 주제로 한 것(MGM의 <할렐루야>) 등을 통칭하는 편의적 명칭이라고 규정하고 있다. 「植民地映畵に就て」, 『プロレタリア映畵』 제2권 9호, 1930. 9.

안된다."[17]

즉 자본주의와 그 제국주의 단계를 "세계 경제"와 관련하여 이해할 때 제국의 식민지 정책 및 거기에 종사하는 식민지 영화의 이데올로기적 성격을 비판하고 "각 열강의 본국 및 식민지의 노동대중의 자각"이 가능하도록 만드는 데 사회주의 영화비평의 임무가 놓여있다는 것이다.「식민지 영화 특집」은 영국 제국주의에 맞서 싸우는 몽고 민족과 러시아 적군파의 연대투쟁을 그린 소비에트 영화 <아시아의 람(Potomok Chingis-Khana, 푸도프킨 감독, 1928)>의 영화소설(物語)과 사사 겐쥬의「식민지 영화에 대하여」, 그리고 북사할린(北樺太)과 상하이의 영화 소식을 담은 꼭지들로 이루어져 있는데, 여기에서 <아시아의 람>은 일본 프롤레타리아 영화인들이 이상적으로 생각하는 모델로 제시된다. 몽고든 조선이든 식민지 프롤레타리아 영화는 "선진제국의 프롤레타리아 영화와 결합하지 않으면 완성할 수 없"[18]다고 했을 때, 순진한 몽고 청년이 영국인에게 착취당한 후 러시아 빨치산을 만나 사회주의 혁명이 곧 민족해방의 길임을 깨닫는다는 이 영화의 메시지는 곧 소비에트의 우방이 되는 몽고를 다룬 모범적인 '식민지 영화'의 사례인 것이다.

그런데, 1930년 일본에서 개봉된 <아시아의 람>은 검열로 인해 500척이 삭제되었을 뿐만 아니라 몽고민족과 러시아 빨치산의 연합이 "몽고 의용군"으로 변형되고, 내용 전체가 황인종과 백인종의 대립으로 치환되어 버리게 된다. 한 논자는 이 "왜곡"에 대해 이렇게 불평한다.

"'현명한' 내무성의 검열관은 소비에트 영화 <아시아의 람>을 왜곡해 버렸다.

---

17 사사 겐쥬, 위의 글, 27쪽.

18 사사 겐쥬, 위의 글, 17쪽.

전편을 통해 컷트된 척수는 500척에 이르고, 영화의 줄거리조차도 검열관의 선호에 따라 – 정확히는 부르주아지의 선호를 쫓아 – 왜곡되어 버렸다. 러시아인과 몽고인의 X색 빨치산이 몽고 의용군으로 변형되어 있을 뿐만 아니라 전편에 걸쳐 '황색인종이여, 백인을 아세아에서 몰아내라'는 식으로 변해버렸다.

골계스러운 것은, 빨치산의 의용군이 제국주의 국가의 군대를 습격하는 부분이, 이것도 XX주의가 기관의 역린(逆鱗)에 저촉되어 컷트된 결과, 영국의 군대가 의용군의 대장 한사람을 상대로 하여 철포를 쏜다든가 기관총을 난사한다든가 하는 소동을 벌이고 있는 것처럼 되어버렸다.

<아시아의 람>은 이제 푸도프킨의 <아시아의 람>이 아니고 일본 검열관의 <아시아의 람>이 되어 있다."[19]

검열에 의해 삭제된 장면에는 아마도 주인공인 몽고 청년 바이르가 산속에서 러시아 빨치산들을 만나는 장면, 즉 다양한 인종이 유대감을 형성하는 유토피아적 분위기로 채색되어 있는 장면이 포함되어 있었을 것이다. 그리고 위의 내용으로 미루어보건대, 몽고인과 러시아 빨치산이 연대하여 영국군과 벌이는 전투 장면에서 이 저항군의 집단적인 모습 역시 삭제되고 대신 개인적인 모습만 강조되어 있었던 듯하다. 그 결과 소비에트 혁명세력과 몽고 민족해방 세력의 연대라고 하는 이 영화의 메시지는 황색인종과 백인의 대립이라는 인종주의적인 것으로 변질되고, 이렇게 검열로 인해 영화의 내용이 왜곡되었기 때문에, 『프롤레타리아 에이가』에서는 영화의 원래 내용을 상세히 알리기 위해 영화소설을 게재한 것으로 보인다.

잠깐 덧붙이자면, 이렇게 영화의 내용 자체를 변화시킬 수 있는 영화검열은 아이러니컬하게도 일본 프롤레타리아 영화인들로 하여금 영화의 몽타쥬, 그리

---

19 「<アジアの嵐>の歪曲」, 『プロレタリア映畵』 제2권 9호, 1930. 9, 58쪽.

고 기성(旣成)의 영화 클립들을 활용해서 새로운 영화를 만들어내는 "재편집(再編輯:compilation)"의 힘에 주목하게 만들었다. 위의 기사가 실린『프롤레타리아 에이가』의 편집후기에는 "우리나라에 처음으로 소비에트 영화의 본격적인 작품"이 나타났지만 "부르주아지에 의해 왜곡"되고 있으며 "이 문제는 (이와사키 아키라의-인용자) '재편집' 논문과 함께 읽으면 좋을 것이다."라는 짤막한 언급이 있다.[20] 푸도프킨의 책『영화 감독과 영화 각본론』이 번역 소개되던 1930년대 초, 일본 영화인들은 "혁명적 창작방법론"으로서 소비에트 몽타쥬에 눈을 뜨면서 그것을 영화창작에 도입하려 시도하고 있었다. 이와사키 아키라는『프롤레타리아 에이가』에「영화와 컷트, 재편집에 대하여(映畵とカット·再編輯について)」를 게재하고 영화강좌에서도 몽타쥬와 "재편집"을 가르치면서 그 자신 <아스팔트의 길, 1930>이라는 영화를 제작하기도 한다. 누가 만든 영화인가 하는 문제보다는 어떤 목적을 위해 어떻게 필름조각들을 취사선택하여 전유하는가 하는 문제가 프롤레타리아 영화인들이 고려해야 할 새로운 전략으로 주목받기에 이른 것이다. 마침 만주사변을 즈음하여 일본에서 군부나 만철(滿鉄) 혹은 신문사들이 제작하던 뉴스릴과 '식민지 영화'들도 적극적으로 이 재편집 테크닉을 구사하고 있었고, 주지하듯 제2차 세계대전을 전후해서는 자국 혹은 우방에서 제작된 필름과 적대 진영에서 제작된 필름을 구별하지 않고 목적에 따라 재편집하여 사용하는 프로파간다 전략이 크게 유행했었다. 바야흐로 제국주의, 혁명, 전쟁을 계기로 영화라는 매체는 이데올로기를 은밀히 유포하는 허구적 세계를 창조하는 상품으로서만이 아니라 사용자의 의도와 목적에 따라 분해되고 조립되는 클립으로서 그 물질적 속성이 더욱 부각되게 된 셈이다

한편, <아시아의 람>의 인종간 연대는 일본의 검열관만이 아니라 유럽의 지식인들에게도 불편한 감정을 낳았던 것 같다. <아시아의 람>이 파리에서 개봉

20「편집후기」,『プロレタリア映畵』제2권 9호, 1930. 9, 113쪽.

되었을 때 프랑스 평론가와 문인들이 보인 “신경질”적인 반응을 보고하는 마츠오쿠니노스케(松尾邦之助)에 의하면, 그들은 이 영화에서 동양인들이 (서구) 민족해방운동의 상징인 잔다르크와 달리 너무 쉽게 원하는 바를 얻는다는 점, 비서구에서 헌신적으로 봉사하는 선교사나 의사와 같은 ‘착한’ 백인들을 간과한 채 백인들을 악하게만 묘사했다는 점 등을 지적하며 불편한 심경을 감추지 못했다. 이 반응들에 대해 마츠오쿠니노스케는, 몽고민족에게 호의를 보인 감독 푸도프킨과 달리 서양인들은 군대를 이끌고 동양을 침략하지 않았느냐고 덧붙인다.[21] 동양과 서양, 황색인종과 백인종을 구별(차별)하는 파리 지식인들의 독법과, 그것을 소개하는 한편으로 그 이항대립 구도를 (반대 방향에서이지만) 받아들이는 마츠오쿠니노스케의 시각은, 일본 검열관이 재편집을 통해 만들어낸 <아시아의 람>의 인종주의적 메시지와 묘하게 공명하는 셈이다.

그러나 이 영화가 이렇게 인종주의의 맥락에서 전유되었다는 사실 자체는, 그만큼 서구 제국주의에 대한 아시아 식민지의 민족해방 투쟁을 사회주의 혁명의 일환으로 간주하는 <아시아의 람>이 파리 지식인들과 아시아 검열관들에게 도전적인 실천으로 받아들여졌음을 반증하는 것이다. 앞서 언급한 빨치산 아지트의 유토피아적 장면은, 민족해방 운동과 사회주의 혁명의 연대가능성만이 아니라 인종적 차이/차별이 무화되는 가능성까지 담아내고 있다. 바이르와 다양한 인종으로 구성된 빨치산들 사이에 역동적으로 교환되는 시선들은, 보는 자와 보이는 자의 관계가 반드시 제국/식민지, 서구/비서구의 권력적 위계관계로 구성되지는 않을 수도 있다고 역설한다. 나아가 빨치산 대장이 마침내 숨을 거두기까지 세 차례 삽입되는 바이르의 클로즈업, 그것도 동일한 크기와 앵글, 동일한 표정으로 반복되는 이 클로즈업은, 의미와 행위의 중심이 빨치산 대장으

21 (在巴里)松尾邦之助,「問題になった <アジアの嵐: 原名 <ジンギスカンの末裔>」,『新興映画』, 제2권 4호, 1930. 4, 13-16쪽.

로부터 이제 바이르에게로 이행될 것임을 성공적으로 각인시킨다. 특히 대장이 숨을 거둔 후 삽입된 클로즈업은 몽고 민족해방과 사회주의 혁명이 어떻게 결합되어 어떤 실천으로 나아갈 것인지를 의미화하는 데 상당히 효과적이다. 앞서 두차례 삽입된 클로즈업은 바이르가 매우 주의깊게 빨치산 대장을 바라보고 그의 말에 귀기울이고 있음을 강조하는 의미를 띄었다면, 이 마지막 클로즈업은 이후에 몽타쥬되는 무기(총)를 바라보는 시선의 주체를 바이르로 지명함으로써 단숨에 사회주의라는 추상적, 보편적인 당위가 인간의 몸과 목소리로부터 벗어나 상징(투쟁)으로 비약하는 과정을 보여준다.

물론 이 빨치산 아지트 장면에서 모든 사람들이 평등한 시각적 지위를 차지하고 있는 것은 아니다. 순진하던 바이르가 사회주의 혁명의 중요성을 '각성'하게 되는 결정적인 순간은 자기희생적으로 싸우던 러시아 빨치산 대장이 숨을 거두면서 "모스크바에 귀기울이라!"라고 외칠 때로서, 이 대장은 시각적, 청각적 중심(모든 사람들이 대장의 마지막 모습을 주시하고 그의 말에 귀를 기울인다)을 차지하고 있다. 몽고의 민족해방과 공산화에 있어서 소비에트의 지도적 위치를 강조한다는 점에서, 이로부터 1920년대 소비에트에서 태동한 유라시아주의의 흔적을 읽어낼 수도 있다.[22] 일본『프롤레타리아 에이가』의「식민지 영화 특집」에서 이 영화를 소비에트 '동맹'을 다룬 모범적인 '식민지 영화'의 사례로 다룬 것은, 어쩌면 일본의 오래된 식민지 대만과 조선을 언급하지 않은 이 특집의 무의식이 반영된 태도일지도 모른다. 좀더 과장하자면, 식민지 프롤레타리아 운동은 "선진제국의 프롤레타리아 운동의 지원"이 있어야만 완성된다는 사사 겐쥬의 전제는 '소비에트-몽고'의 관계를 '일본-일본의 식민지'의 관계와 은연중 동일시하는 시각일 수도 있다. 모스크바를 중심으로 한 동심원에서 모스

---

22 이 영화에 나타난 유라시아주의에 대해서는 이희원,「상상의 영토화: 현대 러시아 영화의 유라시아주의 기획」(『동북아문화연구』 33집, 2012, 575-597쪽) 참조.

크바의 바로 바깥에는 동양의 선진국 일본이 있고, 마치 소비에트가 몽고민족과 연대했듯 일본은 일본의 식민지와 연대하여 그들을 도와야 한다는 시각.

사사 겐쥬는 일본의 식민지와 관련한 영화로는 조선에 관한 문화영화들만 간단히 언급하는데, 그가 나열하는 여러 종류의 식민지 영화 중 "사회극 영화", 즉 피압박 민족에 대한 동정적 태도를 보이는 것처럼 하면서 그들과의 융화를 강조하는 영화들이 "실은 각 열강의 가장 기만적인 착취수단에의 강화로서 재비판되어야 한다"고 강조하면서 일선(日鮮) 융화극의 교육영화 <歩み[23]>, <君萬歳の旗の下に>, <순수한 정신처럼(純精神の如し)>[24]을 예로 드는 것이다. 일본의 프롤레타리아 영화잡지에 조선영화 관련한 기사들이 몇차례 게재되기는 하지만 제국 일본에서 "만국의 **적 프롤레타리아트의 소비에트 운동에, **적 프롤레타리아트와 동맹하여, 전세계의 제국주의에 **하여, 식민지 및 피압박민족의 일절의 민족해방운동을 집중, 결합하여 근본적인 커다란 선을 꿰뚫는 내용의 영화"가 제작되었다거나 조선에서의 제작을 지원했다거나 한 기록은 찾아보기 힘들다. 더욱이 만주사변을 계기로 해서는 일본 사회주의 영화인들의 관심이 중국의 동향 및 일본 내의 파쇼화에로 집중된다.

---

23 『조선총독부 키네마(朝鮮總督府キネマ)』(소화14년)에서 추천영화 제10호로 기록하고 있는 <歩>(朝日キネマ市川撮影所 제작, 德永態一郎 소유, 추천연월일 1930년3월6일)와 동일한 영화가 아닐까 한다.

24 일본영화 데이터베이스에는 이 영화의 서지를 "오카자키 프로(岡崎プロ) 제작, 1929.6.24., 6권"이라고 기록해놓고 있고, 『조선총독부 키네마』(소화14년) 역시 제작자로 오카자키 프로덕션이라 명기하며 소유자는 김동주, 조선총독부 추천 제1호 작품(추천 연월일은 1929년 5월 9일)이라고 소개하고 있는데, 『國際映畵新聞』 1929년 7월에는 조선의 도쿠나가(德永)프로덕션이 제작한 영화임을 소개하는 다음과 같은 기사가 실려 있다.
"<나라의 대성인 니치렌(國聖大日蓮)>을 배급해서 호평을 얻고 있는 동 영화보국회에서는 이번에 조선의 도쿠나가(德永)프로덕션이 제작한 <순수한 정신처럼>의 전국배급권을 획득했다. 이 영화는 <킹그>에 게재되었던 내선융화의 교육실화에 대한 미담이 원작인데, 강경심상소학교 교장 무토 후지오(武藤不二夫) 씨가 원작자이며 도쿠나가 구마이치로 씨가 제작을 총지휘했다. 그리고 시흥군청 관리 이기선 씨를 비롯하여 박순봉, 이경자, 쓰카모토 도스이(塚本桃水) 등의 많은 조선인이 같이 출연하는 적절한 교육영화다." 한국영상자료원 영화사연구소 엮음, 『일본어 잡지로 본 조선영화 1』, 2010, 15쪽.

4. 아메리카니즘에서 러시아니즘으로: 임화의 경우

루쉰이 중국어로 번역했던 이와사키 아키라의 『영화와 자본주의』는 조선의 프롤레타리아 영화인들에게도 비상한 관심을 끌었다. 그런데 조선에서는 일본의 프롤레타리아 영화잡지를 구독하는 일이 용이했고, 무엇보다 많은 조선 영화인들이 일본에서 유학을 하거나 일본 영화사에 견학을 다녀오기도 하는 등 일본 내에서의 동향에 민감하게 반응하고 있었다. 여기에서는 카프(KAPF)의 이론가이자 시인이자 배우였던 임화의 영화론을 따라가보기로 하자.

임화(林和)와 영화에 대해 이야기한다는 것은 어떤 패배의 기록을 더듬는 일인 동시에 그 패배의 도정에 수반된 이론적, 수사학적 고투들을 들춰내는 작업이기도 하다. 식민지 조선에서 "모든 예술 중에서 가장 중요한 예술(레닌)"인 영화를 두 차례나 포기(해야)했던 사연, 바꿔 말하면 두 차례나 무언가를 시도했던 사연을 건드려야 한다. 지금 내가 염두에 두는 장면들은 임화의 출연작 <지하촌(강호 감독)>이 상영 허가를 받지 못해 "필름채 어둠 속에 사라진" 1931년, 그리고 그가 격앙된 어조로 수사학의 줄타기를 하며 마지막 영화론을 쓰던 1942년이다. 첫 번째 장면의 임화는 배우로 출연한 세 번째 영화이자 조선에서 생산된 네 번째 프롤레타리아 영화인 <지하촌>을 끝마친 참이며 여기에 같이 출연했던 이귀례와 함께 청복극단에서의 공연도 준비하고 있었다. 김윤식은 임화가 1928-29년에 출연했던 <유랑(김유영 감독, 1928)>, <혼가(김유영 감독, 1929)>가 대중의 주목을 받지 못하자 일단은 영화를 포기했다고 말하지만,[25] 1929년-30년 동경에 머무는 동안 임화는 일본 프롤레타리아 영화잡지 『신코에이가(新興映画)』에 최초의 조선 프롤레타리아 영화사인 「조선영화의 제경향에 대하여(朝鮮映画の諸傾向に就いて, 1930.3)」를 기고한 바 있었고, 경성

25 김윤식, 『임화연구』, 문학사상사, 1989, 146-166쪽.

으로 돌아온 뒤에도 다시 배우로서 <지하촌>에 출연하고 '<화륜(김유영 감독, 1931)> 논쟁'을 통해 영화조직의 문제를 정비하는 등 여전히 영화에 깊이 관여하고 있었다. 더욱이 동경에서 함께 돌아온 이귀례와 <지하촌>과 청복극장, 신건설사의 연극에 출연하고 1936년에도 영화 <최후의 승리>에 출연하기로 하는 등 배우로서의 작업에서는 활동폭을 넓혔던 것처럼 보이기도 한다. 그러나 검열로 훼손된 채로라도 상영이 되었던 과거 영화들과 달리 <지하촌>은 여러 우여곡절을 거쳐 제작되지만 결국은 필름을 압수당한다. 그리고 몇 달 후 임화는 구속된다.

두 번째 장면에서 임화는 일본의 식민지 중 조선에서만 시행되었던 조선영화령(朝鮮映畵令, 1940)으로 단일한 국영 영화사가 설립될 무렵, 민간영화사가 아닌 조선군(軍)의 프로파간다 영화 <그대와 나(君と僕, 허영 감독, 1941)>가 장차 "국민적 영화"의 모델로 제시된 상황에서 여전히 조선영화의 "재출발"을 꾀해야 한다고 말하고 있다. 전시체제 하 모든 예술인들이 국가에 등록된 기능인으로 전락하는 상황에서 그는 여전히 조선영화의 가능성이 있다고 말하는 셈인데, 그 방도를 찾지 않고 눈앞의 이익에 연연하는 영화인들에 대한 답답함을 표하는 것이 이 마지막 영화론[26]이다. 전쟁 프로파간다 영화 외에 다른 가능성이 차단된 이 상황은 일견 1931년보다 더 나빠 보이지만, "병약한 사람의 살아가는 생리", 즉 늘상 빈약하게 살아왔던 사람은 종종 건장한 사람이 살아가기 힘든 조건에서도 견뎌내는 재주가 있음을 지적하는 그의 태도는 노회한 식민지 이론가의 단면을 보여준다. "특수한 국민적 예술로서의 우수한 조선영화"라는, 이중삼중의 줄타기의 소산인 임화의 영화론은 국영회사 설립과 파국을 향해 치닫는 전쟁 상황에서 제출될 수 있는 어떤 논리의 정점이다.[27] 그래서 어찌보면,

---

26 임화,「조선영화론」,『매일신보』, 1942.6.28.-30.

27 이 두 번째 장면의 임화의 영화론에 대해서는 졸고,「임화의 조선영화론」(성균관대학교 동아시아학술원,

첫 번째 장면이 있었기에 두 번째 장면이 가능해졌다고 할 수 있다. 가장 젊고 대중적인 예술인 영화에 매혹되었던 한 청년이 막다른 골목을 맞닥뜨리지 않았더라면, 지배자의 코드를 전유하며 운신 공간을 만들어가는 "병약한 사람의 살아가는 생리"가 터득되지 않았을 것이다.

여기에서는 <지하촌>의 좌절이 있기 전인 1929년-1930년 사이에 임화가 발표한 영화론들을 고리로 삼아, 당시 조선의 프로영화인들이 공통적으로 가지고 있던 세계영화에 대한 인식을 살펴보고, 임화가 제국-식민지 관계 속에서 조선영화의 위상을 구축하는 양상을 짚어보자. 소비에트를 포함한 서구영화의 경향을 진단한「최근 세계영화의 동향(『조선지광』83, 1929.2)」과 당시 최대 화제작 <메트로폴리스(Metropolis, 프리츠 랑 감독, 1927)>를 분석한「영화적 시평(『조선지광』85, 1929.6)」은 1920년대 후반 미국-유럽-소비에트를 꼭지점으로 삼아 영화라는 매체를 통해 조선의 영화인이 어떻게 '세계'와 동시성을 호흡하고 있었는가를 잘 보여준다. 그리고 일본 프로 영화인들을 독자로 발표한「조선영화의 제경향에 대하여」는 뚜렷한 사관에 의해 쓰여진 최초의 조선영화사라는 의미 외에도, 사회주의와 영화라는 매체가 제국-식민지 사이에 '시차(時差)'를 생산하는 것이 아니라 동시성을 구현한다는 점을 강변하는 글이다. 즉 이 글들은 그야말로 사회주의라는 세계관과 영화를 통해 전지구적이면서 동시대적인 공간적, 시간적 좌표를 획득하려는 식민지 이론가의 감각을 잘 보여준다고 할 수 있다.

「최근 세계영화의 동향」은 당시 조선의 프로 영화인들이 공통적으로 가지고 있던 세계영화의 흐름에 대한 관념, 즉 단순화시켜 표현하자면 '미국영화는 자본주의적 상품이고 유럽영화는 예술 텍스트이며 소비에트 영화는 새로운 미래를 보여준다'는 관념을 단적으로 보여 주는 글이다. 유럽 영화가 할리우드의 상

『대동문화연구』 제75집, 2011.9)과「조선영화의 존재론」(상허학회,『상허학보』 제33집, 2011.10) 참조.

품과 달리 '예술작품'이라 하더라도, 임화가 보기에 유럽영화는 할리우드의 대안이 될 수는 없고 나아가 조선영화 혹은 "인류"가 지향해야 할 방향이 되어서도 안된다. 할리우드와 유럽을 뛰어넘어 "인류의 문화의 새 기록을 만들고 있는 소비에트 연방의 영화"가 등장했기 때문이다. 하지만 1929년 당시 임화 및 조선의 영화인들에게 할리우드와 유럽의 영화는 친숙한 것이었던 반면 소비에트 영화는 완전히 낯선 대상이었다. 서광제같은 평론가는 "아메리카니즘에서 러시아니즘으로" 향하자고 여러 차례 이야기하는데, 문제는 "영화 자본주의"의 미국영화에 대안이 되는 소비에트 영화를 1929년 당시 조선 관객들은 단 한편도 접할 수 없었다는 사실이다. 임화는 "저 기적적 천재" 에이젠슈테인의 영화들부터 최근 제작 중인 <자유의 가책(돌아오지 않는 영혼;Prividenie, kotoroe ne vozvrashchaetsya, 아브람 룸 감독, 1929)>, <영화기계를 가진 남자(Chelovek s kino-apparatom, 지가 베르토프 감독, 1929)>의 소식까지 전하며 "열정과 감격"을 느낀다고 말하지만, "우리는 아직 그 영화의 하나도 못보았"다고 말할 수밖에 없었다. 일본에서는 1927년부터 간헐적으로 소비에트 영화가 상영되긴 했으나, 에이젠슈테인의 <전함 포템킨(Bronenosets Potemkin, 1925)>, 푸도프킨의 <모(母, Mat, 1926)>와 같은 대표작들이 상영허가를 못받았던 사정은 일본이나 조선이나 마찬가지였다. 조선에서는 1930년에서야 "처음 보는 소비에트 영화"라 소개된 <산송장(Zhivoy trup, 표도르 옷셉 감독, 1929)>이 개봉되었고, 1931년 푸도프킨의 <아시아의 람>이 상영되긴 하지만, 검열로 훼손된 채였다. 일본 프롤레타리아 영화잡지에는 소비에트 영화에 대한 최신 뉴스와 화제작의 시나리오 등이 지속적으로 소개되었고 조선의 신문잡지에도 간헐적이나마 그에 대한 기사들이 실리지만, 조선에서 소비에트 영화의 실체란 1930년대 초까지는 '부재'했던 셈이다. '몽타쥬'와 같은 소비에트 영화이론의 경우도 푸도프킨의 『영화 감독과 영화 각본론』이 일본에 번역되는 1930년이 되어서야 소개되기 시작한다.

이에 비해 미국영화는 1916년부터 조선인 극장에서 상영되는 영화의 90% 이상을 차지했을 정도로 영향력이 있었다.[28] 조선영화계에서 최초로 '평론'이라는 담론장을 만든 프로 영화인들에 의해 처음으로 미국영화는 타락한 자본주의 산업의 전형으로 간주되기 시작하고, 나운규와 이경손, 김영환 등 기성 영화인들의 영화는 미국영화를 모방했다는 비판에 직면하게 된다. 이에 비해 1920년대에 "영화사상의 대서특필할 제명작을 낳은 나라" 독일의 표현주의 영화는 당시 임화를 비롯한 조선의 지식인들을 가장 매료시켰던 것으로 보인다. 몇 가지 예외를 제외한다면, 이들이 언급한 주요 유럽 영화들은 조선에서 대체로 개봉이 되었다. 임화가 언급한 <최후의 인>, <곡예단(Varieté, E. A. 듀퐁 감독, 1925)>, <대백림교향악(Berlin: Die Sinfonie der Grosstadt, 발터 루트만 감독, 1927)>, 그리고 임화가 자세히 분석한 <메트로폴리스>는 모두 독일 우파(UFA)사가 낳은 걸출한 촬영기사 칼 프로인트(Karl Freund)의 작품들이기도 한데, 과감한 앵글을 구사하고 여러 대의 카메라를 활용해 역동적인 흐름을 보여 주는 그의 스타일은 무성영화 전성기를 대표하는 것이었다. 저 먼 곳에서 "인류의 문화에 새로운 방향"을 제시한다는 소비에트 영화들의 실체는 접할 수 없는 상황에서, 유럽영화는 조선에서 제작되고 소비되는 영화들에 짙은 그림자를 드리운 미국영화에 대한 일종의 대안의 기능을 했다.

식민지 지식인들에게 사회주의와 영화는 '세계'와 공유하는 동시성의 감각을 제공한다는 점에서 많은 공통점을 갖고 있었다. 하지만 사회주의와 영화는 제국-식민지의 맥락에 놓일 경우 식민지를 비동시적인 시간대로, 가시성(visibility)의 대상으로 밀어넣는 역할을 하기도 한다. 그것은 사회주의의 진화론적 시간성과 영화의 지표성(indexicality)이 발현되는 특수한 맥락 내에서 작

---

28 1916-1949년 사이 조선에서 할리우드의 문화적 의미에 대해서는 연구모임 시네마바벨 편, 『조선영화와 할리우드』(소명출판, 2014) 참조.

동되는 하나의 방식인 셈인데, 1930년에 임화가 동경에서 맞닥뜨린 것이 그중 하나였다.

5. '우리들의 영화'

임화가 동경에 있을 당시 일본 프롤레타리아 영화잡지인『신코에이가』에 발표한「조선영화의 제경향에 대하여」는 프롤레타리아의 입장에서 기술된 최초의 조선영화사라 할 만하다. 1926년부터 1931년 사이에 발표한 영화평론 중 단연 선명한 입장을 취하고 있는 이 글은, 조선에서 1928년을 기점으로 하여 "값싼 로맨틱한 민족적 애수와 감격적 경향"을 드러내는 방계적 계통에서 벗어난 "프롤레타리아트와 농민들의" 영화가 등장했다고 분석하고, 1929년 말에는 이 "중요한 역사적 모멘트"에 당면하여 드디어 프롤레타리아영화운동의 조직적 주체 즉 '신흥영화예술가동맹'이 탄생했다고 선언한다. 프롤레타리아적 역사관을 조선영화에 적용한 최초의 사례라 할 수 있는 이 역사서술은, 식민지 검열제도와 경제적 제약 등 모든 불리한 조건 속에서도 대담한 조직체를 구성해낸 조선 영화인들의 현재(1930년 초) 상황을 진보적 시간관 내의 정점에 위치짓는다. 식민당국의 "검열의 가위와 항쟁하는 데에는, 일본 프롤레타리아 영화동맹의 직접적, 철저적인 원조"가 필요하다고 역설하며 글을 맺고 있지만, 일본보다 훨씬 더 열악한 상황임에도 프롤레타리아 영화들을 생산해 왔으며 마침내 조직체까지 만들었다는 데 대한 자부심을 숨기지 않는다.

실제로 조선에서 1928년부터 프롤레타리아 영화를 제작했다는 사실은 일본의 상황과 비교할 때 특이한 것이었다. 임화가 프롤레타리아 영화로 거론하는 <유랑(1928)>, <암로>, <혼가> 등 세 편은 1927년 결성되어 프롤레타리아 영화운동의 전위들을 배출해낸 조직 '조선영화예술협회'에서 제작되거나 그 자장 안

에서 만들어진 것이다. 일본의 경우 '프로키노'가 결성되어 야마센(山宣) 고별식과 메이데이 등을 촬영한 것이 1929년이었고, 상업영화회사에서 만든 '경향영화'로서 최초라고 일컬어지는 <산 인형(生ける人形, 우치다 토무(内田吐夢) 감독)>이 개봉된 것도 1929년이었다.[29] 즉 조직 결성과 작품 생산만 놓고 보았을 때 조선의 프롤레타리아 영화운동이 일본의 그것보다 1년 정도 앞서 진행되고 있었던 셈이다. 이 점을 명시하는 것이 임화가 이 글을 쓴 동기 중 하나로 보인다.

하지만 임화의 이 글은 단순히 조선영화를 '소개'하는 글이 아니다. 주목해야 할 것은 집필 동기로, 이 글이 말걸고 있는 대상이 누구이고 임화가 문제삼고 있는 지점이 무엇인가 하는 점이다. 앞당겨 말하자면, 임화는 일본의 영화인들에게 조선영화가 피식민의 스테레오타입을 생산하는 매체로 간주되는 것을 경계하고 있다. 이 글은 일본 프롤레타리아 영화운동의 주체들과 그 운동에 관심을 갖고 있는 독자들을 대상으로 쓰여진 것으로, 세심하게 독해할 경우 임화의 집필 동기는 두달 전 같은 지면에 게재되었던 일본 프롤레타리아 시인 고오리야마 히로시(郡山弘史)의「조선영화에 대해서」를 반박하기 위한 것이었음을 알 수 있다. 1924-1928년 초 경성에 머물렀던 고오리야마 히로시는 "조선영화계의 대표자"로 나운규를 지목하면서, 조선민중의 민족감정 즉 식민지적 상황에 대한 반감이 나운규의 영화를 매개로 소통되고 있다고 말한다.

"물론 다른 나라들처럼 조선에서도 영화는 그 영업 가치에 의해 좌지우지되고 있으며, 내용 또한 일반민중의 프티부르주아적 향락에 그 중심을 맞추고 있

---

29 기타가와 데츠오(北川鐵夫)는 프롤레타리아 극장 영화반이 9.5미리 '파테 베이비'로 메이 데이를 촬영한 1927년을 일본 프로영화의 기원으로 삼지만(新興映畫史 編,『プロレタリア映畫運動理論』, 天人社, 1930, 4쪽), 사토 다다오는 그것이 실질적으로는 사사 겐쥬의 개인적인 활동에 가까운 것이었기에 조직적 산물이라고 보기 어렵다고 말한다.(佐藤忠男,『日本映畫史1(1896-1940)』, 岩波書店, 2006, 305-306쪽)

> 는데, 아무리 그렇게 침투를 당하더라도 그들의 머릿속에서 조선민족 전체가 무거운 짐을 지고 있는 현재의 식민지적 상황이 그들의 뇌리에서 없어지지는 않을 것이다. 다른 열강국민들은 이성적 의식에 의존해 획득한 것이, 그들에게는 **거의 선천적이라고 할 수 있을 정도로 뿌리깊이 어떤 명료한 반역적인 감정에까지** 침투되어 있다. 이런 의욕은 다른 여러 기술상의 미비한 문제로 가득한 그들의 영화를 그 점에서는 월등 탁월한 외국 작품과 대립하게 하여, 때로는 민중들이 그들의 영화에 훨씬 강하게 매료되는 원동력을 발휘했다.(중략)
>
> 버나드 쇼가 어리석게도 유럽 각국의 영화에 대한 관객의 수준이 연애물이나 에로스물 이상으로 발달한 것을 증명하기 위해, 픽포드나 채플린이 얼마나 환영받는가를 말한 적이 있는데, 동양의 한 식민지인 조선민족은 일찍부터 훨씬 앞서가고 있던 것이다. 이는 일본 내지에서는 흥행영화와 프롤레타리아 영화가 아직 같은 수준의 대중성을 가지고 있지 못한 현상보다 더 여러 의미에서 주목할 만한 현상이라고 생각한다. **조선 내에서 나운규의 영화에 숨은 반역성은 항상 대중성을 대표하고 있다.** 그래서 만약 그의 영화가 경성, 평양, 부산 이 세 도시 이외의 상영관에서도 상영될 때는 그 반향과 침투력은 상상 이상의 것이 될 것이다.[강조는 인용자]"[30]

고오리야마가 조선에 머물던 시절 조선영화계의 화제작은 단연 <아리랑(1926)>이었으며 최고의 스타 역시 나운규였던 게 사실이다. 고오리야마는 나운규에 대한 조선 관객들의 열광을 "어떤 반역적인 감정"의 코드로 읽어내면서, 메리 픽포드나 채플린과 같은 할리우드 스타들에 매료되는 것보다는 이런 "민족영화"를 환영하는 식민지의 상황을 고무적이라 지적하고 있다. 검열로 1/3이

---

30 郡山弘史,「조선영화에 대해서」,『新興映畵』, 1930.1, 133-134면. 한국영상자료원 영화사연구소 편,『일본어 잡지로 본 조선영화』1(2010, 192-193면)에 실린 번역본을 인용하되 원본과 대조하여 수정했다.

삭제된 <풍운아(나운규 감독, 1926)>같은 영화에서도 연애와 활극이라는 장르의 틀 속에서 서양문화와 제국주의에 대한 풍자와 폭로를 읽어내는 것은 이런 열광의 힘이라는 것이다. 프롤레타리아 영화가 대중적 인기를 얻지 못하고 있는 일본 상황과 비교했을 때, 상업영화이면서 이런 "반역성"을 지닌 영화가 대중성을 지니는 조선의 현상은 주목할 만하다고 말한다. 고오리야마에게 있어서 <풍운아>는 그래서 당시 조선영화의 상황에서 생산될 수 있는 최대치의 "프로파간다"였던 셈이다.

반면 프롤레타리아 영화 <유랑>, <혼가>에 출연했고 평론활동을 통해 이경손, 안종화, 나운규 등 기성 영화인들의 '반동적 성격'을 비판하는 데 투신했으며 마침내 '신흥영화예술가동맹'의 결성까지 이루어낸 임화의 입장에서, 고오리야마의 관점은 받아들일 수 없는 것이다. 우선은 물론 고오리야마가 1928년 초까지만 조선에 머물렀기에 나운규 프로덕션의 그후 행보를 알지 못하고, <유랑>에서 시작된 프롤레타리아 영화의 흐름을 경험하지 못했기 때문이다. 그런 제한된 정보와 경험을 가진 일본인이 조선영화를 비교적 상세하게 소개하는 첫 글을 일본 프롤레타리아 영화잡지에 기고한 것에 대해 개입하려는 의도가 임화에게는 있었을 것이다. 두 번째는 고오리야마가 나운규를 "반역성"의 표상으로 의미화하면서 조선영화를 피식민의 "민족영화"로 환원해 버리기 때문이다. 1930년의 맥락에서 임화는 조선 내에서의 계급적 분화에 몰두하고 있었기 때문에, 조선에서 프롤레타리아 영화의 발흥을 간과하고 조선영화를 "민족영화"로만 환원하는 시각에 대해 강하게 개입할 필요성을 느꼈던 것으로 보인다.

> "고오리야마씨가 말하는 것과 같은 '국민적', '민족적'이라는 명목으로 그 반동성을 방치할 하등의 이유도 조선의 프롤레타리아트는 갖고 있지 않다."[31]

---

31 임화, 「조선영화의 제경향에 대하여」, 123쪽.

임화는 이 글의 서두에서도 이미 고오리야마의 이름을 언급한 적이 있는데, 여기에서는 고오리야마가 조선영화를 소개하는 태도의 저변에 깔린 식민주의적 (무)의식을 건드리고 있어 좀더 흥미롭다. 일단 임화는 일본의 독자들에게 조선영화가 "보기 드물게" 소개되었다는 것, 다시말해 그것의 존재여부 자체가 그간 관심의 대상이 되지 못했던 것이었다는 데 대해 예민하게 반응하고 있으며, 고오리야마의 글이 그 조선영화를 "단편적"으로 소개하는 데 치중함으로써 일종의 '이국취미'에 호소하고 조선영화의 본질, 즉 역동적인 움직임 중에 있는 "제 경향"을 파악하지 못하게 했다고 보고 있다.

"그러면서도 조선의 영화는 억압받는 민족으로서의 감정을 그 작품 속에 담고 또 분화(分化)와 추이(推移)하는 계급관계도 명료하게 표현하기까지에 이르렀다.

그러므로 지금 여기에서 조선영화의 발달해온 역사에 대한 보기드문 소개를 하기보다도, 그것이 가진 제 경향을 불충분하게나마 서술하는 것이 보다 더 의의가 있지 않을까 생각하는 것이다. 본지(本誌) 신년호에 고오리야마 히로시라는 사람이 조선영화를 소개한 것을 통해 제군(諸君)은 식민지 조선에도 영화가 존재하고 있다고 말하는 것을 알게 되었다고 생각되는데, 나는 그 보기 드문, 단편적인 소개보다도 더 기뻐할 만한 것, 즉 조선의 프롤레타리아트와 농민이 진정한 **'우리들의(我々の)영화'**를 가지고 있었다는 점을 전해주고 싶다.[32](강조는 인용자)"

임화가 일본의 프롤레타리아 영화인들에게 조선영화에 대해 가장 강조하고 싶었던 것은 어떤 '복음(福音)', 즉 조선에 드디어 프롤레타리아트와 농민들의

32 임화, 위의 글, 116쪽. 이 글의 번역은 인용자.

영화가 탄생했다고 하는 소식이다. 앞서도 언급했듯 이 탄생은 일본에서보다 1년 정도 앞선 것이었고, 선후(先後)를 떠나 일본과 조선의 영화인들이 같이 기뻐할 만한 일이어야 하는 것이다. 즉 일본의 프롤레타리아 영화잡지에 기고하는 조선의 영화인 임화는 제국/식민지의 종속, 위계 관계보다는 이것이 더 중요한 것이 아니냐며 '복음'을 강조하는 것이다.

그 존재조차 알 수 없었던 조선영화에 프롤레타리아의 영화가 탄생했다는 이 소식은 그래서 고오리야마 같은 일본 지식인들에게 기쁜 소식이었을까 놀라운 소식이었을까. 임화가 "기뻐할 만한 것"이라는 표현을 쓴 데에는 이 소식이 그저 놀라운 소식이 아니라 '마땅히 기쁜' 소식이어야 하는 것 아니냐고 '강변'하려는 의도가 느껴지기도 한다. 그리고 이에 심증을 더하는 것은 바로 "우리들의(我々の) 영화"라는 표현이다. 이때 "우리"에 속하는 건 조선의 프롤레타리아트와 농민들인가, 조선인들인가, 아니면 일본과 조선의 프롤레타리아트와 농민들 모두인가? 임화가 여기에 강조부호를 해놓았던 것은, 이것이 바로 고오리야마 히로시가 사용했던 다음의 표현을 자신이 의도적으로 반복하는 것임을 드러내기 위해서이다.

> "조선에서 새로운 영화운동의 서막은 <춘향전> 및 <심청전>으로 열렸지만, 두 작품 모두 조선고대문학, 아니 전설에 가까운 내용을 영화화한 것이어서 촬영기사의 노력을 보여 주는 데 그쳤다. 물론 그 영화들을 제작하기 시작하면서, 조선민족은 **'우리들의(我々の)영화'**를 가지게 되었다."[33] (강조는 인용자)

고오리야마가 사용한 '우리(我等)'라는 단어와 임화가 사용한 "우리들(我々)"이라는 단어의 사전적 정의는 동일하고, 그 뉘앙스에 있어서도 차이가 없

33 山弘史, 위의 글, 131-132쪽.

다. 임화가 고오리야마가 사용했던 단어와 일부러 상이한 표현을 채택한 것인지 여부도 명확하지 않다. 그러나 분명한 것은 고오리야마가 사용했던 단어를 고의로 반복/차용하면서 차이의 효과를 발생시킨다는 점이다. 조선에서 처음 상업용 극영화가 제작되던 1920년대 초반을 얘기하는 고오리야마의 맥락에서 "우리"란 "조선민족"을 의미한다. 즉 고오리야마의 입장에서 이때의 "우리 영화"란 (고오리야마 자신은 제외된) '조선민족의 영화', 나아가 '그들의 영화'로 치환되는 것이다. 이로써 그가 조선영화를 소개하면서 나운규 영화의 대중성을 중심에 놓고 민족영화로 소개하는 글의 논지와도 호응하는 의미, 즉 '피식민자들의 영화'로서 조선영화라는 의미가 드러난다.

임화는 고오리야마가 "우리"라는 기표와 피식민성, 민족이라는 기의 사이에 만들어놓은 이 배타적인 결박 관계를 흔들어놓는다. "조선의 프롤레타리아트와 농민이 진정한 '우리들의(我々の) 영화'를 가지고 있었다"는 문장에서 "우리"는 누구인가? 만약 "우리"가 프롤레타리아트든 농민이든 그들이 '조선인'이라면, 이 글을 읽는 일본의 영화인들에게 그것이 '복음'이 되어야 할 이유는 무엇인가? 일본어로 쓰여진 임화의 글의 독자들(일본인)이 이 소식을 "기뻐할 만한 것"으로 받아들이기 위해서는, "조선의 프롤레타리아트와 농민"과 자기 자신을 "우리"라는 이름으로 묶어야만 한다. 즉, 고오리야마처럼 "우리"라는 단어에서 자기 자신을 제외해서는 안 되는 것이다.

고오리야마는 다년간 조선에서 직장을 갖고 생활했던 일본인으로서, 이 글에서 처음으로 조선의 영화를 본격적으로 일본인들에게 소개한다는 자의식을 갖고 있었을 것이다. 그리고 그의 의도는 특별히 조선인이나 조선영화를 폄하하려던 것이 아니라, 오히려 '나운규'로 대표되는 조선(영화)의 "반역성"을 일본인들에게 각인시키려는 연대의식마저 갖고 있었을지도 모른다. 하지만 그것은 영화라는 매체를 통해 조선(인)을 종족적인 '게토'로 만드는 "시각적 인류학(visual anthropology)"의 관점을 도입하는 대가를 치러야 했다. 파티마 토빙 로니(Fatimah Tobing Rony)는 20세기의 매체인 영화를 통해 서구의 식민주의가 비서구 식민지인을 시각화함으로써 그 이미지를 소비하는 양상을 "매혹적인 카니발리즘(fascinating cannibalism)"이라 이름붙였는데, 이때 카니발리즘이란 (비서구 야만인들이 그러하다고 알려진 것처럼) 사람의 신체를 먹어치우는 게 아니라 사람의 신체의 이미지를 (눈으로) 먹어치우는 걸 말한다.[34] 주지하듯 이러한 이미지 소비를 뒷받침한 것이 진화론과 거기에 기반한 역사관인데, 조선에 거주했던 프롤레타리아 시인 고오리야마가 다음과 같이 나운규의 이미지를 묘사하는 시각 역시 이 카니발리즘에서 그리 멀리 떨어져 있는 것 같지는 않다.

> "나운규는 활동사진 배우들 사이에서 흔히 볼 수 있는 호남도 악한의 얼굴도 아니다. 그의 약간 밋밋한 얼굴에 대해 조금 익숙한 사람들은 조선인 특유의 얼굴이라고 할 것이다. 게다가 너무 어두운 그의 표정도 음산한 지하실의 분위기이다. 또렷하게 움직이는 눈동자, 움푹 들어간 볼, 크게 벌려진 입, 그 속에서 언제나 뾰족하게 정렬된 치아, 조금 허약하게조차 보이는 중간 체격이면서도 종종걸음과 큰 보행을 재주 있게 구별해서 사용하는 양 다리, 그래서 그에게는 <아리랑>의 광인이나, <풍운아>, <들쥐>의 부랑자 등이 가장 잘 어울리는 역이었다. (중략) 나운규의 용모는 배타적이고 너무 제한이 많아, 배우로서의 포용성이 모자라는 것도 사실이다. 이는 그의 단점이라고도 할 수 있는데, 이후 조선영화가 발전할 방향을 생각할 때, 이런 그의 결함이 민족영화의 궤도를 왜곡시킬 수 있을까? 나는 아니라고 본다. 오히려 나운규가 가진 부랑자적인 측면이야말로 보다 많이 필요하게 되리라."[35]

---

34 Fatimah Tobing Rony, The Third Eye: Race, Cinema, and Ethnographic Spectacle, Durham and London: Duke University Press, 1996, p. 10.

35 郡山弘史, 위의 글, 132쪽. 이 부분은 한국영상자료원의 번역본 190-191면을 그대로 인용했다.

고오리야마 히로시의 글에 실린 삽화: "〈아리랑〉의 한장면: 나운규와 신일선(여)"

호남의 얼굴도, 악한의 얼굴도 아닌 "음산한 지하실"의 분위기, 배우로서는 분명 단점이 많은 외모이지만 그 자신이 제작한 영화들의 광인, 부랑자 주인공의 페르소나와 잘 부합하는 이 나운규의 용모를 고오리야마는 "조선인 특유"의 것이라 말하며 미래의 조선영화에서 나운규의 역할에 기대를 보내고 있다. 그러나 이 광인과 부랑자란 피식민의 트라우마를 구현한 이미지에 다름 아닌 것으로, '미래의 주역' 프롤레타리아트와 농민과는 거리가 먼 것이었다.

그리하여 임화의 대응은 조선(인)을 게토화하는 제국의 사회주의자에 맞서 그가 말하는 '우리'의 내포와 외연을 반성할 것을 촉구하는 데 더해, '나운규'로 이미지화되는 피식민의 에스노그라피화(ethnographization)에 개입하는 것으로 이루어진다. 이를 위해 흥미롭게도 임화는 조선의 프롤레타리아 영화 <혼가>에서 구사된 "몽타쥬"를 언급한다.

> "이후에는 조선영화예술협회의 프롤레타리아적 경향을 지닌 김유영 일파가 '서울키노'의 이름으로 발표한 <혼가>와, 김영환이라는 활동변사의 손으로 만들어진 <약혼>이 1929년의 중요한 작품이었다. 전자인 <혼가>는 내용적으로는 별로 이렇다 할 만한 것은 없었지만, 화면구성의 역학성과 몽타쥬의 선명함으로 젊은 감독 김유영의 새로운 진보를 보였다."[36]

36 임화, 위의 글, 123쪽.

앞서도 언급했듯 소비에트 몽타쥬 이론은 일본과 조선에서 1930년경 소개되기 시작한 것, 즉 일본과 조선의 영화인들이 동시에 접하게 된 사회주의적 창작방법론이었다. 이 혁명적 창작방법으로 임화는 '나운규'라는 피식민의 이미지를 치환하고자 했던 것이고, 이것은 사회주의와 영화라는 것이 진화론적 역사관과 시각적 인류학의 도구로서 '시차(時差/視差)'를 생산하는 것이 아니라 동시성, 나아가 혁명이라는 미래를 구현하는 것이어야 한다고 말하는 행위였다.

서두에서 언급했던 서구 영화이론의 "보편언어" 관념이 식민지라는 '타자'와의 조우에서 파생된 것이었다면, 식민지 조선의 영화이론가는 그 "보편언어"가 조선을 야만의 시간대로 밀쳐내는 것을 거부하는 동시에 몽타쥬라는 혁명의 언어를 전유하며, 자본주의와 사회주의가 길항하는 동시대의 지정학 속에 조선영화의 자리를 마련하고자 한 것이다. (*)

논평과 토론

영화라는 "보편 언어"

나종석 제가 겸손의 말씀으로 드리는 것이 아니라, 전혀 논평할 수 있는 학문적 내공이 쌓이지 않은 논평자입니다. 그래서 이 글을 받았을 때 저에게 주는 도전이라고 여겼습니다. 저는 국학연구원에서 소위 학제적 연구의 모델이라고 할 수 있는 HK 사업단에서 6년째 일하고 있습니다. 그래서 제 나름에는 학제적 연구에 조금이나마 눈을 떴다고 여겼는데 이 글을 보니까 또 새로운 세상이 열리는구나 하는 좌절감, 절망감도 느꼈습니다. 학제적 연구의 필요성이나 당위성은 저 역시도 굉장히 강조하고 또 이와 연관된 학문적 글쓰기를 해 오고 있는데도 불구하고, 끊임없이 새로운 자극들을 주는 글을 접하게 되어 개인적으로 많은 배움, 성찰의 계기가 되었습니다. 이 글을 진일보시키기 위해 동료 학자로서 비판적인 문제의식이랄까, 계보적인 문학, 식민지 시기의 문학, 영화, 그에 대한 해석과 연관해서 의미있는 논평을 해야 할 텐데 이런 것은 난망하다, 이런 말씀을 우선 드립니다. 다만 제가 글을 읽어나가면서 가졌던 궁금증과 연관해 몇 가지 말씀드리겠습니다.

가장 크게 제가 느끼는 의구심, 문제 지점이 되는 것은 역시 백선생님의 제목에 나오듯 사회주의와 영화라는 것을 매개로 하는 제국과 식민지의 시차나 시간성, 그리고 이 글에 나오지는 않습니다만 그것과 결부하여 제국은 선진적인 문명화의 시기를 겪고 있고 비서구나 식민지는 그렇지 못한 열등, 저발전의 시기를 겪고 있다는 의미의 시차가 현실을 왜곡하거나 제국과 식민지의 질서를 정당화하는 시각차가 되지 않는가 하는 것입니다. 또한 이런 것을 과연 사회주의와 영화를 통해 극복할 수 있는지가 의문입니다. 제가 보기에 백선생님은 이것을 긍정적으로 탐색해 나가는 것 같습니다.

아까 백선생님께서도 구체적으로 이러한 글을 쓰게 된 문제의식을 네 가지 정도로 말씀하셨는데, 특히 일국사적인 시각 중심에서 조선 혹은 한국의 영화, 역사, 철학, 사상들을 연구해 나가는 기존 패러다임의 인식의 틀에 일정 정도의 한계가 있다는 점을 지적하신 것이라던가, 더 나아가 유럽, 소비에트까지 시야를 넓히면서 연구해야한다는 문제의식은 저도 굉장히 공감하고 있습니다. 그럼에도 불구하고 사회주의와 영화, 특히 여기서 선생님이 서술하고 있는 임화의 일본인에 대한 문제제기라던가 시각차, 시차 두기를 하고 있는지에 대해서는 제가 여쭤보고 싶습니다.

특히 오늘 발표에서 선생님께서 계속 말씀하고 계시는 것 중 가장 문제제기하고 싶은 것이 <메트로폴리스> 등을 예시로 계속 '세계적인', 이라는 용어를 사용하는 것입니다. 저는 그것 자체가 문제적인 용어라고 생각합니다. 과연 그 영화를 접하지 않은 것은 세계적이지 않은 것인가. 과연 왜 그 영화를 접하는 것 자체가 세계적인 것이라고 일컬어져야하는지 저는 그것이 문제라고 생각합니다. 이 글에서 보면 임화가, 혹은 나운규와 같은 조선 영화인이, 민족적인 감정과 민족적인 가능성을 가졌음을 읽어내는 일본 평론가의 이야기를 하면서 프롤레타리아의 계급의식을 가지고 있는 영화가 나와 있어서 일본과 식민지 조선이 세계적인 동시성을 확보하고 있다는 것을 자랑한다고 이야기합니다. 그런데 여기서 세계의 동시성이 – 왜 프롤레타리아적인 문제의식을 가지고 조직을 하고 영화를 만들어 나가는 것이 – 어떤 의미에서 세계와의 동시성을 확보하는 것인지, 그리고 이때의 세계가 어떤 세계인지에 대해 저는 약간의 의구심, 비판적인 문제의식을 가지고 읽었습니다.

물론 이렇게 말하면 식민지와 민족적 저항이라고 하는 이분법적 사고에 사로잡혀 있지 않느냐, 라는 문제제기도 들어올 수 있겠습니다. 하지만 저는 자본주의라고 하는 세계 체제 – 월러스틴의 용어를 빌린다고 하면 – 저는 자본주의의 세계 체제가 근대 자본/식민 세계 체제로 읽히는 것이 훨씬 적절하다고 생각합니다. 그래서 제국과 식민성 그 자체가 하나의 동전의 양면이라고 본다면, 식민성의 경험은 이미 보편적인 근대적인 세계성을 담보하고 있고 그런 세계성 속에서 식민지적 상처와 경험을 겪고 있기에 그 경험들을 딛고 극복해 나가는 것 자체가 저는 더 의미 있는 새로운 세계를 여는 상상이자 새로운 역사를 구상하는 시도라고 생각합니다. 그런 의미에서 본다면, 선생님의 세계와의 동시성에 대한 분석에서 식민성 자체가 바로 제국이나 서구 사회의 구성적 타자라고 하는 감수성이 약화되고 둔화되지 않는가 하는 염려를 하게 되었습니다.

개인적 경험으로 적절한 예시인지는 모르겠으나, 2010년에 도쿄대의 UTCP와의 공동 학술대회를 참가하였을 때 느꼈던 경험을 한 번 말씀드려 보겠습니다.

그 때 동시성, 세계성에 대한 감각의 미묘한 균열을 저는 느꼈고 제 인생에서 몇 가지 안되는 흥미로운 경험이었습니다. 2010년이니 강제병합 100주년이 되는 해였고 UTCP에도 일본 사회에 비판적인 시각을 가지고 있는 상당히 진보적인 학자들이 포진해 있었습니다. 또 공교롭게도 연세대 국학연구원과 도쿄대 UTCP의 공동 주제가 '역사와 공공성'이었습니다. 그런데 여기서 발표한 모든 일본인들이 식민지에 대한 언급을 하나도 하지 않았고 한국 발표자들은 하나같이 강제병합 100주년의 의미와 소감에 관해 발표를 하였습니다. UTCP 센터장께서 역사감각의 차이를 느꼈다, 부끄럽게 생각했다, 라고 날카로운 지적을 하였는데, 저에게 더 재미있었던 것은 그분들이 그 다음해에 팔레스타인 문제를 가지고 팔레스타인 혹은 이스라엘에 가서 세계 학회를 주최한다고 자랑스럽게 이야기하는 점이었습니다. 이 분들은 분명히 자본주의 체제에 대해서는 강한 저항감을 가지고 있습니다. 그것이 일본인의 자의식이자 서구적인 근대성의 지표이겠죠. 그리고 가장 진보적인 인류 의식을 담보하고 있다고 보기 때문에 팔레스타인 문제까지도 현장에 가서 학술대회를 할 정도인 것입니다. 그런데 그 분들에게 있어서 한국의 지식인을 만나 2010년에 역사를 주제로 학술제를 하는데 식민지에 대한 언급, 감각 자체가 없다는 것은 너무나 놀라운 경험이었습니다. 그래서 세계성을 확보한다고 하는 것이 임화처럼 민족적 감정이라던가 식민성과 제국의 상호 연결 지점, 식민성 자체가 최첨단의 근대성이라는 사실을 철저하게 자각했다고 본다면 저는 좀 다른 반응이 나오지 않았을까 생각합니다. 임화의 다른 글에서는 그런 고민의 지점이 더 치열하게 나올지 모르겠습니다만은, 선생님의 글에서 미루어 보건대는 그렇지 않은 것 같습니다. 저는 프롤레타리아 국제주의의 강조가 제국 식민지 유계 관계보다 중요하다라고 이야기되는 이 지점이 무척 문제적이라고 생각하고 있습니다. 제국과 식민지의 위계 관계 자체가 사실상 가장 중요한 시간성 역사성의 문제라고 저는 거듭 강조하고 싶습니다. 그것과 무관계한 프롤레타리아의 주장이라고 하는 것은 아까 말한 도쿄대의 교수가 진보적인 지식인의 위치에서 팔레스타인의 문제를 거론하는 것과 별반 다르지 않다고 느꼈습니다.

그래서 결론적으로는, 한 가지 질문입니다. 시간성의 문제인데요, 사회주의가 어떻게 제국 식민주의의 시간차를 극복할 수 있는 매체가 될 수 있는가 라고 하는 질문인데, 저는 여기서 제국과 식민지라고 하는 것이 동일한 시차라고 보기 때문에 그것과 연결되지 않는 사회주의에 대한 상상, 프롤레타리아에 대한 상상이 어떤 의미에서 제국 식민주의의 시차, 시간성, 그것과 연관된 시각차를 극복할 수 있다고 볼 수 있는지 궁금합니다.

백문임 저도 영화가 과연 그런 '시차'를 극복할 수 있는 매체인가 하는 점에 대해 아직 고민 중입니다. 제국과 식민지의 '시차'를 극복하고 동시성을 확보하는 데 영화가 어떤 역할을 할 수 있는가를 고민하고 있는 점을 선생님께서 잘 읽어내신 것 같습니다. 선생님께서 말씀하신 것처럼 사회주의라고 하는 것도 영화라는 매체와 마찬가지로 시간적 격차를 만들어내는 역할을 하기도 합니다. 그 부분을 균형감 있게 고려해야 되겠다는 생각이 드네요. 영화라고 하는 것이 식민지/제국주의의 관계에 들어갈 경우 식민지인을 이국적인 스테레오타입으로 만들어 내는 시각적인 도구가 될 수 있는 거죠. 그런 부분에 대해 임화가 거부하고 극복하려고 했지만 영화가 가지고 있는 속성에 대해 임화가 더 천착했어야 하지 않는가, 혹은 그것을 해석해내는 제가 그것을 더 염두에 두어야 하지 않느냐 하는 지적으로 이해를 하고 더 고민해보도록 하겠습니다.

부연을 하자면 소비에트의 경우, <아시아의 람>은 몽고민족주의와 영국 제국주의의 싸움인데, 소비에트에서 만들어진 영화라는 거죠. 그런데 이것에 대해서 프랑스의 관객들이 굉장히 미묘한 태도를 보인다고 하는 것을 또 일본 프롤레타리아 영화인들이 지적하는 내용을 더 다루려고 합니다. 그런데 이것이 소비에트, 사회주의와 영화라고 하는 굉장히 희망적인 매체인 것처럼 보이지만 맥락에 따라, 즉 백인관객들이 보았을 때는 백인인종주의적인 태도가 나타난다고 하는 것에 대한 혼란 역시 있는 것 같았습니다. 또 사사 겐쥬의 경우 일본프롤레타리아 영화의 대표적인 사상가이자 실천가인데, 이 사람이 조선의 식민지 영화, 식민지 프롤레타리아 영화인들과의 연대를 이야기하는데 매우 공소하죠. 구체적 대안이 없이 연대해야한다, 라는 이야기만 하는데 그것이 가지는 식민주의적인 태도와의 미묘한 모순점을 더 입체적으로 읽어내는 방식으로 보완하도록 하겠습니다. 하나만 덧붙이면, 임화의 30년대 중반 이후, 즉 후기 글들에서는 선생님께서 지적하신 문제의식이 드러난다고 저는 생각을 합니다. 농민문학론이나 식민지에서의 농촌의 문제, 그것이 어떻게 전세계적인 모순이 집중되는 지점인가 하는 고찰이 나오고 무엇보다도 나운규에 대한 시각이, 평가가 변화하는 지점이 생각이 나서 임화의 후기 저작을 그런 관점에서 다시 독해하는 것도 가능하지 않을까 하는 인사이트를 얻었습니다. 감사합니다.

홍윤희 백문임 선생님 글로만 접하다 오늘 뵙게 되어 기쁩니다. 제 전공과는 조금 먼 분야여서, 몇 가지 기본적인 이해를 하고자 질문을 드립니다. 우선 '임화의 초기 영화론을 중심으로'라는 부제가 달려 있는데, 그렇다면 임화의 다른 시기와 달리 다뤄질만한 초기의 특이성이 있다면 어떤 것이 있는지 궁금합니다.

둘째로 '사회주의와 영화는 제국/식민지의 시차를 극복하는 매체가 될 수 있는가'라는 질문을 던지셨는데, 선생님 글에서 임화가 발견한 극복의 지점은 프롤레타리아 영화라는 점, 즉 민족·종족의 문제에서 '계급'의 문제로 넘어가면서 '사회주의'가 제국/식민지 시차 극복의 매체가 될 수 있었다는 부분으로 읽힙니다. 그렇다면 '영화'라는 매체 자체에서 발견한 극복의 가능성은 어떤 것이 있었는지 궁금합니다.

셋째로 서두에서 작가중심주의나 텍스트중심주의적인 해석에서 벗어나, 그 당시 제도나 검열, 대중선동의 문제, 관람성의 문제 등을 같이 들여다보고 싶다고 하셨는데요, 이 글에서는 여전히 임화라는 인물과 그의 글이 주요 고찰대상이 되고 있다는 느낌이 듭니다. 이 당시 작가와 텍스트 외적인 상황을 살필 수 있는 어떤 자료들이 있는지, 어떻게 활용할 수 있을지 여쭙고 싶습니다.

백문임 영화와 관련한 임화의 활동에 대해서 글 서두에 두 개의 장면을 언급했는데요, 이 두 장면 사이에는 분명히 큰 간극이 있습니다. 첫 장면에서는 임화는 분명히 사회주의 영화이론 중에서도 극단적인 입장을 취하면서 카프의 수장으로서 밀고 나갑니다. 하지만 '<지하촌> 사건'(이 사건의 전말에 대해서는 아직 밝혀지지 않았습니다만)이 카프 1차 검거의 큰 계기가 되었고 그 이후로 카프 영화운동은 침체되는데요, 어쨌든 이 첫 번째 장면 즉 카프 시절에 임화는 배우로서, 사회주의 영화이론가로서 앞만 보고 달려갔던 것 같습니다.

한편 두 번째 장면에서 조선 영화령이 공포되고 전쟁기의 영화 통제가 본격적으로 시작되자 임화는 상당히 간접화된, 순수하게 이론적인 방식으로 개입을 합니다. 이런 태도는 임화가 이 시기 문학사를 쓰면서 취했던 태도, 즉 카프 조직이 궤멸된 후 현실에 직접 개입하기 보다는 역사서술 등의 방법을 통해 개입하는 태도와 같은 궤에 놓인 것이라고 생각됩니다.

이 두 시기 사이에 이데올로기적인 측면에서 많은 변화가 있느냐, 이게 여전히 많은 연구자들이 고민하는 지점인데 저는 어느 정도는 있다고 봅니다. 예컨대 민족문제, 나운규의 성과에 대해 평가가 변화하는 문제라든가. '조선'이라고 하는 것에 대한 관념이 바뀐다는 생각이 듭니다. 조선을 민족(nation) 범주로 봐야할 지, 종족(ethnicity) 범주로 봐야할 지 하는 본격적인 고민은 후기에 조금 더 드러난다는 생각이 들고요. 그런 점에서 더 성숙해졌다는 생각인데 그 대신 굉장히 이론적이 되는 거죠. 이론적이고 수사학적인 차원에서 개입하려고 했던 것 같습니다.

두 번째 질문은, 영화라고 하는 것에서의 가능성을 말씀하신 거죠. 이 시기에 영화의 독자성, 레닌이 말한 것처럼 '현대에 가장 중요한 예술이고 선전선동의 가장 강력한 무기다' 라고 하는 명제, 이것이 굉장히 영향이 컸던 것 같아요. 하지만 영화가 한편으로는 식민주의의 도구가 될 수도 있는 거죠. 제가 "시각적인 카니발리즘" 개념을 인용했던 것처럼 식민주의의 표상을 재현해 내는 도구가 될 수 있다고 하는 지점을 임화가 예민하게 감지했다고 생각합니다. 그런데 영화 자체에 대해서 연대의 문제, 영화를 통해 어떻게 연대가 가능할 것인가 하는 구체적인 인식은 많이 보여 주지는 않는 것 같습니다. 영화를 가지고 무엇을 할까가 더 중요했던 것이지요. 영화 이론과 관련해서는 드러나는 것이 몽타주 이론인데, 1930년경, 임화가 영화활동을 몇년간 그만두는 마지막 지점에 대두하는 몽타주에 대해서 임화나 조선 영화인들은 깊이 천착할 여유가 없었던 것 아닐까 합니다.

반면에 일본에서는 30년대 중반부터 몽타주라는 것이 어떻게 현실을 재구성하는 미학이 될 수 있는가 그래서 영화의 매체적인 본질에 딱 들어맞는 몽타주라고 하는 것을 어떻게 이용할까 라는 고민을 많이 하게 되는 것 같은데요. 적어도 카프시절의 임화는 여기에 대해서는 많은 관심을 보이지는 않는 것 같습니다.

마지막 질문에 대해서는, 저는 임화를 완결된 세계를 가진 작가로 보거나 그의 텍스트가 그 자체로 폐쇄적인 미적 가치를 지닌다고 보는 것은 아니구요, 임화라고 하는 사람과 이 사람이 짚고 있는 좌표들이 제가 보고 싶은 이 많은 맥락들을 살펴보기에 맞춤하다는 생각에서 하나의 계기로 삼는 것입니다. 선생님께서 궁금해하시는 제도적인 측면같은 것을 살펴보려고 할 때, 비록 남아있는 영화 텍스트들은 많지 않지만 실은 영화 텍스트 이외에 굉장히 많은 자료가 있다고 생각합니다. 요즘에는 다행히 비슷한 문제의식을 갖는 학자들이 일본이나 여타 등지에서 자료들을 발굴해내고 연구하기 시작했고, 검열 문제도 그렇고 관객 문제도 문자로 된 자료들은 찾아보기가 힘들긴 하지만 여러 컨텍스트들을 통해 많이 연구하는 동료들이 생겨나고 있습니다. 그래서 실은 영화 텍스트가 많지 않을 뿐이지, 우리가 연구하기 좋은 자료들은 많다고 생각합니다. 영화 텍스트를 제일 중요하게 생각하는 관행 때문에 그 동안 우리가 관심을 기울이지 않았을 뿐이지요.

최문규 초창기에 임화는 벤야민의 <기술복제 재생산시대에서의 예술작품>과 비슷하게 많은 생각을 했던 것 같습니다. 몇 가지 질문을 드립니다. 우선 예술 개념의 의미와 관련된 질문을 드립니다. 임화는 어떤 의미로 예술 개념을 사용한 것인가요? 서구 유럽의 경우 예술은, "Aut prodesse volunt aut delectare poetae."(시인은 이롭게 하거나 즐겁게 하려 한다)라는 호라츠(Horaz)의 말처럼, 한편으로 교훈적 기능으로서 가르침(prodesse)을 추구하거나 혹은 오락 적 기능으로서서 즐거움(delectare)을 주려고 합니다. 임화는 "민중의 오락예술"이라는 표현을 쓰기도 하고, 활동사진을 두고서 현대인의 생활요소라고도 합니다. 활동사진이 넓은 범위에서 예술이라면, 맑스주의자로서의 임화는 예술을 놓고서 교훈적 기능보다는 놀랍게도 민중에게 즐거움을 주는 오락적 기능을 강조하고 있는 것 같습니다. 이와 달리 일본의 영화평론가로부터 영향을 받은 임화는 예술성과 기업성을 구분하는 가운데 기업성과는 다른 예술, 즉 순수 예술을 강조하는 있는 듯이 보이기도 합니다. 임화가 예술이라는 개념을 사용할 때 그 의미를 어떻게 파악해야 하는지가 첫 번째 질문입니다.

두 번째 질문은, 제가 잘못 이해했는지도 모르겠지만, 임화가 몽타주 기법을 나중에 느끼게 된다고는 말씀하셨는데, 하지만 영화 자체가 몽타주의 산물이 아닌가요? 영화란 시간과 장소와 관계없이 수많은 장면을 찍어서 몽타주 식으로 합성한 결과물이고, 그 교묘히 합성된 결과물을 마치 관객은 하나의 연속적으로 완성된 전체인 양 즐기는 것이 아닌가요? 영화를 옹호했던 임화가 뒤늦게 몽타주 기법을 인식했다는 점은 선뜻 이해되지 않습니다.

세 번째 질문은, 영화와 관련해서 유럽과 미국이 양대 산맥을 이룬다고 할 때, 그 두 경향을 거부한 임화가 제 3의 이상적인 길을 소련영화에서 보았다는 점과 관련됩니다. 이는 벤야민이 취했던 길과도 비슷합니다. 그런데 벤야민과 임화 모두, 소련 영화에 대한 옹호가 정말 영화의 내적 메커니즘에 대한 비판적 인식에서 나온 선택이라기보다는 사실상 이데올로기적인 선택이 아니었을까 하는 생각을 해봅니다. 당시 임화가 주도했던 카프가 소련을 이데올로기적으로 지향하고 있었고 이 때문에 영화뿐만 아니라 문학 등을 포함한 모든 예술작품의 이상성을 다름 아닌 러시아에서 찾았다고 할 수 있지요, 따라서 영화의 경우에도 영화 자체에 대한 순수한 평가라기보다는 어떤 이념적 선택의 결과라는 생각이 듭니다.

백문임 예, 오해의 소지가 있겠네요. 일단 제 글에서 말하는 몽타주는 '소비에트 몽타주'를 뜻하는 것입니다. 말씀하신 것처럼 영화의 근본적인 원리가 몽타주이지요. 영화의 핵심은 어쨌든 편집이기 때문에... 무관한 것들을 몽타주해서 만들어 내는, 그런 넓은 의미에서의 몽타주가 아니라 특히 소련에서 계발되었던 '소비에트 몽타주'가 1930년이 되어서야 일본이나 조선에 소개가 된다,

라는 의미였습니다. 벤야민이 이야기했던 몽타주도 소비에트 몽타주였고 – 벤야민도 소비에트 몽타주를 보고 <기술복제시대의 예술작품>을 쓴 것이기 때문에 – 벤야민이 얘기했던 것과 비슷한 개념이 조선과 일본에 1930년경 들어왔다는 말씀이었습니다.

최문규 그렇다면 벤야민이나 임화가 모두 '영화는 몽타주다'는 인식을 전혀 갖고 있지 않았다는 것인가요?

백문임 넓은 의미에서의 몽타주의 의미를 알기는 했겠죠. 하지만 임화를 비롯한 조선영화인들이 처음부터 몽타주라는 단어를 쓰지는 않았습니다. 넓은 의미의 몽타주에 대해서는 "조립", "편집"과 같은 단어를 썼습니다. 제 글에서 조선과 일본의 영화인들이 사회주의 영화이론의 맥락에서 쓰는 몽타주라는 용어는 '소비에트 몽타주'를 일컫는 것입니다. 1910년대부터 이미 조선이나 일본 관객들한테 익숙해져 있던 그리피스식, 미국식의 몽타주 말고 상이한 것들을 충돌시켜서 변증법적으로 제 3의 의미를 만들어내는 소비에트식의 몽타주를 당시에 '몽타주'라는 새로운 용어로 지칭했다고 할 수 있겠습니다.

첫번째 말씀하신, 초기에 임화가 오락이나 예술이다 라고 했을 때의 예술의 문제를 보자면, 제가 보기에는 조선에서 영화가 오락이나 발명품, 상품이 아니라 예술'이기도 하다'라는 인식이 생기는 것은 23년경 부터입니다. 그 전에는 영화는 지식인들이 논할 필요도 이유도 없는 것이며 일본에서도 미세모노(見物)라고 해서 단순한 볼거리인 것이지 어떤 특정 텍스트를 감상한다는 관념은 일본에서는 1918년경, 조선에서는 1923년경 부터 생겼다고 얘기합니다. 그래서 그 전까지는 '활동사진'이라는 말을 쓰다가 '영화'라는 말로 바뀌는 것이 영화를 예술로 인식하게 된 그 즈음이다 라고 얘기하거든요. 그래서 임화가 이 때 '오락으로서, 예술로서' 라고 표현할 때는 그런 의미의 예술이다, 즉 영화도 프로파간다의 의미가 있을 만큼 굉장히 중요하다, 단순한 오락이 아니라 중요하다는 의미를 강조하는 것 같습니다.

그런데 30년대 중반 이후 임화가 '영화는 예술이다' 라는 말을 계속 할 때는 맥락이 좀 달라집니다. 그 때는 중일전쟁기에 총독부에서 영화산업을 통제하면서 오히려 영화를 프로파간다의 수단으로 쓰려고 하거든요. 임화는 거기에 대항해서 영화는 프로파간다의 수단이 될 수 없다, 라는 의미로 '예술'을 강조하게 됩니다. 그러니까 카프 시절과는 반대되는 의견이 되는 것처럼 보이죠. 그래서, 이러한 흐름이 굉장히 중요하다고 생각합니다. 그런데 사회주의와 중일전쟁기의 파시스트 미학 – 실은 나치의 파시즘 미학, 영화 미학이 소비에트에서 오거든요. 아이러니하게도 소비에트 몽타주의 선전선동적인 효과를 나치가 응용하게 되죠. 어쨌든 이런 상황을 목도하면서 임화가 '영화는 프로파간다의 무기가 아니라 예술이다' 라고 얘기하기 때문에, 이 시기의 경우엔 전략적으로 낭만적인 예술 개념을 차용하는 것 같습니다.

그리고 마지막 질문하신 것에 대해 말씀드리자면, 특히나 1930년대 초반까지는 임화나 카프 이론가들은 소비에트 영화를 본 적도 없는데 마치 본 것처럼 <전함 포템킨>이 어쩌고 이야기하는데요, 이런 것이 어떤 측면에서는 이념적 선택이었던 것이라 생각합니다. 하지만 당시 조금씩이나마 볼 수 있었던 영화들, 예를 들어서 <아시아의 람>이라든가 이런 영화를 보았을 때에, (소비에트 영화가 형성되는 데 미국 영화의 영향이 지대했다는 것이 최근 초기 영화 연구자들이 이야기하는 것이긴 하지만) 제 감각으로는 소비에트 영화는 분명 당시로서는 매우 새롭게 느껴졌을 것 같습니다. 그것이 굉장히 충격적인 효과를 주었을 것이기에, 소비에트는 단순히 이념적으로 옳으니까 선택한 것이다 라고 보기보다는, 그 미학 자체가 가지고 있는 새로움이 분명히 인지가 되었을 것이라는 생각이 들구요. 에이젠슈쩨인은 미국에도 가고 유럽도 가면서 20년대 후반이면 서구에서 이미 많이 유명해졌지만 조선에서는 30년대 초반 들어서야 소비에트 영화를 보게 되는 것이니까, 적어도 그 전까지는 그 새로움을 '책으로' 배운 측면이 분명히 있는 것 같습니다.

이민행 어떤 두 사료가 있을 때, 둘 사이에 시차가 있는 지 없는지를 어떻게 알지요? 이것을 혹시 측정하시는 방법이 있나요? 제국 사회와 식민 사회를 말씀하셨는데, 두 사회 사이에 시차가 있다 – 두가지 의미에서 – 그렇다면 이것을 어찌 측정하는지, 어찌 아는 것인지를 질문 드립니다. 이것이 궁금한 이유는, 언어학에서 원형성이라는 개념이 있는데 사회의 원형성이라 할 수 있는 시점이 있는지, 흐름이 있는지를 판별하는 것입니다. 그런데 프롤레타리아라는 관점에서 보았을 때 두 사회가 차이가 없다는 것을 임화가 강조하는 것이잖아요? 그렇다면 영화라는 것도 차이가 없는지, 왜냐하면 영화예술 혹은 영화를 오락으로 여기는 사람들이 – 그 규모의 차이가 있지만 – 일본의 제국주의 혹은 제국의 10퍼센트를 이룬다고 하면 한국에서는 1퍼센트를 이루었을 것입니다. 그런 관점에서 현재의 명품도 마찬가지이죠. 미국이 명품의 20퍼센트를 누리면 우리는 2퍼센트를 누릴 거라는 거죠. 그런 관점에서, 임화가 말하는 각각의 프롤레타리아 사회가 차이가 없다는 시각은 전혀 의미가 없는 결론이 아닌가 라는 말씀을 드리고 싶습니다. 사회의 차이를 볼 때는 결국 집단의 차이를 보아야 하기 때문에, 그런 의미에서 시차를 볼 수 있는 차이나 방법이 없는지를 여쭈어 보는 것입니다.

백문임 저는 이 당시 조선의 영화인들은 그것을 자각하고 있었을 것이라고 생각합니다. 비단 영화인들 뿐 아니라 문학 작가 – 이상(李箱) 같은 사람이 동경에 가서 느낀 휘황찬란함이라든가 하는 것들 –들의 경우에도, 모더니티를 가지고 이야기한다면, 그것이 표면적으로 보았을 때에는 동경이 10만큼 나가 있다면 조선은 1밖에 나가 있지 못하다는 감각은 당시의 식민지인들이라면 누구나 가지고 있었을 것 같습니다. 굳이 일본에 가 보지 않았더라도 조선에서 일본잡지와 책 등을 볼 수 있었으니까 누구나 느꼈을 것 같은데, 아까 나종석 선생님이 말씀하신 것처럼 이것이 시간적인 뒤떨어짐이 아니라 – 10만큼 나간 것이 정상이고 옳은 것이 아니고 조선에서 1밖에 경험하지 못하고 있었던 이것 자체가 어찌 보면 모더니티, 세계체제의 구조적 진실에 더 가까운 것이라는 거죠. 저는 그 부분이 굉장히 중요한 지점이라고 봅니다. 그래서 감각적인 차원에서의 차이, 시차는 분명히 있었을 것이지만 그 시차에 오히려 진실한 경험이 내재해 있을 거라고 생각합니다.

그런데 이 감각과 관련해서 재밌게 뒤집어지는 지점이 있어서 하나 사례를 말씀드리자면 – 재조 일본인들, 즉 조선에 이주해서 살던 일본인들이 쓴 영화평 같은 자료들이 요즘 소개가 많이 되고 있습니다. 아시다시피 초기에는 일본인 극장과 조선인 극장이 분리되어 있었고요, 아까 말씀드린 것처럼 조선인 극장에서 조선인들은 미국 영화를 대부분 관람했습니다. 휘황찬란한 미국 영화의 따끈따끈한(약 6개월-2년 상거를 두긴 하지만 그 정도면 일본에서 미국영화가 수입, 상영되는 속도와 큰 차이가 나는 것은 아니었습니다) 신작들이 조선 극장에는 거의 모두 들어왔던 거지요. 반면 일본인 극장에는 주로 일본인 디아스포라를 위한 나니와부시 등의 일본 전통극, 실향민을 위한 전통물 위주의 레파토리가 들어왔기 때문에, 조선에 있던 일본인들이 따끈따끈한 신작 미국 영화를 보려면 조선인 극장에 와서 보아야했던 시절이 있었다고 합니다. 즉 식민지라고 해서 그 안에서 모든 것이 균질한 게 아니라 심지어 식민지 내에 있었던 제국의 이주민들은 문화적으로 더 낙후되어 있었던 지점도 있었던 거지요. 그렇게 조선인 극장을 찾았던 재조 일본인 관객 중에는 조선인 극장이 시설도 더 좋고 서양영화 신작도 상영되고 해서 거기 가서 보고 싶지만 조선인 변사의 말을 알아들을 수가 없어서(서양어 자막을 읽을 능력은 없고) 힘들어했던 사람들이 나오거든요. 경성의 극장가 내에서도 이런 역전되는 현상들이 존재했던 거죠.

이민행 조선에서의 극장이라고 하는 것이 극히 일부 아니었겠어요? 그 당시에 상류층만 누릴 수 있는.

백문임 극장이 사실 입장료가 그리 비싼 것은 아니었기 때문에 경성같은 대도시나 여타 도시들에 사는 사람들이면 대개 즐길 수 있었습니다. 싼값에 최신 미국영화를 즐길 수 있었던 것이지요.

이민행 그러니까 일부 계층만이 누리는 것은 아니라는 것이지요?

백문임 물론 전체 조선인들의 비율로 치면 영화를 볼 수 있었던 사람은 일부겠죠. 극장이 대도시에만 몇 개 지어져 있었으니까요. 하지만 극장이 존재하는 도시에 사는 조선인들에게 있어서는 영화가 대표적인 대중문화였다고 할 수 있습니다.

김영희 저도 전공자가 아니어서 궁금한 것 두 가지를 여쭈어 보고 싶습니다.

28년을 기점으로 나왔다는 프롤레타리아 영화들이 모두 무성영화인가요? 그렇다면 변사가 있는 건가요?

임화의 멘트들을 보면 영화에서 보여지는 대중적 파토스에 대한 경계 같은 것이 있는 것 같습니다. 앞서서 25년 무렵에 나왔던 <운영전>, <심청전>, <춘향전> 같은 영화들의 예에서 보면 값싸고 로맨틱한 애수와 감격적 경향이란 사실, 즉 상업영화들이 가지고 있는 대중적 파토스를 경계하며 마치 그것이 조선적인 것, 조선 영화의 본래인 것처럼 규정되는 것에 대한 반발이 있다고 느껴집니다. 그런데 제가 궁금한 것은, 사실 변사의 존재라는 것은 미묘한 개입이 있는 건데 즉 관람의 현장에서 소외 효과를 만들면서 다른 한편으로는 굉장히 감정을 이입시키는 존재 방식이 아닌가 합니다. 그런 면에서 저는 변사가 대중적 파토스를 격동시키는 요소일 수 있었을 거라는 생각이 듭니다. 다른 한편으로는 이 프롤레타리아 영화라는 것이 기본적으로 프로파간다의 부분들을 가질 수 밖에 없고, 그것들의 핵심이 바로 대중적 파토스인데, 예를 들면 <전함 포템킨> 같은 것을 보아도 흔히 이야기하는 멜로의 파토스는 아니지만 다른 종류의 파토스가 있는데 임화는 이런 프롤레타리아 영화들에 대해서 대중적 파토스의 측면을 어떻게 평가했던 것인지 그 감각이 특히 변사의 존재 같은 것을 염두에 둘 때 궁금하다는 생각이 들었습니다. 그리고 25년경에 나오는 <춘향전>이나 <운영전>, <심청전> 중에 시나리오가 남아있는 것이 <심청전>인데 그 시나리오를 보면 활판본 소설을 당시 시나리오의 형식을 보고 거기에 맞추어서 개작한 정도의 것이 아닌가라는 인상을 받았습니다. 이 영화들이 가지는 당시 식민지 조선영화 내에서의 지형도적인 위치가 무엇이었을지 궁금하더라고요. 이들이 설정하고 있는 타자가 일본영화산업인 것만도 아닌 것 같고, 복잡하다는 생각이 들어서... 그 부분에 대해 임화는 이렇게 평가하고 있지만... 조선 영화의 전체 지형도를 놓고 본다면 그 영화 관련자들이 나중에 일부는 중일전쟁 이후에는 프로파간다 영화의 제작이나 감독 일에도 관여하지 않았을까 라는 생각이 드는데 그 시기의 영화들이 차지하고 있는 위치가 궁금합니다.

백문임 고전소설 원작의 영화들이 초창기, 즉 30년대 중반까지 가장 인기 있었던 것이 사실입니다. 그것은 관객의 구성 성분과도 관계가 있을 것 같은데, 정확한 통계는 낼 수 없지만 미국, 서양영화의 관객들은 젊은 학생층이 많았고 고전소설 원작의 영화들은 중장년층, 부녀자가 많았던 것 같습니다. 그리고 문학작품을 놓고 봐도 27년경인가에도 베스트셀러가 『춘향전』이었다고 하잖아요. 즉 아무리 근대문학을 향유하는 사람들이 있었다 하더라도 그것은 한 줌에 불과했던 것이고 대다수의 독자들은 여전히 『춘향전』 – 『춘향전』이 고전소설이지만 근대 초기에는 현대화된 버전으로, 즉 현대적인 연애텍스트로 간주되었던 걸로 알고 있습니다 – 을 더 즐겼기 때문에, 20년대 후반까지 문학이나 영화를 즐기는 독자나 관객의 주류는 역시 <춘향전>, <운영전>, <심청전>을 좋아하는 사람들이었다고 저도 생각합니다. 임화나 사회주의자들은 아까 말씀드렸듯 90프로 정도를 차지하는 미국영화는 (좋아한다고 말하기가) 싫었고, 그래서 (때로는 보지도 못했더라도) 5프로 정도에 해당하는 유럽영화를 좋아하는 취향을 가지고 그것에 대해 글을 쓰고 논의했습니다. 그런 사람들이 바로 <유랑>과 같은 네 편의 프롤레타리아 영화를 만드는 것인데, 눈은 유럽영화에 가 있지만 이 영화를 보여 주어야 할 대상인 프롤레타리아, 즉 노동자 농민들은 <춘향전>을 좋아하는 사람들이었던 거죠. 이 괴리를 이들이 어떻게 처리하였는가, 그것을 우리가 추측해 볼 수 있는 지점은 – 텍스트는 남아있지 않지만 영화소설 같은 것이 남아있습니다. 이를 보면 <유랑>같은 경우에 <아리랑> 등 나운규 영화와 상당히 비슷합니다. 나운규 영화가 <춘향전>, <심청전>은 아니지만 동시대 농촌을 배경으로 해서 미국 영화처럼 만든 것이거든요. 그것이 인기가 많았기 때문에 프롤레타리아 영화인들이 나운규를 비판하면서도 따라할 수밖에 없는 사정이 있었던 것 같습니다. 다시말해 '<춘향전>은 아니지만 모던한 나운규같은 영화'를 만든 것이지요. 이론과 제작상의 괴리인 것 아닐까 합니다. 하지만 제가 보고 싶은 부분은, 바로 '나운규 같은' 그것이 당시 사람들에게, <춘향전>도 아니고 소비에트식의 몽타주도 아니지만, 무언가 호소력을 가지는 모던한 것이 아니었나 라는 지점입니다. 구체적으로 그 모던한 것이 무엇인지를 지금 저의 감각으로 쫓아가기는 조금 힘든 것 같습니다만... 중요한 것은 '연애' 모티프가 작품마다 꼭 들어가는데, 임화도 얘기하듯이 이 모티프가 당시로서는 가장 급진적인 주제 중에 하나였다는 것이죠. 봉건제로부터 탈피하는 개인 주체의 문제를 다루는 데 가장 중요한 계기 중의 하나였기 때문이라고 생각되는데, 이 문제에 대해서는 더 연구해 보아야한다는 생각이 듭니다.

그리고 프롤레타리아 영화들은 모두 무성영화였기 때문에 상영시에는 변사가 대동되었습니다. 그런데 이 영화들과 관련해서 변사의 역할 – 질문하신 것처럼 선전선동과 관련해서 – 어떠했는지에 대해서는 남아있는 자료가 별로 없습니다. 물론 이 시기 조선영화에 대한 평론들을 놓고 보았을 때 전반적으로 변사에 대한 논의가 지극히 드뭅니다. 마치 변사 없이 영화를 본 것처럼 써놓은 평론들이 대다수이고요. 그래도 프롤레타리아 영화 상영에서 변사의 역할에 대해서는, 선생님 질문을 듣고 다시 생각해봐도 이상하리만치 남아있는 자료가 없네요. 힌트삼아 일본의 경우를 생각해보면, 프롤레타리아 영화인들이 처음으로 대규모의 대중 상영회인 '프롤레타리아 영화의 밤'을 개최하는데요, 당국으로부터 허가를 받아내는 과정에서 여러 난관에 부딪칩니다. 결국 허가를 얻어내기는 하는데, 당국에서 내건 조건 중에 '변사 없이 상영할 것'이라는 항목이 있었던 걸로 기억합니다. 왜 그랬는지에 대해서는 좀 더 연구를 해봐야 하겠지만, 대중을 선전 선동하는 목적을 가진 프롤레타리아 영화, 그것도 무성영화를 변사의 설명 없이 상영하게끔 함으로써 당국은 그 선전선동의 기능을 거세할 수 있을 거라고 기대했던 게 아닐까, 그만큼 변사의 영향력이 다대했다는 걸 반증해 주는 사례가 아닐까 합니다.

광고기호의 해석원리
- i SMART 이론의 제안

이민행(연세대, 독문과)

1. 문제제기

모든 기호는 적절한 해석을 통해 생명을 얻는다. 광고텍스트의 해석과 관련하여 이런 저런 모형들이 제안되어 왔으나 광고의 다양한 속성을 고려하여 설계된 통합적인 이론은 제시된 바가 없다.

이 연구에서는 광고기호를 해석하는 통합적인 추론모형을 새롭게 제안하고자 한다. 이 광고해석 방법은 다음과 같은 두 가지 가정을 토대로 한다:

(1)

- 광고는 대화이다.
- 광고주는 타깃에게 사회적 가치를 판매한다.

이 두 가지 기본가정을 토대로, 우리는 광고를 해석하는 작업이 특정한 사회적 가치를 주제로 한 광고주와 타깃간의 대화를 재구성하는 작업이라고 본다. 다시 말하여, 우리는 광고주가 자신의 제품이 사회적 가치를 실현하는 수단이라는 사실을 타깃(taget, 잠재소비자)에게 입증해 보이고자 하는 것이 광고라고 이해한다.

이 연구에서 분석대상으로 삼고 있는 광고는 상품광고이며 동시에 인쇄광고이며. 구체적으로는 1990년과 2010년사이에 독일 시사주간지 'Der Spiegel'에 게재된 광고 100편이 연구대상이다.

앞서 언급한 바와 같이 새로운 광고해석 모형을 제안하는 것이 본 연구의 궁극적인 목적인데, 이 '새로운' 모형이 여러 선행연구들과의 소통을 통해 얻어진 것으므로 결실이므로 본 연구와 연관성이 높은 선행연구들에 대해 간략하게 언급하고자 한다.

Dietrich(1998)에서 논증이론적 해석방법이 제안된 바 있는데, 이에 따르면 광고는 일종의 논증담화로 이해되어야 한다. 예를 들어 단언문으로 표현된 광고카피 (2)는 (3)과 같은 메타질문(Quaestio)에 대한 답으로 간주된다.

(2) Sie haben immer Geld. Auch dann, wenn Sie mal keines haben. <Visa>
(당신은 항상 돈이 있습니다. 당신이 돈을 한 푼도 지니고 있지 않는 경우조차도 그렇습니다.)

(3) Warum soll ich Ihrer Empfehlung folgen, eine Kreditkarte zu erwerben?
(신용카드를 구입하라는 당신의 추천을 내가 왜 따라야 하지요?)

이 이론은 개별 광고텍스트에 대한 메타질문으로서 기능하는 문장들을 어떻게 재구성해야 하는 지에 대해 구체적인 지침을 제공하지 않기 때문에 해석하고자 하는 특정한 광고문안에 대해 다양한 의문문을 구성할 수 있다. 따라서 이 이론은 너무 강하다는 비판을 받는다. (이민행 2000) 다른 한편, 이 해석모형은 광고카피가 의문문이거나 명령문의 형식일 경우 설명력을 잃게 된다(4a, 4b). 때문에 너무 약한 이론으로 평가받을 여지가 있다.

(4)

a. 누가 나이키를 신는가? <나이키>

b. Gucken Sie nicht so. Tun Sie was. <Lucky strike>

(그렇게 바라만 보고있지 마세요. 무언가를 하세요.)

두번째로 언급할 선행연구는 van Dijk/Kintsch(1983)에서 제안된 전략적 텍스트수용 모형인데, Oh(1999)는 Chivas Regal의 광고를 이 해석틀에 기대어 분석하고 있다.

(5) You either have it, or you don't. <Chivas Regal>

텍스트수용 모형에 따르면 광고텍스트의 해석을 위해 통사론적 전략, 의미론적 전략, 문체론적 전략, 거시전략, 스키마전략, 비언어적 전략 및 사회-문화적 전략이 사용된다. 이처럼 다양한 기호학적인 층위와 맞물려 있는 여러 전략들이 구체적인 광고의 해석시에 어떠한 절차를 따라 활성화되는 지, 그리고 전략들간의 상호작용은 어떻게 일어나는 지에 대한 설명이 없어서 이 해석모형도 매우 강한 반면, 설득력은 떨어진다.

연관되는 세 번째 선행연구는 이민행(2009)에서 제안된 추론에 기반한 해석모형이다. 이에 따르면, 올바른 광고해석은 광고주가 전달하고자 하는 '제품의 편익'을 발견하는 것이다. 표현되어진 광고카피로부터 광고주의 의도를 끌어내기 위해서 일정한 해석절차가 필요하다는 것이 추론기반 해석모형의 핵심논제이다. 다음 (6)에 광고카피가, (7)에는 함축의미를 추론하는 과정이 제시되어 있다.

(6) 태양은 시들고 피부는 꽃 필 것이다 <LG생활건강>

(7)

① 이 문장은 문법성을 위반함으로써 나의 관심을 끄는데 이는 분명 함축의미를 내게 전하려고 하는 의도를 가지고 있는 것이다.

② 이 문장은 LG 생활건강사의 자외선 차단 제품의 광고이므로 이것이 광고대화라는 맥락을 고려하여 이 광고문구의 의미를 해석하는 것이 바람직하다.

③ 광고문구 중 '태양은 시들고'라는 표현을 통해 이 제품이 태양으로부터 오는 자외선을 차단하는 효과가 매우 크다는 의미를 전하고 있다.

④ 이 제품을 사용함으로써 자외선이 차단되면 그 결과 내 피부가 활력을 잃지 않게 되고 내 피부는 꽃처럼 화사하게 피어날 것이다.

⑤ 그러므로 다른 회사의 제품보다는 이 제품을 구입하여 사용하는 것이 나에게 유익하겠다.

이 해석모형은 광고카피의 내용을 타깃의 가치관과 연결시키지 않는다. 인간의 선택행위와 관련하여, 가치관이 핵심적인 키를 쥐고 있다는 사실을 보여주는 좋은 예는 투표이다. 인지언어학자로서 널리 알려진 George Lakoff는 자신의 저서 "Don't think of an Elephant! (코끼리는 생각하지마!)"에서 "People do not necessarily vote in their self-interest. They vote their identity. They vote their values. (사람들이 꼭 자기 이익을 근거로 투표한다고 할 수는 없습니다. 그들은 투표할 때 자신의 정체성을 선택합니다. 그들은 자신의 가치관을 선택하는 것입니다."(Lakoff 2004: 19)라고 말한다. 이 주장의 핵심내용을 광고에 대입해서 이렇게 표현할 수 있다: 사람들은 자신의 가치관에 따라 제품이나 서비스를 선택한다.

Lakoff의 주장을 광고에 적용하여 광고주가 광고를 통해 사회적 가치를 판매하고자 하는 것이라는 입장을 지지할 경우, 제품이 주는 '편익'을 추론하는 수준에서 머문 데에서 추론모형의 한계를 찾을 수 있다.

마지막으로 언급할 선행연구는 소비자 행동 이론 내지 소비자 의사결정 이론의 하나로 Gutman(1982)에서 제안된 수단-목적-사슬(Means-End-Chain, 이하 MEC) 이론이다. 이에 따르면, MEC는 어떻게 제품이 소비자와 상호작용하는 지를 기술하는 방법으로서 소비자의 제품에 대한 지식과 소비자의 가치관을 연결시켜주는 지식구조라고 할 수 있다.[Gutman 1982] MEC-이론에서 상정되는 가장 기본적인 연결관계는 도식 (8)과 같다.

(8) 속성(attributes) → 편익(consequences) → 가치(values)

MEC-이론 자체는 분명히 광고해석 모형이 아니다. 그러나 이 이론이 소비자 행동의 동기를 유형화하는데 활용되기 때문에 광고해석에 있어서도 이 이론을 적용할 여지가 충분하다고 보여진다. 이런 맥락에서 MEC-이론과 광고해석 과정을 접목시킨다면, 제품의 속성과 타깃의 가치관과의 연결고리를 찾아내서 해석하는 절차를 밟아야 할 것이다. 사실 MEC-이론을 광고 크리에이티브 전략에 응용한 이론은 MECCAS(Means-End Conceptualization of Components for Advertising Strategy)으로 알려져 있는데, 이 표현 모형에서도 크리에이티브 작업시에 제품의 구체적 속성을 타깃 소비자의 특정 가치관과 연결시켜야 한다는 점을 강조한다. 다음 도식은 밤사이에 배달하는 서비스(Overnight Delivery Service, ODS)와 관련하여 서비스의 속성과 소비자간의 연결관계를 보여준다.

[Reynolds/Craddock 1988:44]

(9)

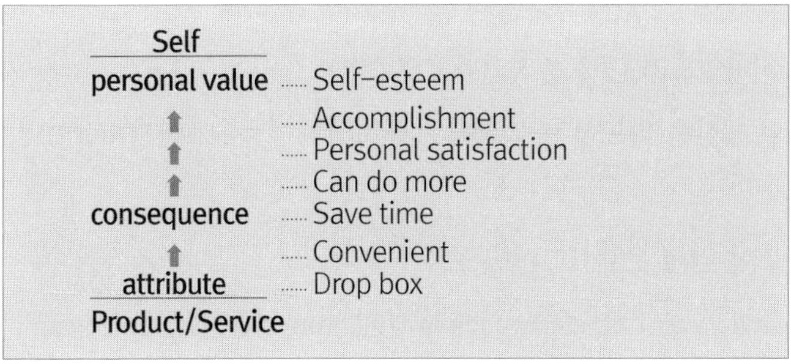

이상에서 논의한 MEC-이론이나 MECCA-모형의 경우, 제품이나 서비스별로 속성과 가치관을 연결시키는 작업을 시도하지만, 이들간의 연결관계를 일반화시키는 수준에 이르러 있지는 않다.

본 연구의 구성은 다음과 같다. 제2장에서는 어떤 점에서 광고가 대화로 분류될 수 있는 지, 그 근거는 무엇인지에 대해 살펴본다. 관련 선행연구들에 대해서도 이 장에서 논의한다. 이어 제3장에서는 광고를 통해 전달되는 사회적 가치에는 어떤 것들이 있으며, 개별 사회적 가치와 연관되는 광고속의 언어학적 증거들이 무엇인지에 대해 탐구한다. 제4장에서는 앞선 논의들을 바탕으로 광고를 통해 광고주와 타깃간의 대화를 재구성함으로써, 광고기호를 맥락속에서 해석하는 방법을 제시한다. 제5장에서는 설명이 더 필요한 남은 문제에 대해 논의한다.

2. 대화로서의 광고

대화는 화자와 청자 등 참여자가 최소한 둘이 필요한 행위이다. 다음 광고카

피들은 광고가 하나의 대화라는 사실을 보증하는 직시적 표현들을 담고 있다.[1]

(10)

a. 스포츠적 마인드가 나를 움직인다 <프로스펙스>

b. 품격으로 세상을 리드하는 당신이 그랜저입니다 <뉴그랜저XG(현대자동차)>

c. 피부에 말을 걸어 보세요! <웅진룰루연수기>

d. Mein Garten – ein Ort, an dem ich in vollkommener Harmonie lebe. <Ihre Experten für Garten & Landschaft>

(나의 정원 – 내가 완전한 화음속에서 살아가는 장소)

e. Sie leben nicht auf dem Mond. <Wempe>

(당신은 달에 사는 것이 아닙니다.)

f. Erlebe deinen Mythos in Griechenland <GNTO>

(그리스에서 너의 신화를 체험해)

위의 광고문구들은 대부분 – 10a, 10b, 10d, 10e, 10f -화자나 청자를 나타내는 직시적 표현들을 포함하고 있다. 명령문으로 표현된 예들 –10c, 10f-도 대화로 간주되는 것이 당연하다. 왜냐하면, 일반적으로 명령문은 화자가 청자에게 발화시점이후에 어떤 일을 수행하도록 지시하는 의미를 갖기 때문이다.

위 예들에서는 1인칭 대명사와 2인칭 대명사가 모두 '타깃'을 지칭하고 있지만 항상 그런 것은 아니다. 다음 예에서 복수 1인칭 대명사 'wir' 혹은 'unsere'가 다른 대상을 지시하는 것을 확인할 수 있다.

1 한국어 광고문안은 한국광고협회 웹사이트(http://www.ad.co.kr/)에서 검색하여 구한 것이다.

(11)a. Wir sind erst zufrieden, wenn Sie es sind. <Coronia>

(당신이 만족스러워 할 때 비로소, 저희도 만족스러워 합니다.)

b. Vielleicht sind unsere Arbeitsweise nicht die richtige. <Adobe>

(아마도 우리들의 작업방식이 올바르지 않은 것 같습니다.)

(11a)에서 'wir'는 분명히 광고주를 가리키는 반면, (11b)의 'unsere'는 타깃을 지칭한다. 이 광고문구가 포함된 인쇄광고는 다음 [광고 1]이다.[2]

[광고 1]

이 광고는 헤드라인을 통해 타깃이 대화를 시작하고 광고주가 그에 대해 응대하는 것처럼 꾸며져 있다. 타깃은 자신이 처한 문제를 언급하고 광고주는 본문카피를 통해 그 문제에 대한 해결책을 제시한다. 본문카피의 첫 두 문장은 다

2 이 장에서 논의되는 광고 1 부터 광고 6은 가독성을 위해 보다 큰 판형으로 부록에 다시 제시된다.

음 (12)와 같다.

(12)

Nutzen Sie die intelligent Document Platform von Adobe. Machen Sie den Schritt von der Papierwelt in die digitale Welt.

(아도비의 지능적인 문서 플렛폼을 써보세요. 그럼으로써 종이세계로부터 벗어나 디지털 세계로 옮겨오세요.)

광고주가 제안한 해결책은 Adobe 제품을 활용함으로써 디지털 세계에 발을 들여놓은 것이다. 이 대화는 일종의 상담대화로 분류될 수 있다. 그런데, 헤드라인과 본문카피를 통해 타깃이 당면한 구체적인 문제가 무엇인지를 확인하기는 쉽지 않다. 때문에 이 광고를 보는 독자는 이미지로부터 광고해석에 필요한 정보를 추출하여, 해석과정에서 이 정보를 보충해 넣어야 한다. 이미지가 표현하고 있는 바는 광고주의 다음과 같은 발화이다.

(13)

“당신의 서류더미가 마치 빌딩처럼 보이는군요.”

이미지로 표현된 광고주의 암묵적 발화를 포함하여 Adobe 광고속 대화를 재구성하면 다음과 같다.

(14)

광고주: 당신의 서류더미가 마치 빌딩처럼 보이는군요.

타깃: 아마도 우리들의 작업방식이 올바르지 않은 것 같습니다.

광고주: 아도비의 지능적인 문서 플렛폼을 써보세요. 그럼으로써 종이세계로부터 벗어나 디지털 세계로 옮겨오세요.

다시 말하여, 광고주가 타깃에게 말을 거는 것으로 광고에서의 대화는 시작한다는 것이 본 연구에서 설정하는 기본 가정이다.

이제, 어떤 방식으로 광고주가 타깃에게 대화의 문을 여는가에 대해서 논의할 필요가 있다. 인쇄광고의 경우 타깃을 대화로 끌어들이는 방식으로는 다음 (15)와 같이 대략 세 가지가 있다. [이민행 (2009)]

(15)

첫째, 언어유희나 유머를 활용한다.

둘째, 눈에 띄는 이미지를 활용한다.

세째, 언어적 규범을 어기는 문구를 사용한다.

정유회사 'Jet'의 광고는 언어유희를 통해 타깃에게 말을 거는 반면(광고 2), 'Passion' 광고는 화려한 모델 이미지를 활용하여 말을 건넨다(광고 3).

[광고 2]

[광고 3]

'Jet'의 광고에서는 단어대체를 통해 'Mount Everest'를 'Mount Cleverest'로 바꿈으로써 언어유희 효과가 유발된다. 반면, 향수 'Passion'의 광고에서는 모든 여성이 선망하는 세계적인 여배우 Elizabeth Taylor를 모델로 내세워서 타깃의 관심을 끌어낸다. 광고학 분야에서 널리 알려진 공식 'A(ttention)-I(nterest)-D(esire)-A(cation)'의 첫 자리를 차지하고 있는 것이 '이목집중(attention)'인데, 다양한 이목끌기 전략을 실행함으로써 광고주는 타깃을 대화에 초대한다. 이 유형의 이목끌기는 성적 암시를 내포하는 '성(性)'-소구 광고에서 많이 발견된다. 세 번째 유형의 '말 걸기' 전략은 광고주가 타깃을 대화로 끌어들일 목적으로 언어규범을 어기는 것이기 때문에 언어학적으로 흥미있는 유형이다. 일반적으로 수용가능한 언어규범들은 이미 고대수사학에서 제안되고, 현대에 이르러서 Grice(1968)의 대화격률로 정리가 되었다. Grice의 4가지 대화격률은 다음과 같다.

(16) 대화의 격률 (Konversationsmaximen)

- 최대한 효과적이고 타당성있게 상호협력하여 대화하기 위해서 대화참여자들이

지켜야 할 지침

a. 질의 격률 (Maxime der Qualitität) – 진실된 기여가 되도록 노력하라.

b. 양의 격률 (Maxime der Quantität)

- 진행되는 대화 목적을 위해 필요한 만큼만 정보를 제공하라.

c. 관련성의 격률 (Maxime der Relation) – 관련성을 지니게 하라.

d. 태도의 격률 (Maxime der Modalität) – 모호성을 피하라, 중의성을 피하라,

– 간결하게 하라, 조리있게 하라.

4 가지 격률의 상위원리로서 일종의 통제탑 기능을 하는 것이 다음 (17)에 정의된 '협동의 원리'이다.

(17) 협동의 원리 (Kooperationsprinzip)

: 대화가 진행되는 각 단계에서 대화의 방향이나 목적에 의해 요구되는 만큼 기여를 하라.

광고에서는 이러한 격률들을 위반하는 사례가 매우 많이 발견되는데, 그 연유는 언어규범을 어김으로써 타깃의 관심을 불러일으킬 수 있다는 데에 기인한다.[이민행 2000]

(18)

a. 독일차보다 놀라운 독일차 <아우디>

b. Die Natur braucht Hilfe. Denn wir brauchen die Hilfe der Natur. <WWF>

(자연이 도움을 필요로 한다. 왜냐하면 우리가 자연의 도움을 필요로 하기 때문이다.)

위 (18a)의 광고카피는 모순적인 내용을 담고 있으며, (18b)는 앞 문장과 뒤 문장간의 인과관계가 느슨해서 논리적인 비약이 의심된다. 그런 의미에서 광고카피 둘 다 언어규범을 위반하는 것으로 평가할 수 있다.

3. 광고에 나타난 사회적 가치

MECCAS-모형의 지지자들은 제품/서비스의 속성이 타깃의 가치관과 연결되도록 광고컨셉을 구상하고 언어적 혹은 비언어적 기호로 표현해야 한다고 주장한다. 거꾸로 광고를 해석하는 입장에서 이런 주장을 설득력있게 받아들인다면, 광고를 해석할 때에 광고속에 표현된 제품/서비스의 속성을 잠재 소비자의 가치관과 연결시킬 수 있어야 할 것이다.

우리는 타깃의 가치관이 사회적 가치로 표현된다고 보는데, 경영학적인 관점에서 사회적 가치란 특정제품이나 서비스를 구매하고자 결정을 내릴 때 작용하는 판단기준이라고 정의되기 때문이다[이유재/이준엽(1997:260)]. 이 장의 연구과제이기도 한, 광고속에 어떤 사회적 가치관이 반영되어 있는 지에 대해 논의하기에 앞서, 널리 수용되고 있는 사회적 가치관의 목록이 존재하는 지에 살펴볼 필요가 있다. 심리학 분야에서 사회적 가치관에 대한 연구는 Maslow(1943)까지 거슬러 올라간다.

Maslow는 인간의 5가지 기본욕구를 설정한다.

(19)
자아실현욕구(자기개발, 성취감)
존경 욕구(지위, 인정, 자존심)
소속감 욕구(사랑, 관계)
안전 욕구(보안, 보호)
생리적 욕구(식욕, 성욕, 갈증)

Kahle(1983)는 Maslow의 욕구이론을 더 세분화하여 문화가치론으로 발전시키는데, 여기서 문화적 가치란 한 사회의 구성원들이 공유하거나 선호하는 이상적인 행동양식을 지칭한다. 다음은 Kahle에 의해 제안된 9가지 가치목록(list of values, LOV)이다.

(20)

소속감(Sense of belonging)	안전(Security)
타인과의 관계(Warm relations with others)	자아성취(Self-fulfillment)
타인으로부터의 존경(Being well respected)	자아존중(Self-respect)

신바람(Excitement) 성취감(A sense of accomplishment)

생활의 기쁨(Fun and enjoyment of life)

Kahle의 가치목록을 Schwartz(1992, 2012)는 문화보편성의 관점하에 경험적인 접근 방법을 이용하여 더 정교하게 발전시킨다. [표 1]에 Schwartz(2012)에서 정의된 가치유형의 목록이 제시되어 있다.

[표 1] Schwartz의 가치유형 목록

가치유형 (value type)	정의적 목표(defining goal)	연관개념
자율성 (Self-Direction)	독립적인 사고 및 행동	창의성, 자유, 자율적 선택, 자아존중
자극성 (Stimulus)	흥분, 신기함, 도전	다양한 삶, 흥분된 삶, 도전적인
희락성 (Hedonism)	자신을 위한 즐거움이나 감각적인 만족	즐거움, 탐닉하는, 재미있는 삶
성취감 (Achievement)	사회적 표준에 따라 능력을 보여줌으로써 달성하게 되는 개인적 성공	야심적, 성공적, 능력있는, 지적인
영향력 (Power)	사회적 지위와 특권, 통제력 또는 사람이나 자원에 대한 영향력	권세, 부, 사회적 힘
안전성 (Security)	자신, 사회, 자신과 동일시하는 사람들의 안전	가족안전, 사회질서, 소속감, 건강
순응성 (Conformity)	타인을 해치거나 사회적 규범을 위반할 우려가 있는 행동 혹은 충동의 자제	공손함, 부모 공경, 복종하는
전통존중 (Tradition)	문화나 종교에서 제시된 관습 및 사상의 수용, 공경 및 실행	전통존중, 겸손함, 헌신
박애정신 (Benevolence)	사회구성원들의 복지 증진	정직성, 책임감, 충성심, 우정, 책임감, 공동체의식
보편성 (Universalism)	모든 사람의 복지와 자연에 대한 이해 및 관용	사회정의, 평등, 세계 평화, 자연과의 합일, 환경보호

정의적 목표나 연관개념들을 살펴보면, 몇몇 가치유형은 상호간의 구분이

용이하지 않다. 예를 들어 '박애정신'과 '보편성'은 수혜 대상의 범위에 있어 차이가 있긴 하지만, 추구하는 목표는 결국 '복리증진'이기 때문에 매우 유사한 가치유형으로 간주될 수 있다. 또한 '자극성'과 '희락성'도 '자기만족'을 목표로 한다는 점에서 공통점을 가지고 있으며, 두 가치유형을 구분짓는 것은 만족의 원천이 '새로운 도전'인지 아닌지의 여부이다. 마찬가지로 '성취감'과 '영향력'도 개인적 능력을 토대로 하는 '성공'을 전제로 한다는 점에서 유사성을 가지며, 전자가 일회적인 성공인 반면, 후자는 지속가능한 성공이라는 점에서 서로 구별된다. 그리고 '전통존중'과 '순응성'도 기존 질서의 존중에 가치를 둔다는 점에서 공통점을 보이며, 전자가 사회적 차원과 관련을 맺는 반면, 후자는 개인적 차원과 연관된다는 점에서 서로를 구별한다. 마지막으로 '자율성'과 '안전성'은 어떤 가치유형 하나와 유사성을 보인다기보다는 각각 여러 가치유형과 공유하는 속성을 지니는 것으로 여겨진다.

비슷한 맥락에서 Schwartz는 10가지 가치유형을 보수성(conservation)과 자기중심성(self-enhancement)이라는 기준을 토대로 네 그룹으로 재분류할 수 있다고 본다. 다음 도식이 가치유형들간의 친소관계를 보여준다.[Schwartz 2012:9]

(21)

아래의 [표 2]는 위 도표를 두 가지 속성이 명시적으로 드러나도록 재구성한 것이다.

[표 2] 10가지 가치유형의 재분류록

		자기중심성	
		+	–
보수성	+	영향력 성취감	순응성 전통존중 안전성
	–	자극성 희락성 자율성	박애정신 보편성

Schwartz에 의해 제안된 가치유형 체계에 많은 연구자들이 동의하고 지지하고 있으며 이 체계를 출발점으로 삼은 연구결과들이 지속적으로 발표되고 있다. 이런 배경에서 본 연구에서도 이 가치체계를 수용하여 인쇄광고 100편을 분석하였다. 연구결과 각 가치유형을 충실하게 보여준다고 판단되는 광고카피들을 다음 [표 3]으로 정리했다.

[표 3] 가치유형과 광고카피

가치유형	대표적 광고카피	회사 혹은 제품
자율성	Dreh deinen eigenen Abenteuerfilm. Mit deinem Handy. (당신의 모험영화를 손수 촬영하세요. 당신의 핸드폰으로.)	Siemens
자극성	Echte Champions suchen ständig nach neuen Herausforderungen. (진정한 챔피언은 끊임없이 새로운 도전자를 찾는다.)	Mazda
희락성	Chivas Regal. Ein bisschen Luxus braucht der Mensch. (시바스 레갈. 사람에게는 약간의 사치가 필요하다.)	Chivas Regal

성취감	Erfüllen Sie sich wenigstens einen Kindheitstraum: Werden Sie Pilot. (최소한 어린시절의 꿈을 이루세요.)	Wempe
영향력	Schönheit trifft Intelligenz. (미인이 지성을 만나다.)	Porsche
안전성	Ihre Knie sind nicht aus Stein. Deshalb haben wir den ersten Knie-Airbag entwickelt. Nichts ist unmöglich. (당신의 무릎은 돌로 만들어진 것은 아닙니다. 그래서 저희들은 무릎-에어백을 최초로 만들었습니다. 불가능한 것은 없습니다.)	Toyota
전통존중	So hat 1261 Professore Taddeo Alderotti an der ältesten Universität der Welt in Bologna zum ersten Male Wein gebrannt. (볼로냐에 있는 세계 最古大學의 Taddeo Alderotti 교수가 1261년에 세계최초로 와인을 브랜딩했습니다.)	Vecchia Romagna
박애정신	was einer nicht schafft, das schaffen viele. (한 사람이 이룰 수 없는 일을 많은 사람들이 협력하면 이루낼 수 있습니다.)	Volksbanken-Reiffeisenbanken
보편성	Wir wollen unsere wirtschaftlichen Ziele in Einklang mit der Umwelt und den Menschen verfolgen, … (우리는 환경과의 조화를 고려하면서, 또한 인류를 생각하면서 경제적인 목표를 추구합니다.)	Preussag

10가지 가치유형 중 '순응성'을 내세운 광고를 분석대상이 된 100편의 광고 속에서 발견할 수가 없었다. 가치유형 '순응성'은 유교적 전통과 잘 어울리는 가치이기 때문에 독일의 제품광고에서는 발견하기가 어려울 것이다. 그러나 이 가치유형이 공익광고의 성격에는 잘 부합하므로 다른 매체에 실린 광고들 가운데서는 발견할 수 있을 것으로 판단된다.

개별 광고의 컨셉을 분석한 다음에 Schwartz의 가치체계에 충실하게 분류를 한 결과 광고속에 나타난 가치유형의 분포와 그 가치를 원형적으로 표현한 어휘목록을 제시하면 다음 (22)와 같다.

(22)

가치유형	빈도	어휘목록
자율성	6	eigen(독자적), innerer Wert(내적 가치), sich selbst(자기자신)
자극성	14	Herausforderung(도전), Innovation(혁신), einzigartig(유일무이한), außergewöhnlich (특이한)
희락성	15	Genuß(향유), Geschmack(취향), Freude(즐거움), Luxus(사치), zufrieden(만족스러운), angenehm(편안한)
성취감	9	Ziel(목표), Aufschwung(도약), Traum(꿈), Wunsch(바램)
영향력	16	Schönheit(미), Intelligenz(지성), Reputation(명성), Vermögen(재력), Geld(돈), Preis(가격)
안전성	18	Sicherheit(안전성), Lesitung(성취), schützen(보호하다), lebensrettend(생명을 구하는), absichern(보장하다)
전통존중	6	abstammen(출신이다), 600 Jahre(600년 된), aus dem Jahr 1897 (1897년 산)
박애정신	7	Verantwortung(책임감), Vertrauen(신뢰), gemeinsam(공동으로), zusammen(함께)
보편성	9	Umwelt(환경), Einklang(조화), Emission(대기오염), Klimaschutz(기후보호)

위에 정리된 내용은 개별 가치유형과 어휘들간의 상관성을 보여 주는데, 이 상관관계를 이용하여 개별 광고의 컨셉과 표방하는 가치유형을 대략적으로 포착할 수 있다. 그러나 개별광고에서 전하고자 하는 실질적인 가치유형은 광고카피를 종합적으로 해석한 후에야 확정된다는 점을 유념해야 한다. 다시 말하여, 어휘목록만으로는 개별 광고가 어떤 가치영역에 속하는 지를 객관적으로 결정하기가 어렵다는 의미이다. 이런 까닭에, 추론에 기반한 광고해석 방법론

이 선호되는 것이다.

4. 대화의 재구성

인쇄광고의 해석에는 여러가지 요소들이 관여한다. 먼저 하나의 예를 통해 광고해석이 이루어지는 복합적인 과정에 대해 살펴보기로 하자. 아래에는 투자은행 Credit Suisse의 광고가 제시되어 있다.

[광고 4]

이 광고의 헤드라인에는 “Sie denken an Innovation.(당신은 혁신에 대해 생각하고 계실 것입니다.) Wir auch an Investment.(저희들도 투자에 대해 생각하고 있습니다.)”라는 광고문구가 있다. 광고카피속의 어휘 ‘Innovation(혁신, 개혁)’의 의미가 사용맥락에 따라 달라질 수 있기 때문에, 의미를 고정시키기 위해

로봇이 등장하는 이미지를 통해 전달하고자 하는 메시지를 보충하고 있다. 구명철(2002)은 시각기호가 언어기호에 대해 해석을 위한 단서를 제공한다는 점에서 양자간의 관계를 "지시관계"라고 명명한다.[3] 인쇄광고의 구조상 헤드라인은 타깃에게 편익이 무엇인지를 알리거나, 타깃의 시선을 유인하는 기능을 갖는다. 이 광고의 헤드라인은 수사학적 기법의 하나인 대구법을 사용하여 타깃의 시선을 유인하는 한편, '편익'에 대해 불충분하게 알려줌으로써 보다 정확한 내용은 본문을 읽어서 파악하도록 유도하고 있다. 본문카피의 핵심부분을 번역하여 제시하면 다음 (23)과 같다.

(23)

고객들의 복지를 위해 저희는 새로운 시각으로 사물들을 바라봅니다. 저희의 경험과 능력을 토대로 하여, 저희는 미래의 트랜드를 발견해서 고객들이 새로운 기회를 실현하실 수 있도록 도와드립니다. 이것이 1856년이래 저희가 견지하고 있는 철학입니다.

고객들이 새로운 트랜드에 부합하는 사업구상을 하고 있다면 투자은행 Credit Suisse가 도움을 줄 의향이 있다는 메시지를 본문에서 전하고 있다. 일반적으로 본문카피의 기능은 제품이나 서비스를 상세히 설명하여 정보를 제공하는 것이다. 그런데 이 광고에서는 본문의 내용만으로 어떤 방식으로 도움을 줄 수 있는 지, 고객의 '새로운 기회'가 무엇을 의미하는 지를 알기가 어렵기 때문에, 헤드라인에서 언급된 개념 '투자'와 '혁신'을 끌어와서 본문의 메시지를 이해해야 한다. 다시 말하여, 고객의 사업구상이 혁신적인 것이라면, 미래의 트랜드

3 구명철(2002)에 따르면, 언어기호와 시각기호의 관계는 '지시관계'외에도 의미중첩, 입증, 인과관계, 보충관계 등이 있다.

에 정통하고 경험과 능력을 갖춘 Credit Suisse가 이 사업에 투자를 함으로써 고객에게 도움을 줄 수 있다는 메시지가 획득된다. 그런데 앞서 언급한 바와 같이 '혁신적'이라는 개념도 사용맥락에 따라 다른 의미를 가질 수 있기 때문에 광고주가 이해하는 '혁신'의 의미가 무엇인지를 파악하기 위해 이미지의 도움을 받아야 한다. 이 광고는 이미지를 통해 '혁신'이 '로봇' 기술과 같은 최첨단 산업을 의미하는 것이라는 것을 암시한다. 따라서 첨단기술을 응용한 사업을 구상하고 있으며 투자자를 필요로 하는 타깃이 Credit Suisse에 투자를 요청할 수 있다는 것이 광고의 종합적 메시지이다.

이 광고에 제시된 슬로건 'Neue Perspektive. Für Sie. (새로운 시각. 당신을 위한.)'도 투자은행 Credit Suisse이 어떤 회사인지를 명료하게 보여준다. 일반적으로 광고의 슬로건은 광고를 재인지하고 상품이나 서비스에 대한 이미지를 일관적으로 형성하는 것을 목적으로 하는데, 이런 관점에서 보면 Credit Suisse의 슬로건은 자신들이 '고객들을 위해 늘 새로운 시각으로 사물을 관찰한다'는 이미지 형성의 목적에 부합한다.

헤드라인, 본문카피 및 슬로건의 언어기호와 시각기호로 나누어져 전달된 메시지들을 하나의 메시지로 통합하는 과정에 여러가지 요소들이 작용을 했다. 첫째는 광고의 구조(Structure)이다. 인쇄광고의 경우, 헤드라인, 본문카피 및 슬로건 등 구조적 요인들에 원형적인 기능이 부여된다. 따라서 광고해석시에 구조적 특성도 고려해야 한다. 두번째는 매체적인 특성이 고려되었다. 인쇄광고의 경우 대부분 두 가지 매체(Media), 곧 언어기호와 시각기호가 함께 나타나기 때문에 상이한 매체들간의 의미적인 관계를 고려하여 광고를 해석해야 한다. 분석대상이 된 광고에서는 시각기호가 언어기호의 의미해석에 실마리를 제공했다. 세번째는 광고속에 나타난 논증(Argumentation)이다. 논증적인 담화의 핵심은 반드시 주장의 기능을 하는 명제가 하나 이상 존재한다는 점이다. 그에 따라 이 주장을 뒷받침하는 논거도 하나 이상 존재한다. 그런데, 광고담화에서는 논거나 주장 가운데 하나는 명시적으로 실현되지 않을 수도 있다. 현재 논의하고 있는 광고에서는 'Credit Suisse가 벤쳐사업가에게 도움을 준다.' 는 명제를 주장으로, 'Credit Suisse가 벤쳐사업에 투자를 한다.' 는 명제를 주장을 뒷받침하는 논거로 간주할 수 있다. 논거로부터 주장을 끌어내기 위해 필요한 것이 추론규칙인데, 이러한 추론규칙이 여러 유형들을 토포스(Topos)라고 지칭하겠다. 활용빈도가 높은 추론규칙들 중의 하나가 연역법이다.[4] 연역법은 일반적인 원칙에 기반한다. 우리 광고의 경우, '어떤 기관이 벤쳐사업체에 투자를 하면, 그 기관은 그 사업체를 돕는 것이다.'라는 명제가 일반적인 원칙에 해당한다. 이 원칙과 논거가 주어지면 연역법에 의해 주장이 추론된다. Wood(2001)가 정리한 추론도식의 유형은 다음 [표 4]와 같다.

[표 4] 추론도식의 유형

분류	추론도식	보증(Warrant)	근거(Ground)	주장(Claim)
논리적 추론 (Logical Proofs)	연역법 (Deduction) :: 원칙기반	모든 사람은 고유한 지문을 가지고 있다.	피고는 사람이다.	피고는 고유한 지문을 가지고 있다.
	인과관계 (Cause)	(최근) 이 그룹 사람들의 디프레션이 증가했다.	(최근) 이 그룹 사람들의 인터넷 사용시간이 증가했다.	인터넷이 디프레션을 유발시키는 것 같다.
	징후 (Sign)	이 반점들은 홍역의 표시이다.	아이에게 반점들이 있다.	아이는 홍역을 앓고 있다.
	귀납법 (Induction) ::일반화기반	(일반화하기에) 세 가지 정도의 샘플이 있으면 충분하다.	나는 그 영화를 좋아하는 사람을 세 명 알고 있다.	모두가 그 영화를 좋아한다.
	유추 (Analogoy)	AIDS와 흑사병은 유사하다.	많은 사람들이 흑사병으로 죽었다.	많은 사람들이 AIDS로 죽을 것이다.

4 추론도식에 속하는 추론규칙들에는 연역법외에도 귀납법, 일반화, 유추법, 동기에 의한 추론, 권위에 의한 추론, 가치에 의한 추론 등이 있다. Wood(2001) 참조.

논리적 추론 (Logical Proofs)	유추 (Analogoy)	두 연방주는 유사하다. 그래서 한 연방주의 성과가 다른 연방주의 성과가 될 것이다.	다른 연방주는 교육에 많은 지출을 해서 좋은 성과를 얻었습니다.	이 연방주는 교육에 더 많은 지출을 해야 합니다.
논리적 추론 (Logical Proofs)	유추 (Analogoy)	독서와 식사는 서로가 비교될 수 있을 만큼 충분히 비슷하다.	많은 양의 식사를 소화하는데 시간이 많이 걸린다.	(따라서) 어려운 책을 읽는 것도 시간이 많이 걸릴 것이다.
윤리적 추론 (Ethos)	권위 (Authority)	이 전문가들은 신뢰할 만 하다.	교수들과 과학자들이 그렇게 얘기했다.	California에 지진이 날 것이다.
감성적 추론 (Emotio-nal Proofs)	동기 (Motives)	당신이 원하는 것은 직업상의 안정성과 치안이 좋은 주거환경입니다.	이 후보자는 당신이 직업상의 안정성과 치안이 좋은 주거환경을 얻는데 있어 도움을 줄 수 있습니다.	당신은 이 후보자를 지지해야 합니다.
감성적 추론 (Emotio-nal Proofs)	가치 (Values)	당신은 평등을 가치있게 생각합니다.	다문화 교과과정은 평등에 기여할 것입니다.	교과과정이 다문화적이어야 합니다.

다섯번째는 관련성(Relevance)이다. Grice(1968)가 관련성의 격률로 정리한 바와 같이, 모든 기호의 사용에는 관련성의 격률이 준수되어야 한다. 관련성의 격률은 모든 기호의 해석에 기호의 사용맥락이 작용한다는 사실을 명시적으로 표현한 것이다. 광고의 해석과정에서 제품이나 서비스의 속성과 잠재고객의 가치관을 고려하고 광고주의 의도를 발견해야 하는 것이 관련성의 격률때문이다. 또한 1인칭이나 2인칭 대명사로 나타나는 직시적인 표현들이 대부분 광고주나 타깃을 지시하는 것도 관련성의 격률에 기인한다. 바로 이들 직시적 표현의 화용적 이해를 위해 우리는 광고의 중요한 속성인 상호작용성(Interaction)을 또한 고려해야 한다. 광고에서의 상호작용성이란 광고주와 타깃간의 대화를 가리킨다.

이제까지 논의한 바, 광고의 해석에 관여하는 여섯가지 요소를 정리하면 다음 (24)와 같은데, 이중에서도 광고의 대화적 속성, 곧 상호작용성이 다른 요소들의 바탕이 되기 때문에 이 속성을 가장 앞에 위치시킨다.

(24)

- 상호작용성(Interaction)
- 구조(Structure)
- 매체(Media)
- 논증(Argument)
- 관련성(Relevance)
- 추론도식(Templates)

이 여섯가지 요소의 첫자만 모아 두문자어(acronym)로 만들면 iSMART가 생성된다. iSMART는 추론을 위한 도구들을 모아 놓은 도구상자로 이해할 수 있다.

앞서 우리는 광고해석을 위해 제안된 몇 가지 이론이 각기 한계를 지닌다는 점을 지적한 바 있다. 이들의 공통적인 약점은 이 이론들이 너무 강력해서 개별 광고에 대해 다양한 해석가능성을 허용한다는 점에 있다. 광고커뮤니케이션 과정에 화자와 청자가 참여하고, 언어기호든 시각기호든 기호 및 기호와 직접 관련되는 제품이나 서비스가 존재하는 한 광고메시지의 의미는 제한적일 수 밖에 없다. 더더욱, 광고가 적지 않은 비용이 소요되는 유료커뮤니케이션이기 때문에 비용을 부담하는 광고주는 자신의 의도가 가장 효율적으로 전달되기를 기대할 것이다. 광고메시지의 소통의미(commucation meaning, 이하 CM), 곧 화자의미를 제한하는 방법의 하나로 이 연구에서는 대화모형을 제안하고자 한다.[5]

---

5 Löbner(2003)는 세 가지 유형의 의미를 구분한다. 하나는 표현의미(expressiomn meaning, 이하 EM)이고

대화모형은, 화자로서 광고주와 청자로서 타깃간의 대화를 재구성함으로써 광고기호의 화자의미를 추론해내는 해석방법론이다. 주어진 기호들로부터 CM을 추론하는 과정에는 앞서 소개한 iSMART-도구상자가 사용된다. 또한 모든 CM에는 타깃이 추구하는 가치유형이 포함되기 때문에 이 대화모형은 화자의미, 곧 CM의 범위를 자동적으로 제한하게 된다. 이제부터는 광고해석을 위해 새롭게 제안된 대화모형을 iSMART-모형이라고 부르겠다. 광고해석을 위한 iSMART-모형은 네 가지 하위모듈로 구성된다.

(25)

i. 추론모듈: 광고해석시에 추론절차를 시동한다.

ii. 도구모듈: iSMART 도구들을 사용하여 발화의미를 산출한다.

iii. MEC모듈: 제품이나 서비스의 속성을 타깃의 가치관과 연결시킨다.

iv. 대화모듈: 광고주와 타깃간의 대화를 재구성하여 소통의미를 산출한다.

첫번째 모듈은 광고해석을 위한 추론모형에 기초한 것이고, 두번째 모듈은 텍스트 수용모형의 접근방법을 일반화한 것이다. 더 나아가 세번째 모듈은 수단-목적-사슬(MEC) 이론의 핵심명제를 변형한 것이며, 네번째 모듈은 Quaestio이론의 외형적인 해석틀을 수용한 것이다. 종합하자면, iSMART-모형은 광고해석과 관련한 선행연구들의 성과를 받아들여 수정한 다음에 하나로 통합한 모듈형 해석모형이라고 할 수 있다.

이제 광고 하나를 예로 들어 대화를 재구성해 보기로 하자. 해석의 대상이 되는 광고는 정유회사 BP가 광고주이다.

다른 하나는 발화의미(utterance meaning, UM)이며, 마지막 하나가 CM이다.

[광고 5]

이 광고의 헤드라인 "Gemeinsame Interessen(공동 관심사) Könnte es sein, dass der Kampf gegen den Klimawandel und die Deckung des Energiebedarfs nicht voneinander zu trennen sind?(환경변화에 대항한 투쟁과 에너지수요의 충족이 꼭 분리된 문제여야 할까요?)"에는 환경 보호 운동과 에너지 공급 사업이 공동협력을 도모할 수 있다고 주장이 담겨있다. 여기서 '환경변화에 대항한 투쟁'이 다양한 의미로 사용될 수 있기 때문에, 그 의미를 제한하기 위해 이미지를 활용하고 있다. '녹아내린 빙산'의 이미지가 여기서는 환경변화를 의미한다. 또한 '에너지수요의 충족'이라는 표현은 '불야성을 이루고 있는 도시의 고층빌딩' 이미지를 통해 그 의미를 획득한다. 광고의 본문텍스트는 "Die nachhaltige Deckung des Energiebedarfs und die Minimierung der Umweltebelastung sind zwei vorrangige und von einander untrennbare Verpflichtungen für Total. (에너지수요의 지속적인 충족과 환경파괴의 최소화가 Total사의 최우선적이면서 서로 분리불가능한 두 가지 의무입니다.)"로 시작한다. 본문텍스트의 첫 문장은 헤드라인속의 주장을 명시적으로 반복하고 있다. 이어지는 텍스트에서는 Total사가 화석연료자원과 대체에너지 자원을 탐색하는 한편, 생산설비의 에너지효율을 최적화하고 온실가스의 배출을 줄이고자 노력한다는 주장이 제기된다. 본문에서는 Total사가 파일럿 프로젝트를 통해 기후변동에 대항하는데 도움이 될 혁신적이면서도 전망이 좋은 기술을 발전시켰다는 주장도 펼쳐진다.

이 광고를 통해 Total사는 '환경변화' 문제와 '에너지수급' 문제에 대한 해결책을 발견하지 못하면 인류의 안전이 위협을 받게 된다는 사실과 함께 자신들이 이 문제들에 대한 해답을 가지고 있다는 메시지를 전하고자 하는 것이다. '안전에 대한 위협'은 빙산과 도시가 뒤집혀 있는 이미지를 통해 표현되고 있다.

이러한 광고메시지를 광고주와 타깃간의 대화로 재구성하면 다음과 같다.

(26)

Total사: 고객님, 말씀 좀 나눌 수 있겠습니까? #1

타깃: 예, 그러지요. 무슨 얘기이신가요? #2

Total사: 사실 '환경변화' 문제와 '에너지수급' 문제가 인류의 안전에 큰 위협이 될 수 있습니다. #3

타깃: 저도 알고 있는 사실입니다만, 무슨 해결책이 있습니까? #4

Total사: 예, 저희는 에너지 효율을 높이는 방법을 개발하는 한편, 기후변동에 대항하는데 도움이 될 혁신적이면서도 전망이 좋은 기술을 발전시켰습니다. #5

타깃: 그게 사실이라면, 인류의 안전성을 확보하는데 도움이 되겠군요. #6

Total사: 예, 바로 그렇습니다. 저희가 안전성을 추구하는 고객님의 가치관을 충족시켜드리는 것입니다. #7

타깃: 아 그렇군요. #8

이 광고에서 광고주 Total사는 눈에 확 띄는 이미지를 이용하여 타깃을 대화로 초대한다. 이 초대는 언어적으로 '요청'의 형식을 빌어 이루어진다[#1]. 이 요청에 대해 타깃은 '수락'을 하는데[#2], '요청'-'수락'은 대화에서 선호되는 인접쌍이다. 이어 광고주는 '주장'의 형식을 취한 발화의미(UM)를 전달한다[#3]. 이 발화의미는 iSMART-도구상자속의 여러가지 도구들을 이용하여 헤드라인과 이미지 및 본문텍스트의 첫 문장으로부터 추론한 결과이다. 이 주장에 대해 타깃은 우선 '동의'한다[#4]. '주장'-'동의'도 대화에서 선호되는 인접쌍에 속한다. 이어 타깃은 보충질문을 한다[#4]. 타깃의 '질문'에 대해 광고주는 '예견된 대답'을 제시한다[#5]. '질문'과 '예견된 대답'도 선호되는 인접쌍에 속한다. 광고주의 '답'이 새로운 '주장'으로 이해될 수 있는데, 이에 대해 타깃은 '동의'를 표한다[#6]. 타깃의 '동의'에 대해 광고주는 '재확인'을 한 다음, 타깃의 가치관과 결부시켜 새로운 '주장'을 한다[#7]. 이 주장이 소통의미를 나타내는데, 이에 대해 타깃은 '동의'를 한다[#8]. 이처럼 재구성된 광고대화의 특성은 '요청'-'수락' 인접쌍으로 시작하여 '주장'-'동의' 인접쌍으로 마무리되는 구조를 가진다는 점이다. 이 대화의 전체적인 흐름을 화행연속체로 나타낸다면, 요청(말걸기)-수락-주장(발화의미1)-동의 및 보충질문-대답(발화의미2)-동의-주장(소통의미)-동의가 되겠다. 이 연속체를 일반화하여 세 국면으로 나눈다면, 첫 두 말차례(turn)는 개시국면에 속한다고 할 수 있다. 그 다음에 이어지는 말차례들 가운데 '주장(발화의미1)' 부터 '주장(소통의미)'까지가 주제국면이며, 마지막 말차례는 종결국면에 속한다.

앞서 논의한 대화의 재구성을 통한 화자의미의 추론방법을 화행연속체로 일반화시킨다면, 이 추론방법을 다양한 인쇄광고의 해석에 활용할 수가 있다. 개별광고마다 결정적인 차이를 보이는 부분은 위 대화 (26)의 발화 #3에서 주장된 '발화의미'와 발화 #7에서 언급된 '소통의미' 로서의 가치관과 연관된 주장일 것이다. 발화 #5와 #6은 광고에 따라서 선택사항일 수도 있고, 광고의 주장내용이 여러가지일 경우에는 유사한 성격을 갖는 발화들이 반복되어 대화의 길이가 늘어날 수 있다.

다음에 제시된 Sparkasse광고에서는 질문과 대답이 동시에 헤드라인으로 쓰이고 있다.

[광고 6]

이처럼 최소 대화유형이 헤드라인에 나타나는 광고유형이 흔하지는 않으나, 해석절차는 앞서 논의한 Total사 광고의 경우와 유사하게 진행할 수 있다.

먼저 헤드라인속의 대화를 분석하자면, 광고주도 타깃도 아닌 제3자가 질문을 던지고, 그에 대해 광고주가 대답을 한 것으로 볼 수 있다. 헤드라인이 대화형식을 취하고 있지만 여기에 표현된 발화의미는 '환경에 이득을 가져다 주는 사업에 투자하기 때문에, Sparkasse는 독일에 유용한 금융기관이다.' 라는 것이다. 그리고 본문텍스트에 표현된 발화의미는 'Sparkasse는 에너지효율을 높이는 일과 기업경쟁력의 강화에 기여한다.'는 주장으로 정리될 수 있다. 이와 같은 발화의미들을 (26)에 제시된 대화의 틀안에 적절히 배치하면, '저희 Sparkasse가 보편성을 추구하는 고객님의 가치관을 만족시켜드립니다.'로 표현되는 이 광고의 소통의미를 추론할 수 있다.

5. 맺음말

이 글에서는 독일의 시사주간지 Der Spiegel에 실린 광고 100편을 분석대상으로 삼아 광고속에 나타난 가치유형에 대해 살펴보고, 지면광고의 해석을 적절히 제한하는 방법론의 하나로 대화모형에 기반한 iSMART 이론을 제안했다. 해석모형의 구상에 있어 출발점이 된 것은 광고가 광고주와 잠재적인 소비자(타깃)간에 이루어지는 암묵적인 대화라는 사실이다. 광고주의 의도라 할 수 있는 소통의미를 추론하는 작업이 필수적인데, 이 의미가 대화를 재구성하는 과정에서 추론된다고 본다.

이 이론의 장점 중 하나는 잠재적인 소비자(타깃)의 주목을 끌기 위해 사용되는 여러가지 수단들 – 언어규범위반, 성적 소구, 유머 소구 등 – 을 타깃에게 말을 건네는 광고주의 발화로 해석한 점이다.

해석모형은 네 가지 하위모듈로 구성되는데, 이들은 추론모듈, 도구모듈, MEC모듈 및 대화모듈이다. 도구모듈을 뒷받침하는 것은 iSMART 도구상자인데, 상자속의 추론도구들은 발화의미를 추론할 때 사용된다. 소통의미는 MEC모듈과 대화모듈의 상호작용으로 산출되기 때문에 대화를 재구성하는 과정이 매우 중요시된다.

iSMART 해석모형이 보다 설득력을 갖기 위해서는 광고에 사용된 어휘목록과 Schwartz에 의해 10가지 가치유형간의 상관관계를 토대로 하여 광고에서 의도하는 가치유형의 예측도를 높여야 할 것이다.

참고문헌

구명철(2002). "독일광고에 나타난 언어기호와 시각기호의 관계", 『독일문학』84, 426-443, 한국독어독문학회.

오장근 (1999). "광고텍스트의 전략적 이해." 독어학 제1집, 287-311. 한국독어학회.

이민행 (2000). "광고카피와 대화함축: 센스, 카피 그리고 거짓말." 독일언어문학 13, 53-67. 독일언어문학회.

이민행 (2009). "언어경제성과 광고해석의 원리." 독어학 20집. 155-175.

이유재/이준엽(1997). "서비스 품질에 관한 종합적 고찰:개념 및 측정을 중심으로." 경영논집. 31(3, 4). 249-283.

최명원 (2000). "의사소통 모델에 따른 광고분석의 문제점." 독어학. 제2집. 207-228.

Dietrich, R. (1998). "Poetische Gebilde in Werbetexten." 독일학연구 7, 43-75. 서울대 독일학연구소.

Grice, H. P. (1968). Logic and Conversation, Kap. II/III/V. Deutsch übersetzt teilweise in: Meggle, G. (ed.) (1979), Handlung, Kommunikation, Bedeutung, Frankfurt/Main.

Gutman. J. (1982). "A means-end chain model based on consumer categorization process." Journal of Marketing 42, pp.60~72.

Janich, N. (2001). Werbesprache. Ein Arbeitsbuch, 2. Auflage. Tübingen: Gunter Narr Verlag.

Kahle, Lynn R. (1983). Social Values and Social Change: Adaptation to life in America.

Lakoff, G. (2004). Don't Think of an Elephant! Know your Values and Frame the Debate. Chelsea Green Publishing.

Löbner, S. (2003). Semantik. Eine Einführung. Walter de Gruyter: Berlin, New York

Maslow, A.H. (1943). "A theory of human motivation. Psychological Review," 50(4), 370–96. [http://psychclassics.yorku.ca/Maslow/motivation.htm]

Ottmers, C. (1996). Rhetorik. Metzler Verlag. Stuttgart/Weimar.

Reynolds, Thomas J. & Craddock, Alyce B (1988). "The application of the meccas model to the development and assessment of advertising strategy." Journal of Advertising Research pp. 43 – 54.

Reynolds, T.J. and Gutman, J. (1988). "Laddering theory, method, analysis and interpretation, Journal of Advertising Research," Vol. 28 No. 1, pp. 11-31.

Reynolds, T. T. and Whitlark, D. B. (1995) "Applying Laddering Data to Communications Strategy and Advertising Practice." Journal of Advertising Research, July-Aug,

pp.9~17.
Schwartz, S.H. (1992). "Universals in the content and structure of values: theoretical advances and empirical tests in 20 countries, Advances in Experimental Social Psychology," Vol. 25, Academic Press, San Diego, CA.
Schwartz, S. H. (2012). "An Overview of the Schwartz Theory of Basic Values." Online Readings in Psychology and Culture, 2(1). http://dx.doi.org/10.9707/2307-0919.1116
Sowinski, B. 1998. Werbung. Niemeyer.
van Dijk, T.A., & Kintsch, W. (1983). Strategies of discourse comprehension. New York: Academic Press.
Wood, N. V. (2001). Writing Argumentative Essays. Prentice Hall.

부록

[광고 1]

Adobe Intelligent Document Platform
Vielleicht ist unsere Arbeitsweise nicht die richtige.
Nutzen Sie die Intelligent Document Platform von Adobe. Machen Sie den Schritt von der Papierwelt in die digitale Welt. Und schon werden Dokumente intelligenter und viel nützlicher. Wichtige Daten werden geschützt. Informationen gelangen ganz automatisch dorthin, wo sie gebraucht werden. Arbeit leicht gemacht.
Adobe Intelligent Document Platform. Better by Adobe.
Wie andere Unternehmen den Schritt in die digitale Welt gemacht haben, erfahren Sie unter www.adobe.de/idp
Adobe

[광고 2]

MOUNT CLEVEREST.
WWW.JET-TANKSTELLEN.DE
A-TEAM
JET
SCHLAUER IST DAS.

[광고 3]

Be touched
by the fragrance
that touches
the woman.
ELIZABETH TAYLOR'S
PASSION
LORD & TAYLOR

[광고 4]

Sie denken an
Innovation.
Wir auch an
Investment.
Investment Banking • Private Banking • Asset Management
Für das Wohl unserer Kunden betrachten wir Dinge aus einem neuen Blickwinkel. Aufbauend auf unserer Erfahrung und Kompetenz entdecken wir zukünftige Trends und helfen Ihnen, neue Chancen zu realisieren. Seit 1856 ist das unsere Philosophie. Für weitere Informationen kontaktieren Sie uns bitte in Frankfurt, in einer unserer weiteren 12 Niederlassungen in Deutschland oder unter www.credit-suisse.com/de
Neue Perspektiven. Für Sie.
CREDIT SUISSE

[광고 5]

Gemeinsame Interessen
Unsere Energie ist Energie für Sie
TOTAL

[광고 6]

Wann ist ein Geldinstitut
gut für Deutschland?
Wenn es Investitionen
finanziert, von denen auch
die Umwelt profitiert.
Sparkassen fördern nachhaltiges Wirtschaften.
www.gut-fuer-deutschland.de
Sparkassen. Gut für Deutschland.

논평과 토론

광고기호의 해석원리

이원표 언어학에서 어떤 원리나 모델을 만든다는 건 모든 학자들이 이루고 싶어 하는 목표이지만 그게 생각만큼 쉽지는 않은 일 같습니다. 재미있게 읽었고요, 읽으면서 제가 의아하게 생각했거나 명확하지 않다고 느껴진 것들을 말씀드리겠습니다. 제가 선생님의 논문을 잘못 이해했을 수도 있으니까 질문이 될 수도 있고요, 만약 제가 맞게 지적한 거라면 나중에 원고 수정 과정에서 조금이라도 도움이 됐으면 좋겠습니다. 어떤 것은 작은 이슈이고, 어떤 것은 큰 이슈인데 페이지 순서대로 말씀드리겠습니다.

첫 번째는, 이 논문에서 언급하고 있는 기존 연구의 주장이나, 내용, 문제점 등을 좀 더 구체적으로 소개해 주시면 좋겠습니다. 가령, 디트리히 인가요? 그 사람의 논증이론적 해석 방법이란 것을 언급하셨습니다. 그런데 이 자료집에 나온 예문, (2)와 (3)은 논증이론적 성격보다는 대화적 성격을 보여 주는 예문 같습니다. 그래서 (2)번과 (3)번이 왜 논증적일까라는 생각을 했거든요. 정확하게 이 사람의 논증이론적 해석 방법이란 것이 무엇인지 소개해 주셨으면 좋겠고, 그리고 예문이 그 사람의 이론을 잘 보여 줄 수 있는 것이었으면 좋겠다는 생각이 들었습니다. 그리고, 반다이크의, 언어 및 담화의 여러 가지 차원들을 통합적으로 고려하는 전략적 텍스트 수용 모형이, 선생님의 말씀을 인용하자면,

'너무 강한 반면에 설득력이 떨어진다'고 하셨습니다. 그런데 이런 평가에 대한 어떤 근거랄까, 이유가 충분하지 않다는 생각이 들었습니다. 이건 약간 다른 얘기지만, 저도 반다이크의 이론을 사용하는데, 나름대로 상당히 설득력 있는 접근법이라고 생각을 하거든요. 그래서 이런 비판을 하시니까 왜 그럴까라는 생각이 드는데, 그런 점에서 선생님의 평가 근거를 좀 더 명확하게 말씀해 주시면 좋을 것 같습니다. 또 한 가지는 선생님께서 뒤에서 iSMART 모형을 제안하시는 과정에서 이 사람의 접근법을 포함시키셨거든요. 앞에서 비판하신 후 별다른 설명 없이 그것을 선생님의 모델에 사용하시니까 좀 의아스럽게 생각되었습니다.

두 번째로, 이 논문의 요지는, 제가 생각하기에는, 결국 광고 텍스트의 분석을 위해서는 대화적 성격과 함께 언어적 요소와 비언어적 요소를 모두 고려할 필요가 있다는 것 같습니다. 그런데, 대개 언어학 논문이라는 것이 이론적 배경이라는 섹션을 갖지 않습니까? 그런 점에서 본다면 선생님의 기본적 입장을 뒷받침해 주는 이론적 배경이 분명하게 안 드러나고 있지 않나 하는 생각이 듭니다. 광고의 대화적 성격은 섹션 2에서 말씀하고 계신데, 제가 말씀 드리는 것은 그런 구체적인 예들보다는 그 대화적 성격이라는 개념이 나오게 된 초창기 연구들이나 그 개념의 발전 과정을 보여 주셨으면 좋겠다는 것입니다. 또 한 가지는, 선생님 논문의 요지 중 하나는 언어적인 것과 비언어적인 것을 함께 봐야 한다는 것인데, 그것을 뒷받침해주는 이론적 바탕이 있다면, 담화분석에 discourse semiotics, 담화 기호학이라는 접근법이 있거든요. 그러니까 그것을 선생님의 논문에서 소개해 주시면 읽는 사람이 선생님의 논지를 좀 더 잘 따라갈 수 있지 않을까 하는 생각이 들었습니다.

세 번째로, 선생님께서는 2절에서 광고의 대화적 성격을 논의하고 계십니다. 그리고 그 증거로서 가령, 광고에 2인칭 대명사가 사용된다는 것을 언급하고 계신데, 이건 어떻게 보면 작은 이슈이고 어떻게 보면 큰 이슈일 수도 있을 것 같습니다. 선생님께서는 이 논문의 핵심적 요지로서 '대화적 모델'이라는 것을 강조하시는 것 같은데, 사실 이 대화적 성격이라는 것이 광고 텍스트에만 적용되는 것은 아니거든요. 그러니까 담화분석이라든지 화용론에서는 '모든 텍스트는 대화이다'라는 얘기를 합니다. 그래서 심지어 우리가 논문을 쓸 때도 알게 모르게 독자와의 잠재적 대화를 가정하고 쓴다라는 말을 하거든요. 물론 우리 논문에 이런 가상적인 대화가 실제로 드러나는 것은 아니지만, 그 문장 하나하나, 논증 하나하나는 잠재적으로 독자가 나한테 제기할 수 있는 어떤 질문을 염두에 두고 논증을 펼친다는 입장입니다. 그런 점에서 본다면, 선생님께서 말씀하시는 광고의 대화성이란 것이 물론 '사실'이지만, 어떻게 보면 비형식적 언어학에서는 당연시되는 것이라고 볼 수가 있고요, 그런 점에서 선생님께서 강조하시는 이 대화적 측면의 비중을 좀 줄일 필요가 있지 않나 생각됩니다. 이와 관련해서는, 뒤에서 다시 말씀을 드리겠습니다.

네 번째로 말씀드릴 것은, 3절 "광고에 나타난 사회적 가치"라는 섹션이 있는데, 제가 보기에, 선생님이 말씀하고 계신 것은 광고의 분석에 사회적 가치라는 차원을 통합해야 한다는 것이고, 그런 이유에서 사회적 가치에 대한 분석을 하신 것 같습니다. 그런데, 제가 보기엔, 이 논문의 목적, 즉 대화모형의 제시라는 측면에서 본다면 이 3절이 내용의 연결성에서 앞뒤의 부분들과 다소 분리되었다는 생각이 듭니다. 일단 사회적 가치와 관련된 기존 연구의 소개가 제가 보기엔 필요 이상으로 많습니다. 그리고 제가 보기엔, 그 3절의 취지는 결국 그런 사회적 가치들을 판단하는 데 어휘만으로는 불충분하고, 따라서 대화모형을 봐야한다는 것 같은데, 그런 취지를 위해서 3절에서 너무 세밀하게 분석하신 것은 아닌가라는 생각이 듭니다. 그리고 3절에서 부분적으로 수량분석을 하셨는데, 그 수량분석의 결과와 3절의 논의가 그 뒤 부분에서 거의 언급되지 않는 것 같습니다. 연결성 면에서 볼 때, 이 3절의 취지를 살리기 위해서는, 3절의 내용이 4절에서 좀 더 활용될 필요가 있지 않나 생각합니다.

다섯 번째는 4절, 대화의 재구성에서 언급되는 토포스라는 개념인데요. 선생님께서는 여기서 토포스를 추론 규칙들의 집합으로 정의하셨습니다. 가령, 연역법, 귀납법이라든지 일반화 규칙 등 매우 포괄적인 개념으로 말씀하셨는데 제가 알고 있는 것과 좀 차이가 있는 것 같습니다. 제가 알기로는 토포스는 논증과 결론을 이어주는 어떤 내용 관련 근거라고 정의됩니다. 이건 용어의 정의 문제니까 한 번 확인해 보실 필요가 있지 않나 생각합니다.

여섯 번째는, 선생님 논문의 핵심적인 요지로서, 'iSMART 도구상자'라는 것과 '대화모형의 네 가지 하위 모듈'을 제시하고 계신데, 제가 보기엔, 이 둘 사이의 차이나 관계를 좀 더 명확하게 할 필요가 있지 않나 생각했습니다. 가령, iSMART 도구상자의 첫 번째 요소로서 상호작용성을 말씀하시면서 광고주와 타깃간의 대화를 가리킨다고 정의하셨고요, 그게 매우 중요하기 때문에 1번이라고 하셨습니다. 그런데 그 '도구상자'와 뒤에 나오는 네 가지 하위 모듈 가운데 '대화모듈'이 서로 어떤 관계를 갖는 건지 이해가 잘 되지 않았습니다. 관련된 것으로서, 네 가지 하위 모듈이 있는데 제가 보기엔 이 네 가지 모듈 사이의 구분이 사실 좀 쉽지가 않은 것 같습니다. 가령, 대화모듈을 정의하는 부분에서, 첫 번째 추론모듈은 뭐를 "시동한다", 두 번째 모듈은 뭐를 "산출한다", 세 번째 모듈은 뭐를 "연결시킨다", 네 번째 모듈은 뭐를 "산출한다" 같은 표현이 있는데, 제가 보기엔 이 "시동한다", "산출한다", "연결시킨다"는 것이 결국엔 모두 우리 머릿속에서 이루어진다고 우리가 가정하는 일종의 추론 과정입니다. 그런 의미에서 첫 번째 모듈인 추론모듈은 사실 어떻게 보면 나머지 다른 모듈들을 모두 포함할 수 있는 광범위한 개념/부분인데, 선생님께서는 추론모듈이라는 것을 따로 떼어놓고 2번, 3번, 4번이라는 세 개의 모듈을 별도로 설정하고 계십니다. 과연 이 네 개 모듈 사이의 관계가 무엇인지 명확하지 않은 것 같습니다.

마지막으로, 어떻게 보면 이 논문의 시발점이기도 하고, 가장 본질적인 이슈인데, 선생님께서 "기본 이론의 공통적인 약점으로 광고가 전달하고자 하는 의미는 제한적이지만 (...) 이 이론들은 너무나 강력해서 개별 광고에 대한 다양한 해석 가능성을 허용한다는 것이다. 따라서 이런 한계를 해결하기 위한 것이 대화모형이다"라고 말씀하셨습니다. 그런데, 앞에서도 말씀드렸듯이, 모든 텍스트가 대화성을 갖는다는 것은 그야말로 하나의 이론적 개념/가설이거든요. 따라서, 우리가 어떤 자료를 분석할 때 마치 대화가 진짜로 이루어지는 것처럼 분석해야한다는 의미는 아닌 것 같습니다. 그러니까 저는 잠재적으로 어떤 필자와 독자, 화자와 청자 사이에 마치 대화가 이루어지는 것 같은 '정신적 과정'을 가정할 필요가 있다는 의미로 이해하고 있는데, 선생님께서는, 자료집의 24번 예문에서, 특정 광고에서 의도된 의미를 독자가 파악하는 과정이 실제로 그런 대화를 통해 이루어지고 있는 것 같은 분석을 하고 계십니다. 그런데 (24) 자체는, 제가 보기에는, 좀 자의적이고 인위적이라는 생각을 하게 됩니다. 물론, (24)에서처럼, 대화를 통해서 독자들이 광고의 의미를 추론할 수도 있겠지요. 그러니까, 선생님의 분석이나 이 논문의 요지를 부정하는 것은 아니고, 그럴 수도 있다는 생각은 합니다. 그렇지만, 많은 경우, 우리가 누군가와의 대화라는 과정 없이 혼자서도 얼마든지 어떤 의미를 추론할 수 있거든요. 또한, 예문 (24)가 정말 두 사람 사이의 실제 추론 '과정'을 보여 주고 있는 것인지, 다시 말해서, 광고의 해석이나 추론이 나오게 된 구체적인 "정신적 과정"을 말해 주고 있는 것인지에 대한 의문이 드는 것도 사실입니다. 제가 보기엔, 아까 말씀하신 iSMART 도구상자가 이 논문에서 중요한 역할을 하는 것 같습니다. 언어적 요소와 비언어적 요소, 그러니까 우리가 추론하는 과정에서 의지하거나 이용할 수 있는 모든 언어적 요소와 비언어적 요소들을 정리하신 것 같은데, 제 생각에는, 이렇게 '도구상자' 안에 있는 여러 가지 언어적, 비언어적 요소들이 우리가 추론하는 '과정'에서 실제로 이용되는 방법들을 체계적으로 분석하는 것이 선생님의 취지를 좀 더 확실하게 보여 주는 것이 아닐까 생각했습니다. 그래서 제가 보기엔 이 논문의 골격은 광고의 대화적 성격 자체 보다는, 뭐랄까, 선생님께서도 그런 말씀을 하셨거든요. 가령, "innovation이라는 어휘의 의미가 모호한데 그 모호성을 제거해 주는 것이 바로 로봇이라는 이미지다"라는 말씀을 하셨거든요. 그러니까 우리가 광고를 이해하는 과정은 (24)번 같은 대화보다는 그런 이미지 같은 비언어적 요소를 분석에 활용함으로써 설명이 가능하다고 생각되는데, 현재는 이런 것이 잘 안 드러난 것이 아닌가 생각했습니다. 정리하자면, 광고의 대화적 성격을 강조하기 보다는, 독자가 광고의 의미를 이해하기 위한 추론 과정에서 담화전략이나 인지적 매커니즘, 가령 은유, 연산 과정, 지표성 같은 것들을 실제로 어떻게 활용될 수 있는지를 좀 더 구체적으로 보여 줄 수 있으면 더 좋지 않을까 하는 생각입니다. 수고하셨습니다.

이민행 선생님께서 여러 가지 문제에 대해 말씀을 해 주셨는데, 그 중 일부에 대해서는 수긍을 하지만, 일부에 대해서는 동의하기가 어렵습니다. 첫 번째와 두 번째 문제는 선행연구와 관련되는 것으로 그에 대해 제가 자세히 기술하거나 보충할 필요는 없다고 생각합니다. 필요하시다면, 선생님께서 해당 문헌을 직접 읽어보시면 감사하겠습니다. 물론, 선생님과 마찬가지로 "텍스트 수용

모형"의 효용성을 제가 전적으로 부정하는 것은 아닙니다. 이 이론의 경우, 여러 층위의 분석 전략들을 제시한 점에 대해 그 기여도를 인정합니다. 그렇지만, 제 글에서 명시적으로 언급한 바와 같이 이 이론은 "여러 전략들이 구체적인 광고의 해석시에 어떠한 절차를 따라 활성화되는 지, 그리고 전략들간의 상호작용은 어떻게 일어나는 지에 대한 설명이 없어서" 설득력이 떨어집니다. 여기서 중요한 점은 인지적인 처리과정에서 여러가지 기재들이 동시에 작동할 수는 없다는 사실과 연관됩니다. 이와 비슷한 문제점을 선생님이 담화분석 틀로 오랫동안 사용하고 계시는 비평적 담화분석(critical discourse analysis)도 가지고 있다고 생각합니다. 분석도구들은 많아 유용하지만 이 도구들을 어떤 상황에서 사용해야 하는 지에 대한 지침이 필요하다고 봅니다. 세 번째 문제는 광고텍스트의 "대화성"과 관련됩니다. 여러 광고문구를 근거로 들어 제시해 드렸습니다만, 1인칭과 2인칭의 빈번한 사용에서 확인할 수 있듯이 광고는 명백히 광고주가 타깃에게 말을 걸고 있습니다. 저로서는 선생님께서 이 사실을 과소평가하려고 하시는지 이해할 수가 없습니다. 말을 거는 것은 타깃의 관심을 끄는 전략의 하나로 이해할 수가 있습니다. 네 번째 문제는 "사회적 가치"와 관련되는 것인데, 이 개념은 광고학 분야에서 중요하게 여겨지는 "포지셔닝(positioning)"과 연결이 됩니다. 실제로 광고를 분석하는 많은 연구들은 광고속에 표현된 사회적 가치에만 집중하기도 합니다. 이 글에서 저는 가치관을 명시적으로 보여 주는 언어적 표지가 무엇인가, 가치관과 언어적 표지간에 어떤 연관성이 있는지에 대해 살펴본 것입니다. 제게도 의문으로 남는 것이 있기는 합니다. 제가 더 생각해 보아야 할 문제는 모든 광고가 "소통의미"로서 사회적 가치관을 가지고 있는 것인가, 아니면 일부 광고는 "제품의 기능" 수준에서 머무르는가입니다. 다섯 번째는 "토포스" 개념과 관련된 것인데, 지적하신대로 좁은 의미의 토포스는 툴민

(Toulmin)적 의미에서 "논거와 주장"을 연결시켜주는 보증(warrant)입니다. 그러나 넓은 의미의 토포스는 추론규칙을 가리킵니다. 독일의 Ottmers(1996)나 미국의 Woods(2001)에서는 토포스를 넓은 의미로 사용하고 있습니다. 그 배경은 이렇습니다. 우리가 토포스라고 이름 붙이는 것들을 유형별로 나누면, 그 중의 어떤 것은 연역법에 이용할 수 있고, 또 어떤 것은 귀납법에 사용할 수 있고, 또 다른 것은 권위를 이용한 논증에 적합한 것일 수 있다고 보는 것입니다. 다시 말하여, 모든 토포스가 논증의 관점에서 동일하지 않다는 의미입니다. 여섯 번째는 iSMART 도구 상자와 네 가지 모듈간의 관계가 분명치 않다고 지적하셨는데, 이 두 부문은 기능에서 차이가 있습니다. 도구 부문은 말그래도 추론을 위해 사용가능한 도구들을 모아 놓은 것으로서, 소위 지식표상이론적인 개념으로 선언적인 (declarative) 성격을 가진 것입니다. 반면, 모듈 부문은 이 도구들을 어떤 절차에 따라 사용할 것인지를 규정하는 절차적인(procedural) 성격을 가진 것으로 구분할 수 있습니다. 텍스트에서 두 부문간의 차이가 더 명시적으로 드러나도록 표현을 하겠습니다. 마지막 문제는 다시 광고의 대화성과 관련된 이슈인데, 저는 결코 광고주와 타깃간에 실제로 대화가 이루어진다고 주장하는 것이 아닙니다. 저는 "대화"의 틀을 소통의미를 추론하는 틀로 사용함으로써 광고의 의미를 제한할 수 있다는 입장입니다. 이 입장에 설 경우, 전혀 관련이 없어 보이는, "이목집중(attention)"의 여러 가지 수단들의 쓰임을 광고주의 말걸기라는 기능으로 통합할 수 있다는 장점이 있습니다.

최문규 전체적인 핵심은, 광고를 과연 쌍방향의 진정한 대화로 볼 수 있느냐, 아니면 광고주가 소비자에게 가하는 '강요된 일방성'이 아닌가 하는 점입니다.

이민행 광고가 일방적인 주장이라는 관점은 정확한 지적입니다. 제가 그 점을 부인하고자 하는 것이 아니라, 광고해석시에 우리가 최종적으로 끌어내야 하는 것이 광고주의 의도라는 것을 저는 주장하는 것입니다. 광고속의 언어기호와 시각기호를 합성하여 얻을 수 있는 해석의 가능성이 너무 많기 때문에 이를 제한하는 틀로 "대화"를 이용할 수 있다는 것이 제 이론의 핵심입니다. 비용을 지불한 광고주의 입장을 고려한 것입니다.

나종석 저도 수사학에 대해서는 잘 모르는데요. 그런데 제가 수사학 강의를 몇 년 해봤어요. 도움이 될 수 있을지는 모르겠습니다만, 예를 들면 선생님의 발표문에서 수사학을 주로 논증이론의 관점에서 해명하고 이해하고 계시는 것 같습니다. 저도 광고에 논증적인 차원이 개입하고 있기에 논증이론적 차원에서 광고를 분석하고 이해하는 시도가 매우 중요하고 적절하다고 생각을 합니다만, 논증이론의 합리적 측면만을 강조하는 것은 문제라고 생각합니다. 예를 들면 광고에는 감정을 자극하는 설득의 기법을 활용하는 측면이 강한데 반해 합리적 논증에서 감정에의 호소는 합리적 논증 과정을 호도하는 것으로 비판받을 수 있습니다. 그래서 광고에서의 논증의 성격을 조금 더 세심하게 구별할 필요가 있다고 생각합니다. 그래서 합리적 논증이론에서 예를 들면 '독일차보다 더 좋은 독일차' 이건 논리적 오류다, 이건 논증의 근거도 안 되는 것이라는 반론이 예상됩니다. 그런데 이건 강력한 파토스라든가 공감을 불러일으키는 수사적 기법의 하나이기 때문에 광고에서는 허용되는 것 같습니다. 그런 의미에서 합리적 논증과 광고에서의 논증의 성격을 좀 구분할 필요가 있지 않을까 하는 그런 생각은 좀 들었습니다.

이민행 교수님: 선생님의 의견에 동의합니다. 오류가 없는 합리적 논증과 설득을 위한 논증은 구별되어야 합니다. 그럼에도 불구하고, 일상적인 언어사용에서는 논리적 모순이 나타나는 문장이 주목을 받는 것이 사실입니다. 바로 이 점 때문에 광고에서 논리적 모순이 있는 문장이나 표현들이 등장을 하는 것입니다. 그러나 이런 표현들이 파토스나 공감와 연관되는 지는 모르겠습니다.

홍윤희 선생님 발표를 듣다보니, 예전에 읽었던 롤랑 바르트의『신화론』이 떠올랐습니다. 이 책에서 바르트는 광고나 현대 매체의 각종 이미지들도 일종의 '오늘날의 신화'로 읽어내면서, 그 기호의 일차적 의미가 아니라 그것이 산출해내는 두 번째 의미작용을 신화라고 했었죠. 그의 구도에서 선생님의 연구를 보자면 광고주는 신화생산자, 소비자는 신화수용자, 학자는 그 숨겨진 의도를 파악해내는 신화학자라고 할 수 있을 텐데요, 저는 이 구도에서 학자가 그 신화 분석을 통해 그 시대의 이데올로기나 가치를 읽어낸 다는 점이 대단히 흥미로웠습니다. 선생님 논문에서도 '광고에 나타난 사회적 가치'를 언급하고 계시고 약 100개 정도의 광고를 분석하셨다고 하셨는데요. 혹시 이 100개의 광고들이 시기에 따라서 어떤 가치가 더 중점적으로 드러난다거나 하는 경향을 보이는지 궁금합니다. 예컨대 저는 빙산의 이미지를 활용한 Total사의 에너지 광고가 참 재미있었습니다. 이 광고를 보니 근래 '윤리적 소비'라는 것이 큰 이슈가 되고 있는 경향을 반영한다는 생각이 들었습니다. 상당히 생태적 윤리의식을 지닌 소비자가 이 광고를 보면 죄책감을 좀 덜어내고 Total사의 에너지를 쓰게 만드는 그런 의도가 숨어 있다는 생각이 드는데요.

이민행 선생님께서 말씀하신 광고에 대한 접근법은 제가 잘 이해하고 있고 연구에도 많이 활용합니다. 이를테면, 광고카피들을 연도별로, 브랜드별로 모아 데이터베이스를 구축하여 어휘검색을 통해 사회적인 트랜드를 발견합니다. 20년 이상 시차를 두고 있는 두 시대의 사회상의 차이를 사용빈도가 높은 어휘목록들을 비교하여 밝혀낼 수가 있습니다. 그것도 분명 광고에 접근하는 하나의 방법임에 틀림없습니다. 이 글에서 제가 제안하고자 하는 것은 개별광고에 대한 해석의 방법론입니다. 사실 제가 이 작업을 시작하게 것은 아주 많이 인용되는 롤랑 바르트의 기호학적 접근에 의한 해석결과가 해석자마다 다르다는 점을 관찰한데서 비롯됩니다. 이론언어학자로서 제가 제일 불편하게 생각한 것은 해석이 너무 열려있다는 것입니다. 해석의 다양성을 막는 방법을 찾고자 하는 시도에서 새로운 이론을 제안하게 된 것입니다. 언어학에서도 유사한 사례가 있습니다. 변형생성문법 이론의 발전사를 보면, 처음에 이 이론이 제안됐을 때 모두가 열광을 했었습니다. 그런데 언어자료를 분석하다 보니 이 이론이 너무 강력한 것입니다. 그래서 언어학자들이 그 힘을 제한하는 방법을 찾아 80년대 초에 원리와 매개변항이라는 이론이 탄생한 것입니다. 정리하자면, 너무 많이 열려있는 광고해석의 가능성을 제한하고자 하는 것이 저의 시도입니다. 선생님께서 말씀하신 과제는 또 다른 주제입니다.

최문규 저도 질문이 있습니다. 슈바르츠가 전개한 10개의 범주 가운데서, 그 범주들이 서로 겹칠 수도 있다고 생각됩니다. 가령 어떤 광고는 자율성과 성취감 등을 동시에 야기할 수 있습니다.

이민행 슈바르트 자신도 인정한 점입니다만, 가치범주들간의 경계가 모호한 점이 있습니다. 이에 대한 해결책으로 생각해 볼 수 있는 것은 두 가지입니다. 하나는 가치범주간의 경계를 명확하게 하기 위해 필요에 따라 범주들을 통합하여 새로운 범주체계를 만드는 방법이고, 다른 하나는 가치범주가 모호한 경우에, 해당 광고에 대해 소통의미의 중의성을 허용하는 방법입니다. 후자의 경우 유사한 사례가 있습니다. 독일학자 Römer는 광고슬로건에 어떤 수사학적인 기법들이 가장 많이 쓰였는 지를 밝혀내는 연구를 수행했는데, 특정한 광고슬로건에 여러가지 기법이 쓰인 경우에 그것들을 모두 계산에 집어 넣는 방법을 택했습니다.

최문규 경계가 모호할 경우 그렇다면 어떤 기준으로 나누실 수 있는지요? 또 다른 질문은 이원표 교수님 질문과 거의 상통합니다. 과연 '광고의 대화'라는 표현을 쓸 수 있을까요? 이것은 선생님의 발표를 듣고 있는 순간부터 들었던 의문입니다. 나종석 교수님도 말씀하셨지만, 광고는 설득이고 강요이며 나아가 광고주 편에서의 자기 합리화가 지나치게 강하게 작용합니다. 어떻게 광고주와 소비자 간의 대화로 재구성될 수 있는지요? 선생님의 시각에는 이상주의적 소통 과정이 전제되어 있는 것 같습니다. Total사 광고는 에너지 사용의 광고인데, 사실은 그 에너지 사용 때문에 빙하가 녹고 지구 온난화가 야기되는 것인데, 에너지를 파는 회사가 에너지를 합리적으로 사용한다는 것은 정말이지 대단한 모순이 아닐 수 없습니다. Sparkasse 은행 광고의 경우도, 환경 보호를 위한 은행은 궁색한 말일 뿐 사실 자신의 이득을 취하기 위해 돈을 자신에게 맡기라는 전략이 숨어 있는 것이 아닌가요? 다시 말하면, 광고는 대화라기보다는 일방적인 강요, 자기 합리화 등의 기능이 훨씬 더 강하다고 할 수 있습니다.

위 Total 사의 광고나 Sparkasse의 광고와 관련하여 국내에서도 독일 광고처럼 고도의 역설 전략을 펼치는 광고를 발견하셨는지요? 에너지 충족과 환경 파괴는 대단히 모순적 관계를 이루는데, 그런 광고를 보셨는지요?

세 번째는 질문이라기보다는 참고인데, 현대의 광고물은 대체로 17세기 서구 바로크 예술에서 자주 사용된 엠블렘(Emblem) 형식을 차용하고 있다는 점입니다. 엠블렘의 경우 맨 위에 제목이 있고 중간에 그림이 있고 하단에 텍스트가 있습니다. 광고는 그런 엠블렘 형식을 차용하고 있습니다. 개인적으로 저는 '포스트모더니적 시대는 바로크의 도래다'라고 생각하고 있습니다. 광고와 엠블렘의 상관관계에 대한 연구가 필요하다고 봅니다.

이민행 해석을 위한 대화모형의 제안과 관련한 질문에 대해서 답을 드리자면, 제가 관심을 갖는 것은 선생님의 관점에서 보아 설득이 성공한 대화입니다. 곧 화자인 광고주의 의도가 잘 전달된 대화에 대해 추론과정을 상상해 볼 수 있다는 것입니다. 광고비를 지불하는 광고주의 입장에서는 당연히 설득이 성공해야 하는 것이고, 그러한 광고의 경우 어떤 추론과정을 통해 화자의 의도, 곧 화자의미가 생성되는 지를 우리가 보고자 하는 것입니다. 저는 대화형식을 추론의 틀로 이용할 수 있다는 제안을 드리는 것이고, 추론을 독백형식으로 할 수도 있지만, 제 생각에는 대화형식을 취하는 게 해석을 얻는 데 있어 더 안정적이라는 생각을 저는 합니다. 추론 과정이 실제 대화라는 생각을 하는 것은 절대 아닙니다. 엠블렘 형식에 대한 코멘트는 참고로 하겠습니다.

임성모 광고 분석에서 슈피겔 지의 광고 100편을 대상으로 하셨잖아요? 물론 기업 광고가 어느 신문이나 똑같이 나오는 경우가 많겠지만 공익성이 있을 경우에 독자를 고려해서 예컨대 슈피겔에서밖에 볼 수 없는 그런 광고도 있지 않을까 하는 생각이 들거든요. 그런 측면들이 고려가 될 필요가 있지 않을까요?

이민행 그것도 맞는 말입니다. 저는 공익성까지는 고려를 하지 않았습니다. 광고는 타깃이 중요하기 때문에 가치관을 추론과정에 집어넣은 겁니다. 광고의 이해에서 중요한 개념이 둘 있는데 포지셔닝(Positioning)이라는 개념이 하나 있고, 다른 하나는 Unique Selling Point(USP) 라는 "고유판매 제안" 개념입니다. 포지셔닝이란 개념이 바로 타깃과의 가치관과 관련된 개념입니다. 타깃을 미리 정해놓고 그 사람에 맞춰서 광고를 만드는 것인데, 시사주간지 슈피겔은 지적수준이 높은 사람들이 보는 잡지이기 때문에 이것이 가능한 거예요. 제 주장의 핵심은 결국 개별 광고들을 올바로 분석하기 위해서는 가치관도 반영되어야 한다고 보는 것입니다.

이지연 제 연구 분야는 멀티미디어 검색, 인터랙션 디자인인데 발표 내용과 연관성이 많다는 걸 느꼈습니다. 광고는 모션픽처 데이터베이스나 이미지 데이터베이스의 주요 콘텐츠로서 이 부분을 특화시킨 정보서비스가 상당 수 존재하므로 이민행 교수님이 수행하시는 연구가 효용성이 높을 것으로 판단했습니다.

앞에서 말씀해주신 내용과 일맥상통하는 부분으로, 인터랙션과 쌍방향 커뮤니케이션은 양자 간에 어떻게 활발한 상호작용이 발생하는지에 초점을 두고 있습니다. 한쪽에서 제공되는 정보가 다시 반대방향으로 반응할 때 정보의 내용과 유형이 변화하고 이러한 역동성이 정보시스템과 서비스에 반영되는 것이 이용자 중심의 시스템과 서비스 설계의 핵심입니다. 제안하신 광고 분야의 측면과 상호작용의 중요성을 고려할 때, iSMART의 'i'를 아주 중요하고 세심하게 제안할 필요성이 있다고 생각했습니다. 언어분석, 언어구조, 매체, 가치관 등은 동적, 정적 이미지 색인에 중요한 틀로 작용할 수 있습니다. 이민행 교수님께서 진행하시는 연구가 멀티미디어 데이터베이스 색인에 있어서 방법론적인 제안이 충분히 가능하리라는 기대를 하게 되었습니다.

이민행 이지연 선생님께서는 제가 제안한 iSMART 이론을 활용할 수 있는 방안을 하나 말씀해 주셨습니다. 감사드리며 참고로 하겠습니다. 제 발표를 마무리하자면, 비록 완성도가 떨어진다 하더라도 새로운 이론을 하나 만드는 과정은 지난합니다. 그 작업이 어렵다고 해서 언제까지나 유럽이나 미국의 이론들을 수입해 쓸 수는 없다고 생각합니다. 이론언어학을 전공한 학자로서의 소명을 다한다는 의미로, 저는 10년 이상 고민해 온 과제를, 인문학 연구서를 공동저술하는 기회를 빌어 나름대로 해결한 것입니다. 이 이론이 초기단계라 여러가지 문제점을 보일 수도 있지만, 변형생성문법이 25년이상 걸려서 어느 정도 완성도를 갖춘 이론으로 발전한 것을 생각한다면, 새로운 제안에 대해 긍정적으로 평가할 수도 있다고 생각합니다.

현충일 추념사의 비평적 담화분석
–담화 및 언어적 실현과 정치담화로서의 성격

이원표(연세대, 영문과)

1. 서론

담화의 한 장르인 기념사(commemorative speeches)는 일반적으로 건국, 해방, 전쟁, 혁명, 대형사고 등 특정 국가에서 과거에 발생한 주요 사건들과 관련하여, 구성원들에게 이런 사건들의 의미/의의를 반복적으로 상기시키면서 집단적 정체성(collective identity)을 형성 및 강화하고 발전적 미래로의 전진을 촉구하기 위한 것으로 정의된다. 또한, 이런 기념사들은 흔히 대통령이나 국무총리 등 국가의 수반에 의해 발표되고, TV나 라디오, 신문, 인터넷 같은 대중매체를 통해 많은 청자/독자들에게 전달됨으로써, 정치적 영향력에서 다른 많은 담화 유형/장르를 압도하는 중요한 정치담화(political discourse)이기도 하다. 그럼에도 불구하고, 이 장르는 그동안 언어학에서 많이 다루어지지 않은 것이 사실이고, 많지 않은 기존 연구들(가령, Wodak 외 1990)도 주로 기념사가 '사회적 기억(social memory)'이나 국가 정체성(national identity)의 (재)형성과 어떻게 관련되는지에 초점이 맞추어진 것들이다. 그러나 사회과학에서의 "정치공작(politicking)/정치화(politicizing)"(Palonen 2003)라는 개념이나 "기억하기의 정치학(politics of remembering)"에 대한 연구(Achugar 2009; Wodak & Richardson 2009), 그리고 "기념식과 전유(appropriation)와의 관계"에 대한 연구(Cossu 2011) 등은 기념사가 단순히 일반적인 의미에서의 "정치담화"를 넘어서서 좀 더 적극적인 "정치적 도구"로서 이용될 수도 있음을 강하게 암시한다.

앞에서 언급된, 기념(사)의 여러 가지 이유나 대상들과 관련해서 '상대적으로' 가장 정치적 성격이 약할 것으로 기대되는 기념사에 '현충일 추념사'가 있다. 이 장르는 군인, 정치인, 혁명가 등 해당 국가의 건국이나 해방, 수호를 위해 자신을 희생한 선열들을 추모하고 그들에게 경의를 표하기 위한 것으로서, 따라서, 이 현충일 추념사는 아무래도 앞에서 언급된 정치적 의도가 배제되고 추념식 본래의 목적에 충실할 것으로 기대되는 것이 사실이며, 이런 이유 때문에 흔히 "현충일 기념사"라는 표현 대신에 "현충일 추념사"라는 표현이 선호된다. 그러나 현충일 추념사에 대한 극소수의 연구들 가운데 하나인 Slavičkov(2013)에서는 정치적 의사소통이라는 큰 맥락에서 1966년부터 2009년까지 미국 대통령들에 의해 발표된 27개의 Memorial Day speeches에 대한 통시적(diachronic) 분석을 통해, "명백하게 정치적인 내용으로부터 자유로운 장르로 생각되고 있음에도 불구하고, 이런 추념사들은 시간 속에서 한 국가의 서로 다른 자기 이미지(self-image)를 요약해서 보여 주고"(361쪽), 또한, "넓은 의미에서는 전쟁과 역사적 자기 이미지에 대한 미국의 공적 가치(public values)와 태도에 대한 배경을 알게 해 준다"(378쪽)라고 제안함으로써, 이 장르가 갖는 사회적, 역사적 의의(significance)와 함께 이 장르가 정치인들의 중요한 정치적 자원(political resources)에서 제외될 수 없음을 암시하고 있다.

한국은 역사적으로 일본에 의한 식민지배로부터의 해방 및 건국, 외세에 의

한 분단과 동족 간의 전쟁 등을 경험함으로써 어떤 국가 못지않게 기념/ 추념의 대상이 많은 국가이다. 또한, 정치, 사회, 경제적으로는 최악의 후진국으로부터 현재는 세계에서 선례를 찾기 어려울 정도로 급속한 발전을 이룩하였으며, 특히, 정치적으로는 권위주의 체제로부터 민주주의 체제로의 전환이 이루어지고 있는 국가이기도 하다. 따라서 거시적 차원에서의 사회 구조는 미시적 차원에서의 담화 생산에 영향을 끼치고, 미시적 차원에서의 담화 사용은 거시적 차원의 사회 구조를 재생산하는 것으로 보는 비평적 담화분석(critical discourse analysis: CDA)의 관점에서, 한국의 이런 특수한 사회·정치적 상황은 '현충일 추념사'라는 특정한 담화 장르도 앞에서 소개된 미국의 경우와 (유사한 모습과 함께) 다른 모습을 보여줄 것이라는 기대를 가능하게 한다. 특히, 미국의 Memorial Day speeches를 분석한 Slavičkov (2013)에서는 언급하지 않았지만, 비평적 담화분석의 관점에서 중요한 것은 이념(ideology)과 권력(power)은 정치담화의 전제이자 지향점으로서 이 둘을 배제한 정치담화는 존재할 수 없다는 것이다.[1] 이런 배경 하에, 이 연구에서는 박정희, 전두환, 김대중, 노무현 등 네 명의 한국 전직 대통령들에 의해 발표된 현충일 추념사를 비평적 담화분석의 관점에서 분석하여, 현충일 추념사가 담화 및 언어적으로 실현되는 모습과 정치담화로서의 성격을 구체적으로 보이고, 더 나아가, 현충일 추념사가 앞에서 언급된 애국선열들에 대한 추모와 국가 정체성의 (재)형성이라는 본래의 일상적 기능뿐만 아니라, 최고 통치자들의 정치적 이념과 권력을 반영(하고 재생산)하는 정치적 도구로서의 기능도 수행할 수 있음을 제안하고자 한다.

이를 위해, 우선, 2절에서는 '이론적 배경'으로서 일반적인 기념사의 성격/ 목적 및 기념사에 대한 국외의 선행 연구들과 이 연구의 이론적 근거 및 분석틀

1 따라서, 이 기준에 의하면, 화자가 정치인이라는 사실만으로 기념사를 '정치담화'로 분류하는 것은 근거가 약하다는 의미가 된다.

이 되는 '비평적 담화분석'의 성격을 소개하고, 3절에서는 이 연구에서 분석할 자료 및 자료의 해석에 필요한 정치적 맥락을 소개할 것이다. 4절은 '분석'으로서, 이 현충일 추념사라는 장르가 담화 및 언어적으로 어떻게 실현되는지를 보게 될 것인데, 구체적으로 (1) 거시적 차원에서는, 추념사가 어떤 모습의 '전개구조(move-structure)'(Swales 1990)를 가지며, 전개구조를 이루는 각각의 '구성요소'는 어떤 기능을 수행하고 있는지를, (2) 미시적 차원에서는, 이런 전개구조 및 구성요소들이 어떤 화용적(pragmatic)/수사적(rhetorical) 자질들에 의해 실현되는지를 분석하기로 한다. 5절에서는 4절에서의 분석을 바탕으로 현충일 추념사의 정치적 성격을 논의할 것인데, (1) 전개구조의 대부분 구성요소들이 '정치화'라는 관점에서 재분석될 수 있음과, Chilton(2004)의 '전략적 기능들(strategic functions)'이 자료에서 발견되고 있음을 지적한 후, (2) '사회적 힘/권력(social power)'(van Dijk 2008)과 담화와의 변증법적(dialectical) 관계 속에서 현충일 추념사의 '담화적 힘/권력(discursive power)'(van Dijk 2008)이 어떻게 대통령들의 정치적 이념과 힘/권력을 반영하고 (잠재적으로 재생산하는 데 기여할 수) 있는지를 제시하고, (3) 네 명의 대통령을 '권위주의 정권(박정희, 전두환)'과 '민주주의 정권(김대중, 노무현)'으로 나누어, '담화 민주화(democratization of discourse)'(Fairclough 1992) 측면에서 어떤 차이가 있는지를 논의하기로 한다. 마지막으로, 6절에서는 본 논문의 내용을 요약한 후, 이렇게 요약된 내용에서 이끌어낼 수 있는 몇 가지 이론적 함축/결론을 제시하기로 한다.

2. 이론적 배경

2.1. 기념사의 성격

서론에서 언급했듯이, 기념사라는 장르는 과거에 있었던 사건들에 대한 기억을 되살리고 이런 사건들의 의미와 중요성을 되새김으로써 해당 국가/공동체의 (민족/국가) 정체성을 확인하고 좀 더 나은 미래로 향하기 위한 의도에서 만들어지는 담화로 볼 수 있다. 이와 관련하여, Frijda(1997:109)는 사람들이 무엇인가를 기념하게 만드는 근본적인 동기를 "시간에서의 방향 감각(orientation in time)에 대한 욕구와, 과거를 전유(appropriation)함으로써 자신을 (자신의) 과거에 통합시키고자 하는 욕구"에서 찾으면서, 특히 (생일 같은 사적인 기념이 아니라) 공적으로 행해지는 기념(식)은 이런 측면들을 "공동의 활동 및 감정 그 자체, 그리고 공적 표현(public expression)을 함께 듣고 바라봄으로써" 그리고 "어떤 현안에 참여하고 있음을 자유롭게 표명함으로써" 좀 더 명백하게 강화시키는 것으로 말하고 있다. 그리고, 더 나아가, 정해진 시간과 장소에서 주기적으로 이루어지는 기념(식)은 "질서, 일관성, 안정성을 제공"하면서 기념의 대상이 되는 사건을 사회적으로 의미가 있는 객관적이면서도 진정한 역사적 사실로 만든다는 것이다(111쪽).

한편, 담화 심리학, 문화 심리학 등 여러 분야에서는 기념식의 이런 과정과 관련하여 '집단적 기억(collective memory)'/'집단적 기억하기(collective remembering)'라는 용어를 사용하면서, 이런 '집단적 기억'이라는 것이 과거를 정확하게 기술하기보다는 다분히 이념적, 정치적인 성격을 갖는 것으로 본다. 가령, Pennebaker와 Banasik(1997)은 "집단적 또는 역사적 기억의 창조 및 유지는 역동적인(dynamic) 사회·심리학적 과정"이라고 말했는데, 이런 맥락에서 White(1997:71)는 기념(식)이라는 것을 "집단의 경험에서 중요하거나 형성적인(formative) 사건에 대중들의 관심을 향하게 하기 위해 사회적으로 조직화된 수단"으로, 그리고 Hodgkin과 Radstone(2003:1)은 기념(식)이라는 것을 단순히 과거의 사건에 대해 말하고 생각하기 위한 것이라기보다는 "현재 누가 또는 무엇이 그 과거를 위해 말할 자격이 있는가와 같은 문제를 수반"하는 것으로서 "현재에 대한 문제와, 과거가 현재 의미하는 것이 무엇인가라는 질문을 제기하는 것"으로 보았다. 또한, Zelizer(1998:3)는 기념을 통해 형성 및 유지되는 집단적 기억이 "과거의 세부 사항들에 대한 조작, 재배열, 상술, 그리고 생략 등을 허용하고, 정확성과 진정성(authenticity)을 희생시키면서 정체성 형성, 권력과 권위, 그리고 정치적 연계(affiliation)라는 거대한 이슈들에 편의를 제공한다"고 말하고 있다. 이와 유사하게, Billig(1999:170)는 기념사에서 기술되는 사건의 내용들이 정확한 것이라기보다는 부분적으로 첨가되거나 생략될 수 있는 것으로 보면서 "과거는 현재의 목적을 위해서 선택적으로 이용되거나 창조될 수 있다"고 제안하고 있다.[2] 이런 배경 하에서, Tileaga(2008)는 1989년에 있었던 루마니아 '혁명'을 기념하기 위한 의회 연설의 분석을 통해 이 중요한 정치적 사건이 이념적으로 표상(representation)되고 있음을 보이면서, 기념식에서의 정치 연설(즉, 기념사)이 정치인들이 많은 청중들에게 집단적 규범과 가치를 전파하는 데 필수적이며, 정치인들이 "비판에 반응하고, '정치적인 합법성과 대표성'의 위치를 만들며 특정한 사건들과 역사에 대한 '선호되는 해석(preferred version)'을 승인하기 위한 기회"(363쪽)로 사용된다고 결론짓고 있다.

기념사에 대한 이런 여러 가지 (대안적) 견해들은 주로 기념사에서 언급되는 과거 사건들의 '표상(representation)' 차원에 관한 것이었는데, 이와 관련된 것으로서, 기념사는 장르의 성격/분류 차원에서도 논란의 여지를 보이고 있다. 일반적으로, 아리스토텔레스의 수사학에서 제시되는 세 가지 장르, 즉 (1)

2 이 단락에서 인용된 참고문헌들은 Tileaga(2008)에서 간접 인용된 것이다.

시간적으로는 과거, 주제 면에서는 정의(justice)와 부정(injustice), 기능 면에서는 비난하기/방어하기와 관련된 변론적(judicial) 장르, (2) 시간적으로는 미래, 주제 면에서는 편의와 해로움(harmfulness), 그리고 기능 면에서는 권고/만류하기(dissuading)와 관련된 토의적(deliberative) 장르, 그리고 (3) 시간적으로는 현재, 주제 면에서는 명예와 치욕, 그리고 기능 면에서는 칭찬하기/비난하기와 관련된 과시적(epideictic) 장르 가운데, 기념사는 이 마지막 세 번째에 속하는 것으로 분류된다(Wodak & de Cillia 2007). 그러나 이런 분류가 절대적인 것은 아니어서, Ottmers(1996)는 이런 과시적 장르의 기념사와 (흔히 토의적 장르로 분류되는) 정치적 연설 사이에 밀접한 관계가 있음을 보이고 있고, Staudinger(1994:21)는 기념사에서는 "과거로부터 현재의 이익을 정당화하는데 유용한 요소들이 선택"되기도 하는 것으로 분석하고 있다. 이런 맥락에서, Sullivan(1993)은 이런 과시적 장르로서의 기념사가 공동체의 가치와 전통적인 믿음을 찬양하고, 이를 통해 칭찬의 대상이 되는 행위들을 모방하도록 함으로써 '교육적 기능'을 수행한다고 제안하였다. Wodak과 de Cillia (2007:347)도 이런 과시적 장르의 '교육적 기능'을 강조하면서, 기념사들이 "정치적 가치와 믿음, 공통의 특징과 정체성, 합의와 공동체 의식 등을 전달, 형성, 창조함으로써 청자들이 미래에 하게 될 정치적 행위들의 모델을 형성하는 데 기여하는 것"으로 보면서, 동시에, 이런 기념사들이 간헐적으로 '토의적' 요소와 '논증적' 요소도 함께 갖고 있음을 지적하고 있다. 본 연구에서는 여기서 언급된 '교육적' 기능이라는 것을 기념사라는 장르가 본래 목적과는 달리 어떤 정치적 의도를 위해 '은밀하게' 사용되고 있음을 암시하는 것으로 보는 것인데, 이런 맥락에서, 4절에서는 현충일 추념사에서는 이런 정치적 의도가 실제로 어떻게 실현될 수 있는지를 분석하게 될 것이다. 그에 앞서, 다음 절에서는, 본 연구의 이론적 근거와 분석틀이 되는 비평적 담화분석의 성격을 간략하게 소개하기로 한다.

2.2. 비평적 담화분석

비평적 담화분석은 담화를 사회적 실행(social practices)의 하나로 보면서 다양한 상황이나 제도기관(institutions)에서 이루어지고 있는 다른 사회적 실행들과의 변증법적(dialectical) 관계에 초점을 맞추어, 관심의 대상이 될 수 있는 사회적 과정/문제들의 언어 및 기호적 측면을 비판적인 시각에서 기술하고 설명하는 분야이다(van Dijk 2011). 여기서, "변증법적(dialectical)" 관계란 담화와 다른 사회적 실행들, 더 나아가, 이런 사회적 실행들을 가능하게 하는 특정한 모습의 사회 구조(social structure)는 서로 영향을 주고받는 쌍방관계(two-way relationship)를 갖는다는 것으로서, 그만큼 언어/담화의 사회적 역할을 중시하는 접근법으로 볼 수 있다. 이런 관계 속에서 비평적 담화분석은, '담화'와 구분되는 것으로서, 말이나 글처럼 문법, 어휘 등의 형태적 자질(formal features)로 이루어진 '텍스트'가 어떻게 생산되고 소비되며, 분배되는지에 관심을 갖는다(Fairclough 1995; van Dijk 2011). 이 연구의 목적과 관련해 중요한 것은, 흔히 '사회·정치적 담화분석'이라고도 불리는 이 접근법은 이렇게 텍스트가 생산되고 소비 및 분배되는 과정에 개입될 수 있는 "지배 관계의 생성과 이에 대한 도전에서 담화가 수행하는 역할에 관심이 있다"(van Dijk 1993:249)는 것이다. 즉, 생태적으로 위계적(hierarchical) 성격을 띠는 인간의 사회 구조에서 필연적인 것으로 생각되는 '힘/권력' 및 이와 직결되는 '이념'이라는 두 가지 요소와 관련해서, 비평적 담화분석은 (사회 계층, 성, 인종/민족, 직업 등의 사회적 범주 차원에서) 사회를 지배하는 집단 (가령, 상류층, 남자, 백인, 정치인)이 자신들의 힘/권력과 이념을 생산, 유지하고 더 나아가 재생산하기 위해 언어/담화를 어떻게 이용하고 있는지를 파악하는 데 관심이 있다.[3] 가령, 이 접근법에서

3 그러나 이런 권력/힘의 행사에 대한 피지배 집단들의 '저항'에 대한 분석은 사실 그렇게 많지 않은 것이 사

는 명령문에 의한 지시화행이나, 의무서법, 은유 등을 화자들의 힘/권력을 행사하고 만들어 내기 위한 중요한 화용적/수사적 수단으로 보고 있으며, 정치적으로 민감할 수 있는 어떤 사건을 표상하는 과정에서 타동성(transitivity), 명사화(nominalization), 은유(metaphor) 등이 특정 참여자의 행위성(agency)을 강조하거나 축소하는 데 이용됨으로써 결과적으로 특정 사회적/정치적 집단이나 세력에 유리한 결과가 초래될 수도 있음을 강조하고 있다(Fowler 1991; Halliday 1994). 특히, 비평적 담화분석의 한 분파로서 Reisigl과 Wodak(2001) 등을 주축으로 하는 담화·역사적 접근법(discourse-historical approach)에서는 서로 다른 민족/인종들 사이에서의 부당한 힘/권력 행사와 이념적 대립이 지시(reference), 서술(predication), 관점화(perspectivization), 논증, 강조 등의 전략을 통해 이루어지고 있음을 보여 주었다. 힘/권력 및 이념에 대한 이런 관심사와 함께, 비평적 담화분석, 특히 Fairclough(1989, 1992, 1993)의 변증법·관계적(dialectical-relational) 접근법은 담화가 사회의 유지 및 변화와 변증법적 관계에 있음을 구체적으로 보여 주는 데에도 관심이 있다. 그에 의하면, 사회 변화의 한 결과로 기존 담화 질서(order of discourse)의 재편이 가능하여, 가령, 어떤 담화공동체에서 사회·정치적으로 민주화가 이루어질 경우 높은 격식성(formality)을 특징으로 하는 공적 담화(public discourse)가 점차로 사적 담화(private discourse)와 유사한 성격을 띠게 됨으로써 담화의 "민주화(democratization)"나 "대화화(conversationalization)"가 가능해진다는 것이다.

다음은 Titscher 외(2000:146)에서 정리되고 있는 비평적 담화분석의 일반적 특징들이다.

> 1) CDA는 사회 문제에 관심이 있다. 즉, 언어나 언어 사용 그 자체보다는 사

실이다.

회·문화 과정 및 그 구조가 어떤 언어적 특징으로 구현되는가에 관심이 있다. 따라서 CDA는 본질적으로 학제적 성격을 띤다.

2) 힘/권력 관계는 담화/담론과 관계가 있다.

3) 사회와 문화는 담화와 변증법적으로 관련되어 있다. 즉, 사회와 문화는 담화에 의해 형성되지만 동시에 담화를 형성하기도 한다.

4) 언어는 이념적일 수 있다.

5) 담화는 역사성을 띠어서 맥락과 관련해서만 이해될 수 있다.

6) 텍스트와 사회 사이의 관계는 직접적인 것이 아니어서 텍스트 이해에 대한 사회심리학적 모델에서 제시되는 사회인지적인 매개를 통해서만 발현된다.

7) 담화분석은 해석적이고 설명적이다.

8) 담화는 사회적 행위의 한 형태이다.

비평적 담화분석은 위와 같은 기본적 입장/특징들을 좀 더 실증적인 분석을 통해 가시화하기 위해 (특히 초창기에) 기본적인 분석 도구로서 Halliday(1994)의 ‘체계기능문법(systemic functional grammar:SFG)'을 채택하여 텍스트를 구성하는 절(clauses)의 문법이나 어휘, 의미적 요소들을 활용하고 있다. 그리고 언어가 개념적(ideational), 텍스트적(textual), 대인적(interpersonal) 기능을 하는 것으로 가정한 후, 이런 기능들이 가령, 타동성, 주제(theme), 서법(modality) 등과 어떻게 관련되는지를 분석하고 있다. 그러나 분석을 위한 도구는 점점 더 다양해져서 최근에는 담화구조, 화제, 핵심가치(key values), 논증, 토포이(topoi), 상위언어/상위담화(metalanguage/metadiscourse), 호칭, 인용, 전제, 맥락화 같은 언어적, 화용적, 수사적 자질/개념들이 사용되고 있다(van Dijk 1993,

1995; Oktar 2001; Stamou 2001; Teo 2000; Thetela 2001).[4] 이 연구에서도 이런 다양한 자질/개념들을 사용하여 자료를 분석하기로 한다.

3. 자료 및 정치적 맥락

이 연구에서 분석될 자료는, 언급했듯이, 박정희, 전두환, 김대중, 노무현 등 네 명의 대통령에 의해 발표된 현충일 추념사이다. 자료의 대부분은 대통령기록관의 홈페이지(http://www.pa.go.kr)에서 제공하는 '연설문' 항목에서 내려받기를 했으며, 각 대통령에 의해 발표된 추념사의 숫자는 박정희 대통령 16개, 전두환 대통령 6개, 김대중 대통령 4개, 노무현 대통령 5개이다.[5] 이 홈페이지에서는 각 연설문의 유형을 구분하고 있었는데, 현충일 추념사는 '기념사'로 분류함으로써 이 연구에서의 입장과 일치하였다.

비평적 담화분석은 텍스트의 해석 과정에서 정치, 사회, 문화적 상황, 더 나아가 역사적 맥락을 중시하기 때문에 각 대통령 및 그의 재임기간과 관련된 전반적 상황/특징을 간략히 소개할 필요가 있다.[6] 우선, 박정희 대통령은 1961년 쿠데타에 의해 권력을 장악한 후, '조국근대화'라는 기치아래 중화학공업의 육

---

4 심지어, 최근에는 비평적 담화분석가들이 인접쌍(adjacency pair)이나 맥락화단서(contextualization cues) 등 '대화분석'이나 '상호작용적 사회언어학' 같은 접근법의 개념/용어들을 차용하는 모습을 보임으로써, "궁극적으로 비평적 담화분석을 (다른 접근법들과) 구분시키는 것은 담화를 분석하는 데 사용되는 정확한 방법론 자체보다는 모든 것에 우선하는 비평적 태도"(Holmes 2011:393)라는 의견까지 나오고 있다.

5 어떤 이유에서인지 대통령기록관에 모든 현충일 추념사가 보관되어 있지는 않아서, 인터넷 검색 등을 통해 최대한 모든 자료를 구하려 했으나 그렇지 못했으며, 그로 인해 각 대통령의 재임기간과 추념사의 수가 일치하지 않는 경우가 있다.

6 엄밀하게 말하자면, 여기서 말하는 '정치적 맥락'은 각각의 현충일 추념사에서 언급된 내용들과 직접 관련된 것이어야겠지만, 그 모든 것을 소개하는 것은 지면의 제약 상 불가능하므로 여기서는 각 대통령 및 그의 재임기간에 대한 전반적인 특징들만을 개괄하기로 한다. 추념사에서 언급된 내용과 관련된 정치적 맥락은, 필요에 따라, 분석 과정에서 소개하기로 한다.

성과 경부고속도로의 건설 등 경제 발전을 위한 기반 구축에 매진하였다. 그러나 정권을 민간에 이양하겠다는 쿠데타 당시의 약속을 파기한 것을 시작으로, 자신의 집권 연장을 위해 '3선 개헌' 및 '유신헌법' 제정 등 영구집권을 위한 시도를 하면서 국민들의 격렬한 저항에 직면하였으며, 결국 자신의 심복에 의해 피살됨으로써 그의 18년 장기집권은 막을 내리게 된다. 박정희 대통령의 서거 후, 또 다른 쿠데타에 의해 대통령이 된 전두환은 박정희 대통령처럼 경제 발전에 관심을 가지면서 1988년 서울올림픽의 유치 등 나름대로 국력의 신장에 힘을 쏟았다. 그러나 그는 광주민주화운동의 유혈 진압, 그리고 불법적인 권력 획득 과정과 관련해서 임기 내내 국민들의 저항에 직면했으며, 그의 재임 기간은 대통령 직선제 개헌 및 부정부패의 척결을 요구하는 반정부 시위와 이를 제지하기 위한 최루탄으로 얼룩진 것이었다.

한편, 김대중 대통령은 한때 자신의 정치적 동지였던 김영삼 대통령으로부터 정권을 인수하면서 '국민의 정부'를 표방하였으며, 그의 정부는 사실상 한국 최초의 민주주의 정권으로 평가되고 있다. 김영삼 대통령 시절 시작된 금융위기로 인해 국가가 파산할 수도 있는 상황에서 임기를 시작한 김대중 대통령은 이 경제적 위기를 성공적으로 극복한 것 외에도, 특히 '햇볕정책'의 실시 등 남북관계의 개선에 심혈을 기울임으로써 남북정상회담을 실현시키기도 했으며, 국민들의 인권 신장 등 사회 전반에 만연해 있던 권위주의적 요소들을 민주적으로 개선하는 데 기여한 것으로 평가되고 있다. 그의 후임인 노무현 대통령은 남북관계를 중시하는 등 기본적으로 김대중 대통령의 정책들을 계승하였지만 그보다 민주주의 체제를 한 단계 더 진전시키기 위해 노력한 것으로 말해지고 있다. '참여정부'라 불리는 그의 정권은 교육평준화를 비롯하여, 미국과의 자유무역협정(FTA)의 체결 등 비교적 개혁적/급진적인 정책들을 실시했지만, 부동산 가격의 폭동 등 경제 정책에서 많은 문제점이 노출된 것도 사실이다. 주목할 것은 그의 재임기간 중 한국에서의 이념 논쟁이 본격화되었다는 것이다. 특히

2004년, 노무현 대통령이 선거에 개입하여 정치적 중립 의무를 어겼다는 이유로 그 당시 '한나라당'이 다수당이었던 국회로부터 탄핵소추안이 가결된 이후, 정치권뿐 아니라 일반 국민들 사이에서도 노무현 대통령을 지지하는 진보 세력과 반대하는 보수 세력 사이의 대립이 격화되었는데, 아직도 이런 이념적 대립은 계속되고 있다.

4. 분석: 현충일 추념사의 담화 및 언어적 실현

4.1. 전개구조

현충일 추념식이라는 국가 차원의 연례행사는 국민의례, 애국선열에 대한 묵념 등을 포함하여 대체로 일정한 순서를 갖는다. 이런 모든 순서를 일종의 '담화구조'로 본다면, 이런 (전체) 담화구조에서 핵심이 되고 이 연구의 분석 대상이 되는 '현충일 추념사'는 그 자체로서 '전개구조(move-structure)'라는 상대적으로 작은 규모의 담화구조를 갖는다. 이 '전개구조'는 Swales (1990)와 Bhatia(1993) 등에 의해 주도되고 있고, 사설이나 학술논문 같은 특정 장르에서 표현/전달하고자 하는 전반적인 메시지의 성격이나 내용 그리고 구성은 해당 언어/담화공동체의 구성원들이 인식하고 실현하고자 하는 의사소통 목적과 밀접한 관계가 있는 것으로 보는 '장르분석(genre analysis)'에서 중요한 분석 도구인데, Bhatia(1993:32)는 이 전개구조를 "장르를 서로 구분시켜 주는 요소들의 구조"로 정의하고 있다. 다시 말해서, 사설이나 논문 같은 별개의 장르는 서로 다른 전개구조를 갖는다는 것인데, 가령, 논문이 "관련 분야 설정하기", "선행 연구 요약하기", "(해당 논문에서 하고자 하는) 연구 소개하기" 등으로 이루어진 전개구조를 갖는다면(Bhatia 1993), 사설은 "사건 제시", "논증", "평결", "행위의 권고”(Bhatia 1993), 또는 “상황”, “전개”, “권고”(Bolivar 1994)로 이루어진 전개구조를 갖는다는 것이다.[7] 따라서, 이런 전개구조를 정확하게 파악하는 것은 담화분석의 발견적 기능(heuristic function)이라는 측면에서는 어떤 새로운 장르의 의사소통적 목적을 이해하는 데 도움이 되지만, 이 연구에서처럼 담화를 비판적으로 평가/분석하는 경우에는, 어떤 기존 장르의 목적이나 취지가 해당 공동체의 구성원들 사이에서 공감대가 형성된 경우, 이 장르에 속하는 것으로 표방되는 특정 텍스트가 그 장르 본래의 의사소통적 목적 또는 취지와 실제로 얼마나 부합되는지를 판단하는 데 중요한 역할을 할 수도 있다. 이런 맥락에서, 이 4절에서는 이 연구의 자료에서 발견된 전개구조의 요소들을 각각의 하위 절에서 논의하기로 한다.[8]

4.1.1. 시작하기

이 ‘시작하기(opening remarks)’는 추념사가 추념식이라는 의식(ritual)의 일부라는 것을 가장 명백하게 보여 주는 구성요소로서, 여기서는 직시적인(deictic) 차원에서 해당 현충일 추념식이 행해지는 시점인 “오늘”과 장소, 차수 그리고, 전개구조의 정의에서 언급된, 이 행사/의식의 ‘의사소통적 목적’이 소개되고 있다.

---

7 Bolivar(1994)가 ‘전개구조’라는 용어를 사용한 것은 아니지만 그가 의미하는 바는 전개구조와 같은 것으로 생각된다. 그리고 전개구조를 이루는 각 요소는 나름대로의 또 다른 전개구조인 ‘하위전개구조(sub-move-structure)’를 가짐으로써, 전체적으로는 담화의 일반적 특징인 계층관계(hierarchical structure)를 형성하게 된다. 이 연구에서는 ‘하위전개구조’라는 용어대신 ‘구성요소’라는 용어를 사용하기로 한다.

8 분석에 앞서 한 가지 분명히 할 것은 아래에서 제시되는 각 구성요소들이 네 명의 대통령에 의한 추념사에서 모두, 또는 똑 같은 순서 및 비율로 발견되는 것은 아니라는 것이다. 즉, 각 대통령에 따라, 그리고 같은 대통령이라 하더라도 추념식의 시기에 따라서 차이가 있을 수 있다는 것인데, 이 4절에서는 네 명의 대통령에 의한 추념사에서 ‘전반적으로’ 발견되는 여러 가지 구성요소들을 제시하여 현충일 추념사가 본래의 목적/취지와는 다르게 정치적 성격도 띠고 있음을 보임으로써, 5절에서 각 대통령 및 시기에 따른 차이 및 이것이 함축하는 바를 구체적으로 논의하기 위한 바탕을 마련하고자 한다.

(1) 오늘 아홉 번째의 현충일을 맞이하여 이곳 동작동성지에 고이 잠든 호국의 영령들 앞에 우리들은 온 겨레의 뜻을 한데 모아 경건히 머리 숙여 명복을 비는 바입니다. (박정희, 1964)

(2) 친애하는 국민 여러분, 순국선열 유가족 여러분. 오늘 우리는 민족정신을 드높여 새 조국건설의 원동력으로 삼아야 할 중요한 지점에서 제26회 현충일을 맞이하였습니다. (전두환, 1981)

(3) 존경하는 국민 여러분, 국군 여러분, 그리고 국가유공자와 유가족 여러분! 오늘 우리는 마흔네 번째 현충일을 맞아 조국에 신명을 바친 순국선열과 호국영령의 뜻을 기리기 위해 이 자리에 모였습니다. (김대중, 1998)

(4) 존경하는 국민 여러분, 국가유공자와 유가족 여러분, 오늘 마흔여덟 번째 현충일을 맞아, 나라와 겨레를 위해 거룩한 희생을 하신 순국 선열과 호국영령들의 영전에 머리 숙여 경의를 표하고 명복을 빕니다. (노무현, 2003)

즉, 이 네 개의 추념사에서는 박정희 대통령에 의한 것을 제외하고는 모두 국민, 국가유공자 그리고 그 유가족을 부르는 말로 시작되면서,[9] "오늘"이 몇 번째 현충일인지를 언급하고 있다. 현충일의 물리적 시점(a point in time)이 달라지는 데 반해 한국에서 현충일 추념식이 열리는 곳은 동일하다는 측면에서 굳이 명시될 필요가 없는 "장소"는 전두환과 노무현 대통령의 추념사에서는 아예 언급되지 않았고 김대중 대통령의 추념사에서는 "이 자리"로 표현되고 있는데, 박정희 대통령의 추념사에서는 "이곳 동작동성지"로 표현되어 '명시성'과 '긍정

9 한 가지 흥미로운 것은 (이 연구에서 분석 대상인) 박정희 대통령에 의한 16차례의 추념사 가운데 이렇게 국민이나 유가족을 부르는 호격(vocative)으로 '시작'된 경우가 단 한 차례로 발견되지 않았다는 것이다. 추념사의 후반부에서는 국민을 부르는 호격이 발견되지만, 박정희 대통령은 이와 함께 "재천의 영령이시여"(1964년), "하늘에 계신 영령이시여"(1965) 같은 호격을 사용하여 기념사의 목표(target)가 되는 청자를 호국영령에 맞춤으로써 추념사로서의 목적에 충실했던 것으로 평가할 수 있다. 이런 차이는 장르에서의 변화를 보여주는 의미 있는 한 단면으로 해석될 수 있다.

적 평가/가치 부여'라는 측면에서 다른 대통령들의 추념사와 대조를 보이고 있다. 한편, 이 추념식의 목적은 전두환 대통령을 제외한 나머지 세 대통령의 경우, 근본적으로 국가와 민족을 위해 자신을 희생한 "순국선열" 또는 "호국영령"에게 경의를 표하기 위한 것으로 되어 있지만, 박정희와 노무현 대통령의 경우 "명복을 빈다"는 수행문(performative sentence)의 형태를 취한 데 반해, 김대중 대통령의 경우 "뜻을 기리기 위해"라는 목적 구문이 사용되었다. 전두환 대통령의 경우 "민족정신을 드높여 새 조국건설의 원동력으로 삼아야 할 중요한 지점에서"와 같이 이 추념식이 "새 조국의 원동력"으로 삼기 위한 수단일 수 있음을 강하게 암시하고 있다. 이외에도, 노무현 대통령을 제외하고 모든 대통령의 추념사에서 발견되고 있는 일인칭복수 대명사 "우리"는 "국민"과 함께 정치담화에서 가장 흔히 발견되는 수사적 장치의 하나로서, 여기서도 각 대통령은 이런 '포함적(inclusive)' 의미의 일인칭대명사를 통해 자신과 국민들이 같은 집단에 존재하는 공동체임을 부각시키면서 결속감/유대감(solidarity)을 형성하기 위해 노력하고 있다.[10]

4.1.2. 공적 기리기

모든 대통령들의 추념사에서 발견되는 두 번째 구성요소는 '공적 기리기'이다. 말 그대로, '시작하기'에서 언급된 순국선열/호국영령들이 어떻게 국가와 민족을 위해 자신을 희생하였는지를 구체적으로 적시하는 부분을 가리킨다.

> (5) 이곳에는 조국의 광복을 위해서 순절하신 선열들과 공산침략자들로부터 조국의 자유와 독립을 수호하기 위해서 고귀한 희생이 되신 국군 장병들과 (중략) 그밖에 조국과 겨레를 위해서 살신성인하신 수많은 순국지사

---

10 많은 경우, 이와 함께 발견되는 것에 유가족들에게 감사와 위로를 표현하는 말이 있다.

의 충혼이 겨레와 이 강산을 영원히 지켜보며 고이 잠들고 계십니다. (박정희, 1966)

(6) 순국선열과 호국용사들은 나라가 위기에 처했을 때 겨레의 앞장에서 몸을 던져 싸우다 희생된 것입니다. 우리가 오늘날 이만한 삶을 누리면서 보다 나은 미래를 향해 희망을 가지고 살아갈 수 있게 된 것은 선인들의 피어린 애국적 헌신이 그 터전을 마련해 주었기 때문인것입니다. (전두환, 1982)

(7) 그러나 그러한 국난의 시기에는 언제나 나라를 구하고 국민이 생명을 지키기 위한 애국선열들의 의로운 궐기와 투쟁이 있었습니다. 우리 민족이 처한 고난과 시련의 역사를 영광과 승리의 역사로 바꿔놓은 애국애민의 영웅들이 있었던 것입니다. (김대중, 2000)

(8) 선열들의 애국충정이 있었기에 엄청난 시련 속에서도 우리의 역사는 자랑스럽게 이어져 왔습니다. 3.1운동에 이어 상해임시정부를 세우고 (중략) 6.25 전쟁의 비극도 수백만 용사들의 피와 땀과 눈물로 이겨냈습니다. 지금 우리가 누리는 자유와 민주주의, 평화와 번영, 이 모두가 선열들의 숭고한 헌신의 덕분입니다. (노무현, 2004)

즉, 구체적인 내용과 그 순서, 표현의 강도에서는 다소의 차이가 있지만, 밑줄 친 부분들에서와 같이, 네 대통령의 추념사 모두에서 망국과 일제에 의한 식민통치, 동족간의 전쟁 같이 국가가 위기나 어려움에 처했을 때 조국의 독립과 자유 수호를 위해 몸과 마음을 바친 선열들의 업적을 구체적으로 제시하면서, 현재 한국이 누리고 있는 "자유와 민주주의, 평화와 번영" 그리고 "영광과 승리의 역사", 희망을 갖고 살 수 있는 삶이 가능하게 된 것은 결국 그들의 희생과 헌신 덕분임을 강조하고 있다.

따라서 이 '공적 기리기'는, 2.1절에서 논의된 '기념사'의 일반적 성격/기능과 관련해서, 두 가지 수사적 효과를 갖는 것으로 생각된다. 첫째는 문화적 가치(cultural values)를 만들어 내거나 되새기게 하는 기능이다. 가령, 앞의 예들에서 언급된 (5)의 "희생"과 "살신성인", (6)의 "희생"과 "애국적 헌신", (7)의 "의로운 궐기"와 "투쟁", (8)의 "애국충정"과 "숭고한 헌신" 등은 국가라는 하나의 공동체가 (특히) 어려움에 처했을 때 반드시 요구되는 덕목들임을 청자들에게 직·간접적으로 각인시킬 수 있다. 둘째는 현재의 국가 발전을 암시하는 기능이다. 물론, 논리적으로 '공적 기리기'가 반드시 국가 발전을 전제하는 것은 아니지만, 적어도 이 연구의 자료에서는 (6)의 "우리가 오늘날 이만한 삶을 누리면서", (7)의 "영광과 승리의 역사", (8)의 "지금 우리가 누리는 자유와 민주주의, 평화와 번영" 같은 부분들을 통해, 각 대통령은 추념사가 발표될 당시의 사회·경제적 발전을 강하게 암시 내지 전제하거나 그 당시의 상황을 긍정적으로 평가하고 있음을 알 수 있다.

4.1.3. '추념식의 취지' 제시하기

이 구성요소는 '시작하기'와 '공적 기리기'를 주요 내용으로 하는 현충일 추념식의 궁극적 취지나 목적이 무엇에 있는지를 밝히는 과정을 의미한다. 한마디로 말해서, 단순히 나라를 위해 살신성인한 선열들을 기억하고 감사하는 마음을 표하는 것이 해마다 같은 장소에 모여 비슷한 내용의 추념사를 반복하는 이유는 아니라는 것이다. 아래의 예들은 선열들의 공적을 기리고 유쾌하지 못한 과거를 굳이 되새기는 이유에 대한 각 대통령의 생각을 잘 보여 주고 있다.

> (9) <u>그러나 우리가 현충일을 정하여 해마다 이 날을 기념하는 것은</u>, 단순히 영령들이 이룩한 위업을 숭앙하고 이에 감사하는데서 한 걸음 더 나아가, <u>그분들이 남긴 교훈을 되새기면서 영령들이 못다 이룬 유업을 우리 손으로 이룩하겠다는 분발의 의지를 더욱 굳게 가다듬는 데 그 참뜻이 있는 것</u>

입니다. (박정희, 1967)

(10) 오늘 우리가 선열들의 유덕과 위업을 기리는 것도 선열들의 값진 유산인 겨레를 사랑하는 마음과 나라를 위하는 정신을 본받을 것을 다짐하고자 하는 데 참뜻이 있는 것입니다. (전두환, 1982)

(11) 이 자리에 선 저를 비롯하여 온 국민은 가신 임들의 거룩한 희생 속에 지금 조국을 위한 올바른 삶의 의미를 되새기고 있습니다. 참다운 나라 사랑의 길이 무엇인지 다시 되돌아보고 있습니다. 그리고 애국선열과 호국영령으로부터 이를 배우면서 그분들에게 결코 부끄럽지 않은 나라사랑과 헌신의 결의를 다지게 됩니다. (김대중, 1999)

(12) 우리는 애국선열들을 영원히 기억하고 기릴 것입니다. 여기에 그치지 않고 선열들의 애국과 희생정신을 본받아 실천하고, 이를 자손만대에 가르칠 것입니다. 국가유공자와 보훈가족을 예우하는 데에도 최선을 다해 나가겠습니다. (노무현, 2006)

이 예들 가운데 추념식의 궁극적 취지를 명시적으로 밝힌 것은 박정희 대통령과 전두환 대통령의 추념사로서, 밑줄 친 부분들에서와 같이, 현충일을 추념하거나 선열들의 업적을 기라는 것은 그들이 미처 성취하지 못한 과업을 우리들이 이어받아 완성하겠다는 의지를 굳히거나 그들의 애국애족 정신을 이어나가겠다는 다짐을 하는 데 "참뜻"이 있는 것으로 말하고 있다. 한편, 김대중 대통령과 노무현 대통령의 (11)과 (12)에서는 추념식의 취지를 비교적 간접적으로 제시하는데, 김대중 대통령은 추념식을 선열들로부터 "조국을 위한 올바른 삶의 의미"와 "참다운 나라 사랑의 길"을 배우고 이를 통해 "나라 사랑과 헌신의 결의"를 하기 위한 계기로 삼는 것으로 암시하고 있으며, 노무현 대통령은 추념식이 단순히 애국선열들을 오랫동안 기억하기 위한 것으로 그치는 것이 아니라, 그들의 "애국과 희생정신을 본받아 실천"하고 그들에 대해 후손들에게 가르치며, 그들 및 그들의 가족들에 대한 보상을 다짐하는 자리임을 암시하고 있다. 박정희와 전두환, 그리고 김대중과 노무현 대통령은, 이렇게 취지를 제시하는 명시성에서의 차이와 관련해서, 화행(speech acts)에서도 차이를 보이는데, 앞의 두 사람은 추념식의 취지를 '단언'하거나 '규정'한 데 반해서, 김대중 대통령은 두 차례의 '현재 진행형'(즉, "되새기고 되돌아보고 있습니다")을 통해 자신이 생각하는 추념식의 취지를 실제로 실행하고 있는 것으로, 그리고 노무현 대통령은 "-을 것입니다"와 "-겠습니다" 같은 형태를 통해 자신이 추념식의 궁극적 취지를 실천하겠다는 의지를 표명하고 있다.[11]

여기서 주목할 것은 이렇게 각 대통령이 추념식의 취지를 직·간접적으로 제시함으로써, 이론적 배경에서 언급된, 기념사의 '교육적 기능'을 보여 주면서, 이런 과정에서 자연스럽게 이 행사에 대한 자신의 생각이나 태도 그리고, 이와 관련하여, 국가구성원으로서의 권리 및 의무에 대한 정치적 이념을 드러내게 된다는 것인데, 대통령이 권력의 중심에 서 있는 가장 강력한 정치적 행위자라는 점에서 이 '추념식의 취지 제시하기'는 현충일 추념사가 전반적으로 정치담화로서의 성격을 띨 수 있음을 강하게 암시하는 구성요소로 볼 수 있다.

4.1.4. 민족의 정체성/성격 규정하기

직전의 두 구성요소들이 순국선열이나 호국영령들에게 초점이 맞추어졌다면, 이 네 번째 구성요소는 선열들과 함께 현재를 살고 있는 국민들 즉, 민족 전

---

11 이런 차이는 박정희 대통령의 "우리가 참되게 영령들에 봉헌하는 길, 그것은 차라리 그들이 못다 이룬 미완성의 유업을 오늘에 완성시키려는 우리들의 결의를 보다 새로이 하는 일인 것입니다"(1965)가 내용은 김대중 대통령의 것과 유사하나 그 형식에서 차이가 있다는 것에 의해서도 뒷받침된다. 더 나아가, 1966년 추념사에서는 "그러나 매년 이날을 맞이한 우리들은 영령들을 위로하고 추모하는 것으로 그칠 것이 아니라, 진실로 그들 영혼을 위로하고, 위훈을 추모하는 길이 무엇이겠느냐 하는 것을 제가끔 가슴 위에 얹고 진지하게 생각하는 자성의 기회가 되어야 하겠습니다"와 같이 (비록 "우리"라는 대명사가 사용되었지만) 사실상 국민들에게 의무를 지우거나 강제하는 모습을 보이고 있다. 이런 차이는 5절에서 '담화적 권력'과 '담화 민주화'와 관련하여 다시 논의하기로 한다.

체에 초점이 맞추어져, 그들이 어떤 성격의 집단인지를 언급하고 있다. 여기에는 크게 두 가지 방식이 있는데, 하나는 (현재의) 국민을 선열보다 못한, 무엇인가 부족한 존재로 기술하여 애국선열들로부터의 도움과 가르침이 필요함을 강조하는 방식이고, 다른 하나는 현재의 국민을 (애국선열들의 피를 이어받아) 뛰어난 자질과 능력, 잠재력을 가진 존재로 서술한 후, 이런 것들을 바탕으로 그들이 이룩한 업적들을 언급하거나, 앞으로의 가능성이나 비전을 제시하는 방식이다. 첫 번째 방식은 박정희 대통령의 추념사에서만 발견됨으로써 다른 대통령들의 추념사들과 구별이 된다.

(13) 하늘에 계신 영령이시여! 우리는 너무나 미흡하고 부족한 인간이기에 오늘도 이처럼 웅대한 자연속 영광있는 영령들의 영전에 다시 모여 우리를 일깨워 주시고 격려해 주실 것을 간구하는 것입니다. (박정희, 1965)

(14) 하늘에 계신 영령들이시여! (중략) 제천의 영령들이 우리의 불민함을 항상 일깨워주시고 편달해주신다면 우리는 기필코 이 과업을 완수할 것을 확신합니다. (박정희, 1967)

즉, 이 두 예에서는 (현재의 국민을 가리키는 것으로 해석될 수 있는) "우리"를 "미흡하고 부족한 인간", "불민한" 존재로 단정하거나 전제함으로써 '부정적 자기 제시(negative self-presentation)'라는 흔하지 않은 경우를 보여 주는데, 그러나 그 앞에서 공통적으로 발견되고 있는 "하늘에 계신 영령이시여!"를 고려할 때, 이는 스스로를 폄훼하기 위한 것이라기보다는 선열들에게 도움을 청하는 과정에서 자신을 낮추어 겸손함(humbleness)을 표현하는 공손전략(politeness strategy)의 하나로 생각된다.[12]

---

12 앞에서 언급한 '호격'과 함께 이것도 박정희 대통령의 추념사가 '형식' 면에서 다른 대통령들의 추념사에 비

한편, 두 번째 방식은 그 명시성과 빈도에서 차이를 보이고 있어서 박정희 대통령을 비롯하여 전두환, 김대중 대통령의 추념사에서는 발견되지만 노무현 대통령의 추념사에서는 발견되지 않았다.

(15) 그리고, 우리의 선열과 애국 용사들이 신명을 바쳐서 가꾸어 놓은 이 정기는 지금 우리의 가슴 속에 맥맥히 이어져 내려오고 있으며, 민족중흥의 줄기찬 원동력이 되고 있습니다. 그렇기 때문에 (중략) 그 거룩한 넋은 조국의 수호신으로서 지금도 우리와 함께 영원히 살아있는 것입니다.[13] (박정희, 1974)

(16) 우리의 혈맥 속에 맥맥히 흐르고 있는 우리 겨레의 이러한 굳센 얼과 빛나는 슬기는 우리가 (중략) 우리의 생존을 굳건히 지키면서 착실한 발전을 지속하여 선진국으로 발돋움할 수 있게 한 힘의 원천이 되고 있습니다. (전두환, 1983)

(17) 일제하의 독립운동 세대와 나라의 기틀을 세운 건국세대 (중략) 전쟁의 폐허 위에서 경제를 일으킨 근대화 세대, 또한 자유와 인권과 민주주의를 위해 투쟁한 민주화 세대, 그리고 외환위기의 극복을 위해 헌신한 오늘의 세대가 각기 우리의 역사 속에서 스스로의 역할과 사명을 다해 왔습니다. (김대중, 1999)

우선, 박정희와 전두환 대통령의 추념사에서는 앞의 '공적 기리기' 구성요소

해 추념사의 원형(prototype)에 좀 더 가까운 모습을 보이고 있음을 말해 준다. 그러나 다른 측면들에서는 그렇지 않다는 것을 뒤에서 논의하게 될 것이다.

13 이와 비슷한 예로, 박정희 대통령은 1979년 추념사에서 "선인들이 남긴 불멸의 호국정신과 자주정신은 겨레의 핏줄 속에 면면히 이어져 오늘날 민족중흥의 새 역사를 창조해 나가는 힘찬 추진력으로 살아 움직이고 있습니다"라고 말해 국가/민족정체성을 형성하기 위한 담화전략들 가운데 '영속화 전략'(Wodak 외 1999)의 예를 보여준다.

에서 언급된 선열들의 자기 헌신 및 애국애족의 정신과 슬기가 우리의 핏속에 "맥맥히" 이어지거나 흐름으로써 "우리와 함께 영원히 살아있거나" 국가와 민족이 발전하여 선진국으로 도약하기 위한 "원동력/원천"이 되고 있음을 말하고 있다. 그러나 김대중과 노무현 대통령의 추념사에서는 이렇게 선열과 현재 국민들 사이의 혼연일체 관계를 명시적으로 언급하는 경우는 발견되지 않았는데, 김대중 대통령은 "건국세대", "호국·반공세대", "근대화세대", "민주화세대"와 같이 민족을 여러 가지 종류의 세대로 분류하면서 (밑줄 친 부분에서와 같이) 각각의 세대가 이루어낸 업적을 부각시키고 있고, 이를 통해 각각의 세대가 "스스로의 역할과 사명을 다해 온" 것으로 성격지우고 있다.[14]

4.1.5. 과거/역사 언급하기

모든 종류의 기념사에서 당연히 발견되는 이 구성요소는 현충일 추념사의 경우 과거에 있었던 불행한 역사 및 이의 극복 과정과 관련된 부분을 의미한다. 그러나 이런 과거/역사에 대한 언급은 대부분 (앞의 예들에서 확인될 수 있는 것처럼) 두 번째 구성요소인 선열들의 '공적 기리기'나 네 번째 구성요소인 '민족의 정체성/성격 규정하기'의 일부로서 이루어지기 때문에, 전반적으로, 별개의 문장에서 이 구성요소만이 이루어지는 경우는 많지 않다.[15] 상대적으로 위 두 가지와 구분되는 예를 하나만 제시하면 다음과 같다.

---

14 '민족 정체성/성격 규정하기'가 김대중 대통령의 추념사에서도 발견되고는 있지만, 박정희, 전두환 대통령의 그것과 방법에서 다소 차이가 있고, 노무현 대통령의 추념사에서는 전혀 발견되지 않는다는 것은, 이 구성요소가 '권위주의 정권' 대 '민주주의 정권'의 구분과 어떤 관계가 있을 수도 있음을 암시한다. 한 가지 가능성은, Lihua(2009)가 중국의 교과서에서 학생들의 애국심을 고취하기 위해 국가정체성을 형성/강조하기 위한 여러 가지 담화전략이 사용되고 있음을 보이고 있는데, 임기 내내 국민들의 저항을 받아 왔던 두 대통령이 국민들 사이의 단합을 강조하기 위한 수단으로 이 구성요소에 좀 더 유념했을 수도 있다.

15 따라서, 여기서는 각 대통령의 추념사에서 발견되는 '과거/역사 언급하기'의 예들을 일일이 제시하기보다는 이 구성요소가 어떤 기능을 하고 있는지에 초점을 맞추기로 한다.

(18) 돌이켜보면, 우리의 민족사는 시련과 그리고 이 시련을 극복하려는 끈질긴 노력의 역정이라고 할 수 있습니다. **조국이 외제에 예속되어 암흑의 곤욕을 겪어야 했던 시기**에, **우리의 애국선열들은** 민족의 독립을 쟁취하기 위해 구국투쟁에 앞장서서 조국 광복의 찬연한 발자취를 남긴 바 있습니다. 그리고 **공산침략자들에 의해서 국토가 유린되고 민족의 존망이 위기에 처하였을 때** 이 땅의 **애국청년들은** 감연히 궐기하여 조국을 사수하고 반공 구국의 혈로를 열었던 것을 우리는 자랑스럽게 기억하고 있습니다. (박정희, 1974)

즉, 세 문장으로 이루어진 앞 예의 첫째 문장에서는 "돌이켜보면"에 의해 화자가 이어지는 부분에서 과거/역사에 대해 언급할 것임을 예고하면서 한민족의 역사를 "노력의 역정"으로 규정한 후, 둘째 문장에서는 일제에 의한 피식민지 시대라는 과거/역사가 애국선열에 의한 독립 쟁취라는 '공적 기리기'와 연결되고 있고, 셋째 문장에서는 6.25라는 과거/역사가 애국청년들에 의한 조국 수호라는 '공적 기리기'와 연결되고 있다. 여기서 주목할 것은 이 예를 구성하고 있는 문장들의 구조이다. 방금 언급된 두 가지 불행한 역사(즉, 일제시대와 6.25)가 각각 두 번째 문장과 세 번째 문장의 앞부분인 종속절에서 언급된 후, 이어지는 주절에서는 각각 애국선열과 애국청년들에 대한 서술이 이어지는데, 종속절보다는 주절에서 그 문장/담화의 요지가 전경화(foregrounding)되어 표현된다는 점에서(Renkema 2004), 이 예에서 '과거/역사 언급하기'라는 구성요소는 현충일 추념사의 기본적 목적인 애국선열들의 공적을 부각시키기 위한 근거나 바탕으로 이용되고 있음을 알 수 있다.[16] 그러나 중요한 것은 '과거/역사의 언급하

16 앞에서 언급했듯이, 이런 과거의 불행한 사건들이 '대체로' 단언의 대상이 되기보다는 많은 경우 전제되는 것도 이런 해석을 가능하게 한다.

기'가 이런 용도로서만 사용되는 것은 아니라는 것이다. 아래의 예를 보자.

(19) 100년 전, 우리는 망국의 치욕을 겪어야 했습니다. 백성들은 굶주리고 짓밟히는 고난의 세월을 겪어야 했고, 수많은 애국지사들은 가족을 버리고 고향을 버리고 멀리 이역만리에서 싸우다가 끝내는 목숨을 바쳐야 했습니다. 이 땅의 위정자들이 나라의 힘을 키우지 않고 서로 편을 갈라 끊임없이 싸우다가 초래한 일입니다. 국민의 힘을 하나로 모아 나라를 일으켜야 할 때, 오히려 백성들을 억압하여 스스로 일어나지 못하게 한 결과입니다. (노무현, 2006)

즉, 노무현 대통령에 의한 이 추념사에서는 박정희 대통령에 의한 추념사에서 언급된 것과 동일한 역사 즉, '일제에 의한 피식민지 시대'와, 이로부터 독립을 쟁취한 "애국지사들"이 언급되고 있다. 그러나, 박정희 대통령에 의한 추념사의 경우 문장들의 구조 측면에서 이런 애국지사를 찬양하기 위한 목적이 명백했던 것과는 달리, 노무현 대통령에 의한 추념사에서는 첫 번째 문장에서 언급된 "망국의 치욕"을 두 번째 문장에서 상술한 후, 이어지는 마지막 두 문장에서는 각각 "초래한 일입니다", "결과입니다"가 보이고 있듯이, 그런 불행한 역사 자체와 애국지사들이 이런 역사를 극복하기 위해 감당해야 했던 고난 및 희생을 초래한 원인으로서, "위정자들"이 지도자로서의 임무를 방기하고 국민들에게 부당하게 권력을 행사한 것을 부각시키고 있다. 여기서 주목할 것은 "이 땅의 위정자들"이 가리키고 있듯이, '정치인들'이 현충일 추념사에서 중요한 사회적 행위자(social actors)로 등장하고 있고, 암시적으로 '권력'의 문제가 언급되고 있으며, 이를 통해 노무현 대통령 자신의 정치적 이념이 드러나고 있다는 것이다. 즉, 박정희 대통령의 추념사에서는 불행한 역사와 이를 극복하기 위해 노력한 애국지사/선열들 사이의 관계만 언급된 데 반해서, 노무현 대통령의 추념사에서는 정치인들의 부정적 역할이 명시적으로 주장되고 있다는 점에서, '과거/역사 언급하기'라는 동일한 구성요소가 대통령에 따라 다르게 이용되고 있음과, 노무현 대통령의 추념사에서는 '이념'과 '권력'을 핵심어로 하는 '정치담화'로서의 성격이 좀 더 분명하게 드러나고 있음을 알 수 있다.

4.1.6. 정책의 제시/합리화와 정권 홍보하기

이 구성요소는 대통령 자신 또는 그의 정부에 의해서 행해진 정책을 합리화 내지 홍보하거나, 앞으로 시행될 정책을 제시 내지 약속하는 것을 의미한다. 이 구성요소도 대통령에 따라서 그 빈도/비중에 차이를 보이는데, 박정희와 전두환 대통령이 자신들이 그 당시 펼치고 있던 정책을 합리화하는 모습을 보인 반면, 김대중과 노무현 대통령은 앞으로 시행할 정책을 제시하거나 약속하는 모습을 주로 보이고 있다.

(20) 지금 우리는 조국통일이라는 민족의 지상명제를 앞에 두고 이 나라의 근대화 작업에 총력을 기울이고 있습니다. 분명히 이 과업은 영령들이 우리에게 물려주고 간 지상과업입니다. 그들이 못다하고 간 천추의 유한이 바로 이 과업인 것입니다. (박정희, 1966)

(21) 우리는 그동안 승천하신 영령들의 거룩한 희생 위에 안보역량을 꾸준히 강화하여 민족사 수호의 튼튼한 보루를 쌓아 왔습니다. 또한 국민 모두가 어려운 여건 속에서도 나라의 힘을 키우고 생활을 향상시키기 위해 줄기찬 노력을 경주하여 눈부신 발전과 성장을 이룩하였습니다. (전두환, 1985)

(22) 저는 여러분의 적극적인 참여와 협력위에서 임기 중에 다음과 같은 국정목표를 반드시 실현시키고자 합니다. 첫째는 이 땅위에 민주주의를 더욱 굳건히 뿌리내려서 자유가 만발하고 인권이 풍성히 열매 맺는 선진 민

주국가를 만드는 것입니다. (중략) **마지막으로 다섯 번째는** 이미 말씀드린 대로 남북의 평화와 교류협력을 실현하는 일입니다. 그리하여 남북이 서로 공존 공영하는 가운데 장차의 평화통일에 대비하는 것입니다. (김대중, 2000)

(23) **이 시간 저는 겸허한 마음으로 국민 여러분과 애국영령들 앞에 새로운 각오를 다지고자 합니다. 무엇보다 경제를 챙기는 데 주력하겠습니다.** (중략) 공정하고 투명한 경제 시스템을 만드는 **개혁도 쉬지 않고 해나가겠습니다.** (중략) 성숙한 민주주의와 건강한 사회문화를 뿌리 내리는 데에도 **역점을 두겠습니다.** (노무현, 2003)

즉, (20)에서 박정희 대통령은 "조국통일이라는 민족의 지상명제"를 실현하기 위해 "우리"가 "근대화 작업"에 모든 힘을 기울이고 있음을 언급하면서, 이것이 선열들이 "우리에게 물려주고 간 지상과업"임을 다시 한 번 강조함으로써 자신이 자신의 정권에 대한 국민들의 저항에도 불구하고 펼치고 있는 정책이 반드시 필요한 것임을 암시하고 있다. 전두환 대통령의 경우, 흥미롭게도, 다른 대통령들과는 달리 자신의 구체적인 정책들에 대한 명백한 언급이 자료에서 발견되지 않았는데, (21)에서도, 행위의 주체가 "우리"와 "국민 모두"로 되어 있어 모호하기는 하지만, 자신의 정부가 안보와 경제 분야에서 잘 해 오고 있음을 암시하는 것으로 해석이 가능하다.[17] 한편, 김대중과 노무현 대통령의 경우는, 밑줄 친 부분에서와 같이, 자신들이 실현하겠다고 약속하거나 다짐하는 국정목표들을 소개하고 있다. 노무현 대통령에 의한 (23)의 경우, 2003년 그가 취임한 첫해의 현충일 추념사이기 때문인지 마치 '대통령 취임사' 같은 분위기가 느껴지

17 실제로 전두환 정권은 정권의 정통성 문제 때문에 국민들의 격렬한 저항을 받았지만 안보와 경제 두 분야에서는 상당히 성공적이었던 것으로 평가받고 있다

고 있다. 그러나 김대중 대통령에 의한 (22)의 경우, 그의 취임 후 3년차인 2000년의 추념사임에도 불구하고 그가 시행할 정책들을 구체적으로 언급함으로써 마찬가지로 '대통령 취임사'나 적어도 '신년사' 같은 모습을 띠고 있다.

다음은 정책의 제시나 합리화 수준을 넘어서서, 그 정도나 강도에서, 마치 자신의 정책이나 정권을 '홍보'하고 있다는 느낌을 주는 경우들이다.

(24) 북으로부터 끊임없는 침략 도발 위협을 받으며, 또한 국제 권력 정치와 세계 경제의 격랑을 헤치면서, 우리는 꾸준히 성장을 계속하여 바야흐로 세계 속의 한국으로 80년대를 눈앞에 두고 있습니다. 지금 우리에게는 막강한 힘과 자신이 있으며, 우리 국민들의 가슴속에는 민족의 전통과 문화에 대한 긍지가 넘쳐 있습니다. (박정희, 1979)

(25) 국민의 정부가 민주주의와 시장경제, 생산적 복지를 삼위일체로 병행 발전시켜 제2의 건국을 이룩하겠다는 노력을 다하고 있는 것도, 먼저 가신 임들의 희생과 고귀한 헌신을 헛되이 하지 않겠다는 각오와 다짐이 아닐 수 없습니다. 그러한 굳은 의지를 가지고 우리는 지난 1년 반 동안, 6.25이후 최대의 국난이라는 경제위기를 타개하기 위해 뼈를 깎는 고통을 감내하며 개혁을 추진해 왔습니다. (김대중, 1999)

(26) 지난 100일은 이러한 당면과제의 해결과 함께, 국정운영 시스템을 정비하면서 참여정부 5년을 준비하는 기간이었습니다. 짧은 기간이었지만 그 사이 적지 않은 변화가 있었습니다. 대통령과 장관, 장관과 실무자간에 격의 없는 토론이 이루어지고 (중략) 공정하고 투명한 인사시스템도 본격적으로 가동되기 시작했습니다. (노무현, 2003)

즉, 자신의 심복에 의해 죽임을 당하기 전 마지막으로 발표된 박정희 대통령의 추념사 (24)에서는, 여러 가지 대내외적인 어려움에도 불구하고 성장을 계속

함으로써 머지않아 "세계 속의 한국"이라는 위상을 확보할 수 있게 되었으며, 이런 것을 가능하게 하는 "막강한 힘과 자신", "민족의 전통과 문화에 대한 긍지"가 이미 국민들의 마음속에 넘치고 있음을 단언함으로써, 무려 18년이라는 긴 세월 동안 장기집권을 하며 이룩한 자신의 업적을 홍보하면서 궁극적으로는 자신의 독재정권을 합법화하고 있다. 이와 유사하게, (25)에서 김대중 대통령은 선열들의 희생과 헌신에 보답하기 위해 제2의 건국을 위해 노력하고 있다면서, 스스로 "6.25이후 최대의 국난"이라고 표현하는 1997년도의 금융위기를 자신의 정권이 잘 극복한 것에 대해 언급함으로써 마찬가지로 자신의 정치적 업적을 홍보하고 있다. 마지막으로, 노무현 대통령도 자신의 취임 후 첫 번째 현충일 추념사인 (26)에서, 취임 후 100일 동안 적지 않은 변화들이 있었음을 지적하면서, 대통령과 장관 등 참모진과의 비격식적인 의사소통, 공정한 인사시스템 그리고 (인용되지 않은 부분에서) 국정원과 경찰 같은 권력기관의 개혁, 공작정치의 탈피 등 다양한 변화들을 예시함으로써 자신 및 참여정부의 업적을 홍보하고 있다.

4.1.7. 현재의 정치적 상황/현안과 과제 제시하기

앞의 구성요소와 직결되는 구성요소에 '현재의 정치적 상황/현안과 과제 제시하기'가 있다. 지금까지 논의된 구성요소들을 일상적인 용어로 요약한다면, '과거의 여러 가지 불행했던 역사/사건들을 극복하고 오늘의 발전을 이룩한 것은 (지금 기념식을 통해서 추모하고 있는) 애국선열들의 덕분이고, 현재의 우리도 그런 선열들의 피를 이어받았기 때문에 국가의 선진화 등 발전을 위해 기여할 자질이 있고 실제로 우리/정부도 잘 해 왔다'는 것이다. 이런 맥락에서, 이 구성요소는 지금까지의 구성요소들과 뒤에서 논의될 다른 구성요소들 사이의 연결고리로서, 나중에 5절에서 좀 더 구체적으로 논의되겠지만, 현충일 추념사가 '정치담화'로서의 성격을 본격적으로 띠게 하는 데 중요한 역할을 한다. 물론, 각 추념사에서 언급되는 구체적인 정치적 상황/현안들은 그 분량뿐만 아니라 성격에서 서로 달라 긍정적인 것도 있고 부정적인 것도 있지만 부정적인 상황/현안은 거의 항상 포함되고 있는데, 중요한 것은 각 추념사에서 이런 부정적인 정치적 상황/현안을 근거로 이용하여 무엇인가 '과제'를 국민들에게 제시한다는 점에서는 공통적인 모습을 보이고 있다는 것이다. 각 대통령의 추념사에서 제시되는 대표적인 정치적 상황/현안과 과제를 보기로 한다.

(27) 침략의 동기가 어떤 것이든, 만행의 형태가 어떤 것이든, 이미 북한괴뢰가 이른바 무력통일을 공언하면서 그 침략의 흉계를 행동화하고 있는 이상, 이것은 우리의 안전과 번영에 대해서 가장 큰 도전이요, 시련이 아닐 수 없습니다. 우리는 북괴의 준동을 좌시할 수 없습니다. (중략) 목숨을 건 투쟁을 각오하고, 내 조국, 내 향토를 내 힘으로 지키겠다는 자주 국방의 태세와 역량을 비축해야 합니다. (박정희, 1968)

(28) 더욱이 지금 우리의 안보현실은 북한공산집단의 전쟁도발위협으로부터 어느 때보다도 긴박한 상황에 처해 있으며, 80년대의 불안정한 세계정세는 우리에게 언제 어떠한 위기를 몰고 올지 예측하기 어려운 상황입니다. (중략) 따라서 우리 모두 투철한 국가관을 확립하고 진정한 애국심을 발휘할 때는 바로 지금이라고 하겠습니다. (전두환, 1983)

(29) 오늘 우리의 현실에는 빛과 그림자가 동시에 상존하고 있습니다. 우리 대한민국이 미국, 영국 등과 같이 세계적인 민주인권국가로 확고하게 자리잡은 것, (중략) 5천년 역사상 처음으로 세계일류국가의 비전을 갖고 이를 착실히 실현해가고 있는 현실은 밝은 빛의 모습입니다. 그러나 어두운 그림자도 엄연히 존재하고 있습니다. 정치가 불안정하고 (중략) 남북관계도 정체상태에 있습니다. 이 시간 저는 이러한 국가적 명암의 현실을 직시하면서 호국영령과 국민 여러분 앞에 21세기 우리 민족이 나아갈 역사적 소명에 대해 보고드리고, 국민 여러분과 함께 새로운 각오

와 다짐을 하고자 합니다. (김대중, 2001)

(30) 그동안 우리는 해방과 건국, 경제와 민주주의 발전에 이르기까지 많은 것을 이뤄냈습니다. 2차대전 이후 수많은 나라가 독립했지만 우리만큼 큰 성취를 이뤄낸 나라는 없습니다. 이대로 가면 머지않은 장래에 선진국 대열에 당당히 진입하고, 분단을 극복하는 날도 반드시 올 것입니다. 그렇다면 지금 우리에게 가장 중요한 숙제는 무엇입니까? 저는 공동체적 통합을 이루는 일이라고 생각합니다. 내부 분열과 갈등을 넘어서고, 변화가 필요할 때 국민적 합의로 결정할 수 있는 역량을 갖추는 것입니다. (노무현, 2005)

북한의 특공대가 청와대를 습격하여 대통령을 살해하려고 했던 2.14사태가 있었던 1968년에 발표된 박정희 대통령의 (27)에서는 그 당시 첨예하게 대립했던 남북관계를 반영하듯이, "북한괴뢰"의 침략과 무력통일 가능성이 최대의 정치적 상황/현안으로 언급되면서 이를 방지하기 위한 '과제'로서 "목숨을 건 투쟁"과 "자주 국방 태세"가 제시되고 있다. 1980년 쿠데타 이후 정권이 정착되어 가던 1983년에 발표된 전두환 대통령의 추념사 (28)에서는, 박정희 대통령의 경우와 마찬가지로, 북한으로부터의 전쟁위협과 불안정한 국제 정세를 그 당시의 부정적인 정치적 상황/현안으로 언급하면서 이런 "긴박한 상황"에 대처하기 위한 '과제'로서 "투철한 국가관을 확립하고 진정한 애국심울 발휘할 것"을 요구하고 있다.[18] 한편, 사실상 헌정 사상 최초로 민주적 정권으로의 교체를 이룬 것으로 평가되는 김대중 대통령의 추념사 (29)에서는 그 당시의 상황이 "빛과 그림자" 같이 ("인권민주국가"로의 발전 같은) 긍정적 축면과 ("정치적 불안정"과 정체된 남북관계 같은) 부정적 측면이 있음을 분명히 하면서, 인용된 부분 이

18 여기서 발견되는 전략에 4.2절에서 논의될 '근접화' 전략(Cap 2008, 2010)이 있다.

후에서, 이런 부정적 측면에 대처하기 위한 "역사적 소명", 즉 '과제'로서, 21세기 지식기반 경제의 건설과 남북관계 개선 등을 제시하고 있다. 마지막으로, 그 전 해에 탄핵이라는 정치적 위기를 경험한 노무현 대통령의 추념사 (30)에서는 "선진국 대열로의 진입"과 "분단의 극복"을 시급한 정치적 현안으로 제시하면서 이를 실현하기 위한 "숙제"로서 "공동체적 통합"의 실현을 제시하고 있다.

이런 특정 정치적 상황/현안들이 선열들의 넋을 기리기 위한 추념사에서 (굳이) 언급되는 것도 결국 각 대통령의 '선택'에 의한 것이라는 점에서 그런 '선택의 의도/이유'도 비평적 담화분석의 대상이 될 수 있지만, 그것이 가능하기 위해서는 추념사에서 언급/선택되지 않은 (네 개의 기념사가 발표될 당시의) 다른 모든 정치적 상황/현안들과의 비교가 필요하다는 점에서 방법론적으로 현실적인 어려움이 있다. 그럼에도 불구하고 위 예들에서 주목할 것은 이런 '정치적 상황/현안'에 대처하기 위해 제시된 '과제'를 수행하게 될 사회적 행위자(social actors/agents)나 주체(subjects)와 관련해서 드러나는 각 대통령의 태도이다. 즉, 누가 그런 '과제'를 수행(해야)하는 것으로 제시되는가인데, 이 점에서 박정희 대통령의 추념사 (27)에서는 비록 대명사 '우리'가 사용되고는 있지만 "내 조국, 내 향토를 내 힘으로 지키겠다는"에서와 같이 사실상 국민들에게 그 역할을 요구하는 것으로 해석될 수 있고, 전두환 대통령의 추념사 (28)에서는 명시적으로 "우리 모두"를 그 주체로 적시하고 있다. 반면, 김대중 대통령과 노무현 대통령의 추념사인 (29)와 (30)에서는 이 점이 명확하지 않지만, 아래에서 논의되듯이, 전반적으로 자신들을 과제 실현의 주체로 설정하는 빈도가 앞의 두 대통령보다는 높다는 차이를 보이고 있다.

4.1.8. 국민들의 협조 요구/요청하기

방금 논의된 '현재의 정치적 상황/현안 및 과제의 제시' 후에 발견되는 경향을 보이는 구성요소는 국민들의 협조를 구하는 것이다. 국가가 처한 어려움을 극복하기 위한 과제나 이와 관련해서 대통령이 제시한 정책들을 성공적으로 수행하기 위해서는 국민들의 적극적인 참여와 협조가 필수적이기 때문이다. 네 대통령 모두의 추념사에서 발견되는 이 구성요소는, 그러나, 각 대통령에 따라서 그 빈도나 방법에서 다소의 차이를 보이고 있다.

(31) 지금이야말로 국민 한 사람 한 사람이 감연히 민족중흥의 대열에 참여하고, 진정한 봉사와 희생의 정신을 발휘해야 할 때인 것입니다. 우리는 영령들이 국가와 민족을 위해 발휘했던 희생과 봉사의 정신을 본받아 실천하는 데 정성을 다해야 하겠습니다. 그것은 영령들을 위로하고 그 값진 희생에 보답하는 길이며, 또 우리 앞에 산적한 과제를 해결할 수 있는 길이기도 한 것입니다. (박정희, 1967)

(32) 그러므로 우리는 우리가 놓인 환경이 어려우면 어려울수록 선인들이 보여준 견인불발의 정신을 본 받아 더욱 분발해야만 하겠습니다. 오늘 우리는 선열들의 호국충절을 기리는 뜻 깊은 자리에서 다시 한번 우리의 현실과 역사적 사명을 되새기며 조국과 민족 앞에 충성을 다할 것을 다짐해야 하겠습니다. (전두환, 1981)

(33) 오늘 뜻 깊은 마흔 다섯 번째 현충일을 맞아서 우리 모두 새로운 결의를 다집시다. 조국의 제단에 몸 바치신 순국선열과 호국영령들의 거룩한 뜻을 좇아 나라의 발전과 민족의 도약을 힘차게 이루어 나갑시다. (김대중, 2000)

(34) 이제 이것마저도 극복해 나갑시다. 지난날의 잘못은 진심으로 반성하고 사과합시다. 용서하고 화해합시다. 그래서 하나가 되고 힘을 모아 새로운 나라를 만들어 나갑시다. 그리하여 다시는 불행한 역사, 부끄러운 역사를 되풀이하지 않을 당당하고 자랑스러운 역사를 만들어 나갑시다. (노무현, 2006)

우선, 박정희 대통령의 경우, 집권 초기의 추념사에서는 국민들에게 명시적으로 협조를 구하는 요소가 거의 발견되지 않다가, 1967년의 (31)에서는 "국민 한 사람 한 사람이 감연히 민족중흥의 대열에 참여하고, 진정한 봉사와 희생의 정신을 발휘해야 할 때인 것입니다"라고 언급하고 있다. 이 문장은 마지막 밑줄 친 부분 "우리 앞에 산적한 과제를 해결할 수 있는 길"에서 알 수 있듯이 발화수반력에서 국민들의 협조를 구하는 것으로 볼 수 있는데, 주목할 것은 그 방식에서 (아래에서 논의할 김대중, 노무현 대통령의 경우와는 달리) "-할 때"와 같이 '시간 지정하기(timing)'의 관점에서 서술되고 있다는 것이다. van Leeuwen(2008:76)의 용어를 사용하자면, 이 예는 "시간 호출(time summons)", 즉 "시간 지정하기가 권위적인 호출을 통해서 강제되는 것으로 표상되는 것"의 한 예로 볼 수 있는데, 어떤 것과 관련해서 "시간을 정하는 권리는 항상 절대적인 권력의 상징"(van Leeuwen 2008:76)이라는 점에서 그만큼 박정희 대통령이 국민들에게 협조를 구하는 방식이 권위적임을 보여 주고 있다. 이런 해석은 같은 예에서 "협조"보다는 "진정한 봉사와 희생의 정신"이라는 표현이 반복적으로 사용된 것과, "다해야 하겠습니다"와 같이 의무서법(deontic modality)이 사용된 것에 의해서도 뒷받침된다.

이런 분위기는 전두환 대통령의 추념사 (32)에서도 발견되는데, 그는 국민들이 선열들이 보여준 "견인불발"의 정신을 본받을 것과, "현실과 역사적 사명을 되새기며 조국과 민족 앞에 충성을 다할 것을 다짐할 것"을 요구함으로써, 심지어 국가/민족/정부와 개별 국민들의 관계를 "역사적 사명"이 주어지고 후자가 전자에게 "충성"을 서약하는 위계적/수직적인(vertical) 관계로 설정하고 있다. 그러나 김대중, 노무현 두 대통령의 추념사 (33), (34)에서는 각각 "결의를 다집시다", "극복해 나갑시다" 같은 권유형 문장이 반복적으로 사용됨으로써, 앞의 두 추념사에 비해 권위적인 분위기가 훨씬 약하다는 차이를 보이고 있다.

4.1.9. 마무리하기

추념사의 '마무리하기'는 거의 모든 예들에서 다시 한 번 순국선열들의 공적을 기린 후 그들의 희생에 대해 감사하거나 추모하고, 그들의 영면과 안식을 기원하거나 그들의 유가족들에게 행복을 기원하는 모습을 보이고 있다.[19] 이 '마무리하기'는 모든 대통령들의 추념사에서 발견되지만, 박정희 대통령은 다른 대통령들의 추념사보다 이런 모습을 좀 더 정확하게 준수하고 있고, 특히, 집권 중반기인 1972년까지의 추념사에서는 순국선열들을 다시 부르면서 그들에게 도움을 간구하는 모습을 자주 보인다는 점에서, 다른 세 대통령들의 기념사보다는 '형식'면에서 좀 더 전형적인 추념사의 모습을 유지하고 있다. 아래의 예들이 이런 차이를 잘 보여 주고 있다.

(35) **하늘에 계신 영령들이여!** 지금 우리는 민족중흥을 위한 거창한 과업을 추진하고 있습니다. (중략) **재천의 영령들이 우리의 불민함을 항상 일깨워주시고 편달해 주신다면** 우리는 기필코 이 과업을 완수할 것을 확신합니다. 비록 유명을 달리하고 있으나, **민족의 앞날을 굽어 살피시어 우리의 용기를 북돋아 주시고, 전진의 기백을 고취해주시기를 기구하는 바입니다.** 영령들의 숭고한 희생과 위대한 공훈을 거듭 추앙하면서, 유가족의 앞날에 하느님의 가호와 은총이 있기를 기원합니다. (박정희, 1967)

(36) 고이 잠드신 영현들에게 조국의 무궁한 영광과 함께 영원한 안식이 깃들기를 빌며, **유가족 여러분의 가정에 신의 가호가 있기를 기원합니다.** (전두환, 1981)

(37) 다시 한 번 경건한 마음으로 **순국선열과 호국영령들의 명복을 빌면**

---

19 그렇지만 전두환 대통령의 추념사가 "뜻 깊은 현충일에 즈음하여 다시 한 번 순국영령들의 영원한 안식을 빌며, 우리 모두 선열들의 유훈을 받들어 조국의 번영과 통일을 위해서 더욱 분발할 것을 다 같이 굳게 다짐합시다"로 끝나는 것처럼 국민의 협조를 반복적으로 요구하면서 마무리 되는 경우들도 발견된다.

서, 국가유공자와 유가족을 위해서도 최선을 다해서 협력할 것임을 다짐하는 바입니다. (김대중, 2001)

(38) 다시 한 번 순국선열과 호국영령들의 애국헌신을 추모하며, 영원한 안식을 빕니다. (노무현, 2005)

대체로 이 '마무리하기'의 앞부분에서 국가가 당면한 과제의 제시 및 이를 해결하기 위한 국민의 협조 구하기, 또는 각 대통령들의 각오나 다짐이 이루어진 후 이 '마무리하기'는 본래의 현충일 추념사로 되돌아오는 모습을 보인다는 점에서, 이 구성요소는 마치 '이야기 구조(narrative structure)'에서 화자가 '이야기 세계(story world)'로부터 이야기가 행해지고 있는 '현실 세계(real world)'로 되돌아왔음을 표시하는 '마무리하기(coda)'(Labov & Waletzky 1967)와 유사한 기능을 하고 있다.[20]

4.2. 수사 및 화용 전략/자질

4.2.1. 포함적 '우리'

이 연구의 자료에서 가장 많이 발견되는 표현 중 하나는 일인칭 복수 대명사 '우리'이다.[21] 이미 앞의 예들에서도 많이 등장한 '우리'가 가리키는 대상, 즉 지시물(referents)은 일차적으로는 대통령 자신과 현충일 기념식에 참석한 사람들이지만 그 기념식을 시청하거나 청취하고 있는 국민들과, 더 나아가서는, 살아있는 사람들뿐 아니라 애국선열들을 포함하여 이미 세상을 떠난 사람들과 미래

20 이야기 구조에서 '마무리하기(coda)'의 예로는 가령, "That's it, story over. Back to the conversation"이 있다(Talbot 2010:55).

21 빈도가 높은 다른 어휘로는 "선열", "영령", "조국/국가", "민족", "역사", "과제" 등이 있다.

의 국민을 포함할 수 있다. 특히 이 마지막 가능성은 '우리'가 자료에서 높은 빈도를 보이는 또 다른 단어인 '민족'과 공기(co-occurrence)하는 경우가 많다는 것에 의해 뒷받침되는데, 이런 경우는 Wodak 외(1999)에서 "존재하는 사람과 부재하는 사람, 살아 있는 사람과 죽은 사람, 더 나아가 상상의 대규모 우리 집단을 포함하는 것"으로 정의되는 '역사적 우리(historical we)'에 해당되는 것으로 생각된다.

이런 '우리'는 그동안 정치담화의 분석에서 많이 지적되어 왔듯이 크게, 그 지시물에 청자를 포함시키는 '포함적(inclusive)' 기능과 청자를 제외시키는 '배타적(exclusive)' 기능을 수행하는데, 현충일 추념사에서는 이 두 가지 기능 가운데 주로 '포함적' 기능이 발견되고 있다.[22]

(39) 우리의 역사는 강인한 생명력으로 이러한 생명력으로 이러한 시련과 역경을 헤치면서 자주독립을 유지하고 찬연한 민족문화를 꽃피워 온 의지와 슬기의 기록입니다. (전두환, 1981)

(40) 이 모든 것이 우리 조상들이 수천 년 동안 교육과 지식 발전에 노력하고 문화적 독창성을 이룩하는 데 헌신해 온 덕택이라고 생각합니다. (김대중, 2002)

'우리'의 이런 '포함적' 기능은 그 자체만으로도 화자와 청자들 사이에 공통의 기반(common ground)이 있음을 부각시키는 효과를 갖는데, 이 두 예에서와 같이 '우리'가 "역사"나 "조상"을 함께 소유하는 것으로 표현되는 경우는 화자

22 이밖에도 실제 정치담화에서는 "우리"의 정확한 기능이 무엇인지 파악하기 어려운 경우들이 많이 있다. 정치담화 분석에서는 이를 '모호한 우리(ambivalent we)'로 분류하는데, 화자들은 '우리'의 이런 성격/용법을 이용하여 자신의 의사소통적 목적을 효율적으로 성취하는 것으로 말해지고 있다. '우리'의 예는 이미 앞에서 많이 제시되었으므로 여기서는 두 개의 예만 보기로 한다.

와 청자가 문화 및 가치를 포함하는 긴 삶의 구체적인 과정들과 심지어 삶의 근원인 핏줄을 공유한다는 의미까지 더해짐으로써, 한 민족으로서의 동질성과 소속감을 극대화하고 더 나아가 민족/국가정체성을 고취하는 데 기여하는 것으로 해석될 수 있다.[23]

4.2.2. 행위성/타동성

추념식을 포함하여 기념식의 본질 가운데 하나는, 언급했듯이, 특정 공동체가 공유하는 역사적 사건이나 (이와 관련된) 누군가에 의한 행위를 회상하고 그것에 의미를 부여하는 것으로 볼 수 있다. 그럼에도 불구하고, 이 연구의 자료에서 한 가지 주목할 것은 "선열/민족/겨레"들이 문장의 주어(subject)나 행위자(agent)로 표현되어 그들의 행위가 구체적으로 서술/주장되기 보다는 "희생", "애국", "충절" 등 다양한 명사/명사화를 통해 전제되어, (앞 절의 '공적 기리기'에서 논의되었듯이) 그들의 행위성(agency)이 명백하게 드러나는 경우가 기대되는 것만큼 많지는 않다는 것이다.[24] 오히려, 자료에서 언급되고 있는 행위들의 주체는 "북한 괴뢰" 같이 '현재의 정치적 상황/현안 제시하기'와 관련된 행위자 및 집단들과 앞에서 논의된 "우리"인 경우가 대부분인데, "우리"의 경우 추념사의 초반부에서는 선열들의 업적을 언급하는 것과 관련하여 '위로하다', '추앙하다', '다짐하다' 등 동사의 주어/행위자가 되고 있고, 중반부와 후반부에서는 '정치적 상황/현안의 기술 및 과제 제시하기', '정책 제시하기/합리화하기', '국

---

23 물론 '우리'를 통한 이런 동질감이나 소속감의 표현이 구체적으로 어떤 담화 기능을 수행하는지는 앞뒤의 문맥을 고려해야 할 것이나, 이 연구에서는 '궁극적으로' 화자의 정치적 목표 성취와 관련이 있을 것으로 보는 것이다.

24 가령, "여기 고이 잠든 영령들이야 말로 국가가 위태할 때 마다, 국난을 당할 때 마다, 그들 스스로의 신명을 홍모와 같이 버림으로써 국난을 이기고 국기를 수호한 수호신들이요, 순교자들입니다"(박정희, 1966) 같은 예를 발견할 수 있다. 그러나 이 경우도 독립된 문장으로서 '영령들'을 주어로 하여 서술하기 보다는 관형절로서 명사를 수식하는 과정에서 그들의 행위성이 표현되고 있다.

민의 협조 구하기' 등의 전개구조 구성요소와 관련해서 "추진하다", "완수하다", "청산하다", "바로 세우다", "박차를 가하다"와 같이 비교적 타동성(transitivity)이 높은 동사들의 주어/행위자가 되고 있다.

우선, 이런 예들은 현충일 추념사에서 '애국/순국선열들'이 일반적으로 기대되는 것만큼 '주인공(protagonists)'으로서의 '담화 위치(discourse position)'를 갖지 못하고 있음과, 그만큼 현충일 추념사가 '과거의 애국/순국선열'을 위한 장르라기보다는 '현재의 우리'를 위한 장르임을 시사하고 있다. 이는 또한, 앞의 전개구조에 대한 논의에서도 언급했듯이, 현충일 추념사의 현실적 목적이 국가가 당면한 문제들을 해결하기 위해 국민들의 참여/협조를 요구하거나 지도자 자신의 각오를 밝힘으로써 결국 현충일 추념사가 정치적 성격을 띠고 있다는 이 연구의 요지와도 연결되는데, 여기서는 첫째, 행위성/타동성이 대통령들이 과제의 해결책을 제시하거나 국민들의 참여/협조를 요구하는 방법으로 사용되고 있음과, 둘째, 이런 측면에서도 각 대통령의 추념사에는 다소 차이가 있음을 보이는 데 초점을 맞추기로 한다.

우선, 박정희 대통령의 기념사에서는 이런 과제를 해결하는 데 있어서 자신이 그 행위의 주체로 나서는 경우가 거의 없었다. 물론, 그도 대명사 '우리'를 흔히 사용하여 자신을 그런 과제를 실행하는 과정에 포함시키는 모습을 보이고는 있지만 자신만을 명시적으로 행위의 주체로 적시하는 경우는 (거의) 발견할 수 없었다. 따라서 그의 추념사에서는 국가의 당면 과제를 실행하는 '실질적' 주체는 '국민들'인 것으로 암시되고 있다고 볼 수 있는데, 그러나 그렇다고 해서 국민들에게 이런 역할을 명시적으로 요구하는 것도 정치적으로 쉽지는 않기 때문에, 그가 흔히 사용하는 수사적 기법 중 하나는 '상황 논리'이다. 즉, 외부적 상황을 이용하여 실질적으로 국민들 개개인에게 과제 실행의 주역으로 나설 것을 요구하는 것이다. 다음의 예를 보자.

(41) 지금 조국의 현실이 요구하고 있는 것은 필승의 투지와 역량이며 가일층의 근면과 저축이며 사심 없는 헌신과 희생입니다. 우리 모두가 무엇을 하고 시키기 전에 나부터 자주 국방의 대열에 기꺼이 나서고 경제건설에 힘쓰면서 사회 정화에 앞장서는 자주 국민이 될것을 요청하고 있는 것입니다.[25] (박정희, 1968)

(42) 지금 우리를 둘러 싼 내외 정세는 우리들에게 그 어느 때보다도 투철한 사명감을 인식하고 눈앞의 소리를 초월하여 올바른 국가관에 입각한 멸사봉공의 현실을 요구하고 있습니다. (박정희, 1972)

즉, (41)의 첫 문장에서는 "조국의 현실이 요구하고 있는 것은"을 주어/화제로 하여 "투지", "역량", "근면", "저축", "헌신", "희생" 등 일련의 추상명사들을 나열함으로써, 박정희 대통령은 사실상 국민들에게 투지를 보이고 역량을 펼치고 부지런히 일하고 저축을 하고 희생을 하는 등의 다양한 행위를 할 것을 요구하고 있다. 이어 두 번째 문장에서는 관점(perspective)의 변화를 수반하는 일인칭 대명사 "나"를 사용하고, "조국의 현실"이 나라를 지키는 일을 비롯하여 경제 건설 및 사회 정화 등 모든 분야에서 국민 개개인이 자발적으로 참여하는 "자주 국민"이 될 것을 "요청"하는 것으로 표현함으로써, 마찬가지로, 사실상 국민들에게 국가의 과제들을 해결하기 위한 '행위자'로서의 역할을 떠넘기고 있다. (42)에서도 "내외 정세"가 (성격이 불분명한) "우리"에게 "멸사봉공"할 것을 요구하는 것으로 표현됨으로써 근본적으로 유사한 모습을 보이고 있다. 다시 말해서, 재임 기간 동안 절대 권력을 행사했던 박정희 대통령은 현충일 추념사에서까지 국민에게 강제(coercion)하는 '초행위자(super-agent)'로 나서기보다는

25 이와 대동소이한 예가 그 다음 해인 1969년에 발표된 추념사의 "지금 조국의 현실이 요구하고 있는 것은 필승의 투지와 실력의 양성입니다. 필승의 투지와 실력의 양성은 가일층의 근면과 호화 사치를 버리고 사심 없는 멸사봉공의 정신과 실천에 의하여 이룩되는 것입니다"에서 발견된다.

"조국의 현실"이나 "내외 정세"라는 방패를 이용하여 국민들에게 국가의 산적한 과업들을 실행하는 행위자로 나설 것을 요구하는 것으로 해석할 수 있다. 이런 모습은 전두환 대통령의 추념사에서도 발견된다.

(43) 그러나 이처럼 가슴 부푼 미래는 우리의 주체적인 자각과 노력 없이 저절로 다가오는 것은 아닙니다. 또한 선진조국 창조와 민족통일의 과제를 성취하기 위해서는 생존과 자유와 평화를 확보해야만 하며, 이러한 과업은 우리에게 반석 같은 단합과 피땀 어린 헌신을 요구하고 있습니다. (전두환, 1984)

(44) 이러한 역사적 전환점에서 무엇보다도 우리에게 요구되는 것은 투철한 역사의식과 올바른 가치관을 확립하는 일이 아닐 수 없습니다. (전두환, 1986)

즉, (43)에서는 "선진조국 창조와 민족통일"이라는 국가의 궁극적 과제와, 이런 과제를 성취하는 데 필요한 "생존", "자유" 그리고 "평화"의 확보라는 일련의 과업이 국민들에게 "단합"하고 "헌신"할 것을, 그리고 (44)에서는 "역사적 전환점"이 "역사의식과 올바른 가치관을 확립"할 것을 "요구"하고 있다는 것이다. 중요한 것은 여기서 언급되는 "단합"과 "헌신", "역사의식"과 "올바른 가치관"이 전두환 정권의 정통성에 대해 국민들이 극렬하게 저항하는 상황에서 전두환 대통령이 자신의 정권을 정당화하고 유지하는 데 흔히 이용해 온 것들이라는 점에서, 국민들에게 이런 것들을 "요구"하는 주체로 표현된 "역사적 전환점"은 정치담화에서 조작(manipulation)을 위해 흔히 사용되는 '근접화 전략(proximization strategy)'(Cap 2008, 2010)의 한 예로 볼 수 있다(아래 참조).

반면에, 김대중과 노무현 대통령의 추념사에서는 이런 담화전략은 발견되지 않았고, 그 대신, 아래의 예들에서와 같이, 자신들을 '행위자'로 명백하게 적시하는 예들이 자주 발견되고 있다.

(45) **저는** 이처럼 막중한 국가적 민족적 대과업을 국민 여러분과 함께 반드시 **실현시키겠다는 것을** 순국선열과 호국영령들의 영전 앞에 **다시 한 번 굳게 다짐하는 바입니다.** (김대중, 2000)

(46) **저는** 이번 주 미국을 방문해서 부시 대통령과 정상회담을 갖게 됩니다. (중략) 이러한 노력을 통해서 북핵문제의 평화적 해결 등 **국민 여러분의 걱정을 덜어드릴 수 있도록 최선을 다하겠습니다.** (노무현, 2005)

4.2.3. 인식 및 의무 서법

모든 대통령의 추념사에서 공통적으로 발견되는 중요한 수사적 장치는 서법이다. 이 서법은 '인식서법(epistemic modality)'과 '의무서법(deontic modality)'으로 나뉘어 각각 화자/필자가 어떤 명제/표상의 진리(truth)나 필요성(necessity)과 관련해서 자신의 태도를 밝히는 것을 의미하는데(Fairclough 2003), 우선 인식서법에서 주목할 것은 모든 대통령들은 자신이 하는 말에 확신적인 태도를 보여서, 기본적으로 거의 모든 문장은 단언문(assertion)의 형태를 취한다는 것이다. 이는 앞의 예들에서 일상적인 대화에서 흔히 발견되는 "-것 같다" 같은 서술종결어미나 "어쩌면", "혹시" 같은 양태부사들이 거의 발견되지 않았다는 것에 의해서도 뒷받침된다. 각 대통령의 확신성 표현은 다음과 같은 예들에서도 볼 수 있다.

(47) 그러나, 발전과 변화가 있는 곳에는 **언제나** 새로운 문제와 난관이 뒤따르기 **마련인 것이며, 따라서** 지금 우리는 민족의 자립과 통일을 향한 우리들의 노력의 과정에서 새로이 제기되는 과제와 난관을 극복하기 위해, 더욱 더 **비상한 각오와 비상한 노력을 다해야 할 엄숙한 시점에 놓여 있는 것입니다.** (박정희, 1967)

(48) 선열들이 보여준 이러한 충의정신과 호국의지야말로 우리의 5천년 민족사를 지켜온 국난극복의 저력이며 새 역사 창조의 추진력이 아닐 수 없습니다. (전두환, 1981)

(49) 이 얼마나 가슴 벅차고 자랑스러운 일입니까? 이것이야말로 조국의 평화와 번영을 희구하는 순국선열과 호국영령들의 높은 뜻에 부응하는 우리의 갈 길이 아니겠습니까? (김대중, 1999)

(50) 아직도 나와 다른 생각을 가진 사람에게 이념적 색채를 씌우려는 풍토가 남아있고, 또 억울하게 희생당한 분들의 분노와 원한이 다 풀리지 않은 것도 사실입니다. (노무현, 2006)

즉, 박정희 대통령은 (47)에서 언급되고 있는 명제를 "언제나", "마련이다"와 같이 일반화(generalization) 내지, 자연스러운(natural) 것으로 규정하는 표현을 사용한 뒤, 이어지는 부분에서 "따라서"와 "-것입니다"를 통해 둘 사이의 인과관계를, 그리고 전두환 대통령은 (48)에서 '강한 긍정'을 의미하는 이중 부정 "아닐 수 없다"를 사용해 그 앞부분이 사실임을 단언하고 있다. 한편, 김대중 대통령은 (49)에서 일반적으로 강한 논증(strong arguments)과 연상되는 '수사의문문(rhetorical questions)'(Renkema 2004)을 두 차례 사용하여, 그리고 마지막으로 노무현 대통령은 (50)에서 "사실입니다" 같이 '사실' 명사를 사용하여 자신감 있는 태도를 드러내고 있다.[26] 이런 확신적 태도는 흔히 정치담화에서 정치인들이 자신의 판단력, 지적 능력, 카리스마 등을 과시하기 위한 언어적 수단으로 사용된다는 점에서, 죽은 이들을 기리기 위한 현충일 추념식이라는 엄숙한 분위기의 의사소통 사례에서도 정치인들의 이런 자기 이미지(self-image) 관리

26 그밖에 이런 확신을 나타내는 표현에는 "머지않은 장래에 우리는 우리의 힘을 주력으로 자유롭고 번영된 통일 조국을 이룩하는 날을 기약할 수 있다고 확신합니다. 우리들의 이러한 노력은 바로 이곳에 고이 잠든 영령들을 위로하고 그 희생에 보답하는 참된 길이라고 믿습니다"(박정희, 1968) 등이 있다.

를 위한 노력은 예외가 될 수 없음을 보여 준다.

한편, 의무서법은 앞에서 논의된 '행위성'/'타동성'과 관련하여 국민들에게 국가의 과제를 해결하기 위해 국민들의 협조를 구하기 위한 또 다른 수사적 장치로 흔히 사용된다. 즉, Blass(2005:175)에 의하면 의무서법은 청자들로 하여금 "무엇인가가 '꼭 필요한 것(a must)'이면, 그 뒤에는 존중되어야 할 도덕이나 관습이 있다고 믿도록 조작하는 데" 사용될 수 있다는 것인데. 이 연구의 자료에서 각 대통령은 의무서법의 이런 은밀한 기능을 이용하여 국민들에게 무엇인가를 하도록 간접적으로 요구하는 것으로 볼 수 있다.

(51) 보다 큰 발전을 저해하는 허영과 사치 등 비생산적인 병폐를 몰아 내고, 근면, 검소, 저축의 기풍을 확립하여 사심 없는 멸사봉공의 자세를 발 세워 **오직 조국 근대화 작업에 더욱 박차를 가해 나가야 하겠다는 것입니다.** (박정희, 1970)

(52) 나와 민족은 역사의 공동주체이며, 나와 조국은 운명공동체임을 인식할 때 우리는 결코 새 시대를 개척해 나가는 과업에 방관자가 될 수 없으며, **또 국가적 시련을 자초하는 일이 있어서도 안 될 것입니다.** (전두환, 1982)

(53) 그리하여 조국의 자존과 자립을 위해, 이 땅의 자유와 민주를 위해, 그리고 번영을 위해 우리 모두 나라를 바로 세워 순국선열과 호국영령들의 거룩한 뜻이 **새 천년에도 영원히 빛날 수 있도록 해야 합니다.** (김대중, 1999)

(54) 우리도 이제 자주와 동맹의 이**분법적 논란을 넘어서야 합니다**. 자주와 동맹은 배타적인 개념이 아니라 상호 보완의 개념으로 **관리해 나가야 하겠습니다.** (노무현, 2004)

즉, (51)에서 박정희 대통령은 국민들에게 "비생산적인 병폐를 몰아내고", "멸사봉공의 자세를 발 세움"으로써 자신의 핵심 정책이었던 국가의 "근대화 작업"에 참여할 것을, (52)에서 전두환 대통령은 자신의 정권에 대한 국민들의 저항과 관련해서 국민에게 "국가적 시련"을 자초하는 이런 저항이나 혼란을 중지할 것을 요구하고 있다. 한편, (53)에서 김대중 대통령은 끝나가는 20세기의 마지막 대한민국 대통령으로서 새로운 세기에서도 국민들이 조상들의 "거룩한 뜻이 영원히 빛날 수 있도록 해줄" 것을, 마지막으로 (54)에서 노무현 대통령은 취임 후 시종일관 자신의 정부를 괴롭히고 있었던 극한의 이념 대립과 관련하여, 가령 "자주와 동맹"에 대해 새로운 관점을 취함으로써 한·미동맹 관계를 새롭게 관리해 나갈 것을 요청하고 있다.

4.2.4. 프레임/토포스

자료에서 일관되게 발견되는 또 다른 화용/수사적 장치에 프레임(frame) 및 그 프레임과 직결된 토포스(topos)가 있다. 프레임은, Goffman(1974)에 의해, "상황들이 정의되고 경험으로서 유지되게 하는 데 사용되는 조직적, 상호작용적 원칙들"(Reisigl & Wodak 2001:82)로서, 그리고 토포스는 "논증(들)과 결론을 이어주는 내용 관련 논거(warrant) 또는 결론 규칙(conclusion rules)"(Reisigl & Wodak 2001:75)으로 정의되는데,[27] 이 두 가지 모두 화자/필자가 암시적/명시적 논증을 바탕으로 하여 자신이 의도한 주장이나 결론을 이끌어내는 데 중요한 교량 역할을 한다.

---

27 좀 더 쉽게 표현하면, '프레임'이 어떤 담화에 "큰 틀"을 부여하는 것이라면 '토포스'는 그 틀 안에서 이루어지는 논증과 결론을 이어주는 논거라고 할 수 있는데, 원론적으로는 두 개념/용어가 이렇게 별개의 것으로 정의되지만 토포스는 프레임을 전제하는 경우가 많아서 실제 자료에서 이 둘을 명확하게 구분하는 것은 쉽지 않다. 따라서 아래의 분석에서는 필요에 따라 이 두 용어를 병기하거나 하나의 용어를 선택하여 사용하기로 한다.

네 대통령의 추념사에서 발견된 가장 대표적인 프레임은 '과제' 프레임이다. 이 프레임은 순국선열들의 희생과 은혜에 보답하기 위해서 현재의 국민들이 성취해야 할 구체적인 목표에 관한 것이다. 이런 '과제'는 "지상명제", "지상과업", "역사적 과업", '대업", "민족적 과제" 같은 표현들에 의해 대변되는데, 이미 앞의 예들에서도 부분적으로 언급되었듯이, 자료에서 발견되는 가장 대표적인 '과제'는 '통일국가'와 '민족중흥'(박정희), '선진조국'(전두환), '제2의 건국', '선진한국', '도덕적 민주국가', '지식기반 경제강국'(김대중), '자주독립국가', '동북아중심국가', '민주복지국가'(노무현) 등이다. 중요한 것은, 앞에서 언급했듯이, 이런 '과제'의 제시가 각 대통령이 국민들에게 원하는 것(가령, '협력'이나 '참여')을 촉구하기 위한 발판으로 이용될 수 있다는 것이다. 물론, 이것은 추념사 전반에 걸쳐서 거시적으로 이루어지는 담화 과정이기 때문에 특정/짧은 예문을 통해 증명해 보이기가 쉽지 않지만, 아래의 예는 이것을 하나의 단락에서 비교적 분명하게 보여 주고 있다.

(55) **이것이** 오늘에 사는 우리들이 영령들의 명복을 기원하며, 그 유지를 이어받는 올바른 길인 동시에 우리의 **역사적 사명을 완수하는 길**이라고 믿습니다. 우리에게는 지금 무엇보다도 자기 자신의 사리보다 **국가와 민족을 위한 애국심이 필요합니다.** 우리에게는 그 애국심을 생활화하는 **실천력이 필요합니다.** 그리고 우리에게는 애국심과 실천력 못지않게 **온 국민의 철통같은 단결이 필요합니다.** (박정희, 1972)

여기서, 첫 문장의 "이것"은 그 앞 단락에서 언급된, 새마을 운동을 통해 평화통일을 앞당겨야 한다는 '과제'를 가리키는데, 이어지는 부분에서 박 대통령은 이것이 선열들의 뜻을 이어가는 것이자, "역사적 사명을 완수하는 길"로 규정한 후, 두 번째 문장부터 마지막 문장까지는 이런 과제를 완수하기 위해 필요한 것들로서 국민들의 "애국심", "실천력", "단결" 등 세 가지를 촉구하고 있다.

'과제' 프레임과 밀접한 관계가 있는 것으로 "희생/보답" 프레임/토포스가 있다. 정도에 차이가 있지만, 대부분의 추념사는 선열들이 후손들에게 독립된 자주국가, 자유로운 민주국가를 물려주기 위해 '희생'을 했으니 (후손인) 우리들도 이런 선열들의 뜻을 이어받아 우리 자신의 후손들에게 좀 더 번영된 통일국가를 물려줌으로써 선열들에게 '보답'해야 한다는 프레임/토포스 속에서 담화가 구성되고 있다.[28] '희생'에 대한 언급이 앞에서 논의된 '공적 기리기' 구성요소에서 주로 발견된다면, '보답'에 대한 언급은 '국민들의 협조 구하기' 구성요소에서 주로 발견되는 경향을 보인다. 이런 프레임/토포스를 단적으로 드러내는 두 개의 예만 보기로 하자.

(56) 이 국민대열에 우리 모두가 한 사람 **빠짐없이 참여해야 하겠으며,** 한 사람의 낙오자도 있어서는 **안되겠습니다.** 각자가 서 있는 그 자리에서 최선을 다함으로써 이 과업에 협력해야 하겠습니다. (중략) **이것이 바로 순국선열들에게 보답하는 길이요, 그들의 유지를 계승하는 참된 길일 것입니다. 만약에 그렇지 못하고 비생산적이고 비건설적이며 후퇴하는 일이 있다면, 이는 영령들의 숭고한 뜻을 역행하는 길이 될 것입니다.** (박정희, 1966)

(57) 이런 민족적 소명은 우리가 합심단결한다면 반드시 이뤄낼 수 있습니다. **그래서 영광되고 번영된 대한민국을 후손에게 물려주는 자랑스런 조상이 될 수 있습니다. 선열들과 호국영령들의 희생을 길이 빛낼 수 있습니다.** (김대중, 2001)

---

28 이런 의미에서 이 '희생/보답' 프레임/토포스는 '의무 토포스' 또는 '책임 토포스'와 밀접하게 연결된다.

즉, (56)에서 박정희 대통령은 자신이 펼치고 있는 조국 근대화 사업에 모든 국민들이 참여하고 협력할 것을 촉구하면서 이것이 "순국선열들에게 보답하는 길"이며 그들의 뜻을 따르는 것임을 분명히 하고 있고, (57)에서 김대중 대통령은 모든 국민이 한 마음으로 단결한다면 "민족적 소명"을 달성하여 "영광되고 번영된 대한민국을 후손에게 물려주는 자랑스러운 조상이 될 수 있음"과 "선열들의 희생을 길이 빛낼 수 있음"을 단언함으로써 역시 그들의 희생에 대한 '보답'을 암시하고 있다.[29] 다시 말해서, 이 두 대통령은 우리가 이렇게 선열들의 은혜에 보답할 의무가 있음을 강조/암시함으로써, 이를 이용하여, 한편으로는 추념사의 앞부분에서 현재의 어려운 (정치적) 상황과 관련하여 자신이 제안한 과제/정책의 필요성과, 다른 한편으로는 이런 상황을 극복하고 정책을 실현하기 위해서는 국민들이 협조를 해야 한다는 결론/당위성을 연결시키는 것으로 볼 수 있다. 한편, 이 '희생/보답' 프레임/토포스는 다른 대통령들의 추념사에 비해 박정희 대통령의 추념사에서 '현재 국민들 개개인'에게 희생과 봉사, 헌신을 촉구하는 과정에서 좀 더 자주 발견된다.

(58) 지금이야말로 오늘의 우리 세대가 우리의 후손들에게 남겨줄, 번영되고 통일된 위대한 한국을 건설하기 위해서 <u>너나 할 것 없이 위대한 희생과 헌신의 결의를</u> 새로이 해야 할 것입니다. (박정희, 1971)

(59) 우리는 영령들이 국가와 민족을 위해 발휘했던 <u>희생과 봉공의 정신을 본받아 실천하는 데 정성을 다해야 하겠습니다.</u> 그것은 영령들을 위로하

29 이런 프레임을 보여주는 또 다른 예로서, 전두환 대통령의 1981년 추념사에서 "우리는 공익과 질서를 존중하고 대의를 위해 소아를 버리는 민주시민의 도리를 다함으로써 이 분들의 희생과 은공에 보답해야 할 것입니다", 노무현 대통령의 2004년 추념사에서는 "이곳 현충원에 잠들어 계신 선열들의 영전에 결코 부끄럽지 않은 나라를 만듭시다. (중략) 자자손손 자유와 행복을 누리는 자주독립국가, 세계의 평화와 번영에 기여하는 동북아 중심 국가를 만들어 나갑시다. 선열들이 우리를 이끌어 주실 것입니다"가 발견되고 있다.

고 그 값진 희생에 보답하는 길이며, 또 우리 앞에 산적한 과제를 해결할 수 있는 길이기도 한 것입니다. (박정희, 1967)

즉, 박정희 대통령은 '희생'을 "위대"하고도 우리의 선열들이 조국과 후손들을 위해 보여준 긍정적인 것으로 표현/암시하면서, (58)에서는 우리 또한 우리들 자신의 후손들에게 통일된 조국을 물려주기 위해서는 "희생과 헌신의 결의"를 할 것을 명백하게 촉구하고 있고, (59)에서는 이런 "희생과 봉공의 정신"을 본받는 것이 선열들의 "값진 희생에 보답"을 하고, (인용되지 않은) 앞부분에서 논의된 "과제를 해결"하는 방법임을 천명하고 있다.

자료 전반, 특히 박정희, 전두환 대통령의 추념사에서 흔히 발견되는 세 번째 프레임/토포스는 '역사' 토포스이다. 이는 "역사는 구체적인 행동이 구체적인 결과를 갖는다는 것을 가르쳐 주기 때문에, 소개된 역사에서의 사례와 유사한 구체적인 상황에서 우리는 어떤 구체적인 행동을 하거나 하지 말아야 한다"(Reisigl & Wodak 2001:80)는 것이다. 한마디로, 우리는 어떤 행동이나 결정을 하는 과정에서 역사를 참고해야 한다는 것인데, 추념식/기념식이라는 의사소통적 사례의 성격이나 목적을 고려할 때 쉽게 기대될 수 있는 이 프레임/토포스는 다시 "역사는 교훈이다", "역사는 반복한다" 등 두 가지 토포스로 나뉘어 발견된다. 우선, '역사는 교훈이다' 토포스를 보여 주는 예는 다음과 같다.

(60) 한 나라 한 민족이 중흥을 이룩하려고 할 때, 거기에는 반드시 개인보다는 민족을 앞세우고, 나 한 사람의 이익보다는 국민의 공익을 앞세울 줄 아는 희생과 봉공의 기상이 그 국민의 가슴에 용솟음치고 있어야 한다는 것은 귀중한 역사의 교훈인 것입니다. (박정희, 1967)

(61) 그러나 민족의 수난사를 되돌아보면서 우리가 일깨워야 할 가장 큰 교훈은 어떠한 희생을 치루더라도 다시는 외부의 침략과 도발을 자초하는

일이 있어서는 안 되겠다는 것입니다. (전두환, 1981)

즉, (60)에서 박정희 대통령은 어떤 국가나 민족이 발전을 이루기 위해서는 그 구성원들의 "희생이나 봉공의 기상"이 필요하다는 것이 "귀중한 역사의 교훈"임을 강조함으로써, 국민들에게 자신이 주도한 근대화 작업에 참여할 것을 촉구하거나 이런 촉구를 정당화한 것으로 볼 수 있다.[30] 한편, (61)에서 전두환 대통령은 국민들이 민족의 역사에서 깨달아야 할 "가장 큰 교훈"은 "어떤 희생을 치루더라도" 외부로부터의 "침략과 도발과 침략을 자초"하는 일은 없어야 한다는 것임을 강조함으로써, 그 당시 자신의 정권에 대한 국민들의 격렬한 저항이 자칫 북한으로부터의 도발이나 침략을 초래할 수도 있음을 암시하면서, 이런 국민들의 저항을 어떤 대가를 치르더라도 꺾고 말겠다는 경고를 한 것으로 해석이 가능하다.

한편, '역사는 반복한다'는 토포스가 이용된 예들로는 다음과 같은 것들이 있다. 이 토포스는 인간의 삶이란 것이 결국 동일한 상태나 사건들이 되풀이되는 것이라는 의미를 표현하지만 동시에 인간은 과거의 잘못을 고치지 못하고 계속하는 경향이 있음도 암시하는데, 대통령들은 이런 가능성/어리석음을 지적함으로써 자신이 추구하는 정책에 국민들(이나 특정 집단의 사람들)이 참여 내지 협조할 것을 촉구하고 있다.

(62) 우리가 지난 1세기 전 구한말에 겪었던 **그 치욕을 또다시 되풀이 하지 않으려면** 무엇보다도 우리의 국력을 튼튼히 배양하여야 합니다. (박정

30 박정희 대통령은 '역사는 교훈이다' 토포스와 관련하여 민족을 위해 헌신한 대표적인 역사적 인물로서 이순신 장군을 영웅시한 것으로도 유명한데, 1969년 추념사에서도 이순신 장군, 실학파 학자, 화랑의 정신을 언급함으로써 이들 각각을 국민들에게 스스로 자주국방, 경제건설, 사회정화에 참여하도록 독려하기 위한 수단으로 이용하고 있다.

희, 1973)

(63) 다시는 우리 국민들의 희생을 요구하는 불행한 역사를 되풀이 하지않도록 하자는 것입니다. 애국선열들이 안타까운 희생을 바쳤던 그 역사로부터 배우기를 소홀히 했거나, 또는 배웠더라도 실천하기를 외면해서, 같은 불행을 반복해 온 부끄러운 역사를 다시는 되풀이하지 않도록 하자는 것입니다. (중략) 이 땅의 위정자들은 나라의 힘을 키우지 않고 서로 편을 갈라 끊임없이 싸우다가 초래한 일입니다. (노무현, 2006)

즉, (62)에서 박정희 대통령은 대한제국이 일본의 침탈에 나라를 잃은 수치스런 역사를 상기시키면서 이것이 반복되는 것을 원하지 않으면 "국력을 튼튼히 배양"해야 할 것을 국민들에게 촉구하고 있다. 한편, 노무현 대통령의 (63)에서는 두 차례에 걸쳐 "불행한 역사"가 반복되어서는 안 됨을 강조하고, 중략된 부분에서는 (62)에서와 마찬가지로 망국의 치욕을 언급한 후, 마지막 문장과 (인용되지 않은) 그 이후의 부분에서는 이런 불행한 역사의 원인을 "서로 편을 갈라 끊임없이 싸운" 위정자들에게서 찾음으로써, 자신이 임기 내내 시달렸던 이념 논쟁의 종식을 호소하는 데 이용하고 있다.

자료에서 흔히 발견된 마지막 토포스는 '참/진짜' 토포스이다. 이 토포스는 '가짜가 아니라 진짜를 알거나 행해야 한다'로 요약될 수 있는데, 네 명의 대통령 가운데 특히 박정희와 전두환 대통령의 추념사에서 자주 발견되었다.

(64) 그리고 이 애국심과 이 사관 위에서 근면, 자조, 협동의 새마을 정신을 발휘하여 새 역사 창조의 원동력인 국력 배양에 헌신하는 것이 곧 영령들의 참뜻을 올바로 계승하고 진실로 보답하는 길이라는 것을 아울러 강조하고자 합니다. (박정희, 1973)

(65) 더욱이 말로는 민주와 민족을 고창하면서 개인적 욕망이나 사사로운

이익 때문에 나라의 기본질서와 규범을 공공연히 파괴하는 것은 반국가적 반민주적 행위로서 단호히 배격하지 않으면 안 될 것입니다. (중략) 우리가 지금 이 자리에서 추념하고 있는 호국선열들이야말로, 우리가 한 사코 지켜야할 참된 가치와, 싸워야 할 상대와, 몸을 던져 희생해야 할 때를 알고 주저 없이 실천함으로써 진정한 애국의 길을 보여 주신 분들인 것입니다. (전두환, 1986)

(64)에서 박정희 대통령은 현충일 추념식을 있게 만든 전제이자 감사/숭배의 대상인 영령들의 "참뜻"이 해당 추념사의 다른 부분에서 자신이 강조하고 있는 민족사관'과 그 당시 자신이 추진한 새마을 운동에 참여하여 "국력 배양에 헌신하는 것"임을 강조함으로써, 그 전 해에 실시된 '10월 유신'에 대한 국민들의 저항을 이런 영령들의 "참뜻"과 배치되는 '가짜'로 암시하면서, 앞에서 논의된 '희생/보답' 프레임/토포스와 관련하여, 자신의 생각과 정책을 따르는 것이 결국 영령들에게 "진실로 보답"하는 것임을 암시하고 있다. 이와 유사하게, (65)에서 전두환 대통령은 호국선열들을 "참된 가치"를 알고 "진정한 애국의 길을 보여 주신 분들"로 규정함으로써, 그 앞의 밑줄 친 부분에서와 같이 말로만 "민주와 민족"을 외치면서 "나라의 기본 질서와 규범을 공공연히 파괴하는" 것으로 묘사되고 있는, 자신의 독재정권에 항거하는 학생/시민들을 '가짜 애국자'로 암시하며 이들의 행위를 "단호히 배격"할 것을 주장하고 있다.

4.2.5. 근접화

'근접화(proximization)'는 담화에서 언급되는 사건들을 청자들에게 대체로 부정적이거나 위협적인 방식으로 직접 영향을 끼치는 것처럼 제시하는 화용적-인지적 전략의 하나(Cap 2010:119)이다. 앞에서 논의된 전개구조 가운데 '현재의 정치적 상황/현안 및 과제 제시하기' 구성요소에서 주로 발견되는 이 전략은 화자와 청자를 제외한 제3자에 의해 촉발된 사건들이 "화자와 청자를 물리적으로 위험에 처하게 하는 것"으로 표상되는 '공간적(spatial)' 측면과, 어떤 사건을 "화자와 청자에게 중요하고 역사적이며 따라서 큰 의의가 있는 것"으로 표현하는 시간적(temporal) 측면으로 나뉜다(Cap 2010: 120).[31] 자료에서는 이 두 가지가 모두 발견되지만 대통령에 따라서 그 빈도에 차이를 보여, 김대중과 노무현 대통령의 추념사에서는 거의 발견되지 않았고 박정희와 전두환 대통령의 추념사에서는 상대적으로 흔히 발견되었다.

(66) 오늘의 국제사회는 그 어느 때보다도 치열한 생존 경쟁 속에서 격변을 거듭하고 있으며, 더욱이 한반도에서 또 다시 6.25와 같은 침략 전쟁을 일으키기 위하여 광분하고 있는 북한 공산주의자들의 도발 책동은 날로 격화되어 가고 있습니다. (박정희, 1974)

(67) 더욱이 지금 우리의 안보현실은 북한공산집단의 전쟁도발위협으로 과거 어느 때보다도 긴박한 상황에 처해 있으며, 80년대의 불안정한 세계정세는 우리에게 언제 어떠한 위기를 몰고 올지 예측하기 어려운 실정입니다. (전두환, 1983)

(68) 지금은 세계화의 시대입니다. 세계 속에서 성공하지 못하면 우리는 다시 주변국가로 밀려나고 말 것입니다. (김대중, 2000)

박정희 대통령의 (66)과 전두환 대통령의 (67)에서는 거의 유사한 모습을 보이는데, (66)에서는 "국제사회"에서 이루어지고 있는 "생존경쟁"이라는 사건/상황이, (67)에서는 "불안정한 세계정세"가 가져올 수 있는 "위기"가 화자와 청

---

31 이외에도, 서로 다른 의견이나 이념, 가치 등의 충돌과 관련된 '가치적(axiological)' 측면도 있는데 여기서는 논의하지 않기로 한다.

자들에게 중요한 것으로 표현됨으로써 '시간적 근접화'의 예를 보이고 있고, 두 예 모두에서 북한의 전쟁도발위협이 격화되거나 긴박한 것으로 서술하여 화자와 청자가 물리적으로 위험에 처하게 된 것으로 표현함으로써 '공간적 근접화'의 예도 보이고 있다. 반면, 김대중 대통령에 의한 (68)에서는 "세계화"라는 사건/상황과 관련하여 이런 시대적 흐름에 적응하지 못하면 한국이 다시 "주변국가"로 전락할 것임을 언급함으로써, 화자와 청자에게 매우 '중요한' 것으로 암시되고 있고, 이런 점에서 '시간적 근접화'의 한 예로 볼 수 있다. 여기서 한 가지 언급할 것은 1999년 6월 15일의 '연평해전'과 2002년 6월 29일의 '서해교전' 같이 김대중 대통령의 재임기간에도 북한의 도발은 계속되었음에도 불구하고, 김대중 대통령과 노무현 대통령의 현충일 추념사에서 북한의 이런 물리적 위협과 관련된 '공간적 근접화'는 발견되지 않았다는 것이다.[32]

4.2.6. 은유

자료에서 빈도는 높지 않았지만 현충일 추념사의 성격을 형성하는 데 중요한 역할을 하는 화용적/수사적 자질에 '은유(metaphor)'가 있다. 추상적인 목표 영역(target domain)의 의미를 좀 더 구체적인 출처 영역(source domain)의 의미를 통해 표현하는 것으로 정의되는(Lakoff & Johnson 1980) 이 은유가 실제 생활에서 사람들의 주목을 많이 받지 못하는 것은 은유가 그만큼 일상적인 것이 되었기 때문일 수도 있다. 그렇지만 은유는 정치인들이 사회적 실재(social reality)를 자신이 원하는 특정한 방식으로 표상하는 과정에서 사용됨으로써, 은밀하게, 정치인

---

32 구체적으로, 이 두 차례의 '해전'에 대해 김대중 대통령의 추념사에서는 전혀 언급이 없고, 노무현 대통령의 경우 2004년 49회 추념사에서 '남북 장성급 군사회담'의 성과를 소개하는 과정에서 "서해상의 우발적인 충돌(을 방지하기 위한)"이 언급되고 있다. 따라서, 이 두 '해전'을 '근접화'의 대상으로 삼고 있지 않는다는 점에서 박정희, 전두환 대통령과는 차이를 보인다. 비평적 담화분석에서는 이렇게 담화에 존재할 수도 있는 것이 실제로는 존재하지 않는 '부재(absence)'도 이념적으로 중요한 기능을 하는 것으로 보고 있다.

들이 추종자들에게 자신의 지도력을 발휘하거나(Charteris-Black 2005:97), 정치를 비롯하여 인종, 성, 경제 그리고 환경 등 사회의 다양한 영역에서 우리의 생각이나 의식, 행동과 실행들(practices)을 결정하는 데 중요한 역할을 하는 것으로 분석되고 있다(Goatly 2007:4). 이 연구의 자료에서 '명백하게' 은유로 볼 수 있는 표현들이 전반적으로 많지는 않았지만, 박정희와 전두환 대통령의 추념사에서 상대적으로 좀 더 자주 발견되는 차이를 보이고 있다. 네 대통령의 추념사에서 흔히 발견되는 은유는 '건축(building)' 은유이다.

(69) 영령들의 고귀한 희생은 조국 광복의 초석이며, 국가 보위의 주춧돌이며, 조국의 중흥과 번영을 기약하는 횃불인 것입니다. (박정희, 1972)

(70) 우리는 '80년대 후반의 앞으로 수년간 우리의 장구한 역사를 통하여 일찍이 경험하지 못했던 국가적 대사들을 수행함으로써 선진조국 창조의 기반을 다져야 할 시점에 와 있습니다. (전두환, 1986)

(71) 그리하여 조국의 자존과 자립을 위해, 이 땅의 자유와 민주를 위해, 그리고 번영을 위해 우리 모두 나라를 바로 세워 순국선열과 호국 영령들의 거룩한 뜻이 새 천년에도 영원히 빛날 수 있도록 해야 합니다. (김대중, 1999)

(72) 선열들께서는 맨주먹으로 **대한민국의 초석을 놓았습니다.** 지금 우리에게는 스스로를 지키고 미래를 열어나갈 충분한 힘이 있습니다. 자신감을 가지고 **선진한국을 건설해 나갑시다.** (노무현, 2005)

우선, 이 모든 예들에서는 국가를 하나의 '건물(building)'로, 그리고 (영령과 선열을 포함하여) 그 국가의 국민들을 '건물을 짓는 사람들(builders)'로 보고 있다는 점에서(Charteris-Black 2004) 근본적으로는 공통점을 보이고 있다. 이를 바탕으로, 박정희 대통령의 (69)에서는 영령들을 자신을 희생하여 무너진 조국을 다시 건설하는 데 “초석” 및 “주춧돌”을 놓은 중요한 역할을 한 것으로 서술하고 있고, 전두환 대통령의 (70)에서는 자신의 재임 기간 중에 치러질 ‘86아시안 게임’과 ‘88올림픽’ 같은 국제적 스포츠 행사를 “국가적 대사”로 표현하고 이런 행사를 성공적으로 치루는 것을 “선진국가”를 건설하기 위한 “기반”으로 규정하면서, (여기서 인용되지 않은) 뒷부분에서 “우리에게 요구되는 것은 투철한 역사의식과 올바른 가치관을 확립하는 일"임을 강조하고 있다. 이 ‘건물 은유’를 가장 명백하게 보여 주는 김대중 대통령의 (71)에서는 첫 번째 밑줄 친 부분에서와 같이 ‘목적’을 나타내는 “-위해” 구문을 세 차례나 반복한 후 “나라를 바로 세울” 것을 제안함으로써 자신의 정부보다 앞선 여러 정권들을 암시적으로 비판하고 있고, 마지막 노무현 대통령의 (72)에서는 두 차례의 ‘건물 은유’를 사용하여 선열들의 업적을 더욱 발전시켜나갈 것을 제안하고 있다. 따라서 이 네 개의 예들에서는 근본적으로 동일한 ‘건물 은유’가 사용되고 있지만, 박정희와 노무현 대통령의 경우에는 비교적 선열들의 업적을 인정하고 그 유지를 받들 것을 제안하는 과정에서 사용된 것이라면, 전두환 대통령의 경우는 국민들에게 자신의 정권에 대한 협조를 요구하기 위한 정치적 성격을, 그리고 김대중 대통령의 경우에는 전임 정권들에 대한 암시적인 비난 등 이념적 성격을 띠는 것으로 해석이 가능하다.

자료에서 좀 더 흔하게 발견된 은유는 ‘여행(journey) 은유’이다. “인생은 여행이다”로 대표되는 이 ‘여행 은유’는 자료에서 “길”, “발자취”, “-을 향한” 등의 어휘/구조를 통해서도 암시적으로 실현되는데, 좀 더 분명한 예들로는 다음과 같은 것들이 있다.

> (73) 이 과업은 지금 거창하게 전개되고 있고, 일보일보 전진하고 있는 것입니다. 이 국민대열에 우리 모두가 한 사람 빠짐없이 참여해야하겠으며, 한 사람의 낙오자도 있어서는 안되겠습니다. (박정희, 1966)

(74) 돌이켜보면 우리 겨레는 오랜 역사를 통하여 끊임없는 외침에 시달리며 험한 가시밭길을 걸어 왔습니다. (전두환, 1981)

(75) 이제 힘차게 전진합시다. 마흔 네 번째의 이번 현충일을 새로운 전진의 출발점으로 삼읍시다. 순국선열과 호국영령들이 앞서 가신 숭고하고 거룩한 길을 따릅시다. (김대중, 1999)

(76) 그러나, 여러분 우리는 언제까지 과거의 족쇄에 잡혀 있을 수는 없습니다. 과거를 직시하고 불행했던 과거를 교훈 삼아 새로운 미래를 향해 나아가야 합니다. (노무현, 2003)

즉, (73)에서 박정희 대통령은 자신이 추진하고 있는 국가근대화라는 과업을 잘 진행되고 있는 하나의 여행으로 비유하여 국민들에게 "낙오자"가 되지 말고 모두 참여할 것을 촉구하는 데 사용하고 있고, (74)에서 전두환 대통령은 한민족이 거쳐 온 수난의 역사를 "가시밭길"로 표현하여 매우 고통스러웠던 여행으로 비유하고 있다. 김대중 대통령은 (75)에서 그 현충일을 "새로운 전진의 출발점"으로 하고 조상들의 "숭고하고 거룩한 길"을 따르자고 제안함으로써, 사실상, 앞의 "건물 은유"와 관련된 예 (72)에서 노무현 대통령이 조상들의 업적을 계승 및 발전시키자는 뜻을 표명한 것과 맥을 같이 하는데, 이는 '건물 은유'와 '여행 은유' 모두가 "미리 결정된 목표를 향한 진전(progress)이 여러 단계를 통해 이루어지는 활동들"과 관련되기 때문에(Charteris-Black 2004:95) '국가의 발전'과 관련된 담화에서는 이 두 은유가 서로 대안적으로/교환적으로 사용될 수 있다는 Lu와 Ahrens(2008)의 주장을 뒷받침한다. 마지막으로 (76)에서, 노무현 대통령은 이 예의 앞부분에서 자신의 일본 방문 계획을 언급한 후, 이 국빈방문에 대해 부정적 시각을 갖고 있는 사람들을 향해 좀 더 새롭고 전향적인 자세를 요청하는 과정에서 '여행 은유'를 사용하고 있다.

4.2.7. 강조하기: 반복/대조/점층법

이 절에서 논의할 마지막 화용 및 수사적 전략은 '강조하기(intensification)'이다. 이 전략은 기본적으로 화자가 자신이 하는 말의 발화수반력을 강화함으로써 어떤 명제의 인식적 지위(epistemic status)를 높이는 것으로 정의할 수 있다(Reisigl & Wodak 2001:45). 이 연구에서는 추념사의 원고를 분석했기 때문에 말에서 사용될 수 있는 방법들(가령, 소리의 높낮이, 억양, 강세, 빠르기, 얼굴 표정, 몸짓 등)을 파악할 수는 없다는 한계가 있지만, 글에서도 몇 가지 구체적인 방법들을 발견할 수 있었는데, 대표적인 것으로 강조부사, 반복, 과장, 대조, 점층법 등을 들 수 있다. 한 가지 눈에 띄는 것은 박정희 대통령의 기념사에서 이런 강조하기 전략이 가장 많이 그리고 다양하게 발견된다는 것인데, 그 예를 몇 가지만 보기로 하자.

(77) **일과 나태, 낭비와 사치, 분열과 불화**를 배격하면서, **협동과 단결, 근면과 검소, 창조와 개척의 정신**을 더욱 더 새롭게 일깨워 나가야 하겠습니다. (박정희, 1971)

(78) 그리고, 우리의 운명은 우리 스스로의 힘으로 개척해 나간다는 **자주의식**이 왕성해야 합니다. **자주의식이** 결여된 민족에게 **단결은 없습니다. 단결**할 줄 모르는 민족이 국력을 배양하고 번영했던 사례는 **더욱 없습니다.** (박정희, 1973)

(79) **어느 시대 어떤 민족의 경우에 있어서**나 그 민족의 강인한 의지와 굳건한 단결 없이 **국난을 극복한 사례는 없습니다.** (박정희, 1974)

우선 (77)은 '반복'과 '대조'를 통한 '강조하기'의 예로서, 박정희 대통령은 "안일과 나태", "낭비와 사치", "분열과 불화" 같이 사실상 의미적으로 유사한

명사들을 반복하면서[33] 이들 각각을 (또 다른 유사한 단어들의 쌍인) "협동과 단결", "근면과 검소" "창조와 개척" 등과 대조시킴으로써, 자신이 의도하는 의미의 전달을 극대화하고 있다. (78)은 '반복'과 '점층법'의 예로서, 두 번째와 세 번째 문장을 바로 앞 문장의 끝에서 사용된 단어로 시작하여 반복함으로써 마치 세 문장이 사슬에 의해 서로 연결된 것 같은 어휘적 결속성(lexical cohesion)(Halliday & Hasan 1976)을 형성하고 두 번째 문장에서의 "없다"를 세 번째 문장에서는 "더욱 없다"로 한 단계 더 강화함으로써, 박정희 대통령은 자신이 추진하는 국력의 배양을 위해서는 국민들의 단결이 반드시 필요한 것임을 역설하는 데 이용하고 있다. 마지막으로, (79)에서도 박정희 대통령은 (강인한 의지와 함께) 단결의 중요성을 언급하는데, 이 과정에서 "어느 시대, 어떤 민족의 경우에도" "강인한 의지와 굳건한 단결 없이" 국가의 어려움을 이겨낸 사례는 "없음"을 말하면서, (여기서 인용되지 않은) 바로 다음 문장에서 "그렇기 때문에 (중략) 우리 국민 모두가 (중략) 투철한 국가관과 굳건한 총화단결로써 민족의 활로를 개척하는 선봉이 되어야 한다"고 주장하고 있다. 다시 말해서, (79)는 이어지는 문장의 내용을 정당화하기 위한 것인데, 이런 의미에서 (79)는 '완전히', '항상', '절대로' 같이 "어떤 명제를 정당화하거나 변명하기 위해 사용되는" '극단적 사례 표현(extreme cases formulations)'(Pommerantz 1986)의 한 예로 볼 수 있다.

한편, 다른 대통령들의 추념사에서도 유사한 사례가 발견되지만, 언급했듯이, 그 다양성과 비중에서는 박정희 대통령의 그것보다는 못하다는 차이를 보인다.

---

33 이렇게 "어떤 의미적 관계를 가지는 동일한 문법적 범주에 속하면서 (and나 or등) 접속사 같은 어떤 통사적 장치에 의해 연결되는 둘 또는 그 이상의 단어들이나 구"를 이항 또는 다항 표현(binomial or multinomial expression)(Bhatia 1993:108)이라고 한다.

(80) 그러나 한편으로 우리의 지난날을 되돌아보면서 우리가 겪은 수난이 모두 **피치 못할 숙명** 때문만이 아니며, 값비싼 대가를 치르고 **경험했던 쓰라린 전철**을 밟았기 때문에 초래된 재난이 아니었던가 **반성해보지 않을 수 없습니다.** (전두환, 1982)

(81) 지난 역사에서 우리 민족은 **수없이 많은** 내분과 외침을 겪으며 살아왔습니다. (김대중, 2000)

(82) 우리의 선열들은 일제의 폭압에 **끊임없이** 저항하면서도 결코 배타적이지 않았습니다. (노무현, 2003)

즉, 전두환 대통령의 (80)에서는 "피치 못할 숙명", "경험했던 전철"과 같이 의미적으로 중복되는 단어들과, "않을 수 없다"같은 이중부정(double negatives)을 통해 잘못된 역사를 되풀이해서는 안 된다는 자신의 의도를 강조하고 있고, 이와 유사한 목적을 위해, (81)에서는 "수없이 많은" 같은 과장(hyperbole)이, 그리고 (82)에서는 "끊임없이" 같은 과장과 "결코" 같은 '극단적 사례 표현'이 사용되고 있다.

5. 논의: '정치담화'로서의 현충일 추념사

5.1. 정치화

4절에서의 분석과 자료의 다른 부분을 근거로 하여 제기할 수 있는 주장들 가운데 하나는 한국의 현충일 추념사가 정치화됨으로써 정치담화의 한 예로 볼 수 있다는 것이다. 서론에서 언급했듯이 정치담화의 정의는 다양하여, 화자/필자가 정치인일 경우 정치담화로 분류되기도 한다는 점에서 현충일 추념사가 그 당시 현직 대통령에 의해 발표되었다는 사실만으로도 정치담화로서 분류될 수 있는 이유는 된다. 그러나 이 절에서는 이런 언어 외적 요인이 아니라 현충일 추념사의 내적 요인, 다시 말해서, 언어/담화 자체에서 발견되는 '정치담화'로서의 성격을 중심으로 논의하기로 한다.

우선, 4절의 분석에서 발견된 정치담화로서의 측면들이다. 앞에서 현충일 추념사의 '전개구조'가 '시작하기', '공적 기리기', '기념식의 취지 제시하기', '민족의 정체성/성격 규정하기', '과거/역사 언급하기', '정책의 제시/합리화와 정권 홍보하기', '현재의 (정치적) 상황/현안과 과제 제시하기', '국민들의 협조 요구/요청하기', '마무리하기' 등 아홉 가지의 구성요소에 의해 이루어진 것으로 제안했는데, 이들 가운데 상대적으로 현충일 추념식/추념사의 본래 취지와 순수하게 부합되는 것은 '시작하기', '공적 기리기', '마무리하기' 등 세 가지 정도로 볼 수 있다. '기념식의 취지 제시하기'와 '민족의 정체성/성격 규정하기', '과거/역사 언급하기'는, 얼핏 보기와는 달리, 정치적 의도가 발견되고 있었는데 가령, 이미 논의된 예들 외에도, '기념식의 취지 제시하기'의 또 다른 예로 볼 수 있는 박정희 대통령(1971년)의 "그러나, 우리가 해마다 이 거룩한 민족의 성역을 참배하는 것은 결코 영령들을 추모하는 장황한 추념사를 하거나, 향기 높은 꽃다발을 봉납하기 위한 것이 아닙니다. 그분들의 교훈을 받들어 영령들이 못다 이룬 유업을 우리 힘으로 이룩하겠다는 분발의 결의를 새로이 하는 데 그 참뜻이 있다고 믿습니다" 같은 예문은 이 구성요소의 정치적 성격을 잘 보여 주고 있다. 다시 말해서, 그가 생각하는 추념식의 진짜 목적은 단순히 유명을 달리한 '과거'의 선열에게 감사와 경의를 표하는 것으로 그치기보다는 좀 더 나은 '미래'를 위해 우리가 해야 할 것을 잘 하기 위한 것이라는 뜻인데, 이런 '취지'는 대부분의 경우 '국민들의 협조 요청하기' 구성요소로 이어지고 있었다. 이와 유사하게, '민족의 정체성/성격 규정하기'와 '과거/역사 언급하기'는 한민족이 겪어 온 여러 가지 어려움과 이를 극복한 한민족의 우수성을 부각시킨다는 점에서 애국/순국선열들을 찬양한다는 의미도 있지만, 특히 '과거/역사 언급하기'의 경우 과거의 잘못을 되풀이할 경우 불행한 역사가 반복될 수 있음을 경고하기 위한 수단으로도 사용된다는 점에서, 이 두 구성요소는 각 대통령이 자신의 정치적 메시지를 국민들에게 좀 더 효율적으로 설득시키거나 자신의 은밀한 정치적 목적을 성취하기 위한 언어적 도구로도 해석될 수 있다. 나머지 세 가지 구성요소인 '정책의 제시/합리화와 정권 홍보하기', '현재의 (정치적) 상황/현안과 과제 제시하기', '국민들의 협조 요구/요청하기'는 설명이 필요 없을 정도로 명백하게 이 추념사들의 정치적 성격을 보여 주는 것들로서, 대통령들이 개인적으로 설정한 정치적 목표들을 성취하거나, 앞에서 인용된 박정희 대통령의 경우처럼, 각 대통령이 생각하는 추념식의 '현실적' 목표들을 실현시키기 위한 구체적인 담화전략으로 재해석될 수 있다.[34]

현충일 추념사의 이런 전개구조는 미국의 Memorial Day speeches에 대한 Slavičkova(2013:365)의 분석에서 제시된 수사구조와 분명한 차이를 보이고 있다.[35] 즉, 여기서는 '시작하기(opening remarks)'를 비롯하여, '전쟁 등 기념의 대상이 되는 사건의 시간과 장소에 대한 언급', 'Arlington 국립묘지'와 '희생'에 대한 언급, '미국에서 공유되는 문화적 실행이나 가치의 환기(invocation)', '전투에서의 죽음에 대한 완곡적 언급', '개인의 전형적인 영웅적 행위에 대한 일화', '기념식의 목적', '결의(resolve)의 진술', '희생의 가치' 언급 등이 주를 이룬다는 점에서 나라를 위해 죽은 자들을 추모한다는 추념사의 본래 목적에 좀 더 부합되

34 한편, 4.2절 '화용적/수사적 전략'에서의 분석도, 예문에 대한 해석/논의 과정에서 이미 부분적으로 언급/암시되었듯이, 현충일 추념사가 정치적 성격을 띠고 있음을 보여 주고 있다. 여기서 논의된 '포함적 우리', '행위성/타동성', '프레임/토포스',, '근접화', '은유', '강조하기' 등은 정치담화에서만 발견되는 자질이나 전략들은 아니지만 정치담화에 대한 최근의 분석에서 매우 중요하게 사용되는 것들임에는 틀림이 없다. 물론, 이런 자질이나 전략들이 추념사의 정치적 성격에 어떻게 기여하는지는 각 예의 내용 및 관련된 정치적/사회적 맥락에 달려있다.

35 그는 '전개구조(move-structure)'라는 용어 대신 '수사구조(rhetorical structure)'라는 용어를 사용하고 있지만 근본적으로 담화의 구조를 다루고 있다는 점에서는 동일하다고 볼 수 있다.

고 있다. 따라서 본 연구의 현충일 기념사에서 발견된 '정책의 제시/합리화와 정권 홍보하기', '현재의 (정치적) 상황/현안과 과제 제시하기', '국민들의 협조 요구/요청하기' 등은 포함되지 않았다는 점에서 같은 의사소통적 목적을 가진 장르가 그 실제 모습에서 국가/언어에 따라 서로 다를 수 있음을 보여 주고 있다.

그럼, 이 연구의 자료에서 현충일 추념사가 정치적 성격을 띠고 있음을 좀 더 명백하게 보여 주는 예들을 몇 개 보기로 하자.[36] 정치적 성격은 크게, 의도(intentions) 면에서 대통령이 자신의 사적 이익이나 정치적 목표를 성취하기 위한 것과 화제(topics) 면에서 정치적인 문제를 다루는 것으로 구분할 수 있는데, 전반적으로 박정희와 전두환 대통령은 전자의 경향, 김대중과 노무현 대통령은 후자의 경향을 강하게 보이고 있다. 이 말은 표면적/형식적으로는 박정희, 전두환 대통령의 기념사가 좀 더 추념사로서의 본래 모습에 가까운 것처럼 보인다는 의미도 된다.

(83) 그리고 이것만이 조국에 신명을 바치신 영현들의 호국 정신을 우리가 값지게 계승 발전시켜 나가는 길이며, 또한 **10월 유신의 이념을 구현해 나가는 실천적 자세입니다.** (박정희, 1976)

(84) 독선적 사고와 편협한 애국심에 집착하여, 우리의 냉엄한 현실을 외면한 채 성급하고 과격한 주장을 앞세운다면 (중략) **우리의 존립자체를 부정하게 되는 행위까지 용납할 수는 없는 것입니다.** (전두환, 1986)

(85) **한반도 안보와 평화통일 문제**에 있어서 우리는 분명한 입장을 견지하고 있습니다. 무엇보다 확고한 안보태세를 계속 유지해 나가겠습니다. 한미

36 일반적으로 담화의 정치적 성격을 보여주는 대표적인 것에 '민족/국가 정체성의 형성'이 있다. 이는 앞에서 논의된 전개구조 가운데 '민족의 정체성/성격 규정하기', '공적 기리기', '기념식의 취지 제시하기'와 불가분의 관계에 있는데, 어떤 의미에서는 추념식의 본질적/필수적인 요소로도 볼 수 있어서 아래에서는 별도로 논의하지 않기로 한다.

안보동맹을 굳건히 지켜 나가겠습니다. (김대중, 2002)

(86) 이라크 파병 문제에 대해 다시 논란이 일고 있습니다. 우선, 한미우호관계가 중요하기 때문에 이를 존중해서 최대한 반드시 다국적군에 참여해야 한다는 의견과 반면에 (후략) (노무현, 2004)

즉, 박정희 대통령의 (83)에서는 그 앞부분에서 국민들에게 "국가발전과 민족중흥에 헌신"할 것을 촉구한 뒤, 이런 헌신이 선열들의 호국 정신을 이어나가는 방법이자 "10월 유신의 이념"을 구체적으로 실현하는 데 필요한 자세임을 분명히 함으로써, 순국선열들을 추모하기 위한 추념식을 그 당시 국민들의 극렬한 저항을 받았던 자신의 유신 독재 정권을 수호하기 위한 수단으로 삼고 있다. 전두환 대통령의 (84)에서도 마찬가지로 자신의 독재정권에 맞선 사람들을 "독선적인 사고와 편협한 애국심에 집착"하고 심지어 국가/국민의 "존립 자체를 부정"하는 것으로 기술하면서, 이를 용납하지 않겠다는 뜻을 분명히 함으로써 이 추념사를 자신의 정권을 위협하는 국민들에게 경고하기 위한 수단으로 삼고 있다. 반면, (85)에서 김대중 대통령은 "한반도의 안보와 평화통일"이라는 정치/군사적 문제를, (86)에서 노무현 대통령은 "이라크 파병" 문제를 거론하고 있는데, '현재의 정치적 상황/현안 및 과제 제시하기' 구성요소에서 주로 발견되는 이런 화제들은, 앞에서도 언급했듯이, 두 대통령의 기념사가 추념사라기보다는 마치 '대통령 취임사', '신년사'나 '대국민 정책보고회' 등의 장르 같다는 느낌을 주고 있다.

이런 예들이 기본적으로 추념사의 '내용'과 관련된 것이었다면, 정치담화의 '전략적 기능(strategic functions)'과 관련하여 Chilton(2004)은 '강제(coercion)', '합법화와 비합법화(legitimisation and delegitimisation)', '표상과 오표상(representation and misrepresentation)' 등 크게 세 가지를 제안했는데, 이

연구의 자료에서도 이 세 가지가 흔히 발견되었다.[37] 우선 '강제'는 화자의 자원(resources)이나 힘/권력(power)에 근거한 것으로서, 기본적으로 명령, 법, 칙령 등이 이에 해당되며, 의제(agendas)/화제(topics)의 설정, "(청자들이 적어도 일시적이나마 받아들여야만 하는,) 실재에 대한 가정하기", 자신을 다른 사람들과 특정한 관계에 위치시키기(positioning), 검열 등이 포함될 수 있다(Chilton 2004:45). 이런 '강제'의 예들 가운데, 앞의 4.2절에서 논의된, 각 대통령이 자신의 말/명제에 대해 확신성(certainty)을 표현하는 '인식서법'은 "실재에 대한 가정하기"와 연결되고, '의무서법'은 사실상 청자들에게 (국가가 당면한 과제들의 실행처럼) 어떤 행동을 할 것을 요구함으로써 '명령'과 연결될 수 있다.

둘째, '합법화'는 화자가 자신의 행위에 대해 적절한 이유를 제시함으로써 "청자들로부터 복종을 받을 권리, 즉 정통성(legitimacy)을 만드는 것"으로서 이를 위한 기술(techniques)에는 유권자들이 원하는 것에 대한 논증, 일반적인 이념적 원칙, 자신의 업적에 대한 자랑, 긍정적 자기 제시(positive self-presentation) 등이 있으며, 비합법화는 그 성격/목적과 사용되는 기술에서 합법화와 반대되는 모습을 보인다(Chilton 2004:45).[38] 이런 제반 기술들, 특히 '자신의 업적에 대한 자랑'과 '긍정적 자기 제시'의 예는 전개구조 차원에서 이미 논의된 '정책의 제시/합리화 및 정권의 홍보'와 직결되는데, 여기서는 몇 가지 '합법화'의 예들을 van Leeuwen(2008)의 분석틀을 이용하여 제시하기로 한다.

(87) 우리가 안팎으로 시련이 중첩한 비상한 처지에서도 <u>자립경제와 자주국방의 기틀을 다지면서</u> 동시에 <u>전통 문화의 창조적 계발</u>에 힘써온 것도

37 여기서는 지면의 제약 상, 대통령을 구분하지 않고 각각 몇 가지만 예시하기로 한다.

38 자료에서도 '비합법화'의 예는 발견되지만, 이것은 빈도가 높지 않고 뒤에서 논의될 '오표상(misrepresentation)'과도 연결되므로 별도로 논의하지 않기로 한다.

경제력과 국방력, 그리고 정신력이 굳게 결합된 삼위일체의 막강한 국력을 기르는 데 그 목적이 있는 것입니다. (박정희, 1979)

(88) 우리의 선열들이 이 민족에게 빼앗긴 국권을 되찾기 위해, 그리고 공산 침략으로부터 민족사와 자유를 수호하기 위해 기꺼이 한 몸을 바쳤듯이, 지금 우리는 조국과 영광과 시대적 사명완수를 위해 아낌없이 땀과 정성을 쏟아야 할 시점에 놓여 있는 것입니다. (전두환, 1984)

(89) 이러한 햇볕정책은 남과 북은 물론, 미·일·중·러 세계 모든 나라에도 이익이 됩니다. 그야말로 윈-윈 정책입니다. 확고한 안보태세 속에 민주주의와 국민의 안전을 지키면서 평화통일을 이루는 것이야말로 선열들과 영령들의 뜻을 받드는 길이라고 확신합니다. (김대중, 2001)

(100) 통합의 첫째 조건은 균형사회를 만드는 것입니다. 통합은 말로서 되는 것이 아닙니다. 상생과 공존의 환경이 조성되고, 더불어 사는 것이 이익이 된다는 인식을 공유할 때 가능한 일입니다. 참여정부가 국가균형발전을 역점적으로 추진해온 이유도 여기에 있습니다. (노무현, 2005)

(87)에서 박정희 대통령은 국내외적으로 어려운 여건에서도 자신이 "자립경제", "자주국방", "전통 문화" 등에 힘을 기울여온 것이 "막강한 국력"을 배양하기 위한 수단이었음을 밝힘으로써, 목적, 용도, 효과 등을 언급하여 특정한 실행(practices)을 합리화하는 것을 의미하는 '도구적 합리화(instrumental rationalization)'(van Leeuwen 2008:113)의 예를 보여주고 있다. 전두환 대통령은 (88)에서 선열들이 민족을 위해 "기꺼이 한 몸을 바쳤듯이" 우리도 국가와 시대가 요구하는 사명을 완수하기 위해 노력해야 할 것을 요구함으로써, 자신의 이런 요구를 '역할 모델'이나 '전통'의 권위에 바탕을 두는 권위화(authorization)를 통해 합법화(van Leeuwen 2008:107-8)하고 있다. 한편, 김대중 대통령의 경우, (89)에서 자신의 '상표(trademark)'라 할 수 있는 "햇볕정책"이 한반도 자체

뿐 아니라 주변 국가들 모두에게 (실리적 측면에서) 도움이 되는 "윈-윈 정책"이자 (도덕적으로) 순국선열들의 뜻에도 부합되는 것으로 평가함으로써, 앞에서 언급된 '도구적 합리화'와 함께, '도덕적 평가(moral evaluation)'에 의한 합법화를 하고 있으며, 마지막으로 노무현 대통령은 (100)에서 자신의 정부가 "국가균형발전"을 강조하는 이유를 제시하는 (즉, 합법화하는) 과정에서 통합의 성격을 정의하는데, 이와 같이 '정의하기'나 '설명하기'를 통해 합법화하는 것을 van Leeuwen (2008:116)은 '이론적 합법화'라 부르고 있다. 따라서 네 대통령 모두 자신의 특정 정책이 Chilton(2004)이 말한 '국민이 원하는 것'이든, '이념적 원칙'이든, '업적'이든, '긍정적 자기 제시'이든, 근본적으로 '바람직한 것'임을 내세워 합법화함으로써 추념사를 정치적인 것으로 만들고 있지만, 그 구체적인 방법에서는 서로 다른 모습을 보이고 있다.[39]

마지막으로, '표상(representation)'과 '오표상(misrepresentation)'은 말 그대로 객관적 실재가 있다고 할 때 이것을 얼마나 정확하게 또는 부정확하게 표현하는가와 관련된다. Chilton(2004)에 의하면, 정치적 통제는 정보나 담화의 통제를 수반하는데, 대표적인 것으로서 비밀유지(secrecy), 정보에의 접근 금지, 사실에 대한 언급의 고의적 회피, 거짓말과 완곡어법처럼 사실을 왜곡하거나 무디게 하는 것(blurring) 등이 있다. 물론 '표상'이란 것 자체가 이념을 수반하는 경우가 대부분이어서 표상과 오표상을 명확하게 구분하기는 쉽지 않은데, 자료에서 발견되는 대표적인 '오표상'의 예는, 서로 관련된, '부재(absence)'와 '왜곡/조작'이다.

(101) 이처럼 고귀한 애국애족의 정신과 투철한 반공정신은 오늘의 이 난국을 슬기롭게 극복해나가는 데 있어서 우리가 한 시라도 잊어서는 안될

39 대통령들의 합법화 방법에서 발견되는 이런 차이는 실질적인(substantial) 것으로 느껴지지만, 이를 확인하기 위해서는 좀 더 세밀하면서도 수량적인 분석이 필요할 것으로 생각된다.

귀중한 정신지표인 것입니다. 우리는 이것을 실천해야 합니다. 우리 국민 모두가 이 애국심과 반공정신으로 국론을 통일하고 한 덩어리로 굳게 뭉쳐야 합니다. (박정희, 1975)

(102) 애국애족의 정열이 나라의 발전을 저해하고 겨레의 생존을 위협하는 어리석은 결과를 초래하는 일은 없어야 할 것입니다. 독선적 사고와 편협한 애국심에 집착하여, 우리의 냉엄한 현실을 외면한 채 성급하고 과격한 주장을 앞세운다면 (중략) 우리의 존립 자체를 부정하게 되는 행위까지 용납할 수는 없는 것입니다. 더욱이 말로는 민주와 민족을 고창하면서 개인적 욕망이나 사사로운 이익 때문에 나라의 기본질서와 규범을 공공연히 파괴하는 것은 반국가적, 반민주적인 행위로서 단호히 배격하지 않으면 안될 것입니다. (전두환, 1986)

우선, 박정희 대통령의 (101)은 '부재'에 의한 '오표상'을 보여주는 한 예이다. (101)의 앞부분 어디에서도 가령, 한국에 어려움을 초래하는 북한의 위협이나 국제적 상황에 대한 언급이 발견되지 않음에도 불구하고 "오늘의 이 난국"이라는 표현이 사용되고 있다. 다시 말해서, 지시형용사 "이"를 수반하는 "난국"이 무엇을 의미하는지가 명확하지 않은 것인데, 1972년 유신헌법이 발표된 후 국민들에 의한 저항, 좀 더 구체적으로, 반정부 시위가 반복되는 상황을 가리키는 것으로 해석될 수 있다. 언론의 통제가 극심했던 그 당시에는 "반정부 시위"를 언급하는 것 자체가 정부에게 불리한 정보를 국민들에게 확산시키는 결과로 이어질 수 있었기 때문인데, 이런 해석은 밑줄 친 부분에서와 같이 "국론을 통일하고 한 덩어리로" 단결할 것을 촉구하는 것에 의해 뒷받침될 수 있다. 한편, 앞에서 논의된 (65)와 일부 중복되는 전두환 대통령의 (102)는 '부재'와 함께 이념적 '표상', 정치적 목적을 위한 '왜곡/조작'의 예를 종합적으로 보여 주고 있다. 불법적인 권력 장악으로 인해 박정희 대통령만큼이나 임기 내내 국민들의 저항에 직면해야 했던 전두환 대통령은 첫 문장에서 이런 저항, 특히 학생/시민들의 반정부 시위와 관련하여 그 사회적 행위자(social actors)인 '학생/시민'이나 사회적 행위(social action)인 '반정부 시위'를 전혀 언급하지 않음으로써 '부재'의 한 예를 보여주면서, 그 대신 "애국애족의 정열"처럼 완곡어법을 사용하여 극렬한 반정부 투쟁이라는 엄중한 현실의 초점을 흐리게 만든(defocusing) 후, 두 번째 문장 밑줄 친 부분에서는 이들의 행동을 "독선적 사고와 편협한 애국심에 집착하는 것"처럼 부정적으로 제시하여 '이념적 표상'과 '왜곡'의 예를 보여 주고 있다. 동시에, 각각의 문장에서는 사실상 국민들에게 자신의 정권에게 불리한 정치적 의사 표명을 하지 말라는 경고를 함으로써, 앞에서 논의된 '강제'의 또 다른 예를 보이고 있다. 마지막 길게 밑줄 친 부분에서는 말로만 "민주와 민족"을 외치면서 자신의 욕망이나 이익을 위해 국가의 질서와 규범을 파괴하는 것을 배격해야 한다고 강조하는데, 쿠데타에 의해 헌정질서를 파괴했고, 퇴임 후 반란죄, 내란죄, 수뢰죄로 사형선고까지 받은 사람으로서는 어울리지 않는 주장이라는 점에서, 정치담화의 속성들 가운데 부정적 측면의 절정을 보여 주는 '조작/위선'의 명백한 예를 제공하고 있다.

마지막으로, 현충일 추념사가 정치담화로서의 성격을 띠고 있다는 것은, 이미 언급했듯이, 김대중, 노무현 대통령의 추념사가 마치 '대통령 취임사'나 '신년사'와 같은 분위기를 보이고 있다는 것과, 김대중 대통령의 추념사가 북한에 정치적 메시지를 전달하기 위한 통로로 사용되고 있다는 것에 의해서도 뒷받침된다. 가령, 2000년 김대중 대통령의 추념사 중반부에서는 21세기에 한국이 해결해야 할 두 가지 '과제'가 있음과 그 내용 및 이유를 (다른 대통령들의 추념사에 비해 비교적 상세하게) 언급한 후, 후반부에서는 자신의 임기 중에 반드시 실현시키겠다는 국정목표들을 다섯 가지 길게 나열하면서 이의 실현을 "순국선열과 호국영령들의 영전 앞에 다시 한 번 굳게 다짐"하고 있다. 또한, 김대중 대통령은 2001년 추념사의 후반부에서, 6.15 남북공동선언 1주년이 된 것과 관련하여, 자신이 어떤 자리에서 김정일 위원장에게 서울 방문 계획에 대한 입장을 밝혀 줄 것을 요청한 적이 있다면서 "오늘 다시 한 번 북한 측에 이를 상기시키고자 합니다"라고 말하고 있다.[40]

5.2. '담화적 힘/권력'과 '담화의 민주화'

앞 절에서 논의된 현충일 추념사의 '정치화'는 우선, '힘/권력(power)'의 문제와 직결된다. van Dijk(2008:62-65)는 '사회적 권력(social power)'을 어떤 집단이나 개인이 부(wealth), 지위, 직장, 지식, 권위, (방송과 신문 등) 공적 담화(public discourse) 같이 사회적으로 가치가 있는 자원들(resources)을 (특권적/우선적으로) 접근하거나 소유하여 다른 집단이나 사람들의 행동 및 마음을 통제하는 것으로 정의하고 있다.[41] 그는, 또한, 이런 '사회적 권력'이 말과 글 등에 의한 의사소통을 통해서 표현되고 기술되고 행사되고 합법화되며 궁극적으로는 재생산되는 것으로 보는데, 이런 의미에서 그는 '담화적 힘/권력(discursive power)'이란 용어를 사용하면서 이런 '담화적 권력'이 표현 및 행사되는 대표적인 언어적 수단으로서 가령, 명령 화행이나, 법조문, 규정문, 지시문(instruction) 같은 텍스트 유형을 꼽고 있다. 그러나 민주주의라는 이념/제도의 타당성에 대한 공감대가 형성된 현대 사회에서는 심지어 독재국가에서도 권력이 (직접적이

40 현충일 기념사가 대북메시지를 전달하기 위한 정치적 수단이 되고 있다는 것은, 이 연구의 자료에는 포함되지 않았지만, 2013년 현충일 추념사에서 박근혜 대통령이 남북간의 대화국면 조성을 제의하자 곧바로 북한이 특별담화문 발표를 통해 6·15공동선언 및 7·4공동성명의 기념과, 개성공단 정상화 및 금강산 관광의 재개를 논의하기 위한 남북 당국 간 회담을 열자고 화답해 온 것에 의해서도 뒷받침된다.

41 van Dijk(2008)는 힘/권력을 크게 '개인적 힘/권력(personal power)'과 '사회적 힘/권력(social power)'으로 나누는데, 이 연구에서 다루는 힘/권력은 후자에 속하는 것으로 봐야 할 것이다. 이는 추념사가 '박정희', '김대중' 등 개인 보다는 그들이 수행하는 '대통령'이라는 정치적 역할을 바탕으로 발표된 것이고, 그들이 발표한 추념사의 내용도 한 개인으로서의 생각이라기보다는 그 직책을 맡은 사람으로서의 생각을 표현하는 것으로 봐야 하기 때문이다.

고도 강제적이기 보다는) 좀 더 간접적이고도 설득적인 방법에 의해 표현 및 행사될 것으로 기대되는데, van Dijk(2008)가 제시하는 좀 더 간접적인 방법으로는 권력자들에게 유리한 '정신적 표상(mental representation)'을 만들기 위한 '합리/이성 내세우기', '논증하기', '약속하기', '예시하기'를 비롯하여 다양한 수사적 기법들이 있다. 또한, '담화적 힘/권력'은 '담화 자체에 대한 통제'에 의해서도 가능한데, 가령 공식적인 상황에서 발언할 수 있는 권한을 비롯하여, 의사소통을 위해 사용되는 담화 유형 및 수단의 결정, 특정 (부류의) 청자를 선택할 수 있는 권한 등이 언급된다. 여기서, 그가 제시하는 핵심적 요지는 이런 언어/담화적 수단에 의한 권력 행사는 "지식과 믿음의 교묘한 관리, 믿음의 사전 명확화(pre-formulation), 반대 이념의 검열 등을 통해 사회적 인지의 형성을 통제하게 된다"(van Dijk 2008:63)는 것이다.

이런 배경 하에서, 현충일 추념식 자체와 현충일 추념사는 다음과 같이 대통령들의 권력이 반영되고, 더 나아가 권력을 재생산하는 데 기여하는 수단/매체가 되는 것으로 생각된다.[42] 우선, 국가 차원의 추념식에서 추념사를 발표하는 것은 원칙적으로 대통령이나 수상 등 국가의 수반에게만 주어지는 고유 권한으로서, 국가 최고 지도자/권력자로서의 위치를 단적으로 상징한다. 둘째, 추념사라는 장르가 가령, 대화처럼 관련 참여자들이 서로 발언권을 주고받는 평등한 상호작용이 허용되지 않고, 대통령의 주도하에 (과제나 정책, 그리고 비전을 제시하는 것과 같이) 의제(agenda)나 화제(topic)가 결정되고 일방적으로 국

42 그러나 여기서는 권력이 담화에 '반영'되는 것에 대해서만 논의하기로 한다. 이런 추념사가 권력을 '재생산'하는 데 사용될 수 있다는 것은 추념사가 TV와 라디오 등 대중매체를 통해 전 국민들에게 전달되는 것과 관련된다. 가령, van Dijk(2008:55)는 "권력자들과 그들의 말이 일상적으로 뉴스 매체에서 보도됨으로써 그들의 권력이 좀 더 확고해지고 합법화된다"고 말하고 있다. 사실, '권력의 재생산' 문제는 '언어'와 '사회' 사이의 관계와 관련된 것으로서, 이론적 배경에서 소개했듯이, 비평적 담화분석에서는 이 두 가지가 서로 영향을 주고받는 변증법적(dialectical) 관계를 갖는 것으로 봄으로써 이런 가능성을 뒷받침하지만, 이런 가능성을 실제로 증명해 보이는 것은 좀 더 거시적 차원에서 사회학적, 심리학적 연구를 필요로 하기 때문에 이 연구의 범위를 벗어나는 것으로 볼 수 있다.

민들에게 전달되는 불평등 담화 구조를 갖는다는 것도 추념사라는 장르의 힘/권력을 보여 준다.[43] 셋째, 추념사의 텍스트 자체에서도 대통령의 권력은 여러 가지 모습으로 반영된다. 우선, 앞의 '정치화'와 관련해서도 언급했듯이, 각 대통령에 따라 다소의 차이가 있지만, '단언적 진술'이나 (특히, 박정희 대통령의) '강조하기', (반정부 시위자 등) 일부 국민들에 대한 '비난', 자신의 말에 확신을 표현하는 '인식서법', 국민들의 적극적인 참여나 협조를 촉구하는 '의무서법' 등이 높은 빈도로 발견되고 있었는데, 이런 화용적/수사적 장치들은 대통령들이 한국의 정치적 상황/현안이나 이에 대처하기 위한 과제/정책 등을 제시하는 과정에서 청자들의 '정신적 표상(mental representation)'(van Dijk 2008)을 형성하는 데 큰 영향을 끼침으로써 결과적으로 그들의 믿음과 생각을 '통제'하게 된다. 또한, O'Barr와 Atkins(1980)에 의해 '사회적 약자들(the powerless)'의 언어적 자질 중 하나로 분류되었던 '완화표현(hedge)'이 자료에서 거의 발견되지 않았다는 것도, 역으로, 대통령들의 힘/권력을 반영하는 것으로 해석될 수 있다. 마지막으로, 앞 절의 '정치화'에서 또 한 가지 언급된 것은 특히 박정희와 전두환 대통령의 기념사에서 '조작(manipulation)'의 예가 발견된다는 것이었는데, van Dijk(2008)는 이런 조작을 자신이 '권력의 남용(power abuse)'으로 규정하는 '지배(domination)'의 한 종류 내지 '담화적 지배(discursive domination)'의 부정적 결과로 보고 있다.

한편, 이런 '담화적 권력'의 문제와 이어지는 것으로서, 현충일 추념사는 '담화의 민주화'도 보여 준다. 비평적 담화분석에서 사회·인지적 측면을 강조했던 van Dijk(2008)와는 달리, 담화 변화와 사회 변화 사이의 변증법적·관계적

43 물론, 대통령 자신이 추념사의 원고를 직접 작성하는 경우는 거의 없겠지만, 대통령은 Goffman(1981)이 말하는 '참여자틀(participation framework)'에서 추념사를 읽는 '발화자(animator)'이자 동시에 최종적으로 그 내용에 책임을 지는 '주인공(principal)'으로서의 역할을 수행한다. 이런 불평등한 담화구조를 보여 주는 또 다른 예로 '의사와 환자', '판사와 피고인', '교수와 학생' 사이의 상호작용/대화가 있다.

측면에 관심이 많았던 Fairclough(1993:136)는, 이론적 배경에서 소개했듯이, 담화적 실행(discourse practice)이 텍스트(text)와 사회적 실행(social practice) 사이에서 매개체 역할을 함으로써, 텍스트의 생산과 이해는 사회적 실행의 성격에 의해 형성되고, 이런 과정은 텍스트를 형성하는 것으로 보고 있다. 따라서 사회적 실행에 어떤 중대한 변화가 생기면 담화적 실행과 텍스트에도 변화가 올 수 있다는 것인데,[44] 이런 맥락에서, 그는 그의 또 다른 연구(Fairclough 1992)에서 정치적 상황과 관련된 사회적 실행에서의 변화가 담화적 실행과 텍스트에서의 변화를 야기하는 것으로 보면서 그 한 예로 '담화의 민주화(democratization of discourse)'를 제시하였다.

4절에서의 분석과 이 연구의 다른 자료에서도 바로 이런 '담화의 민주화'를 보여 준다. Fairclough(1992)는 '담화의 민주화'를 "힘/권력의 관계가 불평등한 여러 가지 유형의 제도적 담화에서 위계관계나 힘의 불균형을 보여 주는 명백한 언어/담화적 표시들을 제거하는 것"으로 정의하고 있지만 그 "명백한 언어/담화적 표시들"이 무엇인지에 대해서는 언급하지 않았는데, 이 연구에서는 앞의 '담화적 힘/권력'과 관련해서 언급된 담화 및 언어적 자질들과 Gastil(1992)의 분석틀을 참고하되, 네 대통령을 박정희, 전두환 대통령의 '권위주의 정권'과 김대중, 노무현 대통령의 '민주주의 정권'으로 나누어 분석한 결과 다음과 같은 차이가 있었다.[45][46] 첫째, '자기 지칭(self- reference)'에서의 차이이다. 언급했듯

44 가령, 그는 대학교에서의 네 가지 텍스트(홍보물, 프로그램 자료, 이력서(C.V.), 학교 안내서)가 소비주의(consumerism) 문화의 등장이라는 사회적 실행에서의 변화에 의해 '시장화(marketization)'와 '식민지화(colonization)'되고 있음을 보여 주었다.

45 이 연구는 질적 분석을 하고 있기 때문에 이 부분에서와 같이 관련된 자질들의 빈도 분석을 필요/전제로 하는 논의는 다소 무리가 있는 것이 사실이다. 이런 한계나 문제점을 인정하면서, 이 부분에서는 필자가 보기에 수량적으로 차이가 있다고 생각되는 자질들에 국한해서 논의하기로 한다.

46 '담화의 민주화'에 대한 이후의 내용은 '대통령 취임사'에서의 수사구조와 담화의 민주화 문제를 다룬 이원표(2000)와 분석틀 및 결과 그리고 해석 면에서 부분적으로 유사하다. 특히, 전두환 대통령의 취임사와 김대중 대통령의 취임사 사이에서 발견된 '담화 민주화'의 모습은 여기서의 결과와 매우 유사한데, 이는 아래

이, 일인칭 복수대명사로서 '우리'가 압도적으로 많이 사용되었기 때문에 각 대통령이 자신만을 가리키는 경우는 전반적으로 많지 않았지만, 박정희 대통령은 자신을 가리키기 위해 "나"를 사용하였고, 전두환 대통령은 "본인"을 사용하였다. 일인칭대명사를 포함하여 자기 지칭을 위한 표현은 상대방과의 힘/권력 관계를 가장 단적으로 보여주는 언어적 지표(index)로서, 한 국가의 공식적인 기념식처럼 공적인 상황에서 국민들을 향해 사용되는 "나"와 "본인" 모두 상대방에 대한 우월적 지위나 권위적인 태도를 드러낸다는 점에서 민주적인 것으로는 보기 어렵다. 이와 대조적으로, 김대중, 노무현 대통령의 추념사에서는 공손형 일인칭대명사인 "저"가 일관되게 사용되고 있었다. 둘째, 행위성(agency)에서의 차이이다. 앞에서 지적되었듯이, (미국의 Memorial Day speeches와는 달리) 한국의 현충일 추념사에서는 그 당시의 (정치적) 상황과 과제를 소개 및 제시하면서 국민들에게 참여와 협조를 촉구하는 내용들이 많이 담겨 있었는데, 이와 관련하여 박정희와 전두환 대통령의 추념사에서는, 높은 빈도의 의무서법에 의해 증명되고 있듯이, 사실상 '과제' 해결을 위한 행위의 주체(agents)로서 국민들을 지목하고 있었다. 반면에, 김대중과 노무현 대통령의 추념사에서는 이런 의무서법의 빈도 자체가 상대적으로 낮을 뿐 아니라, "노력해 나갈 것입니다", "굳게 다짐하는 바입니다", "실현시키고자 합니다", "다해 나가겠습니다"(김대중 대통령), "새로운 각오를 다지고자 합니다", "역점을 두겠습니다", "성원을 보내 주시기 바랍니다", "최선을 다하겠습니다"(노무현 대통령) 같이, 자신들을 과제 해결을 위한 행위의 주체로 표시하는 경우가 많이 발견되었다. 다시 말해서, 네 대통령들 모두 자신들이 언급하고 있는 현재의 (정치적) 상황이나 과제와 관련해서 판단력이나 '식견(knowledgeability)'이 있음을 과시하고 있지만, 그러나 과제의 해결과 관련해서는 앞의 두 사람이 국민의 역할을 강조하면서 사실

에서 제시될 분석 결과가 특정 장르나 텍스트/자료에 국한된 것이 아닌 일반적 현상임을 보여 준다.

상 '네가 해라'라고 암시/주장한다면, 뒤의 두 사람은 정치 지도자로서의 역할을 강조하면서 '내가 하겠다'라고 암시/주장함으로써 '솔선수범'이라는 민주적 태도를 보여주고 있다(이원표 2000).

셋째는 '강제성(coercion)'의 차이이다. 이것이 가장 흔하게 발견된 곳은 전두환 대통령의 추념사이다. 앞에서 전두환 대통령이 자신의 정통성에 대한 시비 때문에 국민들로부터 저항을 많이 받았다고 언급했는데, 이와 관련해서 그는 국민들에게 추념사의 곳곳에서 자신의 강한 권력을 암시하는 화행들을 사용하고 있다. 가령, "우리가 지향하는 민주 개방 사회에서는 다원적 가치가 수용되고 존중되어야 하지만, 우리의 존립 자체를 부정하는 행위까지 용납할 수는 없는 것입니다"(1986)에서 그는 맥락상 자신(의 정권)을 가리키는 것으로도 해석될 수 있는 "우리"를 사용하면서, 그것의 존립을 부정하는 행위를 "용납"하지 않겠다고 선언함으로써 계엄령 포고문을 연상시키고 있다. 또한, 박정희와 전두환 대통령의 추념사에서는 "강조하다" 같이 자신의 말에 강한 발화수반력을 부여하는 수행동사나 상위언어적(metalinguistic) 표지들이 흔히 발견됨으로써 "생각하고 있습니다" 같은 완화표현(hedge)이 발견되는 김대중, 노무현 대통령의 추념사와 대조를 이루었다.

마지막으로, 어휘와 문장에서 발견되는 '문체(style)/격식성(formality)'에서의 차이이다. 우선, 박정희, 전두환 대통령의 추념사에서는 전반적으로 "장구한" 세월, "멸사보국", "은덕", "배양", "구국일념"(박정희 대통령), "호기", "대동화합", "다원적" 가치(전두환 대통령) 등 어려운 한자어들이 많이 발견되었고, 문장도 (앞의 예들에서 볼 수 있었듯이) 전형적인 문어체의 모습을 보임으로써 전반적으로 매우 강한 격식성이 느껴지고 있다. 이와 달리, 김대중과 노무현 대통령의 추념사에서는 "나무 한 그루, 풀 한 포기", "민주주의가 살아 숨쉬고", "챙겨나가다"(김대중 대통령), "주름살", "안타까운 심정", "부끄럽지 않은"(노무현 대통령) 등 일상적 어휘들이 상대적으로 흔히 발견되었다. 그리고 이 두 대통령의 추념사에서 눈에 띄는 문체적 특징은 대화형의 수사적 질문(rhetorical questions)이 발견된다는 것이다. 가령, 김대중 대통령은 "가신 임들이 어떻게 지킨 조국의 산하이며, 민족의 운명입니까?"라는 질문을 던진 후, 이에 대해 자신이 대답하는 형식을 취하고 있으며, 노무현 대통령도 "그렇다면 지금 우리에게 가장 중요한 숙제는 무엇입니까?"라고 물은 후 마찬가지로 스스로 답을 제공하는 형식을 취하고 있다. 이런 수사적 질문은 일방적으로 자신의 생각을 제시하기보다는 국민들의 주의(attention)를 끌어들이면서, 진행되고 있는 상호작용 과정에 그들을 참여시키겠다는 의향의 표시로서, "개개인들이 자신들을 다른 사람과 장소, 사물, 활동, 개념, 기억, 그리고 표현들과 결합시켜 준다고 느끼게 하는 내적 또는 감정적 연결의 생성"(Tannen 1989:12)으로 정의되는 '관여 전략(involvement strategy)'의 하나로 볼 수 있고, 그런 점에서 좀 더 '민주적인' 담화 자질의 하나로 볼 수 있다. 요약하면, 김대중, 노무현 대통령은 '자기 지칭', '행위성', '강제성', '문체/격식성' 등 텍스트의 모습에서 박정희, 전두환 대통령에 비해 좀 더 민주적인 모습을 보이는데, 결국 각각 '권위주의'와 '민주주의'를 상징하는 이 두 그룹의 이념적 차이가 담화에 그대로 반영되거나, 대한민국의 민주화라는 거대한 사회적 변화가 이런 담화에서의 변화를 불러온 것으로 해석될 수 있다.

6. 결론

이 연구에서는 비평적 담화분석이라는 사회참여적 접근법을 통해, 국가와 민족을 위해 순직한 선열들의 넋을 기리고 경의를 표하며 이를 통해 국가/민족의 정체성을 고취하기 위한 현충일 추념사가 담화 및 언어적 차원에서 어떻게 실현되고 있는지를 분석한 후, 한국에서는 이 장르가 (1) 정치담화로서의 성격을 강하게 띠고 있음과, (2) 담화/언어적으로 대통령들의 힘/권력을 반영하고 있음, 그리고 (3) 사회의 변화와 관련하여 '담화의 민주화'를 예시하고 있음을 논의하였다.

구체적으로, 4절에서는 거시적 차원에서의 '전개구조'와 미시적 차원에서의 '수사 및 화용 전략'을 분석했는데, 우선, 전개구조(move-structure)는 '시작하기', '공적 기리기', '기념식의 취지 제시하기', '민족의 정체성/성격 규정하기', '과거/역사 언급하기', '정책의 제시/합리화와 정권 홍보하기', '현재의 (정치적) 상황/현안과 과제 제시하기', '국민들의 협조 요구/요청하기', '마무리하기' 등 아홉 가지 구성요소를 갖는 것으로, 그리고 수사 및 화용 전략은 '포함적 우리', '행위성/타동성', '인식 및 의무서법', '프레임/토포스', '근접화', '은유', '강조하기' 등이 중요한 역할을 하는 것으로 제안하였다. 이를 바탕으로, 5절에서는 '정치화', '담화적 힘/권력', '담화의 민주화' 측면에서 현충일 추념사의 정치적 성격을 논의하였다. 우선, '정치화'에서는 전개구조의 아홉 가지 구성요소들 가운데 '시작하기', '공적 기리기', '마무리하기' 등 세 가지를 제외한 나머지가 어떻게 정치적 성격과 관련되는지를 비롯하여, 정치담화의 성격과 직결된 Chilton(2004)의 "전략적 기능" 측면에서, 이 연구의 자료가 어떻게 '강제성', '(비)합법화', '(오)표상' 등과 부합되는지를 논의하였다. 한편, '담화적 힘/권력'과 관련해서는 대통령이 이미 의제 및 화제가 결정된 추념사를 일방적으로 발표할 수 있다는 사실 그 자체를 비롯하여, 추념사에서 발견되는 '단언적 진술', '강조하기', '비난/경고하기', '인식 및 의무서법', '완화표현의 부재', '조작 가능성' 등이 일반적으로 대통령의 권력을 반영 및 잠재적으로 재생산하는 것으로 보았으며, 마지막 '담화의 민주화'에서는 '권위주의' 체제 대통령(박정희와 전두환)과 '민주주의' 체제 대통령(김대중과 노무현) 사이에서는 '자기 지칭', '행위성', '강제성', '문체/격식성' 등에서 차이를 보임으로써 사회의 변화에 따른 담화의 민주화가 이루어진 것으로 제안하였다.

이런 분석은 앞의 2.1절, '기념사의 성격'과 관련하여 다음과 같이 몇 가지

이론적 함축 내지 결론을 이끌어내게 하는 것으로 생각된다. 첫째 함축/결론은 아리스토텔레스에 의한 '장르로서의 분류' 문제와 관련된다. 즉, 앞에서 논의했듯이, 몇몇 학자들이 '기념사'라는 장르가 아리스토텔레스가 분류한 변론적(judicial), 토의적(deliberative), 과시적(epideictic) 장르의 요소들을 사실상 모두 가질 수 있음을 이미 지적했는데, 이 연구의 분석은 이런 지적을 뒷받침하면서, 이와 관련하여, 현충일 추념사가 상호텍스트성/상호담화성(Fairclough 1992)의 한 결과임도 보여 준다.[47] 구체적으로, 이 연구에서 분석된 모든 추념사들은 대통령에 따라서 정도의 차이가 있지만 근본적으로, (1) 시간적으로는 과거 (즉, '변론적'), 현재 (즉, '과시적'), 미래 (즉, '토의적')라는 시간과 관련하여, (2) 주제 면에서는 직·간접적으로 부당한 식민지 지배 및 침략 등 정의와 부정 (즉, '변론적'), 선열들의 업적 및 명예 문제 (즉, '과시적'), 현재의 국가/국민의 안녕이나 이익 (가령, '편의/해로움') 문제 (즉, '토의적')를 다루고 있고, (3) 기능 면에서는 대통령 자신이나 정권의 이념 및 정책에 대한 방어/홍보나, 이념이나 정책을 달리하는 다른 편 사람들에 대한 비난/비판과 (즉, '변론적'), 선열들에 대한 경의 표현과 칭송하기 (즉, 과시적), 자신의 정책에 대한 협조 요청이나 반정부 시위의 자제 요청 등 국민에 대한 설득 (즉, 토의적) 등이 발견된다는 점에서 세 가지 장르의 요소들이 모두 융합되어 있었다. 한편, 이런 상호텍스트성/상호담화성에서도 대통령에 따라 다소의 차이를 보였는데, 박정희 대통령의 추념사가 "재천의 영령이시여"가 반복적으로 사용되는 등 (본래의) 의식적(ritual) 성격이 좀 더 강한 데 반해서, 김대중과 노무현 대통령의 추념사는 정책이나 비전의 제시가 큰 비중을 차지하여, 언급했듯이, 마치 '대통령 취임사'나 '신년사' 같은 장르를 연상시켰다는 점에서 형식과 내용에서의 상호텍스트성/상호담화성이 좀

47 다시 말해서, '기념사'가 기존의 분류와는 달리 세 가지 모든 장르의 성격을 띠고 있다는 것도 '상호텍스트성'이나 '상호담화성'의 한 결과로 볼 수 있다는 것이다.

더 발견된다는 차이를 보이고 있다.

이와 직결된 두 번째 함축/결론은 '장르의 변이(variation) 및 이용가능성(exploitability)'에 관한 것이다. 이 연구에서의 분석은 기본적으로 과거의 사건에 대한 집단적 기억을 되살리고 이를 구성원들 사이에 공유하기 위한 '기념사'가 이런 본래의 목적이나 기능 이외에도 정치담화로서의 기능을 수행할 수 있음을 다시 한 번 보여 주었으며, 특히 여러 가지 종류의 기념사들 가운데 본래의 목적에 가장 충실할 것으로 기대되었던 '현충일 추념사'도, 적어도 한국에서는, 이런 변이 가능성에서 예외가 될 수 없음을 새롭게 보여 주었다. 즉, 2.1절에서도 논의되었듯이, 일반적으로 기념사가 정치적 성격을 띠거나 소위 '교육적' 기능을 수행할 수 있음은 기존 연구들에서도 이미 지적되었지만, '현충일 추념사'라는 특정 종류의 기념사가 정치적 성격을 띠고 있음을 실증적으로 보여 준 적은 (거의) 없었는데, 특히 정치적 성격이 미미한 미국의 Memorial Day speeches와는 달리 한국의 현충일 추념사가 이렇게 정치적 성격을 강하게 보인다는 것은, 장르가 특정 담화공동체의 구성원들 사이에서 합의된 의사소통적 목적을 성취하기 위해 의도나, 형태, 기능가(functional value) 등 여러 가지 측면에서 제약(constraints)이 주어지는 매우 구조화되고 관습화되는 것임에도 불구하고, 이런 제약들이 일부 구성원들의 어떤 사적인 의도(private intentions)를 성취하기 위해 은밀하게 이용될 수도 있음(Swales 1990)을 보여 주고 있다.

참고문헌

이원표 (2000). 대통령 취임사 분석: 수사구조와 담화의 민주화. 사회언어학, 8(1), 87-166. 한국사회언어학회.

Achugar, M. (2009). Constructing the past and constructing themselves: the Uruguayan military's memory of the dictatorship. *Critical Discourse Studies*, 6(4), 283-295.

Bhatia, V. K. (1993). *Analyzing Genre. Language Use in Professional Setting*. London: Longman.

Billig, M. (1999). *Freudian Repression*. Cambridge: Cambridge University Press.

Blass, R. (2005). Manipulation in the speeches and writings of Hitler and the NSDAP from a relevance theoretic point of view. In L. de Saussure and P. Schulz (eds), *Manipulation and Ideologies in the Twentieth Century* (pp. 169-190). Amsterdam: John Benjamins.

Bolivar, A. (1994). The structure of newspaper editorials. In M. Coulthard (ed.), *Advances in Written Texts* (pp. 276-294). London: Routledge.

Cap, P. (2008). Towards the proximization model of the analysis of legitimization in political discourse. *Journal of Pragmatics*, 40(1), 17-41.

Cap, P. (2010). Proximizing objects, proximizing values: towards an axiological contribution to the discourse of legitimization. In U. Okulska and P. Cap (eds), *Perspectives in Politics and Discourse* (pp. 119-142). Amsterdam/Philadelphia: John Benjamins.

Chateris-Black, J. (2004). *Corpus Approaches to Critical Discourse Metaphor Analysis*. Basingstoke: Palgrave Macmillan.

Chateris-Black, J. (2005). *Politicians and Rhetoric. The Persuasive Power of Metaphor*. Palgrave: Macmillan.

Chilton, P. (2004). *Analyzing Political Discourse. Theory and Practice.* London: Routledge.

Cossu, A. (2011). Commemoration and processes of appropriation: the Italian Communist Party and the Italian Resistance (1943-48). *Memory Studies*, 4(4), 386-400.

Fairclough, N. (1989). *Language and Power*. London: Longman.

Fairclough, N. (1992). *Discourse and Social Change.* Cambridge: Polity Press.

Fairclough, N. (1993). Critical discourse analysis and the marketization of public discourse. *Discourse & Society,* 4(2), 133-168.

Fairclough, N. (1995). *Critical Discourse Analysis: The Critical Study of Language.* London: Longman.

Fairclough, N, (2003). *Analyzing Discourse. Text Analysis for Social Research.* London: Routledge.

Fairclough, N. (2009). A dialectical-relational approach to critical discourse analysis. In R. Wodak and M. Meyer (eds), *Methods of Critical Discourse Analysis* (pp. 162-186).

London: Sage.
Fowler, R. (1991). *Language in the News: Discourse and Ideology in the Press.* London and New York: Routledge.
Frijda, N. (1997). Commemorating. In J. Pennebaker, D. Parez and B. Rime (eds), *Collective Memory of Political Events: Social Psychological Perspectives* (pp. 103-130). Mahwah, NJ: Erlbaum.
Gastil, J. (1992). Undemocratic discourse: a review of theory and research on political discourse. *Discourse & Society,* 3(4), 469-500.
Goatly, A. (2007). *Washing the Brain. Metaphor and Hidden Ideology*. Amsterdam: John Benjamins Publishing Company.
Goffman, E. (1974). *Frame Analysis.* New York: Harper and Row.
Goffman, E. (1981). *Forms of Talk.* Philadelphia: University of Pennsylvania Press.
Halliday. M.A.K. (1994). *An Introduction to Functional Grammar* (2nd edn). London: Arnold.
Halliday, M.A.K. and Hasan, R. (1976). *Cohesion in English.* London: Longman.
Holmes, J. (2011). *An Introduction to Sociolinguistics* (4th edn). London: Pearson.
Hodgkin, K. and Radstone, S. (eds) (2003). *Contested Pasts: The Politics of Memory.* London: Routledge.
Labov, W. and Waletzky, J. (1967). Narrative analysis: oral versions of personal experience. In J. Helm (ed.), *Essays on the Verbal and Visual Arts* (pp. 12-44). Seattle: University of Washington Press.
Lakoff, G. and Johnson, M. (1980). *Metaphors We Live by.* Chicago: University of Chicago Press.
Lihua, L. (2009). Discourse construction of social power: interpersonal rhetoric in editorials of the China Daily. *Discourse Studies,* 11(1), 59-78.
Lu, L. and Ahrens, K. (2008). Ideological influence on BUILDING metaphors in Taiwanese presidential speeches. *Discourse & Society,* 19(3), 383-408.
O'barr, W. and Atkins, B. (1980). 'Women's language' or 'powerless language'? In S. McConnell-Ginet, R. Borker, and N. Furman (eds), *Women and Language in Literature and Society* (pp. 93-110). New York: Praeger.
Oktar, L. (2001). The ideological organization of representational process in the presentation of *us* and *them*. *Discourse & Society,* 12(3), 313-346.
Ottmers, C. (1996). *Rhetorik.* Stuttgart: Metzler.
Palonen, K. (2003). Four times of politics: policy, polity, politiking, and politicization. *Alternatives*, 28, 171-186.
Pennebaker, J. and Banasik, B. (1997). On the creation and maintenance of collective memories: history as social psychology. In J. Pennebaker, D. Parez and B. Rime (eds), *Collective Memory of Political Events: Social Psychological Perspectives* (pp. 3-20). Mahwah, NJ: Erlbaum.

Pomerantz, A. (1986). Extreme case formulations: a new way of legitimating claims. *Human Studies*, 9, 219-230.

Reisigl, M. and Wodak, R. (2001). *Discourse and Discrimination. Rhetorics of Racism and Antisemitism.* London: Routledge.

Renkema, J. (2004). *Introduction to Discourse Studies.* Amsterdam: John Benjamins.

Searle, J. (1969). *Speech Act.* Cambridge: Cambridge University Press.

Slavickova, T. (2013). The rhetoric of remembrance: presidential Memorial Day speeches. *Discourse & Society*, 24(3), 361-379.

Stamou, A. (2001). The representation of non-protesters in a student and teacher protest: a critical discourse analysis of news reporting in a Greek newspaper. *Discourse & Society*, 12, 653-680.

Staudinger, A. (1994). "Durch gedenkfeiern gelegentlich zur vergessenheit emporgehoben ..." Anmerkungen zur funktion von gedenktagen und zur grassierenden jubilǎumshistorie. In W. Schmidt-Dengler (ed.) *Der Literarische Umgang der Őesterreicher mit Jahres-und Gedenktagen* (pp. 17-24). Vienna: Ősterreichischer Bundesverlag.

Sullivan, D. (1993). The ethos of epideictic encounter. *Philosophy and Rhetoric*, 26(2), 113-133.

Swales, J. (1990). *Genre Analysis: English in Academic and Research Settings* (2nd edn). Cambridge: Cambridge University Press.

Talbot, M. (2010). *Language and Gender* (2nd edn). Polity Press.

Tannen, D. (1989). *Talking Voices. Repetition, Dialogue, and Imagery in Conversational Discourse.* Cambridge: Cambridge University Press.

Teo, P. (2000). Racism in the news: a critical discourse analysis of news reporting in two Australian newspapers. *Discourse & Society*, 11, 5-49.

Thetela, P. (2001). Critique discourse and ideology in newspaper reports: a discourse analysis of the South African press reports on the 1998 SADC's military intervention in Lesotho. *Discourse & Society*, 12, 347-370.

Tileaga, C. (2008). What's a 'revolution'?: national commemoration, collective memory and managing authenticity in the representation of a political event. *Discourse & Society*, 19(3), 359-382.

Titscher, S., Meyer, M., Wodak, R., and Vetter, E. (2000). *Methods of Text and Discourse Analysis.* London: Sage.

van Dijk, T. A. (1993). Principles of critical discourse analysis. *Discourse & Society*, 4, 249-283.

van Dijk, T. A. (1995). Discourse semantics and ideology. *Discourse & Society*, 6(2), 243-289.

van Dijk, T. A. (2008). *Discourse and Power.* New York: Palgrave Macmillan.

van Dijk, T. A. (2011). Discourse and ideology. In T. A. van Dijk (ed.), *Discourse Studies. A Multidisciplinary Introduction* (pp. 379-407). London: Sage, van Dijk, T. A. (ed.) (2011). *Discourse Studies. A Multidisciplinary Introduction.* London: Sage.

van Leeuwen, T. (1995). Representing social action. *Discourse & Society,* 6(1), 81-106.

van Leeuwen, T. (1996). The representation of social actors. In C. R. Caldas-Coulthard and M. Coulthard (eds), *Texts and Practices. Readings in Critical Discourse Analysis* (pp. 32-70). London: Routledge.

van Leeuwen, T. (2007). Legitimation in discourse and communication. *Discourse and Communication,* 1(1), 91-112.

van Leeuwen, T. (2008). *Discourse and Practice. New Tools for Critical Discourse Analysis.* Oxford: Oxford University Press.

White, G. M. (1997). 'Mythic history and national memory: the Pearl Harbor anniversary. *Culture and Psychology,* 3(1), 63-88.

Wodak, R. and de Cillia, R. (2007). Commemorating the past: the discursive construction of official narratives about the 'Rebirth of the Second Austrian Republic'. *Discourse & Communication,* 1(3), 337-363.

Wodak, R. and Richardson, J. (2009). On the politics of remembering (or not). *Critical Discourse Studies,* 6(4), 231-235.

Wodak, R., de Cillia, R., Reisigl, M., and Liebhart, K. (1999). *The Discursive Construction of National Identities.* Edinburgh: Edinburgh University Press.

Zelizer, B. (1998). Russian and American national identity, foreign policy, and bilateral relations. *International Politics,* 39, 447-465.

논평과 토론

현충일 추념사의 비평적 담화분석

이민행 이민행입니다. 재밌게 읽었어요. 몇 가지만 말씀을 드릴게요.

첫 번째 주장이 추도사도 정치담화라는 주장인데, 사실 제가 관찰해보니까 모든 담화가, 추도사가 똑같은 건 아닌 것 같아요. 박정희대통령 시대에는 굉장히 규율이랄까 굉장히 정형화된 패턴을 사용하고 있고 일부 사건이 있을 때, 유신시대라든지 그럴 때는 무슨 얘길 덧붙이지지만 그것도 한 두줄 정도로 끝나거든요. 기본적으로 정형화된 반면에 김대중 통령과 노무현대통령으로 가면서는 굉장히 확대 돼요. 놀라운 것인데 왜 그럴까 하는 게 궁금하거든요. 단순히 민주주의 정권이라는 문제가 아닌 것 같고, 추측하건데 언론과의 관계도 있는 것 같아요. 진보정권의 경우에는 보수언론이 지배하는 사회에서 발언할 기회가 상대적으로 적은 거죠, 보수정권에 비해. 그래서 국민을 상대로 의사를 표현할 기회가 나면 뭐든지 말하고 싶어 하는, 그런 욕망이 있지 않나 하는 생각이 드는데요. 한편으론 그렇고, 또 한편으로 재밌는 게 뭐냐면 실제로 청자들의 범위가 넓어져요. 박정희대통령 시대만 해도 영역이 순국열사로 제한이 되요. 노무현대통령으로 가면서부터는 국민, 유가족 이렇게 범위가 확대되는 것이 발견되요. 그리고 제가 궁금한 건 이것과 관련돼서 혹시 현충일을 제정하게 된 배경이 뭔가 하는 생각이 드는데, 워낙 이런 이유가 아니었을까 싶어요. 희생자들을 위해 만든 현충일일거고, 그것이 노무현대통령으로 가면서는 굉장히 확대돼서 광주 민주화, 그리고 4,19 심지어는 일제 강점기 때 국민이 당한 핍박까지도 언급을 하고 있거든요. 청자의 범위에 대한 부분도 논의에 포함이 됐으면 좋겠다는 생각이 듭니다. 2차적으로는 이론적인 문제인데, 선생님께서는 이전에 2000년에 취임사 가지고 논문을 쓰셨죠. 당시에 진보정권과 보수정권의 차이를 취임사 가지고 정리하신 적이 있는데. 그 때 사용하신 방법론도 CDA 이거든요. 비평적 담화 분석방법론인데 왜 그 방법론을 고집하시는지. 혹시 그 이론이 30년쯤 지난 것 같은데, 80년대 제안된 것으로 기억하고 있는데, 왜 아직도 동일한 방법론을 취하고 계시는지 묻고 싶고요. 또 한 가지는 최근에는 코퍼스를 많이 연구하거든요. 이 방법을 이용하여 실제로 어휘 분석해보면 재밌는 게 금방 드러나요. 이를테면 박정희대통령 같은 경우는 '우리'라든지 이런 표현을 쓰는데 김대중 대통령의 경우는 '저'라고 하는 표현으로 넘어가거든요, 취임사 같은 걸 보면. 제가 드리고 싶은 말씀은 코퍼스를 이용하게 되면 굉장히 다양한 여러 가지를 분석할 수 있겠고 특히 코퍼스에서 하는 게 텍스트가 아니고 유사성을 검증하는 그런 방법도 있고, keyness 라는 게 있는데 핵심성을 연구하는 그런 방법론도 있는데, 그 방법도 쓰면 좋겠다는 생각이 듭니다. 그리고 또 한 가지 핵심적인 문제이긴 한데, 전개구조에 관한 이야길 하셨는데 사실 전개구조는 절차적 개념인데 오히려 여기서 소개하는 것은 구성요소만을 나열한 것 같다는 느낌이 드는데, 혹시 네 분 대통령의 차이일 수도 있고 모든 추도사의 차이일 수도 있지만 전개구조의 양상의 차이 혹은 패턴의 차이가 있을까 하는 생각을 한 번 해 보면 좋겠단 생각이 듭니다. 그렇게 해서 구분할 수 있는 방법이 있겠다라는 생각이 들고요. 그리고 저는 언어가 시대의 반영이라고 한다면 유신 전과 유신 후가 굉장히 다를 것 같은데, 박정희대통령의 경우에, 실제로는 차이가 거의 없거든요. 그것도 놀라운 것 같아요, 저는 처음엔 기대를 하면서 봤는데. 혹시 유신 전의 박정희시대하고 유신 후의 박정희시대가 차이가 있나, 그런데 똑같아요. 그 말이 무슨 말이냐 하면 박정희시대의 경우에 기본적으로 추도사의 양식을 따랐다는 거죠. 그 ritual 한 것을 따라서 작업을 한 게 아닌가, 물론 연설을 쓴 사람은 따로 있겠지만. 그게 차이점이란 생각이 듭니다. 또 한 가지는 아까 잠깐 말씀을 드렸지만 2000년에 쓰셨던 대통령 취임사를 연구한 결과하고 추도사를 연구한 결과하고 혹시 결론이 같은지 아니면 차이가 있는지를 언급해주셨으면 좋겠다는 생각이 들고요. 그리고 현충일 추념사는 판에 박힌 내용이 대부분일 텐데 혹시 시대와 정권을 넘어서 변하지 않는 내용이 있는가, 아니면 시대와 정권에 따라서 바뀌는 내용이 있는가. 물론 일부는 언급을 하셨어요, 세 가지 요소 정도가 기본적, 필수적인 요소다라고 말씀하셨는데 그 부분도 한번 정리를 하셨으면 좋겠다는 생각이 들고요. 왜냐면 올해 같은 경우는 세월호 참사에 관한 이야기가 있어요. 박근혜대통령의 추도사에서 그걸 정리한 건데, 세월호 참사와 관련해서 안전 같은 개념을 활용하거든요. 김대중 대통령의 경우 월드컵 얘기도 하고 있고 서해 연평도 사건도 언급하고 있어요. 그리고 일부 언급을 하셨다고 생각은 되는데 한국의 현충일 추념사하고 슬라비치코바 2013년 논문하고 어떤 차이가 있는지 잠깐 언급 해줬으면 좋겠다는 생각이 들어요. 왜냐하면 미국은 분명히 제 생각엔 어떤 틀을 따를 거거든요. 그런데 우리는 김대중 대통령과 노무현대통령으로 넘어오면서 틀이 깨졌기 때문에, 그런 점에서 보면 사실상은 추도사가 아닌 추도사예요. 앞의 건 추도사지만 김대중, 노무현대통령 시대의 경우에는 추도사를 넘어선 거죠. 장르가 달라졌다고 생각이 되는데 그것을 판단할 수 있는 기준이 있겠는가 하는 생각이 듭니다. 그리고 한 가지 본질적인 것은 31페이지, '인식 및 의무 서법'과 관련해서 모든 문장이 단언문이다라고 하는 주장이 굉장히 강해요. 김대중 대통령 시대의 추도사를 보면 의문문의 형식이 요청문으로 쓰이기도 하지요. 늘 그렇듯이 '모든'이 들어가면 굉장히 위험한 거죠. 이건 청자를 끌어들이기 위한 대표적인 과장법이지만 논증적인 글에서는 피해야하는 것이지요. 이상입니다.

이원표 많은 말씀을 해 주셔서 제가 다 대답을 할 수 있을지 모르겠는데, 말씀하신 것을 크게 세 가지 부류로 나눈다면, 첫째는 현충일 추념사 자료에 대한 선생님 나름대로의 생각이나 해석을 말씀해 주신 것, 둘째는 제 논문에서 더 다루었으면 좋겠다고 제안하신 것, 셋째는 현재의 제 논문 자체에 대한 질문인 것 같습니다. 첫 번째 부류는 결과적으로 제 논문의 내용과 부합되는 것으로 생각할 수 있는 것도 있고 다소 다르게 생각/해석하시는 것으로 볼 수 있는 것도 있는 것 같은데 선생님께서 말씀하신 것들이 구체적으로 어떤 대통령의 어떤 추념사, 어떤 부분에 관한 것인지를 말씀하시지 않아서 여기서 논의할 수 있는 것은 아닌 것 같습니다. 두 번째 부류는, 물론 가급적 많은 부분을 다룰 수 있다면 그 만큼 논문의 내용이 풍성해질 수 있다는 점에서 원칙적으로 좋은 말씀이지만, 그런 것들이 이 논문의 목적과 얼마나 부합되는지, 그리고 현실적으로 얼마나 분석이 가능한 것인지 등을 좀 더 고려해 볼 필요가 있을 것 같습니다. 따라서 여기서는 세 번째 부류의 것에 초점을 맞추어 말씀드리겠습니다.

우선, 제가 2000년에 발표한 대통령 취임사 관련 논문을 언급하시면서 이 추념사 논문에서의 결론과 어떤 유사점이나 차이점이 있는지를 물으셨는데, 그 취임사 관련 논문과 이 논문은 목적이나 분석틀 면에서 유사한 부분이 있습니다. 가령, 취임사 관련 논문에서도 '전개구조' 및 '담화의 민주화'와 관련된 내용이 다루어지고 있습니다. 그러나 그 논문이 대통령 취임사가 정치담화라는 것을 완전히 전제한 상태에서 담화의 구조 및 민주화 모습을 보여준 데 반해서, 이 논문은, 이번 인문학 총서의 주제인 "언어, 매체, 권력" 사이의 상호관계를 보여준다는 관점에서, 현충일 추념사가 사람들의 일반적인 기대와는 달리 정치적 성격이 강하고 이런 과정에서 권력의 문제가 담화 및 언어적으로 반영되고 변화하는 모습을 보여 주려 했다는 점에서 논문의 목적, 의의나 초점이 아주 다른 논문입니다. 그리고 두 논문 사이의 유사점 여부에 대한 질문과 관련해서는, 대통령 취임사와 현충일 추념사가 서로 다른 장르임에도 불구하고 그 전개구조와 담화의 민주화 측면에서 유사한 요소들이 발견되고 있었는데, 바로 이런 유사점들이 현충일 추념사가 정치적 성격을 띠고 있음을 방증하고 있고, 대통령 취임사와 현충일 추념사라는 두 장르가 그 시대의 정치적 상황이나 사회의 구조를 반영하고 있다는 점에서 비평적 담화분석의 이론적 입장을 뒷받침하고 있습니다.

둘째, CDA에 관해 말씀하시면서 제가 왜 이 오래된 접근법을 고집하느냐고 물으셨습니다. 제가 이 논문에서 왜 CDA를 사용했는지는 7페이지 CDA의 성격에 관한 절에서 이미 설명했습니다. 한마디로, 담화를 분석하는 과정에서 일부 접근법은 언어/담화 자체만을 보고 그 안에서 뭔가 논리를 찾는다든지 해석을 하는 반면에, CDA는 텍스트라는 것이 결국 사회 구조의 산물이기 때문에 둘 사이의 변증법적 관계를 봐야한다는 입장이지요. 저 개인적으로는 이 CDA가 다른 접근법보다 설득력 있고 타당하다고 생각하기 때문에, '고집'한다기보다는, '선호'한다고 말할 수 있습니다. 그리고 이 접근법이 80년대에 시작된 것이라고 하시면서 마치 오래된 것을 왜 고집하느냐고 말씀하신 것 같은데, 우선 이 접근법은 90년대에 본격적으로 발전하기 시작했고 요즘 점점 더 많은 학자들이 채택하면서 세가 확장되고 있는 중요한 접근법입니다. 설령 오래된 것이라고 해도 그것이 학문적으로 가치가 있는 것이라면 버려야 할 이유는 없다고 생각됩니다.

그 다음, 방법론과 관련해서 코퍼스 언어학을 언급하셨는데 요즘 CDA에서도 코퍼스 언어학을 접목시키는 분위기가 생겨나고 있습니다. CDA는 기본적으로 질적 분석, 즉, 실제 사례를 해석하는 것에 초점을 맞추는 분야인데, 그러나 질적 분석에는 근본적인 한계가 있기 때문에, 혹시 그런 취지에서 코퍼스 언어학에 대해 말씀하신 것이 아닌가 생각됩니다. 다시 말해서, 질적 분석에서 항상 제기되는 질문에 '이런 분석/해석이 얼마나 일반화가 가능하냐, 얼마나 타당하냐' 등이 있는데, 제 논문도 이런 질문을 피할 수는 없을 것 같습니다. CDA의 이런 근본적 문제와 관련해서 요즘엔 코퍼스를 활용하여 수량적 분석을 하는 논문들이 있는데, 그러나 제가 이런 논문들을 읽으면서 느끼는 것은 많은 경우 이런 논문들에는 나름대로 또 다른 문제가 있다는 것입니다. 즉, 말씀 드렸듯이, CDA는 기본적으로 텍스트를 비평적으로 분석하기 위한 것이고, 텍스트라는 것이, 아시겠지만, 그 의미가 명확하게 드러나는 것이 아니라서 분석가의 주관적인 해석도 어느 정도 불가피하고, 그 과정에서 사회맥락, 문화, 역사적인 요소들을 고려해야 되는데, 이런 것들이 제대로 이루어지지 않고 수치만 강조되는 논문들이 많이 있습니다. 이런 경우, 그 논문의 결과/숫자들이 어떻게 나온 것인지, 그 숫자가 정말 무엇을 의미하는지를 알 수가 없습니다. 원칙적으로, 상호 보완적인 방법론을 접목시키는 것은 바람직한 것이지만, 제한된 지면의 논문에서 질적 분석과 양적 분석을 함께 한다는 것은 현실적으로 쉽지 않은 문제 같습니다.

그 다음에 전개구조 순서에 대해 말씀하셨는데, 제가 논문에서도 얘기를 했지만 지금 제가 제시한 9가지 전개구조는 네 대통령의 추념사에서 발견되는 일반적인 순서라고 본 것입니다. 물론 제가 각주에서 분명히 했지만 그 순서가 대통령에 따라서 약간의 차이는 있습니다. 그렇지만 샘플이 네 사람이기 때문에, 가령 네 명 가운데 세 명의 추념사에서 이런 순서를 보인다면 최소한 그 자료 안에서는 그 순서가 일반적이라고 본 거지요. 미국 메모리얼 데이 스피치와의 차이에 대해서는 이 논문의 목적과 관련해서 필요한 만큼 이미 언급을 했고요, '인식 및 의무서법' 분석에서 '모든'이란 표현이 사용된 것과 관련해서 말씀하신 '과장'의 의도는 없었고, 논문이 길다보기 관련된 부분을 제대로 기억하지 못했던 것 같습니다. 중요한 지적 감사합니다. 마지막으로, 선생님의 질문에서 한 가지 지적할 것은 김대중 대통령의 추념사에서 연평도 해전에 관한 언급이 있다고 하셨는데 그것은 사실과 다릅니다. 이 점과 관련해서 제 논문에서는, 북한에 의한 도발이나 위협이 박정희 대통령의 추념사에서는 많이 언급되었지만, 김대중 대통령의 재임기간 중 연평해전과 서해해전 같이 한국에 위협적인 사건들이 있었음에도 불구하고 이런 것들이 그의 추념사에서는 언급되지 않았음을 지적하면서, 이런 차이가 두 사람 또는 권위주의 정권과 민주주의 정권의 이념적 차이와 연결될 수 있는 것으로 분석했습니다.

최문규 저도 질문을 드리겠습니다. 물론 추념사 전체를 보면 그 추념사가 누구의 것인지 어느 정도 추측이 갑니다. 조국 근대화, 참여정부 같은 특정 개념을 보면 쉽게 추측됩니다. 그런데 네 명의 대통령과 정부 운영을 경험하지 않은 요즘 신세대에게 그 상이한 추념사를 읽힐 경우, 각각의 추념사가 누구의 것인지 바로 감지할 수 있는지 애매할 것 같습니다. 제일 놀라운 점은 박정희 추념사와 노무현 추념사가 대단히 비슷한 담론을 형성하고 있습니다. 자주의식을 강조하거나 외세를 배제하는 점, 이런 점은 어떻게 비교가 가능한지 모르겠습니다.

다른 식으로 질문 드리자면, 선생님의 분석에서는 박정희, 전두환, 김대중,

노무현 정부를 모두 경험한 데서 오는 선지식이 추념사 특징을 분석하는 데 있어서 결정적인 선입견으로 작용하고 있는 것이 아닌가 싶습니다,

이원표 선생님의 질문 자체에 대답이 숨어있다고 생각합니다. 선생님께서 지금 이런 데이터를 놓고 신세대 애들에게 읽히면 어떤 것이 누구의 것인지 구분을 못한다는 말씀이시죠?

최문규 그럴 수 있습니다.

이원표 우선, 연구자의 임무나 관심사는 아이들로 하여금 이 추념사가 누구의 것인지를 알도록 가르치는 것이 아니라는 것을 말씀드릴 필요가 있을 것 같습니다. CDA 연구자의 관심사는 특정 텍스트의 정확한 의미나 기능이 무엇인지를 최대한 체계적으로 밝히고 설명하는 것인데, 바로 선생님의 질문은 신세대뿐만 아니라 대부분의 사람들이 특정 추념사가 누구의 것인지, 그 차이가 무엇인지를 알지 못한다는 것을 암시합니다. 이와 관련해서, CDA는 정치인들이 자신의 정치적 목적을 성취하기 위해 "은밀하게" 사용하는 언어의 모습이나 실상을 드러내는 데에 관심이 있기 때문에, CDA 연구자는 텍스트에서 사용되는 언어적 자질들이나 담화전략 등을 자신이 알고 있는 사회 및 정치적 배경, 문화 및 역사적 지식 같은 것(이것을 선생님께서는 "선지식", "선입견"이라고 표현하신 것 같습니다)을 사용/고려하여 분석하는 것이지요.

최문규 아주 쉬운 예로, 박정희 때는 '나'라는 표현이 많고 노무현 정부 때는 '저'라는 표현이 많다는 대목의 분석입니다. 전자는 60년대 화법으로, 후자는

시간이 훨씬 지난 80년대 식의 다르게 변해버린 화법의 반영일 수 있고, 혹은 무례와 공손으로 구분될 수 있는 화법으로도 해석될 수 있습니다. 어쩌면 특정 시대적 화법의 아비투스(Habitus)라고나 할까요? 그렇지 않고 국민을 우습게 여긴 박정희였기에 '나'라는 화법이 우세했고, 민주화와 국민을 우선시한 김대중과 노무현은 '저'라고 썼다라고 분석할 경우 그것은 바로 박정희, 김대중, 노무현에 대한 역사적 선입견의 반영이라고 할 수 있습니다.

이원표 CDA에서는 박정희가 '나'를 사용했다는 사실 자체보다는 박정희가 '나'를 썼는데 그것이 텍스트 차원, 담화적 실행 차원, 사회적 실행 차원에서 어떻게 분석될 수 있느냐가 문제입니다. 박정희라고 해서 꼭 '나'라는 대명사를 쓸 필요는 없는 거죠. 그 당시에도 '저'라는 대명사는 있었고, 노무현 대통령 당시에도 '저'와 함께 '나'라는 표현은 있었습니다. 그럼에도 불구하고, 그리고 대통령이라는 동일한 지위에 있었지만 박 대통령은 '나'라는 표현을, 노무현 대통령은 '저'라는 표현을 사용했는데, 이런 차이를 만들어낸 이유가 무엇이냐가 문제인 것입니다. 큰 맥락에서는 선생님께서 말씀하신 '특정 시대 화법의 아비투스'와도 관련이 있다고 생각되는데, 제 논문에서는 그런 차이를 만들어내는 좀 더 구체적인 원인으로서 권위주의와 민주주의라는 정치적, 이념적 요소를 제안한 것으로 보시면 될 것 같습니다. 물론, '나'와 '저'는 많은 언어적 자질들 가운데 작은 언어적 자질 하나에 불과하지만, 그 자질 하나가 사회 구조라는 큰 맥락에서 뭔가 가리키는 것이 있다는 것입니다. 하지만, CDA는 텍스트와 사회 구조 사이에 변증법적 관계가 있는 것으로 보기 때문에, 텍스트의 분석 과정에서 사회적 맥락이나 역사적 사실이 사용되는 것을 선생님의 말씀처럼 "역사적 선입견이 반영된 것"으로 보는 것도 가능하다고 생각됩니다.

도현철 간단한 질문 하나 하겠습니다. 사학과 도현철입니다. 결론부분에 보면 미국에 메모리얼 데이 스피치하고 비교를 해 봤고 미국은 정치적 성격이 좀 미미하다, 상대적으로. 뭐 그런 것에 대한 어떤 설명은 어떻게 할 수 있을까요?

이원표 제 논문에서는 미국 메모리얼 데이 스피치와의 차이를 제 논문의 목적에 필요한 만큼 언급했을 뿐 그 차이의 이유에 대해서는 다루지 않았습니다. 그 차이는, 한마디로, 미국의 경우는 장르 본래의 목적에 충실한 데 반해서, 한국의 경우는 좀 더 정치적인 성격을 띤다는 것이었는데, 그 이유는 좀 더 생각해봐야겠지만, '정치적'이라는 것이 일반적으로 부정적인 것으로 연상된다는 점에서, 해당 국가의 문화 수준, 또는 정치의식의 수준과 관련이 있지 않을까 생각됩니다.

도현철 결국은 우리가, 전 역사학을 하다보니까 전통적인 글쓰기의 문화라든가, 생각의 방식 또는 정치의 특징 뭐 이런 것과 연결시켜서 생각할 수 있을 것 같은데요. 그런데 제가 선생님이 이런 거 하시는 것을 처음 알게 됐는데. 언어학에서도 이렇게 확대해서 정치사회적인 의미, 성격 이런 것까지 확대시켜서 해석하기도 하나요?

이원표 언어학은 크게 이론언어학과 응용언어학으로 나뉘는데 선생님께서 말씀하신 것들은 응용언어학, 특히 사회언어학이나 제가 이 논문에서 사용한 비평적 담화분석 같은 분야에서는 가능합니다. 이런 분야들에서는 물론, 역사학이라든지 사회학이나 인류학 등 사회과학 같은 분야만큼은 아니겠지만, 언어나 텍스트의 분석을 기본으로 하되, 이런 것을 하는 과정에서 역사, 문화, 정치, 사회적 맥락이나 문제 등을 고려 내지 언급하고 있습니다.

허경진 제가 91년도인가 미국 대학 도서관에 갔을 때 한국관에 들려서 서고를 돌다보니까 제일 많은 책이 전두환 전집이었어요. 엄청나게 큰. 대통령 다 끝날 때인데. 그래서 궁금해서 열어보니까 대개 이런 글들이었죠. 그 때 언뜻 이 사람이 몇 줄이나 썼을까 그런 생각이 들었어요. 그러니까 지금 이 문장들에서 박정희는, 이렇게 주어가 계속 나오니까. 우리 문학 쪽에서는 그런 게 더 관심이 있거든요. 그러니까 얼마나 사람에 따라서 달라지나. 아까 연설문에서 '저', '나' 했는데 이승만 대통령은 연설할 때 '나 이승만은' 이랬거든요. 이건 또 완전 다른 얘기죠. 아까 미국 추념사 얘기했지만, 링컨 대통령의 추념사 아닌가요? 남북전쟁... 가장 감동적인 글이잖아요. 정치적인 글이고. 그런데 우리 대통령들은 그렇게 감동적인 말을 할 생각을 안 하는 것 같아요. 그러니까 글쓰기의 방법이죠. 감동적인 말을 하겠다고 생각하고 짧게 할 수 있는데, 길게 하면서 하나도 생각 안 나는 연설을. 누가 썼건. 대통령마다 글쓰는 방법이 다르잖아요. 김대중 대통령은 자기가 썼죠. 꼼꼼하게 써주고 고치면 또 보고 그런 분도 있고, 한 줄도 안 쓴 분도 있고 그럴 텐데. 그런 건 어학에서는 전혀 관심이 없는지.

이원표 제가 선생님의 질문을 제대로 이해했다면, 이런 질문을 할 수 있겠지요. "과연 전두환 대통령이 이 글을 직접 썼겠느냐. 만약, 그렇지 않다면 여기서 하고 있는 모든 게 무너지는 것이 아니냐". 사실, 제 논문에서 이야기한 것은 전두환이라는 물리적인 한 개인이 아니라 그 전두환이란 사람이 맡고 있는 '대통령직'과 그 뒤에 있는 '사회 구조'를 상정한 것입니다. 권위주의 정권의 예로써 전두환과 박정희를 언급한 것이고요. 민주주의 정권의 예로서 김대중과 노무현을 언급한 것입니다. 그리고 "대통령 자신이 실제로 그 글을 쓰는가"와 관련해서는, 물론 대통령에 따라서는 자기 연설문에 직접 개입하는 사람도 있을 거고, 어떤 사람은 보좌관이 쓴 거 그냥 읽을 수도 있겠는데, 언어학에서는 이론적으로 어떤 구분을 하냐면, 우선, 단순히 텍스트를 읽는 역할을 하는 사람이 있다는 거죠. 가령 청와대 대변인처럼 그냥 남이 써 준 거 읽는 사람이 있다고 보는 것이고요. 그리고 그 청와대 대변인이 읽는 원고를 작성한 사람, 가령 청와대 문서 작성 비서관이라든지 그런 사람이 있겠죠. 그리고 이 논문의 대통령들처럼, 그 텍스트의 내용에 책임을 지는 사람이 있다고 보는 거지요. 이런 점에서, 네 대통령이 실제로 원고를 몇 줄이나 썼는가는 이론적으로 그렇게 중요하지 않을 수 있습니다. 왜냐하면, 우리는 추념사를 통해 네 사람이 수행한 '대통령직'과 그가 속한 시대의 사회적 구조를 비교/분석하는 것이지 진짜 개인으로서의 '전두환'과 개인으로서의 '노무현'을 비교/분석하는 것은 아니기 때문입니다. 사실 그런 비교는 별 의미가 없는 거죠. 정리하자면, 이 논문에서는 텍스트라는 것이 텍스트를 생산한 '사회 구조'와 불가분의 관계에 있는 것으로 보는 CDA의 이론적 입장을 따라서 가령 전두환이 대변하는 권위주의 사회 체제와, 노무현이 대변하는 민주주의 사회 체제라는 것을 상정하여 이런 분석을 한 것이기 때문에, 전두환 대통령이나 노무현 대통령이 실제로 얼마나 원고 작성에 개입했는지는 이론적으로 큰 의미는 없다고 말할 수 있습니다. 제가 선생님께서 의도하신 질문에 답변을 한 것인지 모르겠습니다.

김기영 사적으로는 제가 학부 1학년 때 영어를 가르쳐준 교수님이셔서, 질문을 하면 안 될 것 같은 분위기도 있고 질문을 해야 될 것 같은 분위기도 있고.

그런 것 같습니다. 저는 내용에 대해서 여쭤보고 싶은 건 아니고 궁금해서 여쭤보는 건데요. 담화 분석이 지금 몇 가지 서법이라든지 프레임이라든지. 그런 것들을 행위성, 타동성 그런 것들을 가지고 분석을 하고 있는데. 그것을 판단하고 있는 대상이 단어인가요? 아니면 단어 간의 관계인가요? 왜냐하면 지금 본문에서 예로 보여주신 것들이, 밑줄 쳐 있는 것이 하나의 구와 같은 표현들이거나 절과 같은 표현들인데 실제로 그것을 판단하고 있는 근거는 하나의 단어인 것처럼 보이거든요.

이원표 행위라는 것이 말 그대로 뭔가를 한다는 것이기 때문에, 한 문장에서 주어도 있고 목적어도 있겠지만. 그 문장이 행위성이 있냐, 없냐라는 것을 판단하게 하는 가장 큰 역할을 하는 요소는 아무래도 동사겠죠.

김기영 그럼 단어 하나가 그런 것들을 결정하는 건가요?

이민행 꼭 단어일 필요는 없어요. 의문문이냐 단언문이냐 하는 것은 단어 차원이 아니고 문장 전체잖아요.

김기영 단어 간의 관계를 보는 것이라고 이해해도 되나요?

이민행 경우에 따라서는 단락일 수도 있고, 문장일 수도 있고 구일 수도 있고.

김기영 왜 여쭤보냐면 실제로 저희 분야에서도 텍스트를 기본적으로 1차원으로 보고 있어요. 그런 점에서 만약에 단어로서 그것이 하나의 근거가 될 수 있다면 단어 분석이라는 것도 어떻게 보면 텍스트 분석으로 어느 정도는 구현할 수 있지 않을까 해서요.

이원표 그럼요, 단어 분석은 물론 텍스트 분석을 전제로 하죠.

김기영 제가 말씀드리는 것은 1차원적인 겁니다. 코퍼스..

이민행 코퍼스는 단어에서 출발하고 여러 관계를 따로 정하기도 하고.

이원표 글쎄요, 제가 이해하기로는, 코퍼스를 이용한 단어분석이라는 것도 기본적으로는 단어라는 언어적 단위를 다루고 있지만, 이에 더해서, 텍스트의 유형이나 장르, 레지스터, 그리고 크게는 사회 구조나 문화도 함께 고려할 필요가 있기 때문에 언어학의 통사론이라든지 의미론 같은 분야에 비해서는 거시적인 측면들과 연결될 수 있는 것 같습니다. 단어의 의미는 결국 사회 속에서 만들어지는 것이기 때문에 단순히 단어의 개수만 산출해낸다면, 앞에서 말씀드린 것처럼, 이론적으로 무의미할 수 있다는 생각입니다.

송민 저는 텍스트 마이닝을 전공하는데요, 교수님이 발표하신 내용 재밌게 잘 들었는데 이런 것을 어떻게 자동화할 수 있을까를 생각해봤습니다.

이원표 제 생각에는 언어라는 것은 결국엔 그야말로 하나의 '실마리'에 불과한 것 같습니다. 따라서, 선생님께서 말씀하신 '자동화'라는 것이 정확하게 무엇을 의미하는지는 잘 모르겠지만, 언어의 사용이나 이해 과정을 제대로 파악하기 위해서는 심리학, 인공지능이나 정보이론 등 많은 다른 인접분야와의 학제적 연구가 필요하다는 자명한 사실을 실감하곤 합니다.

신적 폭력, 언어 그리고 정치
- 슬라보예 지젝의 폭력이론을 중심으로

나종석(연세대, 국학연구원)

들어가는 말

오늘날 인류는 유례없는 폭력으로 신음하고 있다. 자본주의 세계체제의 신자유주의적 변형으로 인해 초래된 구조화된 폭력은 배제의 일반화를 초래하여 다양한 형태의 폭력을 양산하고 있다. 이런 상황에서 1990년대 소비에트 블록의 붕괴와 전지구적 차원에서의 냉전질서의 해체로 인해 정당한 정치질서로 널리 인정받고 있는 자유민주주의 역시 인류사회가 당면한 물음들에 대해 효과적으로 대응하지 못하고 있다. 폭력의 확산과 정치의 소멸은 동전의 양면일 것이다. 따라서 구조적인 폭력과 다양한 양상으로 등장하는 폭력의 세계화에 대해 무기력한 대의 민주주의적 소통의 정치를 넘어 혁명적 폭력에 대한 재긍정이 '신적 폭력'이라는 맥락에서 논의되고 있다.

희생양 제도로 상징되는 폭력의 문제는 인류 역사를 관통하는 문제이긴 하지만 폭력의 문제는 우리나라의 근현대사에서도 핵심적 문제이다. 2014년은 1894년 동학농민전쟁이 일어난 지 120년이 되는해인데, 그 해에 조선의 왕과 기득권 세력은 '보국안민'을 외치는 백성들의 요구를 외면하고 이들의 요구를 폭력적으로 진압하기 위해 일본군을 끌어들였다. 그 결과 일본군에 의해 학살된 농민군의 숫자가 30만에 달했다고 한다. 조선왕조가 일본의 식민지로 전락하고 1945년 해방과 분단 그리고 1950년 한국전쟁에서 같은 동포들이 서로를 죽인 결과 전쟁으로 인해 죽은 자의 수가 300만에 달한다. 한국전쟁이 발발하기 전 1949년 제주도에서는 그 당시 섬 인구의 3분1에 해당하는 약 3만 명의 민간인이 학살되었다. 한국전쟁이 휴전의 형태로 종결되어 준전시상태가 오늘날에 이르고 있고, 한반도에서의 전쟁의 가능성은 상존한다.

이처럼 한국의 역사는 비극적인 폭력으로 점철된 역사이다. 그럼에도 폭력의 문제를 사유의 문제이자 정치의 문제로 성찰하여 반복되는 폭력과 테러의 역사를 극복하려는 움직임보다는 그런 참담한 현실을 회피하고 침묵하는 힘이 더 강한 것이 아닌가 한다. 이는 이 글의 주제인 '신적 폭력'에 대한 성찰을 힘들게 한다. 신성함과 폭력을 연결시키는 신적 폭력이라는 용어는 20세기의 홀로코스트나 굴락(Gulag)과 같은 집단수용소가 불러일으키는 공포와 야만을 상기할 때 매우 낯설고, 심지어는 윤리적으로 도저히 수용될 수 없는 주장으로 들릴 수 있을 것이다. 이런 반응 자체가 잘못된 것은 아니지만, 그것이 일종의 금기로 작동하는 현실을 도외시할 수도 없을 것이다. 신적 폭력의 문제를 제기하는 것 자체가 마치 넘어서는 안 되는 그 어떤 금지선을 넘는 위험천만한 행위로만 이해되는 현실 자체가 어쩌면 가장 위선적인 자기만족일지도 모를 것이기 때문이다. 폭력의 문제를 진지하게 대면하기 보다는 그것의 원인을 다른 것으로 대체하여 폭력에 대한 공적 성찰의 가능성 자체를 위험하고 불온한 것으로 봉인하려는 분위기가 너무나 강력하다.

이 글에서는 요즈음 정치철학에서 새로운 관심사로 떠오른 폭력, 특히 신적 폭력의 문제를 실마리로 삼아 신적 폭력의 정치학을 다루고자 한다. 이 글에서 필자는 왜 오늘날 신적 폭력의 문제가 등장하게 되었는가를 지젝의 폭력 이론을 중심으로 살펴보면서 그의 이론이 지니는 현재성과 그 한계를 비판적으로 논의할 것이다. 여기에서 필자는 지젝이 신적 폭력의 정치학을 펼치면서 제기하는 인정의 정치 혹은 정체성의 정치와 계급투쟁의 분리의 문제를 비판적으로 다루면서 소위 사건의 정치와 해석학적인 번역의 정치 사이의 소통 가능성을 살펴보고자 한다.

1. 자본주의 질서의 이데올로기로서의 자유민주주의

1980년대 말과 90년대 초에 이루어진 세계사적인 전환, 즉 소비에트 블록의 파멸과 자유민주주의의 승리는 자유민주주의와 자본주의적 시장경제 질서를 유일하게 정당한 체제로 간주되게 만들었다. 프랜시스 후쿠야마의 '역사의 종말'에 대한 테제는 이런 시대적 분위기를 반영하는 대표적 사례일 것이다. 그러나 자본주의가 여전히 많은 문제점을 안고 있는 체제라는 것은 분명하다. 그런데 지젝에게 중요한 사실은 자본주의가 문제의 핵심임에도 불구하고 오늘날 정치는 이런 문제와의 정면 대결을 회피하고 있다는 점이다. 그래서 지젝은 인종, 젠더 그리고 민족 등의 다양한 정체성의 정치에 대해서도 비판적이다. 그런 투쟁들은 지젝이 보기에 자본주의의 틀 자체를 문제로 삼지 않고 그것을 영속적인 것으로 간주하면서 자본주의의 모순들을 개선하는 데 만족하기 때문이다. 그래서 그는 다음과 같이 말한다. "고유한 역사적 주체, 경제적 계급투쟁의 특권화 등을 그 내용으로 하는 '본질주의적' 마르크스주의에서 포스트 근대적인 환원될 수 없는 복수의 투쟁으로 이행한다는 이 표준적인 포스트 근대적 좌파의 서사는 의심의 여지없이 현실의 역사적 과정을 서술하는 반면, 대개 그 옹호자들은 그것의 핵심에 있는 체념 – 자본주의를 '마을의 유일한 게임'으로 수용하고, 현존하는 자본주의적 자유주의 체제를 극복하려는 모든 실질적 시도를 포기하는 식의 체념 – 을 시야에서 지워버린다."[1]

포스트 근대의 좌파에 대한 비판적 언급에서 보듯이 지젝의 글에서 흥미로운 점은 그가 극단적 우파의 흐름에 비해서 좌파, 특히 자유주의적 좌파의 흐름에 대해 더욱 더 비판적이라는 점이다. 그 이유는 전체주의에 반대하면서, 혹은 전체주의 대 민주주의를 최고의 정치적 형식으로 간주하면서 자유민주주의를 옹호하는 좌파야말로 오늘날 자본주의의 헤게모니를 지탱시켜주는 가장 강력한 이데올로기적 관념을 대표한다고 지젝은 이해하기 때문이다. 그래서 지젝은 자본주의에 반대하는 투쟁을 회피하는 다양한 형태의 반세계화 운동에 조소를 보내는 바디우의 자세에 공명한다. 그는 "오늘날의 지배적인 이데올로기적·정치적 형태인 자유민주주의에 대항하는 투쟁"의 필요성을 역설하면서 오늘날 적은 제국이나 자본이 아니라 "민주주의"라는 알랭 바디우의 극단적인 표현을 긍정한다.[2]

자본주의에 대한 반대를 우리가 필요로 하는 진정한 해방 정치의 결정적 요소로 강조하는 태도는 지젝의 이론 발전에서 주목할 만한 변화라고 할 수 있다. 지젝의 정치 이론은 1996년에 나온 『나눌 수 없는 잔여』(The indivisible remainder: an essay on Schelling and related matters)를 분기점으로 해서 변화가 생긴다. 『나눌 수 없는 잔여』 이전의 저술들에서 지젝은 민족주의 및 인종주의를 주로 비판하면서 반(反)전체주의를 옹호하는 편이었으나 그 이후, 특히 1999년의 『까다로운 주체』(The ticklish subject)에서부터 자본주의를 급진적으

1 슬라보예 지젝, 「계급투쟁입니까, 포스트모더니즘입니까?」, 주디스 버틀러·에르네스토 라클라우·슬라보예 지젝, 『우연성, 헤게모니, 보편성』, 박대선·박미선 옮김, 도서출판b, 2009, 139쪽 이하. 번역을 약간 수정함.

2 슬라보예 지젝, 『시차적 관점』, 김서영 옮김, 마티, 2009, 626쪽.

로 비판하면서 민주주의를 넘어선 공산주의적 기획에 대해 언급한다.[3] 지젝의 관심이 자본주의에 반대하는 혁명적 정치로 이동하면서 그의 이데올로기 개념에서의 변화도 등장한다. 그는 이런 변화를 다음과 같이 설명한다. "나는 이데올로기에 대한 나의 예전의 정의에 더 이상 만족하지 않는다. 그 정의의 요점은 다음과 같았다. 즉 이데올로기는 불가능성의 간극을 채우고, 내적 불가능성을 외적 장애로 존치시키는 환영(illusions)이며, 따라서 해야 할 일은 본래의 불가능성을 역설하는 일이라는 것이다. [......] 이제 나는 궁극의 이데올로기적 작동은 정반대라고 말하고 싶다. 즉 그 무엇과 대면하는 것을 지연하거나 회피하기 위해 그 무엇을 불가능성의 차원으로 올려놓은 것이야말로 이데올로기적이다."[4]

지젝 자신이 이전에 지녔던 이데올로기란 무엇인가를 좀 더 설명하기 위해 완전한 사회나 완벽한 민주주의를 생각해보자. 완전한 사회로의 길을 가로막는 장애물은 인간의 비합리성이나 과도한 욕망이나 이기주의 등등으로 이해될 것이다. 혹은 종교적 언어로 표현한다면 마녀나 이단과 같은 존재가, 좌파 혁명의 언어로 표현한다면 인민의 적이나 혁명의 적 등이 가장 이상적인 완전한 사회를 불가능하게 만드는 장애로 이해될 수 있다. 그리고 그런 장애물들을 모든 수단과 방법을 갖고 (왜냐하면 보다 더 완벽한 사회로의 이행을 불가능하게 만들기에) 제거한다면 우리는 인간에 의한 인간의 착취가 영원히 종식되는 이상적 사회를 구성할 수 있을 것이라고 생각할 수 있다. 그런데 바로 이런 태도는 인간 사회가 구성적으로 결여이고 불완전하기에 완전한 사회라는 상상은 불가능성의 상상임을 자각하지 못하고 그런 불가능성을 초래하는 것이 오히려 외적인 장애물로 인한 것으로 생각하게 만든다. 그것이 바로 환상으로서의 이데올로기

---

3 지젝의 이론에서의 변동에 관해서는 사라 케이, 『슬라보예 지젝』, 정현숙 옮김, 경성대학교출판부, 2003, 20쪽 참조.

4 S. Žižek/Glyn Daly, Conversations with Žižek, Polity, 2004, p. 70.

의 역할이라고 지젝은 한때 생각했던 것이다. 그래서 그 역시 불가능성을 역설하는 것, 즉 완전한 세상에 대한 유토피아적 꿈을 이 세상에 실현하려는 태도가 역설적으로 가장 억압적이고 폭력적인 세계로 귀결될 것임을 강조하면서 전체주의 비판을 수행했던 것이다. 충만하고 총체성이 회복된 완전한 사회는 불가능하다. 예를 들어 지젝은 민주주의를 다룬다. 주지하듯이 민주주의에서는 대중 조작이나 상징 조작으로 인해 민주주의적 의지 형성의 절차와 과정을 오염시키는 일이 다반사로 일어난다. 그러나 민주주의의 이런 한계를 극복하기 위해 다양한 방식으로 민주적 절차나 사상의 사유나 언론의 자유에 재갈을 물리기 시작하거나 관료적으로 조정하려고 한다면 민주주의 자체가 상실된다.[5]

지젝은 이데올로기를 이제 "그 무엇과 대면하는 것을 지연하거나 회피하기 위해 그 무엇을 불가능성의 차원으로 올려놓은 것"으로 이해한다. 이런 이데올로기의 관점 전환은 그의 신적 폭력이론, 정치적 행위 이론 그리고 새로운 공산주의적 이론과 밀접하게 연결되어 있다. 전체주의를 비판하는 태도에서 벗어나 지젝은 이제 민주주의와 전체주의라는 양자택일의 대립을 자본주의 세계체제의 지속을 가능하게 하는 헤게모니적 이데올로기이자 주인 기표라고 분석한다. 따라서 그는 "시장-자유-민주주의와 이슬람 파시즘과 같은 근본주의-테러리스트-전체주의 사이의 대립"을 사회의 근본적 대립으로 설정하는 관점을 비판한다."[6] 이런 대립은 자본주의에 대한 대안이란 없다는 믿음을 전제하면서 자본주의 너머를 상상하는 사유 자체를 하지 못하게 봉쇄함으로써 자본주의 질서 자체를 유지하는데 기여하기 때문이다.

지젝에 의하면 자유민주주의 대 전체주의라는 이념적 틀을 전면에 내세우

5 슬라보예 지젝, 『가장 숭고한 히스테리 환자 – 라캉과 함께 한 헤겔』, 주형일 옮김, 인간사랑, 2013, 323쪽 참조.

6 슬라보예 지젝, 『잃어버린 대의를 옹호하며』, 박정수 옮김, 그린비, 2009, 573쪽.

면서 민주주의를 옹호하려는 자세는 급진적 행동과 사유의 힘 자체를 전체주의적인 것으로 낙익 찍어 버리기에 '민주주의 대 전체주의'라는 사유 틀 자체를 버려야 한다. "자본주의 자체에 대한 근본적 질문을 막는 것은 정확히 자본주의에 대항하는 투쟁의 민주적 형식에 대한 믿음"[7]이기에 그렇다. 20세기 공산주의 실험의 좌절과 해방정치의 철저한 몰락 이후 자유민주주의의 전지구적 헤게모니의 관철은 민주주의 대 전체주의라는 이분법을 통해 역설적으로 전체주의적인 "사유금지"(Denkverbot)가 설정되고 있다는 것이다. 자본주의와 다른 질서에 대한 추구는 홀로코스트와 같은 새로운 유형의 전체주의로 귀결될 것이라는 반대에 직면하게 되고, 그리하여 급진적 현실 참여는 봉쇄된다.[8] 달리 말하자면 지젝에 따르면 민주주의는 오늘날의 전지구적 자본주의의 "진정한 주인 기표"이다.[9] 오늘날 민주주의는 근본적인 "사회의 적대"를 부인하는 주인 기표의 역할을 한다. 이런 상황에서 민주주의를 포기할 용기를 지녀야 하며 민주주의 너머를 상상하고 주인 기표의 내적 전복을 위한 정치적 행위를 해야 한다고 지젝은 믿는다.[10] 우리에게 필요한 것은 '반민주주의자' 혹은 '전체주의자'라는 낙인과 비난을 두려워하지 않고 자유민주의적 금기를 과감하게 돌파하는 것이다.[11]

'민주주의 대 전체주의'라는 틀을 통해 자유민주주의의 헤게모니가 관철되는 모습을 좀 더 살펴보자. 이는 왜 지젝이 극우파보다는 자유주의적 좌파를 더 신랄하게 비판하는지를 좀 더 분명하게 해줄 것이다. 지젝에 의하면 유럽과 미국에서 등장한 종교적인 우파 근본주의와 다양한 형태의 인종주의는 좌파의 후퇴가 초래한 결과로 이해되어야 한다. 자유주의적 좌파들은 늘 극좌파와 극우

---

7 슬라보예 지젝, 『시차적 관점』, 앞의 책, 627쪽.

8 슬라보예 지젝, 『전체주의가 어쨌다구?』, 한보희 옮김, 새물결, 2008, 15쪽.

9 슬라보예 지젝, 『시차적 관점』, 앞의 책, 628쪽.

10 슬라보예 지젝, 『실재의 사막에 오신 것을 환영합니다』, 이현우·김희진 옮김, 자음과모음, 2011, 113쪽.

11 슬라보예 지젝, 『전체주의가 어쨌다구?』, 앞의 책, 14쪽 참조.

파 사이의 유사성을 강조하면서 우파 근본주의적 세력과의 대결을 중요한 정치적 의제로 설정하고 있다. 자유주의적 좌파는 극우파적 인민주의(populism), 인종적·종교적 근본주의 및 민족주의적 테러에 직면하여 관용과 다문화주의를 옹호하고 이들을 배제하여 민주주의를 옹호하는 세력으로 자신을 정당화한다. 그러나 이런 움직임은 기껏해야 자본주의에 대한 급진적이고 근본적인 대안 추구를 봉쇄하는 이데올로기적 기능에 불과하다. 자본주의의 근본적인 적대에 대면하는 것을 회피하면서도 자유주의적 좌파가 개혁세력으로 만족할 수 있는 것은 적대를 전체주의 대 민주주의로 전치하는 데에서 초래된다. 그러므로 우파 인민주의나 인종주의 및 극단적 민족주의 등은 자유주의 좌파 세력으로 하여금 중도 성향의 정치세력과 연대하여 우파의 파시즘적 위협에 맞서 민주주의를 옹호하도록 만든다. 이렇게 보면 자유주의 좌파는 극우파의 등장과 대결하는 모습을 띠면서 자본주의에 대한 반대와 계급투쟁의 핵심적 과제를 부차적인 지위로 전락시킨다. 이렇게 자유주의적 좌파는 자유민주주의의 최후의 옹호자이자 보루라는 지위를 누리면서 역설적이게도 자본주의적 질서 유지에 가장 커다란 기여를 하는 셈이다. 지젝이 보기에 자유-민주주의적인 자본주의의 헤게모니에 철저하게 포획된 사민주의[12]를 비롯한 자유주의 좌파는 "반자본주의와 계급투쟁이라는 좌파의 마지막 근거 지점"마저도 말끔하게 배제시켜버리기 때문이다.[13]

지젝에 의하면 극우파와 인종주의의 등장을 보면서 파시즘과 전체주의의 발흥을 염려하고 그런 세력과의 전면적 투쟁을 강조하는 자유주의 좌파들의 노력은 파시즘 발흥의 배후에 깔려 있는 사회의 혁명적 잠재력과 불만을 도외시

12 지젝은 "사민주의가 20세기 내내 자본주의에 대한 공산주의의 위협에 대응하기 위해 동원된 수단"임을 기억해야 한다고 강조한다. 슬라보예 지젝, 『처음에는 비극으로 다음에는 희극으로』, 김성호 옮김, 창비, 2010, 193쪽.

13 슬라보예 지젝, 『전체주의가 어쨌다구?』, 앞의 책, 370쪽 이하 참조.

한다. 달리 말하자면 미국과 유럽 그리고 중동 각지에서 극단적인 근본주의와 인종주의의 재등장은 새로운 세속적인 좌파 출현의 필요성을 증명해주는 것이다. 그래서 지젝은 "파시즘의 발흥은 실패한 혁명을 증언한다"는 발터 벤야민의 주장을 즐겨 사용한다. 파시즘의 등장은 자유주의 좌파가 동원할 수 없는 혁명적 잠재력과 불만의 존재를 입증하는 것이기에 파시즘의 위험성을 경고하는 것으론 충분하지 않다. 우리에게 필요한 것은 실패한 좌파의 혁명적 정치를 새롭게 구현할 수 있는 새로운 세속적 좌파의 출현이다.[14] 새로운 세속적 좌파는 사회적 적대에 과감하게 응답하는 노력을 회피하지 않아야 한다. 그런 시도는 이제 새롭게 공산주의를 호명하는 데로 이른다. 지젝은 말한다. "여기서 나는 공산주의 이념은 끈질기게 존속한다고 주장하는 바다. [......] 지금까지 포스트모던 좌파의 주문(呪文, mantra) 가운데 하나는 우리가 이제 중앙집권적 독재 권력의 '자꼬뱅-레닌식' 패러다임을 뒤로 해야 한다는 것이었다. 그러나 아마도 이제 이 주문을 뒤집어서, 바로 그 "자꼬뱅-레닌식' 패러다임의 상당부분이야말로 오늘날 좌파가 필요로 하는 것이라는 점을 인정할 때가 왔다. 이전 어느 때보다 지금 우리는 바디우가 '영원한 공산주의 이념 또는 공산주의의 불변항(invariants)라고 부른 것을 고집해야 한다."[15]

2. 진리의 정치와 신적 폭력의 이론

에드먼드 버크의 프랑스 혁명에 대한 고발을 비롯하여 프랑스 혁명에 대한 헤겔의 비판에서 보듯이 혁명적인 해방의 정치에 대한 비판의 역사는 오랜 전

14 슬라보예 지젝,『처음에는 비극으로 다음에는 희극으로』, 앞의 책, 148쪽 이하 참조.

15 같은 책, 249쪽.

통을 갖고 있다. 그러나 지젝은 공산주의를 새롭게 사유하기 위해 '프롤레타리아 독재'나 '레닌주의'를 다시 옹호한다.[16] 그는 로베스피에르의 자코뱅주의에서 마오쩌둥의 문화대혁명에 이르기까지의 '혁명적 정의의 정치' 혹은 '진리의 정치'를 복원해야 한다고 본다. '혁명적 정의의 정치'는 알랭 바디우에 의해 주창된 것인데, 그것은 로베스피에르를 거쳐 레닌과 마오쩌둥에 이르기까지 영원히 반복되는 공산주의의 불변적인 요소들에 대한 믿음을 고수하는 행위이다. 공산주의적 불변항(invariants)라고도 불리는 영원한 공산주의적 이념은 네 가지로 이루어지는데, 그것은 "엄격한 평등주의적 정의, 처벌적 테러, 정치적 주의주의(voluntarism), 민중에 대한 신뢰"이다.[17]

바디우의 '혁명적 정의의 정치'에 해당하는 것은 지젝에게서는 '진리의 정치'이다. 급진적인 해방의 정치로서의 진리의 정치는 "보편적인 공리를 기초로 한 정치"이다.[18] 진리의 정치는 고차적인 대의를 부정하며 삶을 궁극적 목적으로 하는 생명정치(bio-politics)가 아니라 대의를 옹호하는 정치이기도 하다.[19] 전체주의는 허용될 수 없다고 외치는 낡은 자유주의적 좌파 패러다임에 맞서 새로이 창안되어야 할 진리의 정치는 파국적인 재앙까지도 무릅쓰고 보편적 해방이라는 잃어버린 대의를 옹호해야 한다. 그래서 진리의 정치는 "폭력에 반대한다는 거짓 주장을 거부하는 것에서부터 해방적 폭력을 승인"한다.[20] 그리고 보편적 해방을 위한 투쟁이라는 대의에 대한 충실성이 메시아적 관점과 동일시되는 것처럼[21] 해방적 폭력이란 신적 폭력의 다른 이름이다. 이처럼 지젝은 진리의

---

16 같은 책, 303쪽 참조.

17 같은 책, 249쪽 이하. 슬라보예 지젝, 『잃어버린 대의를 옹호하며』, 앞의 책, 237쪽.

18 슬라보예 지젝, 『폭력이란 무엇인가』, 이현우·김희진·정일권 옮김, 난장이, 2011, 74쪽.

19 같은 책, 76쪽 참조.

20 같은 책, 283쪽.

21 슬라보예 지젝, 『잃어버린 대의를 옹호하며』, 앞의 책, 15쪽 참조.

정치를 신적 폭력이론과 밀접한 연관 속에서 제시한다. 메시아적이고 종말론적인 종교에서 혁명적 정치의 잠재력을 발굴하려는 노력은 '메시아적 맑스주의'를 주장한 발터 벤야민에서 기원한 것으로 자크 데리다, 조르조 아감벤, 알랭 바디우 그리고 슬라보예 지젝 등과 같은 사상가들의 공통의 관심사이다.

지젝이 보기에 자본주의의 구조적 폭력은 혁명적 폭력이 없이는 제거될 수 없다. 그러므로 해방적 정치로서 공산주의적 실천을 반복한다는 것은 오늘날의 상황 속에서 혁명적 폭력을 반복하는 것을 의미한다.[22] 자유와 연대의 이념의 실현을 위한 정치적 기획에 찬성하면서도 "때로는 '잔인'하며 구체적인 정치수단의 형태로 자신들이 대가를 치러야 할 때면 흔히 책임을 회피"하는 자유주의적 좌파와 달리 레닌처럼 손에 피 묻히길 주저하지 않고 "행위"에 나서야 한다.[23] 지젝은 프랑스 혁명기에 나타난 로베스피에르의 혁명적 폭력을 벤야민이 말하는 '신적 폭력'(divine violence)과 같은 것으로 본다. 심지어 지젝은 해방적 정치는 폭력적일 수밖에 없다고, 즉 혁명적인 공포 정치는 필연적이라고 말한다. "본래적인 혁명적 해방은 더욱 더 직접적으로 폭력과 동일시된다. 해방하는 것은 폭력(폐기하고, 차이를 구축하고 분리하는 선을 긋는 폭력적 행위) 그 자체이다."[24] 자유는 프랑스 혁명이 보여주듯이 로베스피에르의 공포와 테러라는 폭력이 없이는 존재할 수 없다.[25] 그래서 지젝은 반자본주의적인 계급투쟁에서 오늘날 좌파는 "해방적 테러를 다시 개발해야 한다"는 알랭 바디우의 제안에 적극적 공명을 표한다.[26] 간단하게 말하자면 신적 폭력은 해방적 폭력으로서 프롤레

---

22 같은 책, 248쪽 참조.

23 알렉스 캘리니코스, 「21세기의 레닌주의? 레닌, 베버 그리고 책임의 정치」, 슬라보예 지젝·알랭 바디우 외 지음, 『레닌 재장전 – 진리의 정치를 향하여』, 이현우·이재원 외 옮김, 마티, 2010, 45쪽 이하에서 재인용.

24 슬라보예 지젝, 『시차적 관점』, 앞의 책, 555쪽.

25 슬라보예 지젝, 『헤겔 레스토랑』, 조형준 옮김, 새물결, 2013, 142쪽 참조.

26 슬라보예 지젝, 『시차적 관점』, 앞의 책, 639쪽 이하.

타리아 독재에 대한 다른 이름이다.

프롤레타리아 독재가 신적 폭력인 이유는 그것은 법정립적 폭력이나 법보존적 폭력과 달리 법외부에서 벼락같이 이루어지는 인민의 보복적 행위이기 때문이다. 달리 말하자면 신적 폭력이란 인민이 기나긴 압제와 착취의 역사를 끝내고자 기득권을 지닌 자들에게 가하는 파괴적 테러인데, 이는 정의의 표출이기도 하다.[27] 지젝이 보기에 국가권력에 대한 장악과 프롤레타리아 독재 없는 혁명을 꿈꾸는 것은 무책임하다. 그래서 지젝은 오늘날 외설적인 광기와 같은 것으로 치부되겠지만 "폭력을 긍정적으로 선택하는 것"이 "우리의 유일한 희망"이라고 강조한다.[28]

앞에서 보았듯이 지젝이 혁명적 폭력을 긍정하는 이유는 혁명적 공포정치가 인간의 자유를 "전개하기 위한 필연적 계기"라고 생각하기 때문이다.[29] 지젝의 이런 입장을 제대로 이해하기 위해서는 실재(the real)와 상징계(the symbolic)사이의 관계에 대한 그의 이론을 이해하는 것이 요구된다. 그것이 그의 사회이론이자 주체이론의 기초이기 때문이다. 라캉과 함께 지젝은 실재와 상징계의 구별과 이 둘 사이의 해소 불가능한 균열과 간극을 강조한다. 실재와 이 실재를 상징화하려는 시도 사이에는 지워질 수 없는 간극이 존재하는데, 이 간극을 메우려는 모든 시도는 늘 실패로 끝날 수밖에 없다고 라캉과 지젝은 생각한다.[30]

라캉의 실재는 상징적 의미 연쇄에 의해 통합될 수 없는 상징적 질서 내부의 근원적인 상처나 틈새 혹은 공백으로 이해된다. 그러므로 실재는 "상징적인 것

27 슬라보예 지젝, 『잃어버린 대의를 옹호하며』, 앞의 책, 244쪽 이하 참조.

28 같은 책, 250쪽.

29 슬라보예 지젝, 『폭력이란 무엇인가』, 앞의 책, 48쪽.

30 이 글에서 the real를 '실재'로 the symbolic를 상징계 혹은 상징적 질서로 번역한다.

을 내부로부터 좌절시키는 간극 또는 적대성에 다름 아니다."[31] 상징계가 자기 완결적인 구조를 지니지 못하도록 탈중심화시키는 실재로서의 적대성을 지젝은 헤겔적인 부정성 개념으로 해석한다.[32] 그런데 절대적 부정성으로서의 실재에 대한 이론은 주체 및 자유에 대한 물음과 밀접하게 연결되어 있다. 상징화에 저항하는 실재는 자유, 즉 주체 출현의 가능성의 조건이다. 주체의 출현은 상징적인 질서의 내적 실패 없이는 불가능하기 때문이다. 그래서 지젝은 주체를 '실재의 응답'으로 표현한다.[33] 달리 말하자면 주체는 "상징화의 실패, 상징적 표상 그 자체의 실패에 다름 아니라는 사실"이다.[34] 우리는 상징적 질서의 근원적인 공백이자 결여가 실재의 이름임을 보았다. 그렇다면 주체는 실재와 동일한 것인가? 그렇지 않다. 실재와 주체의 관계를 이해하기 위해서는 "주체를 실재의 응답으로 정의하는 라캉의 수수께끼 같은 문장"[35]에 주목해야 한다. 실재와 주체는 동일한 것은 아니지만 간극으로서의 실재가 주체의 자유로운 행위를 가능하게 하는 공간이라는 점에서 주체는 실재와 동근원적이다. 사회 속에서 궁극적 조화의 가능성 자체를 좌절시키는 실재로서의 적대를 가시화시키고 그런 균열을 정면으로 응시하는 경우에만 주체는 출현할 수 있기 때문이다.

지젝에 의하면 주체와 상관적인 실재는 역사의 우연성과 개방성을 지탱시켜 주는 보다 근원적인 지평이다. 그는 역사의 운동을 가능하게 하는 근원적인 지평을 역사 속에 존재하는 "비역사적 차원"이라고도 본다."[36] 사회에 구성적인

---

31 슬라보예 지젝, 『라캉 레스토랑』, 조형준 옮김, 새물결, 2013, 1678쪽.

32 슬라보예 지젝, 『이데올로기라는 숭고한 대상』, 이수련 옮김, 인간사랑, 2002, 248쪽 참조. 헤겔의 변증법에 대한 지젝의 독해가 지니는 의미와 문제에 대해서는 나종석, 「슬라보예 지젝의 헤겔 변증법 해석에 대한 비판 – 구체적 보편성과 급진 민주주의 비판을 중심으로」, 『사회와철학』 제27집, 2014, 207-238쪽 참조 바람.

33 지젝의 주체 이론은 "비판철학에 대한 지젝의 가장 중요한 공헌 중 하나"라고 토니 마이어스는 본다. 『누가 슬라보예 지젝을 미워하는가』, 박정수 옮김, 엘피, 2005, 39쪽.

34 슬라보예 지젝, 「계급투쟁입니까, 포스트모더니즘입니까?」, 앞의 글, 176쪽 이하.

35 슬라보예 지젝, 『이데올로기라는 숭고한 대상』, 앞의 책, 292쪽.

36 같은 책, 248쪽.

절대적 부정성, 적대, 간극, 공백 등등으로 이해되는 "배제(foreclosure)"는 정치적 헤게모니 투쟁을 통한 상징적 질서의 우연성 및 그 질서의 대체 가능성을 정초하는 "보다 근본적인" 차원으로 이해되어야 한다.[37] 실재가 상징적 질서에 의해 완전하게 해석된다면, 즉 실재와 상징계 사이의 적대가 폐지된다면 자유로운 결정에 의해서 새로운 상징적 질서를 형성하려는 가능성 자체가 없어질 것이기 때문이다. 좀 길지만 다음의 인용문은 실재, 상징적 질서 그리고 주체 사이의 관계에 대한 지젝의 핵심 주장을 잘 보여준다. "실재는 상징적인 것의 효과이다. 수행성, '현실적 상징적 구성'이라는 의미가 아니라 상징적 조작들의 일종의 존재론적인 '부수적 피해'라는 완전히 다른 의미로 말이다. 즉 상징화 과정은 내속적으로 좌절되며, 실패할 운명이며, 실재는 상징적인 것의 이러한 내재적 실패이다. 여기서는 상징화 과정의 원환적 시간성이 핵심적이다. 실재는 (즉자존재가 아니라) 자신에게 가닿으려는, 자신을 완전히 실현하려는 상징적인 것의 실패의 결과이다. 하지만 그러한 실패는 상징적인 것이 그 자체로서 실패하기 때문에 일어난다. 라캉에게서 주체 자체가 '실재의 대답(응답)'인 것은 이러한 의미에서이다. 즉 주체는 무엇인가를 말하기를 원하지만 실패하며 이 실패가 주체이다. – '시니피앙의 주체'는 말 그대로 자신이 되는 것에 실패한 데 따른 결과이다. 이러한 의미에서 또한 상징적 공간 내에서 결과는 원인에 맞선 반응인 반면 원인은 원인의 소급적 결과이다, 즉 주체는 실패하는 시니피앙을 생산하며, 실재로서의 주체는 이러한 실패의 결과이다."[38]

계급투쟁의 적대이자 상징적 질서의 실패로서 주체와 상관적인 실재는 혁명적 행위(act)로도 이해된다. 지젝에 의하면 주체가 된다는 것은 기존의 상징질서를 전복하여 새로운 질서를 수립하는 혁명적 사건에 충실한 행위를 통해서만

37 슬라보예 지젝, 「계급투쟁입니까, 포스트모더니즘입니까?」, 앞의 글, 159쪽.

38 슬라보예 지젝, 『라캉 레스토랑』, 앞의 책, 1679쪽.

가능하다. 그러므로 지젝은 주체를 우연적이고 예측 불가능한 방식으로 출현하는 진리사건에의 개방성이며 그런 진리사건을 받아들이려고 도약을 감행하는 결단이자 행위라고 이해한다.[39] 구조적인 폭력에 대항하여 현존하는 억압적인 체제를 전복하기 위한 행위의 가능성을 지젝은 다음과 같이 설명한다. "그렇다, 실재는 사실 상징계에 내적/내속적이지 그것의 외적 한계가 아니다. 하지만 바로 그 때문에 그것은 상징화될 수 없다. 상징계에서 배제된 것으로서의 실재는 사실 상징적 규정이라는 것이다 – 상징화를 벗어나는 건 바로 상징화의 내속적 실패의 지점으로서의 실재다. 이처럼 실재가 상징계에 내적이라는 바로 그런 이유에서 상징계를 통해 실재와 접촉하는 게 가능하다 – 그것이 라캉적 정신분석 치료 개념의 전체 요지다. 그리고 이것은 정신분석적 행위(act)라는 라캉의 개념이 관계하는 지점이다 – 정의상 행위는 어떤 불가능한 실재의 차원과 접촉하는 몸짓이다."[40]

지젝에게 결단으로서의 행위는 계급투쟁이나 사회적 적대와 마찬가지로 특정한 내용을 지니는 것이 아니라 형식적인 것으로 이해된다. 지젝의 설명을 보자. "우선, 결단은 순전히 형식적인 것으로서, 결단하기로 결단하는 것이며, 주체는 결단의 내용에 대해서 분명히 알고 있지 못하다. 또한 결단은 심리적 행위도 아니며, 감정적 행위도 아니며, 동기도 없고, 욕망도 없고, 공포도 없다. 또한 결단은 계산 불가능한 것으로서, 전략적 추론의 결과가 아니다. 그리고 다르게 행동할 수 없었음에도 불구하고 결단은 자유로운 행위이다."[41] 결단의 합리적 근거에 대한 물음은 정지되어야 한다. 주체는 상징적 질서 내에서 특정한 방식으로 자신의 정체성을 구성하는 것과 무관하며 오히려 그런 상징적 질서 자체

---

39 슬라보예 지젝, 『까다로운 주체』, 이성민 옮김, 도서출판b, 2005, 258쪽.

40 슬라보예 지젝, 「계급투쟁입니까, 포스트모더니즘입니까?」, 앞의 글, 179쪽.

41 슬라보예 지젝, 『죽은 신을 위하여』, 김정아 옮김, 길, 2007, 39쪽.

의 교란과 실패의 순간에 등장하는 것이기에 그렇다. "주체의 정체성을 보증하는 사회-상징적 연결망의 중지를 각오하지 않는 한 어떠한 고유한 윤리적 행위도 없다: 본래적 행위는 주체가 큰 타자에 의해 더 이상 '은폐되지' 않는 어떤 제스처를 무릅쓸 때에만 발생한다." 이렇게 주체의 행위는 "헤게모니적 상징적 질서를 그 총체성에서 철저히 재구성하는 근본적 제스처"를 지향한다. 따라서 혁명적 행위이자 주체의 결단은 젠더와 문화적 차이의 인정을 위한 투쟁보다도 "더 근본적인 행위"이다. 그래서 참다운 윤리적이고 정치적인 행위는 일련의 상징적 규칙들이나 규범들의 집합에 의존하는 '화행 행위'(speech act)와 다른 것이다.[42]

공산주의와 혁명적 폭력을 신적 폭력으로 옹호하는 지젝의 이론에 입각해서 볼 때 정치란 소통이나 합의를 지향하는 절차적인 것도 아니고 단순하게 물리적인 폭력만을 행사하는 것도 아니다. 정치라는 개념을 적절하게 정의하는 작업은 쉽지 않다. 정치의 본질에 대한 해명 작업에서 주목할 만한 것은 대략 세 가지 정도이다. 첫째는 정치적 공동체에의 참여를 인간 본성의 실현의 고유한 장소로서 이해하는 관점이 존재한다. 이 관점은 정치와 인간 본성의 달성을 서로 밀접한 연관 속에서 파악하는 입장으로 정리될 수 있다. 이런 관점을 가장 명료하게 보여주는 것은 '인간은 본성적으로 정치적 동물'이라는 아리스토텔레스의 정의이다. 이 정의는 그의 독창적인 산물이 아니다. 아리스토텔레스가 인간을 "이성(언어)을 지니는 동물"이자 정치적 존재로서 규정한 것은 고대 아테네 도시국가에서 통용되는 "인간과 정치적 삶의 방식에 대한 의견을 정식화"한 것이다.[43]

두 번째로 정치를 폭력과 긴밀하게 결합되어 있는 것으로 간주하는 입장이

---

42 슬라보예 지젝, 『까다로운 주체』, 앞의 책, 423쪽 이하.

43 한나 아렌트, 『인간의 조건』, 이진우 외 옮김, 한길사, 1996, 79쪽.

있다. 20세기에 정치를 폭력과 유사한 것으로 바라보는 관점을 대표하는 사람은 칼 슈미트이다. 정치적인 것(das Politische)의 본질을 '적과 동지의 구별'[44]로 파악하면서 적의 물리적 살해가능성과 절멸가능성을 정치적인 것의 본질적 표현으로 간주하는 슈미트적 관점은 정치를 폭력과 결합된 것으로 파악하려는 극단적 형태로 간주될 수 있다. 정치적 구조를 폭력의 구조로, 그리하여 권력을 폭력과 동일시하려는 경향은 막스 베버(Weber)와 같은 사상가에게서도 나타난다. 베버는 정치를 정치적 조직체로서의 국가의 운영이나 이 운영에 영향을 미치는 활동이라는 의미로 사용할 것을 제안하면서, 오늘날 국가라고 불리는 정치적 조직체의 본질적 특성의 하나로 "정당한 물리적 강제력의 독점"을 들고 있다. 즉 베버가 보기에는 근대에서 국가만이 물리력을 정당하게 사용할 권한을 갖고 있는 것이다. 그러므로 물리적 강제력 내지 폭력이라는 수단을 갖고 있지 않은 사회적 조직체들만이 존재한다면 국가라는 개념은 사라질 것이라고 베버는 강조한다. 국가 개념이 사라진다는 것은 정치라는 개념이 설 자리가 사라지는 것과 마찬가지이다. 이 과정에서 그는 '모든 국가는 폭력에 그 기초를 두고 있다'라는 트로츠키의 주장에 동의한다.[45]

마지막으로 정치에 대한 도구주의적 관점이 존재한다. 즉 정치는 어떤 다른 것을 달성하기 위한 수단이라는 의미에서 그것에 부차적인 지위만을 부여하는 관점이 존재한다. 정치를 도구적인 관점에서 바라보는 입장은 자유주의적 전통에서 잘 나타나지만 맑스주의적인 전통에서도 국가와 정치에 대한 공리주의적인 견해가 광범위하게 공유되고 있다. 자유주의적 전통에서 정치는 개인의 사적인 영역에서의 자유로운 활동을 보호하고 이에 대한 안정적인 조건을 창출하는 기능으로 바라보는 경향이 강하게 존재하기 때문이다. 하버마스가 지적하

44 칼 슈미트, 『정치적인 것의 개념』, 김효전 옮김, 법문사, 1992, 31쪽.

45 M. Weber, "Politik als Beruf", in: Gesammelte Politische Schriften, Tübingen 1988, 505쪽 이하 참조.

듯이 자유주의적인 전통에서 법치국가는 개인의 자유를 보장하는 법과 집단적 목표를 실현시키는 정치권력 사이의 적대관계로부터 설명되는 것이 일반적인데, 이는 국가권력을 "물리적 제압능력에서 연원하는 것으로" 이해하기 때문이다.[46] 자유주의와 대척점에 서있는 것처럼 보이는 맑스 역시 정치에 대한 도구적 관점을 견지하고 있다는 점은 흥미롭다. 맑스에 의하면 "국가는 부르주아들이 그들의 소유 및 그들의 이익을 상호 보장하기 위하여 대외적으로도 대내적으로도 필요로 하게 된 조직의 형태 이외에 아무 것도 아니다."[47]

앞에서 설명한 정치에 대한 세 가지 접근방식과 달리 지젝은 메시아적 관점에서 정치적 행위와 폭력적인 혁명적 행위를 정당화하려는 정치신학적 전통을 이어받으면서도 그 전통을 유물론적 방식으로 새롭게 전유하고자 시도한다. 지젝이 혁명적 정치적 행동을 적극적으로 옹호하는 이유는 맑스가 지녔던 공산주의적 이념을 실현시킬 혁명적 계급으로서의 프롤레타리아라는 집단적 행위자에 대한 믿음과 무관하다. 지젝은 프롤레타리아를 사회 내에서 아무런 몫을 갖고 있지 않는 배제된 사람들로 이해하고 프롤레타리아적 입장을 "배제된 자에 체현된 보편성의 입장"으로 바라본다.[48] 간단하게 말하자면 사회 내에서 아무런 확고한 지위와 위치를 점하지 못하는 배제된 사람들을 "사회 전체(진정한 보편성)의 대표자로 바라보는 것이 진정한 의미의 정치의 출발이다.[49] 그러므로 그는 공산주의적인 혁명적 행위는 사회 내에서 아무런 몫을 지니지 않기에 보편성을 직접적으로 대변하는 사회집단들과의 "전면적 연대에 절대적으로 뿌리를

---

46 J. 하버마스, 『이질성의 포용』, 황태연 옮김, 나남출판, 2000, 376쪽.

47 칼 맑스/프리드리히 엥겔스, 『독일 이데올로기』, 『칼 맑스 프리드리히 엥겔스 저작 선집 1』, 김세균 감수, 박종철출판사, 1991, 260쪽.

48 슬라보예 지젝, 『처음에는 비극으로 다음에는 희극으로』, 앞의 책, 205쪽.

49 슬라보예 지젝, 『죽은 신을 위하여』, 앞의 책, 106쪽 이하 참조.

내리고 있다"고 주장한다.[50]

지젝은 "배제된 자에 체현된 보편성의 입장"으로서의 프롤레타리아적 입장을 설명하기 위해 기독교적 신학을 활용한다. 지젝은 한편으로 사회 속에서 아무런 지위나 몫을 지니지 않은 배제된 채로 사회 속에 편입되어 있는 사람들의 입장을 헤겔적인 구체적 보편성[51]으로 이해하면서 다른 한편으로 그런 보편성은 기독교적 경험에서 비로소 출현한 것이라고 강조한다. "기독교의 보편성은 모든 것을 포괄하며 모두를 위한 자리가 마련되어 있는 보편적 매개가 아니다. 그것은 오히려 갈등하는 보편으로서 끊임없는 분쟁의 장소이다. 기독교적 보편은 세계 질서의 '어떤 부분에도 속하지 않는 부분'에 있는 사람들의 증상적 지점에서 나타나는 보편이다. [.......] 기독교적 보편은 어떤 주체들을 고립시키는 것과는 거리가 멀다. 그것은 배제된 사람들의 위치에서, 비록 그것이 그 안에 속해 있기는 하지만 기존의 질서에는 특정 자리를 가지지 않는 사람들의 위치에서 구성되는 것이다: 보편은 엄밀히 특정 위치/결정의 결여와 상호의존적인 관계를 가진다. [......] 분쟁하는 보편이라는 바울의 개념의 요지는 진정한 보편성과 국부성은 서로를 배제하지 않으며 보편적 진리는 부분적으로 참여하는 주체의 위치에서만 접근 가능한 것이라는 데 있다."[52]

지젝이 행복을 이교도적 범주로 보고 기독교를 유일하게 참다운 유일신교로 보는 이유는 무엇인가?[53] 지젝에 의하면 기독교적 경험의 핵심에는 상징적 질서의 실패를 지칭하는 실재로서의 사회적 적대와 균열에 대한 자각이 존재한다. 유대교로부터 기독교로의 이행에서 발생한 합리적 핵심은 그리스도가 "사

---

50 슬라보예 지젝, 『처음에는 비극으로 다음에는 희극으로』, 앞의 책, 247쪽.

51 헤겔의 구체적 보편성에 대한 지젝의 독특한 해석에 대하여는 나종석, 슬라보예 지젝의 헤겔 변증법 해석에 대한 비판 – 구체적 보편성과 급진 민주주의 비판을 중심으로」, 앞의 글, 특히 213-15쪽 참조 바람.

52 슬라보예 지젝, 『시차적 관점』, 앞의 책, 75쪽 이하.

53 슬라보예 지젝, 『죽은 신을 위하여』, 앞의 책, 42쪽 및 72쪽 참조.

회적 지위가 없는 인간"으로서의 보편적인 인간 자체, 즉 "단독적 보편자"임을 주장하는 데 있다.[54] 지젝은 배제된 사람들의 혁명적 행위를 통해서 출현하는 진리사건 내지 혁명적 사건을 '메시아적 시간의 출현'과 동일한 것으로 본다. 메시아적 사건과 마찬가지로 혁명적 사건은 객관적인 분석에 의해서 알려지는 것이 아니라 주체의 결단을 통해서 비로소 출현하기 때문이다. 즉, "주체의 결단이 없이는 사건도 없다."[55]

주체가 결단을 위한 결단으로 인해 출현하는 것과 마찬가지로 배제된 사람들의 연대는 결코 그들을 역사발전의 담지자로 설정하는 그 어떤 역사적인 형이상학에 뿌리를 두고 있지 않다. 프롤레타리아가 보편적인 인간 해방의 역사적 사명을 지니고 있다는 고전적 맑스주의의 믿음은 더 이상 받아들여질 수 없다. 그렇다면 배제된 자들의 집단적 행위는 어떻게 가능한 것일까? 지젝에 의하면 공산주의적인 정치적 실천의 궁극적 토대는 배제된 자들이 자신들의 운명을 스스로 변화시킬 수 있다는 믿음이다. 달리 말하자면 우리를 구원해줄 수 있는 사람은 바로 우리 자신뿐("우리가 기다리던 사람들은 바로 우리다")이라는 사실에 대한 자각만이 필요하다. 구원의 순간, 즉 혁명적 행위의 순간은 예측할 수 없으며 그런 혁명적 개입의 적절한 순간을 예측하고 기다리는 것은 구원의 순간으로서의 혁명적 사건 자체를 불가능하게 만드는 것이다. 그러므로 지젝은 우리는 위험을 무릅쓰고 혁명적 행위에 착수해야 한다고 본다.[56] 여기서 우리는 다시 주체의 자유로운 결단을 마주한다. 그래서 지젝은 오늘날 진정한 정치적 행위의 가능성을 다음과 같이 결단에서 구한다. "우리의 역사적 발전의 내적 추동력은 그대로 놓아두면 우리를 파국으로, 세계의 종말로 이끈다. 그렇다면 재

54 같은 책, 131쪽.

55 같은 책, 217쪽 이하.

56 같은 책, 215쪽 참조.

앙을 막을 수 있는 유일한 것은 순수한 주의주의(主意主義), 다시 말해 역사적 필연을 거슬러 행동하려는 우리의 자유로운 결정이다."[57]

3. 지젝의 신적 폭력 이론의 문제점

1) 정체성의 정치와 계급투쟁의 이원성 그리고 이 둘 사이의 위계 설정의 문제

지젝의 보편주의와 정치적 주체 및 행위 그리고 신적 폭력의 이론은 계급투쟁과 포스트 모더니즘적인 정체성의 정치 사이의 선명한 대립을 설정하고, 전자에게 근본적인 중요성을 부여한다. 지젝은 프레드릭 제임슨과 마찬가지로 인정의 정치는 부르주아적 시민사회 틀 내에 머무르고 있기에 계급투쟁이 아니라고 보면서 모든 정치적 행위의 궁극적 목적은 자본주의적 생산양식을 전복시키는 반자본주의적 계급투쟁이어야 한다고 강조한다.[58]

그러나 정체성의 정치와 계급투쟁의 이원론은 문제가 있다. 정체성의 정치와 계급투쟁 사이의 관계에 대한 지젝의 이론은 적어도 세 가지 지점에서 문제가 있다. 첫째, 인정투쟁 혹은 정체성의 정치가 68혁명 이후 새롭게 부상하면서 그것이 계급투쟁과 분리되고 궁극적으로는 계급투쟁을 부차적인 지위로 전락시킨다는 지젝의 지적은 문제가 있다.[59] 계급투쟁에서 계급투쟁과 적대를 부인하는 포스트 근대적인 복수의 정체성의 정치로의 이행과 전환을 주장하는 것은

57 슬라보예 지젝, 『처음에는 비극으로 다음에는 희극으로』, 앞의 책, 302쪽 이하.

58 슬라보예 지젝, 『라캉 레스토랑』, 앞의 책, 1757쪽.

59 이런 진단에 대해서는 슬라보예 지젝, 「계급투쟁입니까, 포스트모더니즘입니까?」, 앞의 글, 139쪽 이하 참조.

일견 타당하다. 인종적 소수자, 성적 소수자들이 문제 삼는 것은 일차적으로 자신의 고유한 생활방식을 무시하고 배제하는 다수자(주류) 문화의 변형이기 때문이다. 그러나 19세기와 20세기 전반기에는 계급투쟁이 핵심적 지위를 차지했고 60년대 후반부터 문화적 차이를 인정받고자 투쟁하는 포스트 모던적인 새로운 사회운동이 전면에 등장하였다는 식의 서술방식은 문제가 있다. 여성해방운동, 반인종주의 및 소수민족 운동 그리고 성적 소수자들의 운동과 같은 다양한 새로운 사회운동들이 지향하는 목표가 전통적인 계급투쟁과는 전적으로 이질적인 것으로 규정되고 있기 때문이다.[60] 악셀 호네트에 의하면 정체성의 정치를 전적으로 새로운 현상으로 이해하는 것은 틀린 것이다. 오늘날의 정체성의 정치가 단지 문화적 차이의 긍정만을 목표로 삼는다고 단정할 수 없을 뿐만 아니라, 전통적인 노동운동도 근본적으로 "자본주의적 가치 지평 내에서 고유한 전통과 생활방식을 인정받기 위한 노력들"이었기 때문이다.[61]

둘째, 계급투쟁이 다른 투쟁의 형태보다 더 근본적 지위를 차지한다는 지젝의 관점이 지니는 문제점이다. 소수민족의 해방운동이나 젠더와 성을 둘러싼 투쟁이 계급투쟁을 대신하여 오늘날 시대정신을 대표하는 것처럼 보이는 상황에서 계급투쟁과 정체성의 정치 사이의 분리를 확인하는 것은 가능하지만, 이들 사이가 대립적인 것으로 취급되어야 할지는 의문이다. 그래서 다른 투쟁에 비해서 계급투쟁에 진정한 투쟁이라는 보다 근원적인 지위를 부여하면서 자본주의 질서 자체를 전복하는 문제를 회피하는 인종, 젠더 그리고 섹슈얼리티와 같은 주제들에 천착하는 다문화주의를 비판하는 지젝의 입장은 설득력이 없다. 이 문제에 대한 라클라우의 다음과 같은 반론이 예리하다. "그러나 지젝의 다문

60 여기에서 필자는 낸시 프레이저의 관점에 대한 호네트의 비판을 응용하고 있다. 낸시 프레이저·악셀 호네트, 『분배냐, 인정이냐?』, 김원식 외 옮김, 사월의 책, 2014, 189쪽 이하 참조.

61 같은 책, 191쪽.

화주의 비판은 어떤가? 그것은 다양한 집단의 특정한 요구들이 지배체제에 하나씩 흡수될 수 있으며, 이런 식으로 체제를 공고화하는 데 도움을 준다고 주장한다. 이것은 너무나 옳다. 하지만 그것은 노동자들의 요구에서 정확히 같은 방식으로 일어나는 게 아닌가? 체제가 종속 계급의 요구를 – 그람시의 표현을 사용하자면 – '변형주의적(transformist) 방식으로 흡수할 수 있는 한 그 체제는 건강한 상태를 누릴 것이다. 결정적 요점은 반(反)체제 투쟁에서 선험적 특권을 향유하는 체제 내의 특별한 위치는 존재하지 않는다는 것이다. 나는 다문화주의적 투쟁 자체가 혁명적 주체를 구성한다고 생각하진 않지만, 그것은 노동계급도 마찬가지다."[62]

셋째, 계급투쟁인가 아니면 정체성의 정치인가라는 양자택일 식의 접근방식을 취하는 지젝의 계급투쟁 이론은 정체성의 정치와 계급투쟁 사이의 연대와 협력의 가능성을 과소평가하는 문제점을 보인다. 오늘날 우리가 직면하고 있는 문제는 계급투쟁을 포함하여 다양한 형태의 사회운동과 저항운동 사이의 협력과 연대를 창출하기 위한 노력이다. 이런 점에서 필자는 다양한 운동들 사이의 연대 형성을 헤게모니적 보편성을 창출하기 위한 노력으로 보고 그런 헤게모니적 정치의 활성화가 오늘날 사회운동에서 핵심적 과제라는 라클라우 식의 생각에 더 많은 공감을 갖고 있다.[63]

2) 상징적 질서와 실재의 관계에 대한 지젝 이론의 한계와 진리 정치의 모호성

62 에르네스토 라클라우, 「구조, 역사, 그리고 정치적인 것」, 주디스 버틀러·에르네스토 라클라우·슬라보예 지젝, 『우연성, 헤게모니, 보편성』, 앞의 책, 279쪽.

63 헤게모니적 보편성과 헤게모니를 지향하는 정치에 대해서는 에르네스토 라클라우, 「보편성의 구성」, 같은 책, 413쪽 이하 참조 바람.

계급투쟁의 근원적 중요성을 확인하는 작업에서 그 이론적 정당화는 실재와 상징적 질서 사이의 관계를 통해 제시된다. 앞에서 본 것처럼 지젝은 주체 형성의 근본 토대인 절대적 부정성을 역사적 운동과 헤게모니적인 정치 투쟁의 장을 가능하게 하는 형식적이고 비역사적 차원으로 강조한다. "역사화 과정은 상징적인 네트워크의 분절이 중심으로 삼고 있는, 비역사적인 중핵으로서의 빈 공간을 함축한다. 다시 말해서 인간의 역사는 정확히 그것이 상징화 자체에 의해 소급적으로 생산됨에도 불구하고 여전히 비역사적인 장소를, 다시 말해서 상징화될 수 없는 장소를 참조한다."[64]

앞에서 본 것처럼 지젝에 의하면 주체는 '실재의 응답'이며 실재는 특수한 상징적 질서의 의미 체계의 실패의 표현이다. 상징적 질서와 실재 사이의 부정적 관계는 주체와 자유 그리고 혁명적 행위의 가능성의 조건이다. 그러나 실재와 상징계 사이의 이런 식의 접근방식은 일면적이다. 인간의 삶에서 상징적 질서가 차지하는 의미를 지나치게 폭력적이고 파괴적인 관점에서만 접근하고 있다고 보기에 그렇다. 지젝이 언어적 폭력을 "인간의 모든 폭력 행위의 원천"으로 보는 것도 우연이 아니다.[65] 그러나 언어 공동체의 의미를 이런 식으로 평가절하하는 것은 받아들이기 힘들다. 지젝은 상징적 질서 혹은 역사적인 언어공동체의 혁신과 성찰의 가능성을 도외시하고 있기 때문이다. 인간의 삶은 사회성과 역사성을 떠나 존립하기 힘들다. 찰스 테일러(Charles Taylor)가 주장하듯이 인간의 자율성은 공허한 진공 상태에서 이루어지는 것이 아니라 "특정한 종류의 사회적 환경 안에서"만 형성되고 발휘되는 것이다.[66] 즉 사람들은 단순히 추상적인 인간으로서가 아니라 자신이 속해 있는 문화적·언어적·종교적인 공

64 슬라보예 지젝, 『이데올로기라는 숭고한 대상』, 앞의 책, 234쪽.

65 슬라보예 지젝, 『폭력이란 무엇인가』, 앞의 책, 106쪽.

66 윌 킴리카, 『현대 정치철학의 이해』, 장동진 외 옮김, 동명사, 2008, 343쪽 참조.

동체의 삶에 토대를 두고 자신의 정체성을 형성하기 때문이다.[67]

우리는 언어를 좀 광범위한 의미에서 이해할 필요가 있다. 광범위한 의미에서의 언어는 문화와 동의어로 이해될 수 있다. 그래서 찰스 테일러는 인간이 사회적 존재이며 대화적 존재라는 점을 넓은 의미의 언어와 연관해서 다음과 같이 말하다. "나는 인간 생활의 일반적 특징은 기본적으로 서로 대화를 나누는 특성에 있음을 환기시키고자 한다. 인간의 풍부한 표현 언어들을 획득함으로써 우리 인간들은 자기 자신을 이해하고, 따라서 인간 고유의 자기 정체성을 규정하는 원숙한 행위자들이 된다. 이런 것들을 토론할 목적으로 나는 광의의 '언어'를 취하려고 하는데, 이것은 우리가 일상적으로 쓰는 낱말뿐만 아니라, 우리 인간 자신들을 정의하는 다른 표현 양태들, 예를 들면, 예술, 몸짓, 사랑 등등과 같은 '언어'들을 포괄한다. 하지만 우리들은 타인들과 의사 교환을 통해서 비로소 이런 언어들 속으로 이끌려 들어가는 것이다. 아무도 자기 정의(self-definition)에 필수적인 언어들을 자기 혼자서 습득할 수는 없다. 우리는 우리가 관계하는 타인들, 즉 조지 허버트 미드가 말하는 '의미 있는 타인들'과의 의사소통을 통해서 언어들을 습득하게 되는 것이다. 인간의 마음은 이렇게 이런 의미에서 결코 독백적으로 이루어지는 것이 아니라, 상호 대화의 과정에 의해서 생성되는 것이다."[68]

지젝이 사용하는 실재 개념의 모호성[69]은 문제 삼지 않는다 해도 실재와 상징적 질서 사이의 관계에 대한 지젝의 이론은 나치 수용소의 '무슬

---

67 찰스 테일러, 『헤겔철학과 현대의 위기』, 박찬국 옮김, 서광사, 1988, 186쪽 참조.

68 찰스 테일러, 『불안한 현대사회』, 송영배 옮김, 이학사, 2001, 49쪽.

69 지젝은 실재를 상징적 질서의 구성적 결여로 이해하지만 자본을 실재라고 보기도 한다. 자본을 실재로 보는 경우로서는 슬라보예 지젝, 『까다로운 주체』, 앞의 책, 447쪽; 『처음에는 비극으로 다음에는 희극으로』, 앞의 책, 54쪽 이하 및 163쪽; 「끝없이 처음부터 반복하기」, 『우연성, 헤게모니, 보편성』, 앞의 책, 305쪽 참조. 지젝이 사용하는 실재 개념의 모호성에 대해서는, 사라 케이, 『슬라보예 지젝』, 앞의 책, 216-18쪽 참조 바람.

림'(Muselmannen)의 예에 대한 그의 설명에서 보듯이 내적 모순을 안고 있다. 지젝에 의하면 무슬림은 상징적 질서의 궁극적 실패와 실재의 관계를 보여주는 한 예이다. 무슬림은 살아있지만 죽은 자나 마찬가지로 인간성의 제로 차원을 보여주는 존재이다.[70] "무슬림은 가장 기본적인 동물적 자극에조차 반응하기를 멈춘 일종의 '살아 있는 시체'여서 공격을 받아도 방어하지 않으며 점차 배고픔과 갈증마저 느끼지 못하게 된다. 맹목적 습관에 따라 기본적인 동물적 욕구 이상으로 먹고 마시기를 계속할지라도 말이다. 이런 까닭에 그들은 상징적 진리가 없는 실재의 지점이 된다 – 그들의 곤경을 '상징화할 수 있는 길은 없으며, 그것을 의미 있는 삶의 이야기 안으로 조직해 넣을 수 있는 어떠한 방법도 없다."[71] 이처럼 무슬림은 "언어일반의 부재"로서 "순수하게 자기-관계적인 부정성으로서의 인간성의 영도"로 이해된다.[72]

그러나 우리는 무슬림에게서 지젝이 다른 경우에 그토록 강조하는 "상징적인 것을 내부로부터 좌절시키는 간극 또는 적대성"으로서의 실재의 침입에 대한 응답으로서의 주체의 출현을 기대할 수 없다. 실재로서 이해되는 무슬림에게서 주체나 혁명적 행위의 출현 가능성을 논의한다는 것은 어처구니가 없을 것이다. 지젝도 강조하듯이 무슬림으로 상징되는 홀로코스트가 우리에게 주는 윤리적 교훈은 "우리가 윤리적으로 행동할 수 있는 것이 행운 덕분"임을 인정해야 한다는 사실이다.[73] 여기에서 우리는 지젝 이론의 자기모순을 목도한다. 한편으로 그는 상징적 질서의 내파 없이는 주체나 윤리적 행위뿐만 아니라 정치적인 혁명적 행위도 불가능하다고 주장하면서도 다른 한편으로 상징적 질서의 완전한 파괴가 없는 상황, 즉 행운 덕분에 비로소 윤리적 행위가 가능하다고 주

70 슬라보예 지젝, 『죽은 신을 위하여』, 앞의 책, 255쪽.

71 슬라보예 지젝, 『전체주의가 어쨌다구』, 앞의 책, 120쪽.

72 같은 책, 122쪽.

73 슬라보예 지젝, 『죽은 신을 위하여』, 앞의 책, 257쪽.

장하기 때문이다.

필자는 윤리적인 행위 주체가 특정한 방식으로 조직화된 언어공동체 – 그것이 일정한 방식으로 폭력적인 측면을 갖고 있음에도 – 의 존립과 함께할 때 가능하다는 관점에 동의한다. 그러므로 실재와 상징적 질서 사이에는 지젝이 강조하듯이 늘 부정적인 관계만 있는 것이 아니다.

3) 지젝의 보편주의 주장의 역설과 유럽중심주의

지젝의 신적 폭력 이론의 또 다른 문제점은 실재와 상징적 질서에 대한 일면적 이해로 인해 역설적이게도 유럽중심주의적 태도에 사로잡히게 된다는 데 있다. 앞에서 보았듯이 신적 폭력 이론을 설명하는 작업은 전적으로 기독교의 경험을 준거점으로 해서 이루어진다. 지젝은 혁명적 정의의 정치, 즉 진리의 정치를 복원하기를 희망하는 유물론자로서 "신학자들만이 유일하게 진정한 유물론자라는 라캉의 주장"을 참이라고 단언한다.[74] 그는 또 기독교가 참다운 진리의 정치의 토대라고 말한다. "기독교의 전복적 핵심은 오로지 유물론적 접근을 통해서만 이해할 수 있으며, 역으로 진정한 변증법적 유물론자가 되기 위해서는 기도교적 경험을 거쳐야 한다."[75]

우리는 지젝이 어떻게 계급투쟁에 구체적 보편성과 참다운 주체가 출현하는 특권적 위치를 부여하는지를 살펴보았다. 그런데 구체적 보편성의 이론은 역설적이게도 특정한 문화적 정식화로 점철되어 있다는 사실이다. 이것은 무엇을 의미하는가? 보편성에 대한 접근이 특수한 역사적 맥락, 즉 특수성에 의해

74 슬라보예 지젝, 『시차적 관점』, 앞의 책, 211쪽.

75 슬라보예 지젝, 『죽은 신을 위하여』, 앞의 책, 11쪽. 지젝의 유물론과 신학의 만남의 시도에서도 발터 벤야민은 아주 대표적 참조지점이다. 같은 책, 5쪽 참조.

변질될 수밖에 없다는 것을 보여주는 것이 아닌가? 왜 지젝은 이런 상황에 대한 성찰을 하지 않는 것일까? 그 이유의 하나는 지젝이 반복해서 상징적 질서의 의미를 과소평가하면서 상징적 질서의 혁신의 능력과 문화적 대화 및 해석의 역할에 대해 맹목적이라는 데 있다. 그래서 그는 "문화는 그 정의상 집단적이면서도 특수하고, 지역적이고, 다른 문화들을 배제하는 것"으로 이해한다.[76] 지젝이 문화 및 언어 공동체로서의 상징적 질서의 자기 혁신과 비판의 능력을 과소평가한다는 것은 특수한 문화 공동체들 사이의 번역과 해석적 대화의 공간을 강조하는 버틀러의 시도에 대하여 다음과 같이 반박하는 데에서도 분명하게 드러난다. "번역 작업은 항상 이미 시작되었다. 언어적 경계는 항상 이미 넘어서 있다.[77] 그러나 이런 식의 반론은 모순이며 공허하다. 그는 각각의 문화가 정의상 다른 문화를 배제하는 것이라는 주장과 더불어 특수한 문화들 사이의 언어적 경계는 이미 항상 넘어서 있다고 주장하기 때문이다. 이런 식의 주장이 공허한 이유는 지젝이 각각의 특수한 문화들 사이의 문화적 번역 행위 자체를 긍정하는 것이 아니라, 그런 행위 자체가 이미 늘 수행되었다는 점을 그저 단언하는데 그치기 때문이다.

지젝은 특수한 문화적 경험과 결부되어 등장하는 보편성 주장을 독백적 혹은 독단적 방식으로 단언한다는 점에서 문화들 사이의 경계를 가로지르는 번역과 상호 이해의 지난한 과정을 통해서만 공유될 수 있는 보편성의 등장 가능성을 차단한다. 문화적 번역 행위와 관련하여 주디스 버틀러의 지젝 비판은 설득력이 있다. "보편성을 수행적으로 실현하기 위해서는 보편적 주장들의 의미와 힘이 만들어지는 다양한 수사적이고 문화적인 맥락으로 번역되는 일련의 과정을 거쳐야만 한다. 의미심장하게도 이것은 어떤 보편성의 단언도 문화적 규범

76 슬라보예 지젝, 『폭력이란 무엇인가』, 앞의 책, 201쪽.
77 슬라보예 지젝, 「끝없이 처음부터 반복하기」, 앞의 글, 296쪽.

과 별개로 일어날 수 없으며, 국제적 장을 구성하는 다수의 규범들이 경쟁하는 조건 하에서 즉각적인 문화적 번역의 도움 없이는 어떤 것도 단언할 수 없음을 의미한다. 보편성이라는 바로 그 개념은 원리상 언어적 경계를 넘을 수 있다고 주장하지만 번역이 없다면 그것은 가능하지 않다. 아니면 다르게 말할 수도 있을 것이다. 즉, 번역이 없다면 보편성의 단언이 경계를 넘을 수 있는 유일한 방법은 식민적이고 팽창주의적인 논리를 통하는 것뿐이다."[78]

지젝의 유럽중심주의적 사유방식은 기독교적 경험을 인간의 주체와 자유의 출현을 유일하게 참다운 방식으로 보여주는 것으로 주장하면서 유대교나 이슬람은 말할 것도 없이 불교 및 유교와 같은 동양의 사유방식의 한계를 비판하는 데에서 정점에 이른다. 지젝의 노골적인 유럽중심주의는 자신의 구체적 보편성과 진리의 정치에 대한 사유가 특수한 기독교 문명에 바탕을 둔 서술로 이루어져 있다는 사실에 비판적인 거리두기를 하지 않고 진리의 정치에 대한 자신의 이해가 바로 진리 자체라는 점을 강변하는 태도에 지나지 않는다. 달리 말하자면 신적 폭력과 사건으로서의 진리의 정치를 통한 인간의 주체성과 자유에 대한 가장 온전한 이해는 바로 기독교에서 비롯되었다는 지젝의 신념은 불교 및 유교와 같은 동양의 사유 방식의 한계에 대한 비판과 동전의 양면처럼 연결되어 있다는 것이다.

심지어 지젝은 '무념무상'(noninvolvement)의 교리의 핵심을 "행동하되 그것이 별것 아니라는 듯 행동하며, 네가 행위자가 아닌 듯 행동하며, 너의 행동을 포함한 모든 일이 너와 상관없이 일어난 것인 듯 사심 없이 행동하라"라는 명령으로 해석하면서 이런 불교적인 교리를 유대인들을 가스실에서 대학살한 학살자들의 "자기 합리화"와 연결시킨다. 그러면서 그는 나치의 주도자 중의 한 사

78 주디스 버틀러, 「보편자를 다시 무대에 올리며」, 주디스 버틀러·에르네스토 라클라우·슬라보예 지젝, 『우연성, 헤게모니, 보편성』, 앞의 책, 2009, 61쪽.

람인 하인리히 힘믈러가 가장 좋아했던 책은『바가바드기타』였으며 그 책을 늘 군복 호주머니에 넣고 다녔다는 사실을 강조한다.[79] 그가 유럽중심주의를 좌파적 시각에서 옹호하는 글을 발표한 것도 놀라운 일은 아니다.[80] 지젝의 유럽중심주의는 브라질 독재정권의 정예 헌병대가 "즉흥적인 동방 신비주의"를 그들의 "비공식적인 종교"로 차용했다고 강조하는 지점으로까지 나간다.[81] 여기에서 우리는 나치즘의 홀로코스트, 즉 인류사에서 보기 드문 폭력성과 제3세계 국가들의 독재 권력의 정신적 근원성을 동양적 사유방식과 종교에서 구하는 지젝의 태도를 발견한다. 이런 태도는 홀로코스트가 서구 현대 문명의 좌절이 아니라 그 산물임을 입증하는 학문적 성과를 담아내지 못하고 있다.[82] 뿐만 아니라 서구 근대의 폭력성과 식민성 그리고 제3세계의 독재 권력에 대한 지젝의 인식은 식민성과 서구 근대 세계가 동전의 양면처럼 상호 공속하고 있음을 그리고 나치의 폭력성이 유럽이 식민지 국가들에 가한 식민적 폭력성의 유럽사회로의 귀환임을 보여주는 여러 학문적 성과를 담아내지 못한다는 점에서 학문적 근거를 결여하고 있다.[83]

유럽중심주의에 대한 지젝의 옹호에는 주체와 자유에 대한 참다운 이해는 기독교를 통해서만 가능하다는 그의 굳은 확신이 들어 있다. 그리고 기독교를 무신론적이고 급진적인 해방의 관점으로 재해석한다고 해도 지젝의 유럽중심주의에 대한 좌파적 옹호는 기독교를 통해 서구 근대의 자유의 이념이 가능했으며 서구의 근대적인 주체성의 이념이 자유 실현의 과정에서의 정점을 보여준

---

79 슬라보예 지젝,『죽은 신을 위하여』, 앞의 책, 56쪽.

80 S. Žižek, 'A Leftist Plea for a "Eurocentrism"'. Cultural Inquiry, Vol 24, No. 4, 1998, pp. 988-1009.

81 슬라보예 지젝,『죽은 신을 위하여』, 앞의 책, 56쪽 각주 30.

82 지그문트 바우만,『현대성과 홀로코스트』, 정일준 옮김, 새물결, 2013, 특히 제4장 참조.

83 이에 대해서는 월터 미뇰로,『라틴 아메리카, 만들어진 대륙』, 김은중 옮김, 그린비, 2010, 서문과 제1장 및 마크 마조워,『암흑의 대륙』, 김준형 옮김, 후마니타스, 2009, 251쪽 참조 바람. 지젝의 유럽중심주의적 태도에도 불구하고 한국사회에서의 폭발적인 지젝 수용은 꽤 흥미로운 분석 대상이다.

다고 이해하는 헤겔의 역사철학의 반복이기도 하다.[84]

지젝이 옹호하는 보편주의의 허구성과 한계에 대한 문제를 유럽중심주의와 관련해서 좀 더 살펴보자. 그는 어느 인터뷰에서 다음과 같이 말한다. “나는 보편주의가 유럽중심주의적 관념이라는 점을 받아들여야 한다고 생각한다. 이것은 인종주의자처럼 들릴 것이다. 그러나 나는 그렇지 않다고 생각한다. 제3세계 나라들이 자유와 민주주의에 호소할 때조차도, 그들이 유럽 제국주의에 대한 투쟁을 정식화할 때 그들은 좀 더 급진적 수준에서 보편주의에 대한 유럽적 전제를 승인한다.”[85]

지젝의 논증의 한계는 보편주의 자체에 대한 관심을 표명하고 있다는 데 존재하지 않는다. 소위 포스트 모던적 사유의 거센 영향에 거슬러 보편주의와 주체의 문제를 다시 진지한 사유의 물음으로 제기하는 그의 노력에 대해 필자는 크게 공감한다. 그러나 어떤 보편주의인가가 문제이다. 보편주의를 유럽중심주의적인 관점이라는 식으로 옹호하는 지젝의 시도는 세 가지 점에서 한계를 보인다. 첫째로, 이미 언급한 바와 같이 그의 보편주의 주장의 언어가 불가피한 방식으로 유럽적 경험과 결부되어 있다는 사실에 대한 성찰의 결여이다. 둘째로, 지젝식의 보편주의의 문제는 그것이 문화적 번역의 실천과 의미를 제대로 사유하고 있지 않다는 것이다. 마지막으로 지젝은 서구 근대성의 관철을 단일한 것으로만 본다는 점에서 한계가 있다. 제3세계 국가들이 자신들의 해방 투쟁의 과정에서 서구적인 인권과 자유 그리고 민주주의 등에 관한 담론을 적극적으로 활용하였다는 점은 사실이다. 그렇다고 그런 수용이 지니는 다양한 양상에 대해서 침묵하는 것은 승인될 수 없다. 비서구 사회에서의 근대/식민 세계체제에

84 헤겔의 아시아에 대한 사유 방식의 문제점에 대해서는 나종석,『헤겔 정치철학의 통찰과 맹목』, 앞의 책, 제3장 <헤겔의 오리엔탈리즘과 서구중심주의>를 참조 바람.

85 'I am a Fighting Atheist: Interview with Slavoj Zizek'. Interview by Doug Henwood, Intro by Charlie Bertsch Issue #59, February 2002.

의 저항은 서구적 이념을 창조적으로 변용하는 과정이라는 점을 망각해서는 안 된다.

지젝의 입장은 유럽적 근대성을 근대성의 유일한 패러다임으로 보는 단선적 시각에 사로잡혀 있다. 찰스 테일러가 강조하듯이 관료제 국가나 시장 경제 등과 같은 제도적 형식들은 세계 도처에 확산되지만, "제도적 형식들을 정립하고 생명을 불어 넣는 방식들"은 다르다.[86] 서구적 근대의 폭력적 관철에 대한 저항과 더불어 서구적 근대를 창조적으로 수용하고 적용하는 과정에 대한 정확한 이해는 지젝의 단선적인 유럽중심주의적 보편주의의 한계를 성찰하게 해준다. 지젝에게는 비서구사회가 유럽적 근대성을 창조적으로 재구성하는 능력의 토대가 무엇인지에 대한 아무런 관심도 이해도 존재하지 않는다. 그럼 점에서 테일러가 다원적 근대성에 대해 언급하면서 오늘날 등장하는 여러 "차이들"(differences)을 이해할 수 없다고 한 말은 매우 함축적이다. 테일러는 그의 작업을 유럽적 근대성을 "여러 가지 가운데 하나의 모델로", 즉 "다형적인 세상의 한 지방"으로 이해하려는 것임을 강조한다. 동시에 그는 서양인들이 다양한 근대성의 "차이들을 기술할만한 적절한 언어조차 지니고 있지 않다"[87]고 고백한다.

86 Ch. Taylor, Modern Social Imaginaries, Durham.2004, p. 195.

87 같은 책, p. 196.

논평과 토론

신적 폭력, 언어 그리고 정치

백문임 잘 들었습니다. 네 개의 질문을 준비해왔는데, 선생님 발표를 듣다 보니까 하나가 더 늘어서 다섯 개인데, 시간상 어떨지 모르겠습니다.

나종석 한 두 개만 제가 대답 드리겠습니다.

백문임 슬라보예 지젝이 한국에서 오랫동안 인기를 끌어왔지만 저는 주로 영화나 대중문화론 쪽에 관심을 가졌었고, 선생님께서 다루시는 우연성, 헤게모니, 보편성 등의 논의에 대해서는 풍월로만 들었던 수준이어서, 얼마나 잘 토론을 할 수 있을지 모르겠습니다. 일단은 한국에서 생산되는 이론적인 작업들에서 주로 남의 글을 요약, 정리만 하는것이 아니라 자기 문제의식이나 자기 고민, 질문이 들어간 글들을 많이 보지 못했는데, 선생님께서 지젝의 논의들을 정리하시면서도 비판적인 입장을 취하시는 것을 굉장히 좋게 보았습니다. 그런데 선생님의 언어로 문제를 제기하시는 서론이나 결론 부분과 본문에서 지젝의 논의를 정리하는 부분 사이에 약간 문체 차이도 있고 간극도 있는 것처럼 보여서, 왜 그럴까 하는 게 궁금하기는 합니다. 어쨌든 제 질문 다섯 가지는 이런 겁니다.

첫 번째는 '신적 폭력'에 대해서입니다. 개인적으로 지젝의 이 논의 부분은 굉장히 재밌게 읽었는데요, 최근에 또 랑시에르나 바디유가 한국에서 지젝 못지않게 유행을 하면서 민주주의에 대한 논의가 굉장히 많잖아요. 그래서 민주주의에 대한 지젝의 논의를 저는 재밌게 봤고, 특히 자유민주주의를 옹호하는 좌파들에 대한 비판도 경청할 부분이 있다고 생각을 했습니다. 그리고 그와 관련해서 '신적 폭력'이라고 하는 개념 자체도 굉장히 위험하고 몽상적이고, 실현 가능성이 없는 것처럼 보이기도 하지만 오히려 또 그렇기 때문에 그런 것을 이야기하는 게 이론가의 역할이라고도 저는 생각을 하기 때문에, 지젝의 신적 폭력 개념을 굉장히 재밌게 읽었는데요. 한국에서도 이제 이런 방식, 그러니까 지젝이 얘기했던 해방적인 방식은 아니지만 그 파시즘의 교훈에서 우리가 얻을 수 있었던 것처럼, 지젝이 파시즘 언급할 때도 나왔던 것처럼, 그런 상황이 다시 한국사회에 도래할 수도 있다는 생각은 들기 때문에 좀 경청해야 한다고 생각을 하는데요. 민주주의에 대한 지젝의 비판적 관점과 그 과정에서 도출해내는 신적 폭력 논의에 대한 선생님의 입장이 실은 이 글에는 잘 안 드러나 있는 것 같습니다. 선생님의 비판은 주로 주체 개념, 그러니까 프롤레타리아에 특권적인 위치를 부여하면서, ('신생활 운동'이라고 표현하신) 정체성의 정치에 대해서 지젝이 비판하는 것에 대한 선생님의 비판에 초점이 맞춰져 있다는 생각이 들고요. 그러니까 민주주의와 신적 폭력에 대한 지젝의 중요한 논의, 주장에 대한 선생님의 생각은 어떠신지를 듣고 싶었습니다. 그것이 가장 큰 제 의문이 될 것 같고요.

그리고 두 번째는 3-2 이하, 그러니까 345페이지에 선생님이 시섹을 비판하시면서 "상징적 질서 혹은 역사적인 언어공동체의 혁신과 성찰의 가능성을 도외시"한다고 하신 데 대해서입니다. 어떤 의미에서 상징적 질서나 역사적인 언어공동체의 유토피아적 능력, 가능성을 보시는지 감을 잡을 순 있겠으나. 무슨

림(Muselmannen) 예를 드시는 걸 보니 혹시 선생님께서 상징적 질서 이야기를 하실 때, 거기에 언어와 문화도 같이 아울러서 생각을 하시는 것 아닐까 싶어서요. 그런데 문학이나 영화 같은 문화 부문을 연구하는 제 입장에서는 문화를 '상상적인 것'과 관련을 시켜서 생각을 하고 있고, 그것이 갖는 어떤 유토피아적인 능력. 이런 것들에 조금 더 관심을 갖고 있습니다. 무슬림 논의할 때 대부분 실재계와 관련시켜서 많은 이론가들과 평론가들이 이야기하는 것 같습니다만, 상징적 질서에 포섭되어 있지 않지만 보이지 않는 혹은 부재하는 원인으로서 영향력을 갖는, 그래서 그 구조 자체를 변화시키는 그런 존재로서 무슬림에 문화 부문 연구자들은 좀 더 주목하는 것 같습니다. 질문의 요지가 잘 요약이 안되는 것 같은데요, 상상적인 것의 영역을 어떻게 상정할 수 있는가, 그리고 무슬림은 오히려 이러한 의미에서 중요한 역할을 할 수 있는 것이 아닌가, 그리고 선생님의 입장은 찰스 테일러의 입장에 더 가까우신 것인가 하는 겁니다. 찰스 테일러를 마지막으로 마무리하시길래 제가 이 사람이 누군가 찾아봤더니 주로 공동체주의자, 이렇게 나오던데요.

그리고 나머진 간단한 질문들인데요, 기독교 이야기 하실 때 선생님께서 '구체적 보편성'에 대해서 논문을 따로 쓰셨다고 하셔서 제가 아무래도 그걸 찾아봐야 할 것 같긴 합니다만. 그런데 이게 벤야민과 관련이 있다고 하셨는데, 벤야민의 유대교 신비주의와 기독교와의 관계는 어떻게 설정하고 계신지, 이런 것들도 이야기되어야 하지 않겠는가 하는 생각이 들었고요. 마지막으로는 지젝의 한국 수용에 대한 것인데요. 선생님께서 발표 때 말씀을 안 하신 게 원고 뒷부분에서 비판하신 지젝의 유럽중심주의인데 저는 사실 과문한 탓인지 지젝에 대한 그런 비판을 별로 들어보지 못해서 질문을 할 수 밖에 없을 것 같습니다.

나종석 자칭 유럽중심주의자 아닙니까? 스스로도 좌파적 시각에서 유럽중심주의를 옹호하는 글을 발표하기도 했고, '정치적 올바름'보다는 진리가 더 우선이라는 신념으로부터 유럽의 문명 자산의 우월성을 강조하는 것은 그의 책을 좀 더 세심하게 독해를 하면 충분히 발견할 수 있는 부분입니다.

백문임 약간 아이러니컬하게 이야기하는 것 같은데요. 그래서 선생님은 지젝이 결국 제국주의까지도 승인하는 논리로 이어질 수 있다고 말씀을 하셨는데, 그 부분에 대해서 조금 구체적으로 말씀을 해 주시면 감사하겠습니다. 이상입니다.

나종석 간단하게 말씀드릴 것도 있고, 오해했던 것도 있는 것 같은데요. 오해의 문제부터 말씀드리면 벤야민과 지젝의 관계에서, 어떤 유대적 신비주의를 이어받았다는 것이 아니고 아까 얘기했지만 정치신학적인 것과 유물론의 만남이라고 하는 것이 중요하다고 하는 모티브가 벤야민에게서 왔고, 그런 것에서 지젝이 자극을 받아서 기독교 같은 것들을 새롭게 얘기하고 있다. 이렇게 저는 보고 있거든요. 물론 바디유라던가 아감벤이 사도 바울을 재해석함으로써 사실 기독교를 재해석하려는 움직임이 일어나고 있지만, 그것도 저는 크게 보면 아까 제가 메시아적 맑스주의라고 얘기했듯이, 넓게 보면 지젝 역시 그런 흐름에 속하는 사상가가 아닌가. 그런 의미에서 제가 말씀 드렸고, 유대 신비주의적인 혹은 그런 것까지를 받아들이고 있다고는 생각하지 않습니다. 왜냐하면 기독교를 굉장히 유일한, 참다운 일신론으로 해석하고 있고, 인간의 주체에 대한 최고의 표현 형식으로 기독교를 재해석하려는 지젝의 입장에서 볼 땐, 끊임없는 이교도 비판을 반복하지 않을 수 없기 때문입니다. 이교도 비판 중의 하나는 약방의 감초처럼 유대교를 비판하고 있고. 실질적으로 유대교를 혁신적으로 재해석한 레비나스와 데리다를 또 비판하는 걸로 이어지고 있습니다. 그 다음에 공자라던가, 불교는 말할 것도 없죠. 끊임없이 비판하고 있습니다. 왜냐하면 인간의 자유에 대한, 주체에 대한 어떤 의식이 거기에 드러나 있지 않다고 보기 때문에. 전 그런 점에서 읽진 않았습니다만, 헤겔의 역사철학적 모티브를 반복하고 있다고 봅니다. 기독교를 통해서 인간의 자율성의 의식이 최초로 실현가능하게 됐다라고 하는, 그러므로 유럽만이 유일하게 인간의 자율성의 보편적 인식을 성취했다라고 하는 그런 유럽중심주의적 사고방식을 동일하게 반복하고 있다고 저는 보고 있고요. 그런 의미에서 유럽중심주의는 아이러니가 아닌가 하는 것은 하나의 독해방식입니다. 사실 가라타니 고진도 심지어 지젝의 공산주의 용어 같은 것도 아이러니라고 해석하거든요. 남들은 다 사민주의 주장하는데, 자긴 거기에 딴죽을 걸어보는(거죠). 사실 진지하게 혁명적 공산주의를 주장한다고 생각하지 않는 것이죠.

그렇지만 유럽중심주의적 사고방식이 아이러니만은 아닌 것 같습니다. 제가 여기 인용문에도 썼고, 지젝 스스로 유럽중심주의에 대한 좌파적 옹호라고 하는 글을 공식적으로 출간했고. 그렇기 때문에 이 사람의 유럽중심주의에 대한 옹호는 아이러니 측면만을 갖고 있지는 않다고 생각합니다. 그런 의미에서 주디스 버틀러가 이야기했듯이, 지젝은 사실 미국에서 보면 극우적인 사람의 주장과 동일합니다. 왜냐하면 문화 연구와 포스트 모더니즘적 해체 그리고 역사주의를 일관된 한 묶음으로 싸잡아 비판하거든요. 그런 비판을 하는 것은, 버틀러의 보고에 의하면, 오로지 극우파만이 하는 그런 이야기기 때문에. 지젝이 갖고 있는 모습들이 상당히 양가적이라는 것을 인식해야 하고, 그런 의미에서 한국적인 지젝 수용이라는 것이 상당히 문제적이지 않나. 저는 한국에서의 지젝 수용은 심각하게 분석 대상으로 삼아야 할 특이한 현상이라고 보고 있습니다. 그런 의미에서 유럽중심주의에 대한 이야기는 나중에 더 이야기 할 수 있으면 더 좋을 것 같고. 정말 심각하게 예를 들면. 힘믈러 이야기 같은 거 있지 않습니까. 나치의 제3인자였나. 이 사람이 매일 불경을 갖고 다녔다라고 하는 이야기라든가, 심지어 브라질 독재인가요? 이것이 은밀한 동양적 폭력성 때문에 가능했다라고 하는 이야기는 제가 볼 땐 사실상 이런 건 거의 노골적인 유럽중심주의죠.

그렇게 본다면 최근에 나온 '히틀러의 철학자들'에서 보면 그런 식으로 악용되지 않은 서양 철학자가 없거든요. 심지어 칸트가 얼마나 히틀러에 의해서 애용됐고, 얼마나 사랑스러운 철학자로 인정받았으며 나치즘, 반유대주의를 인용하는 데에 얼마나 커다란 영향을 끼쳤는지를. 그런 건 다 차지하고 나치병사들이 호주머니에 칸트 책 더 많이 갖고 다녔죠, 나치 장교들 다 그런 책 갖고 다니지 않았습니까? 그런 건 얘기 안하고, 제가 읽을 땐 정말 황당한 얘기를 많이 (하더라고요) 그 다음에 짧게, 찰스 테일러. 이것이 한국의 지적인 편향 같아요. 테일러는 굉장히 유명한 철학자고 사상가고, 매우 의미 있는 사상가라고 저는 생각하고 있고. 어떤 학자는 80년대 이후 서양 정치 철학에 가장 생산적인 기여를 한 사상가로 인정을 하고 있는데요. 공동체주의라는 것 때문에 저는 오해의 소지가 있다고 생각을 하는데요. 그럼에도 불구하고 테일러의 헤겔 해석이라든가. 테일러의 그 해석학적, 그러니까 해석학자죠. 제가 볼 땐 해석학자입니다. 저는 해석학을 굉장히 나름대로 좋아하고 있고, 사실 오늘 글을 보면 해석학적 전통을 많이 수용하고 있다는 것을 느낄 수 있을 것입니다. 테일러가 강조하듯이 그리고 저 역시 그렇게 보는데 말입니다. 일부 사람들 – 예를 들어 위르겐 하버마스 – 이 주장하듯이 가다머의 해석학은 결코 상대주의가 아닙니다. 가다머의 해석학은 보편성에 대한 다른 대안적 사유를 제공하고 있다고 저는 생각합니다. 그런 전통에서 제가 테일러를 인용하고 있는 것이지, 공동체주의적인 입장에서 테일러를 인용하고 있지 않다는 것은 말씀드리고 싶고요.

그래서 결정적인 문제라고 하는 것은 두 가지인데, 하나는 상징적 질서의 성찰과 혁신, 다른 하나는 과거 전통과의 새로운 대화가 지니는 유토피아적 기능입니다. 이건 저는 사실 해석학에서 얻은 모티브인데요, 제가 요즘 제일 많이 호응하는 것은 리꾀르의 용어인데요. 리꾀르가 이런 말을 했습니다. '21세기에 가능한 유일한 유토피아의 길은 르네상스다.' 즉, 과거와의 새로운 대화다. 이게 저는 과거 속에 묻혀 있는 해방적 기억이라든가 투쟁이라든가 약속이라든가 이런 것들을 새롭게 재발굴해서 그것을 새롭게 상상해서 현실의 질서를 균열시키는 그런 작업. 그것이 새로운 세계를 상상하는 유토피아로서의 걸어갈 만한 하나의 길이 아닌가. 저는 그 길에 많은 공감을 하고 있습니다. 그리고 이런 유토피아의 길로서의 과거의 재규정은 동양의 유교적 사상 전통의 정신과도 맥을 같이 하는 것으로 생각되어 저는 참 리꾀르의 주장의 참 맛을 깊게 음미하고 싶습니다. 너무나 잘 알려져 있듯이 공자의 '술이부작(述而不作)'의 전통은 옛 것을 그대로 묵수하는 수동적인 것이 아니라, 과거의 것을 본받아 새로운 것을 창조하는 작업, 즉 '법고창신(法古創新)'의 정신을 표명한 것으로 이해되기에 그렇습니다. 첫 번째 민주주의에 대해서는 추후에 말씀드리겠습니다.

도현철 사학과 도현철입니다. 제가 문외한이라서 잘 질문이 될지 모르겠는데, 결국 같은 질문 같아요. 문제 제기를 하셨지만, 지젝 사상을 다루는 그 문제의식, 목표 이런 건데. 지젝의 유효성. 아까 발표하시면서 유토피아적 지향, 이런 말씀도 하셨거든요. 그런 점에 대해서 발표자께서는 어떻게 생각하시는지.

나종석 네, 아까 리쾨르 말을 하길 잘했네요. 사실 제가 맺음말 정도에 그 이야기를 쓰려고는 했습니다. 왜냐하면 신적 폭력과 다른 정치 얘기를 보여주지 않으면, 지젝에 대한 비판은 좀 불안정한 것이죠. 완결되지 않기 때문에, 그럼 네가 가는 정치의 길은 뭐냐. 이게 백문임 선생님의 첫 번째 질문이죠, 제가 볼 때는. 그 물음을 제가 상상하는 유토피아의 길이 뭔가 하는 것을 리쾨르를 통해 어느 정도 말씀을 드렸다라고 생각을 하는데. 정치철학적으로 번역하면 이렇습니다. 저는 아까 지젝처럼 사건이냐, 그러니까 사건에 충실할 것이냐. 아니면 어떤 해석학적인, 언어적인 소통적인 해방적 힘을 믿을 것이냐. 이 양자택일을 선택하라고 지젝이 요구하고 있다고 저는 느끼거든요. 저는 두 가지가 같이 가야 된다. 사건과 해석은 항상 동시적으로 이루어질 수밖에 없는 것이다. 이번 글에서 제가 이걸 많이 다루진 못했습니다만, 사실은 그것을 좀 다루려고는 했었습니다.

지젝은 끊임없이 실재의 출현과 출현 다음에 사후적으로, 어떤 사건이 일어난 다음에 사후적으로 의미가 부여되는 것으로 자꾸 해석을 하거든요. 저는 그것을 받아들이기 힘들고요. 저는 사건과 동시에 해석이 발생한다고 보거든요. 그러니까 어떤 혁명적 사건도 그 사건을 둘러싼 해석의 갈등, 달리 말하자면 그에 대한 의미부여 없이 발생하지 않는다고 봅니다. 그러니까 실재의 사건에 대한 해석이 동시적으로 이루어지지 않는 사건을 저는 본 적이 없습니다. 그렇기 때문에 끊임없이 해석의 갈등은 있지만 해석 투쟁과 사건이 함께 일어나는 것이지. 지젝이 얘기하고 있듯이 사건이 일어난 이후에 사후적으로 뭐가 된다라고 하는 것은 제가 받아들이기 힘들기 때문에, 이 두 개가 동시에 가는 것이다. 그리고 그런 이중성을 사유하는 길이 곧 제가 가려고 하는 길이고요. 그런 의미에서 지젝의 민주주의 비판은 상당히 재밌죠. 그런데 저는 지젝의 자유민주주의 좌파에 대한 비판이, 사실 80년대를 돌이켜 보면 예를 들면 제헌의회 그룹이라던가, 일각에서 얘기되고 있던 소위 주요 타격 방향을 설정하는 사변적 좌파의 공허한 수사적 격렬함의 반복 정도로 느껴집니다. 잘 아시다시피 80년대 일부 운동권 그룹은 자유주의 세력, 그러니까 그 당시 대표적으로는 김대중에 의해서 대변되는 정치세력에 대한 공격을 주요한 방향으로 설정해야 한다고 주장했습니다. 물론 오늘날 우리나라의 정치 상황을 염두에 두고 설명하면 진보적 정치 세력 내에서 자유주의적 좌파 세력과 결별해야 한다, 우리가 언제까지 소위 노무현이나 DJ로 얘기되고 있는 그런 개혁 세력의 들러리만 서야 할 것이냐, 진짜 독자적인 정치의 길을 가야 한다 라고 하는 움직임이 있듯이 지젝은 늘 자유주의 좌파를 비판의 표적으로 삼습니다. 저는 이런 문제의식에 어느 정도 동의합니다. 끊임없이 자유주의 좌파의 이데올로기성을 공격하면서 그것과 다른 길을 가려고 하는 움직임이 갖고 있는 통찰력을 저는 통째로 부인하고 싶지 않습니다. 그렇지만, 그래서 제가 아까 헤게모니 정치를 얘기한 거죠. 분리는 필요하다, 그렇지만 다양한 저항 세력들 사이의 헤게모니적 접합을 이루어야하지, 어떤 투쟁이 더 선차적이고 어떤 투쟁이 더 고차적이기 때문에 이 투쟁을 옹호해야 한다, 이런 식의 길은 제가 가고 싶지 않다, 뭐 이렇게 말씀드리겠습니다.

백문임 선생님은 결국 '신적 폭력'에 대해서 신뢰하지 않으시는 것 같습니다.

나종석 아닙니다. 그렇진 않습니다. 제가 타협적인 건지는 모르지만, 그래서 저는 마이클 왈쩌 얘기가 제일 정확한 표현이라고 봅니다. 신적 폭력일지는 모르지만 모든 정치는 갈등의 문제를 회피할 수 없으며 민주주의 사회는 그런 정치적 갈등을 최대한도로 허용해야 한다는 왈쩌의 주장에 저는 전적으로 동의합니다. 그래서 이 사람이 멋진 말을 했어요. 제 기억이 틀리지 않다면, 그는 다음과 같이 말합니다. '민주주의는 갈등에서 출발해서 협상으로 끝나야 한다.' 이게 반복돼야 하죠. 전 이 두 가지가 같이 가야 한다고 봅니다. 가능한 한 적대와 갈등의 출현을 허용해야죠, 모든 사회가. 다양한 이해관계가 존재하고 이런 이해관계가 갈등의 구조를 잉태하고 있는데 그런 이해관계의 출현을 터부시하고 불온시하는 것이야말로 이해관계의 민주적 해결을 더 힘들게 하는 것이라고 생각합니다. 더딘 것 같지만 다양한 이해가 표출되고 갈등이 충분히 출현하는 그런 가능성이 확보되어야 민주주의가 건강해집니다. 하지만 갈등 자체를 위한 갈등은 저는 사실상 또 다른 어두운 면을 갖고 있다고 보기 때문에, 갈등에서 출발하여 협상으로 종결되는, 그것이 왔다 갔다 해야 되겠지만, 그런 정치의 길이 제가 보기에 더 좋은 길이 아닌가 그렇게 생각하고 있습니다. 뭐 지젝에게는 그런 입장이 바로 오늘날의 자유민주주의 질서를 유지하는데 결정적으로 도움을 주는 기회주의적 행위로 보일 수도 있을 것입니다. 그러나 저는 개의치 않습니다.

최문규 세 가지 질문을 드립니다. 첫 번째로는, 벤야민의 신적 폭력 개념을 지젝이 다시 옹호를 했을 때, 그리고 마찬가지로 벤야민이 <역사의 개념에 관해서>에서 로베스피에르를 언급했을 때, 그것은 모두 인용의 화술입니다. 벤야민은 인용이란 '본래의 맥락에서 벗어나 새로운 맥락으로 이동하는 것'이라는 식으로 정의한 바 있는데, 이는 역사적 사실의 맥락에서 벗어나서 자유롭게 언어를 사용할 수 있다는 것을 말합니다. 그러한 인용에 대한 벤야민의 새로운 정의를 분명 지젝은 잘 알고 있을 것입니다. 따라서 로베스피에르의 자코뱅 당, 마오쩌둥의 문화대혁명 등을 지젝이 인용했다고 해서, 그것이 프랑스 혁명 시대로의 회귀 혹은 문화대혁명 시대로의 회귀 등을 옹호하는 것은 분명 아닐 것입니다. 로베스피에르나 마오쩌둥에 의해 제시된 역사적 맥락으로 소급하는 것이 아니라 그들의 이름은 유토피아에 대한 욕망의 다른 이름이라고 봐야할 것 같아요. 따라서 벤야민의 신적 폭력도 그렇게 이해되어야만 할 것 같습니다. 신적 폭력은 프롤레타리아 계급의 물리적 폭력 같은 행동을 정당화하는 것이 아닐 것입니다. 두 번째 질문도 마찬가지로 "배제된 자에 체현된 보편"이라는 표현에서, 그 배제된 자를 단지 프롤레타리아 계급으로만 일치시키면서 지젝이 다양한 문화적인 소수자들은 배제했다고 하면 너무 단편적으로 이해된 것이 아닌가 하는 점입니다. 세 번째 질문은, 헤겔도 동양문화나 유럽 이외의 타문화에 대해 대단히 적대적이었던 것으로 알고 있습니다. 헤겔 전공자로서 나 교수님은 헤겔을 어떻게 보시는지요? 지젝도 그와 같이 헤겔 식의 유럽중심주의에 사로잡혀 있다고 하셨는데, 헤겔과 지젝 모두 정말 그런 입장이었는지요?

나종석 저는 헤겔을 정말 존경하고 좋아하거든요. 지금도. 그리고 굉장히 많은 것들을 주는 철학자인데 그럼에도 불구하고 우리가 그런 것까지 따라갈 필요가 있겠느냐라고 하는. 그런 의미에서 제가 이번에 자랑삼아 말씀드립니다만, 독일의 유력한 학술지에도 헤겔 비판 관련된, 헤겔의 유교 비판 관련된 글을 투고해서 긍정적인 답도 얻었습니다만. 하여튼 우리가 그런 유럽중심주의적 사고방식을 넘어서지 않으면 사실 21세기의 인류사회가 평화적인 길을 갖기는 어렵다는 것은 부인하기 힘들다고 저는 생각합니다. 이런 이야기는 사실 저만 얘기하는 건 아니고 진부할 정도의 주제인데요. 그런데 아까 백문임 선생님과의 얘기에서도 언급됐습니다만, 우리 한국 지성계에서 놀라울 정도로 거기에 대한 성찰적이고 대결적 자세가 부족합니다. 없다고 저는 느껴지거든요. 일부 사람들은 헤겔을 전공한 제가 요즈음 헤겔철학을 비판하는 것을 보고 헤겔에 대한 저의 애정과 관심이 식어가는 것이 아닌가 걱정을 하는데요. 제가 헤겔을 비판하는 이유는 그가 정말 비판적으로 사유할 만한 위대한 지성이라고 저는 여전히 생각하기 때문입니다. 그래서 저는 헤겔을 좋아하는 것과 동시에 헤겔을 비판하는 것이 같이 가야한다고 보는데요.

또 지젝도 마찬가지로 지젝을 수용하고 비판적으로 이해하고 옹호하려는 것도 좋지만 지젝이 갖고 있는 다양한 얼굴들에 대해서 좀 더 논의가 필요한 순간이 아닌가 합니다. 예를 들어 정말 불교에 대한 비판을 보면 제가 볼 땐 거의 수용할 수 없는 비판들인데요. 지젝의 불교 비판을 보면 아시겠습니다만 우리나라에도 소개 됐던 『전쟁과 선』 책 한 권 정도 읽고 불교 비판하는 거거든요. 정말 학자로서 있을 수 없는 자세라고 봅니다.

첫 번째와 두 번째 질문은 역시 문학이론가로서, 또 날카롭고 제가 미처 생각하지 못했던 그런 측면도 있습니다. 일단 프롤레타리아에 대해 말씀드리자면 지젝이 생각하는 프롤레타리아는 계급이 아닙니다. 제 발표문에서 좀 불충분하게 설명됐을지도 모르지만, 지젝은 계급으로서의 프롤레타리아가 아니라 배제된 자 전체가 프롤레타리아로 재해석돼야 한다고 보고 있습니다. 그렇기 때문에 선생님이 말씀하신 소수자들도 – 낙오자라고 얘기되거나 뭐라고 하든 간에 – 사회에서 아무런 몫을 갖고 있지 않는 자들이기에 그들 모두 다 프롤레타리아라고 얘기되고 있는 것 같습니다. 그런 점에서 집단으로서 프롤레타리아를 얘기하는 건 아닙니다. 제가 그래서 언급했던 것 같은데 지젝은 집단으로서의 프롤레타리아의 역사적 사명을 믿는 것도 아니거든요. 그러니까 오로지 우리는 믿을 건 우리 자신뿐이다 라고 하는 게 지젝의 모토 아닙니까? '믿어라, 네

가 정말 주체로 설 수 있다, 나서야 된다, 믿는 자에게 주체가 선물처럼 올 것이다' 이런 식의 주장을 계속 하는 걸로 저는 이해하고 있습니다. 굉장히 나름대로 호소력도 있지만, 또 어두운 얼굴도 가지고 있다는 것이 제 생각입니다. 그런데 신적 폭력의 문제는 정말 미묘한 지점입니다. 저는 솔직히 지젝을 일관된 사상가라고 보지 않거든요.

최문규 '신적 폭력'이라는 개념은 기의가 부재해 있는 신비한 기표가 아닌가 싶습니다.

나종석 예, 맞습니다. 어떤 때는 선생님 말씀처럼 비폭력 같은 걸 이야기해요. 그런데 어떤 때는 엄청나게 폭력적인 실질적인 행위 같은 걸 이야기 하거든요. 로베스피에르의 연설문들을 계속 인용하는 것을 보면 이것이 과연 선생님이 생각하시는 그런 식의 알레고리인 것으로만 이해될 수 있는 것 같지는 않습니다. 실질적으로 어떤 물리적인 폭력에 대한 승인 같은 것들도 있다고 보는데요. 그런 게 없다고 보면 또 '신적 폭력'과 공산주의 혁명의 재규정의 시도가 수사학적인 급진적 어휘의 남발을 통한 혁명적 어휘의 상품화에 지나는 것이 아닌가 합니다.

김준환 영문학 전공자인 제게 "헤게모니적 정치"라는 개념이 그리 익숙하지는 않습니다만. 혹시 라클라우와 무페가 『헤게모니와 사회주의 전략』(*Hegemony and Socialist Strategy*)에서 사용한 개념인지요? 읽은 지 오래되어 기억이 확실한지는 모르겠지만, 이 책이 헤겔의 변증법을 부정하고 칸트의 윤리학을 강조하면서 여성 혹은 환경 등과 관련된 소규모 집단의 정치(local politics)의 중요성을 제시했던 것 같습니다. 읽을 당시 한 가지 모호했던 점은 이들이 미리 설정된 총체성 개념을 거부하면서 개별 정치 집단이 각자의 목적성을 가지고 운동을 하되 서로의 접점을 찾아가며 진행하는 모델을 제시했던 점인 것 같습니다. 선생님의 발표에서 "헤게모니 정치"와 "차이"를 강조하셨는데, 기존의 변증법 혹은 총체성 문제가 선생님의 논의 안에서 일정 부분 해소된 것인지 여전히 하나의 문제틀로 작용하는지에 대해 질문을 드리고 싶습니다.

나종석 선생님, 감사합니다. 매우 중요한 질문인 것 같은데요. 지젝이나 라클라우 그리고 버틀러 등의 사상가에게 제가 공감하는 건 다양성과 차이에 대한 강조만은 아닙니다. 다양성과 차이에 대한 적극적인 옹호라는 것은 거칠게 말하자면 포스트모던의 깃발이라고 보여집니다. 그러나 이제 그런 다양성과 차이에 대한 실체화된 환호와 물신성을 넘어서 보편자에 대한 물음과 주체에 대한 물음이 다시 심각한 사회정치철학적 주제로 대두돼야 한다고 하는 주장에 대해 그들은 모두 공감하고 있습니다. 저 역시 이런 새로운 사유의 필요성에 대해 전적으로 동의를 하고 있습니다.

그런데 어떤 보편자이고 어떤 식의 보편성을 우리가 어떤 방식으로 획득할 것이냐? 이 질문에 대한 답을 구하는 과정에서 많은 의견 차이가 발생하는 것 같습니다. 헤겔적인 구체적 보편성을 지젝은 독특하게 하나의 해법으로 제시하고 있는데요, 저는 이미 거기에 대한 비판 논문도 쓴 바 있습니다. 하여간 저는 지젝과는 조금 다른 길을 가고 있습니다. 헤게모니적 보편성이 돼야 된다고 저는 보거든요. 헤게모니적 보편성은, 제가 익숙한 버틀러의 글을 통해서 혹은 해석학적으로 설명한다면 그렇습니다. 저는 문화적 번역을 매개로 한 혹은 해석적 대화를 통한 보편성의 추구가 보편성과 주체 형성의 새로운 이론을 가능하게 할 것이라고 보고 싶습니다.

정치에서 헤게모니적 보편성이라는 건 아까 얘기했던 예를 들면 계급투쟁과 여성해방 등등의 다양한 투쟁 방식 사이에 어떤 위계서열을 두는 것이 아닙니다. 예를 들면 계급투쟁의 이론과 그에 대한 해석이 있을 것이고 성 해방에 대한 운동이 있을 것입니다. 그런데 이런 것들이 서로서로 번역되는 과정에서 보편성에 대한 새로운 가능성이 열린다는 것이죠. 성 해방이 어떻게 계급해방과 연결될 수 있고, 민족해방 및 소수자 해방과 연관될 수 있는지. 달리 말하자면 계급적 관점에서 보면 자기의 투쟁이 여성해방이나 소수자 해방과 어떻게 연결될 수 있는지 등등에 대해 서로 의견을 주고받는 행위를 저는 해석학적 대화나 문화적 번역행위라고 봅니다. 이런 상호 교차하는 대화와 문화적 번역이라는 작업을 통해서 확보되는 그런 의미의 보편성 혹은 또 그런 작업을 통해서 확보되는 헤게모니적 보편성이 있을 뿐이지요. 이렇게 본다면 어떤 특정한 투쟁이 선험적으로 더 중요하기 때문에 다른 투쟁에 대해서 더 우월한 위치를 차지하는 것은 없지 않나 생각합니다. 그런 의미에서 지젝과는 다르지만 지젝과 공감하는 보편성과 주체, 행위의 가능성을 다른 방식으로 찾아가자는 게 제 입장이고, 그것을 아까 용어로 하면 헤게모니적 정치라고도 볼 수 있고 문화적 번역이라든가 투쟁들 사이의 대화적인 것을 통한 보편성 확보라는 것입니다. 이런 것이 지젝과는 다른 가능한 대안이 아닐까, 저는 그렇게 생각하고 있습니다. 그래서 저는 자유주의적 좌파 개혁세력까지도 헤게모니 정치와 함께할 수 있는 그룹으로 설정을 해야지, 지젝처럼 자유주의 좌파는 자본주의 질서를 유지하는 궁극적인 보루라는 식으로 몰아가면 굉장히 역설적인 결과를 가져오지 않을까 하는 생각을 하고 있습니다.

발표자 및 토론자

김기영 연세대 문정과 교수 (연구분야 : 도서관 경영)

김영희 연세대 국문과 교수 (연구분야 : 구술서사)

김준환 연세대 영문과 교수 (연구분야 : 영문학)

나종석 연세대 국학연구원 HK교수 (연구분야 : 사회 및 정치철학)

도현철 연세대 사학과 교수 (연구분야 : 한국중세사)

백문임 연세대 국문과 교수 (연구분야 : 영상문학)

송 민 연세대 문정과 교수 (연구분야 : 정보학)

이민행 연세대 독문과 교수 (연구분야 : 독어학)

이원표 연세대 영문과 교수 (연구분야 : 사회언어학)

이지연 연세대 문정과 교수 (연구분야 : 정보학)

임성모 연세대 사학과 교수 (연구분야 : 일본근대사)

최문규 연세대 독문과 교수 (연구분야 : 낭만주의)

허경진 연세대 국문과 교수 (연구분야 : 국문학)

홍윤희 연세대 중문과 교수 (연구분야 : 중국신화)